GRUNDSTOCK DES WISSENS

Physik

eco

Herausgeber: Richard Mestwerdt, Werner Schulte
Redaktion: Axel Borne, Klaus Buschhüter
Titelgestaltung: Roberto Patelli
Titelfoto: PhotoDisc
Illustrationen: Gülay Schätzle
Fotos: AKG, Berlin, Corel Professional Photos, PhotoDisc, project photos, Markus Horvatic, Werner Siess

Gesamtherstellung: ECO Verlag und Brepols Graphic Industries N.V., Belgien

ISBN 3-934519-50-4

Grundstock des Wissens – Physik

Erfolgreich lernen und Spaß dabei haben –
das muss kein Widerspruch sein!

Prüfungen vorbereiten, Fakten nachschlagen und Wissenslücken füllen: Wer mit Freude bei der Sache ist, hat meistens Erfolg.
Die fundierten Texte erfahrener Autoren führen auf anschauliche Art und Weise durch die wichtigen Themen der Physik, unterstützt von mehr als 450 Grafiken, Fotografien, Modellversuchen und Illustrationen.

Ohne Grundlagen geht es nicht. Fehlendes Basiswissen führt gerade in der Physik oft zu Problemen in den höheren Klassen. Hier genügt ein kurzer Blick in das Register, und schon findet man jene einführenden Kapitel, in denen die Grundlagen gezielt nachgearbeitet werden können. Das Kästchen „Zum Weiterlesen“ am Ende eines Kapitels stellt problemlos eine Verbindung zu anderen Themen her, so dass man schnell zwischen den verschiedenen Wissensfeldern der Sekundarstufen I und II hin- und herspringen kann.

Inhaltsverzeichnis

Die Temperatur

In der Natur begegnet man Körpern in unterschiedlichen Zuständen. Die Körper können entweder fest, flüssig oder gasförmig sein. Wasser ist z.B. ein Stoff, der bequem in allen drei Zuständen beobachtet werden kann. Bei Zimmertemperatur ist Wasser flüssig, im Winter ist Wasser gefroren und somit fest, und beim Kochen von Wasser verdampft es und wird gasförmig. Am Beispiel des Wassers erkennt man, dass der Zustand eines Stoffes nicht immer gleich bleiben muss. Durch Abkühlen kann die Flüssigkeit in die feste Zustandsform Eis oder Schnee erstarren, und durch Erwärmen geht die Flüssigkeit in den gasförmigen Zustand über. Aber nicht nur das Wasser, sondern alle flüssigen Stoffe lassen sich durch ein angemessenes Erwärmen verdampfen oder durch ein entsprechendes Abkühlen zu einem festen Körper erstarren.

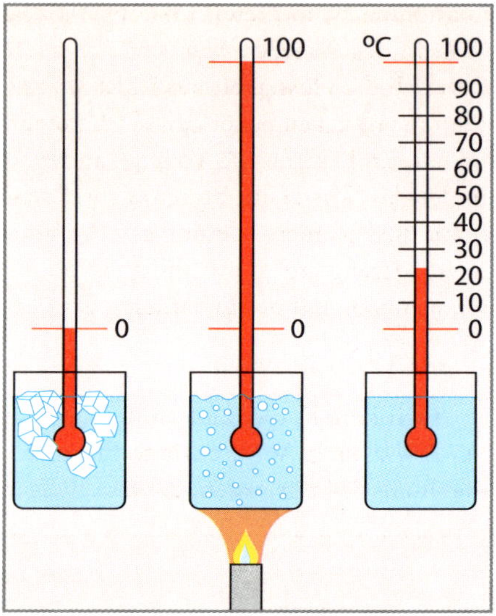

Abb. 1: Wasser dehnt sich bei Temperaturerhöhung aus

Alle Stoffe können in drei verschiedenen Zustandsformen erscheinen:

1. fest
2. flüssig
3. gasförmig

Erwärmen oder Abkühlen verändert den Zustand der Stoffe.

Beim Erwärmen von Stoffen wird generell eine Volumenzunahme beobachtet. Diese Erscheinung lässt sich mit Hilfe eines einfachen Versuchs nachprüfen: Man füllt einen Glaskolben mit Wasser. Beim Erhitzen des Glaskolbens steigt das Wasser im

Glasröhrchen, und beim Abkühlen fällt der Wasserspiegel wieder. Man stellt also fest, dass sich die Flüssigkeit ausdehnt. Die erwärmte Flüssigkeit benötigt mehr Volumen, und diesen Platz für die Volumenänderung findet das Wasser im Steigrohr und zeigt somit die Volumenänderung an. Die Volumenänderung steht also im direkten Zusammenhang mit der Erwärmung der Flüssigkeit (Abb. 1).

Auch feste Körper ändern ihr Volumen bei Erwärmung. Wird erhitzte Flüssigkeit durch ein Rohr gegossen, dann verlängert sich das Rohr, und ein Zeiger, der für die Messung mit dem Rohr verbunden ist, zeigt die Längenänderung genau an (Abb. 2). Mit dieser Methode stellt man eine Längenveränderung der Festkörper beim Temperaturanstieg fest.

In der Technik ist es lebenswichtig, dieses Verhalten von festen Stoffen zu berücksichtigen. Beim Brückenbau wird die temperaturabhängige Längenänderung der Fahrbahn eingeplant, um Risse oder Wellen auf der Fahrbahn zu vermeiden. Dehnungsfugen zwischen Brücke und Fahrbahn geben

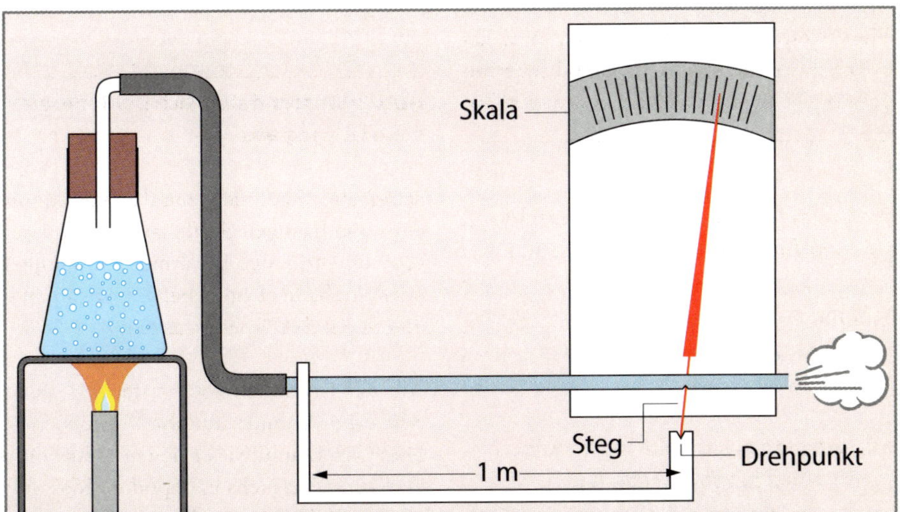

Abb. 2: Messung der Längenänderung eines Metallrohres bei Erwärmung

Abb. 3: Dehnungsfuge

den nötigen Raum zur Ausdehnung (Abb. 3), und die Brücken sind wegen den Materialspannungen auf beweglichen Rollen gelagert.

Feste und flüssige Stoffe dehnen sich aus. Es stellt sich die Frage, ob sich Gase genauso verhalten. Um das zu untersuchen, benutzt man einen Rundkolben, der Luft enthält. Der Kolben, mit einem Stopfen und einem Ausdehnungsrohr verschlossen, wird in ein mit Wasser gefülltes Becherglas getaucht. Durch Erhitzen der Luft im Glaskolben werden Luftblasen im Wasser sichtbar. Die Luft dehnt sich also durch das Erhitzen im Glaskolben aus und entweicht durch das Ausdehnungsrohr. Wird der Kolben abgekühlt, dann verringert sich das Luftvolumen im Glaskolben, und Wasser wird in den Kolben aufgesogen. Bei der Abkühlung von Gasen verringert sich das Volumen. Somit wird festgestellt, dass Gase ihr Volumen bei Temperaturveränderung ebenfalls wie feste und flüssige Körper ändern.

Festkörper, Flüssigkeiten und Gase dehnen sich bei Temperaturerhöhung aus und ziehen sich beim Abkühlen zusammen.

Um den Wärmezustand objektiv zu beschreiben, verwendet man die Temperatur. Die eigene Temperaturwahrnehmung ist für die Temperaturbestimmung nicht ausreichend. Der Mensch kann nur unterscheiden zwischen heiß, warm, lauwarm, kühl oder kalt, und selbst diese Unterscheidungen sind abhängig von der jeweiligen Situation und seinem Empfinden. Duscht man sich vor dem Sprung ins Schwimmbecken kalt ab, dann wird die Wassertemperatur im Schwimmbecken als nicht so kalt empfunden. Springt man direkt ins Schwimmbecken, empfindet man das Wasser als wesentlich kälter. Die eigene Wahrnehmung ist unzuverlässig. Will man ein Messverfahren entwickeln, muss man die Eigenschaften der Stoffe kennen, die sich bei Erwärmen oder Abkühlen ändern. Stoffe reagieren mit einer Volumenänderung. Diese objektive Eigenschaft macht sich der Mensch für die Temperaturmessung zunutze.

In Flüssigkeitsthermometern wird häufig das Material Quecksilber benutzt. Das Quecksilberthermometer besteht im Prinzip aus einem Glaskolben mit einem Steigrohr. Will man Temperaturen messen, dann braucht man zusätzlich eine Temperaturskala. Die Temperaturskala lässt sich nach dem Verfahren des schwedischen Physikers Anders Celsius (1701-1744) erstellen. Celsius nutzte für die Einteilung der Temperaturskala zwei Temperaturpunkte. Der eine Temperaturpunkt ist der Schmelzpunkt des Eises, und der andere Temperaturpunkt ist der Siedepunkt des Wassers. Wird der Glaskolben mit Quecksilber gefüllt und in siedendes Wasser gestellt, dann nimmt das Quecksilber die Temperatur an und dehnt sich aus. Das Quecksilber hat dann die Temperatur des siedenden Wassers angenommen, wenn die Quecksilbersäule zum Stillstand kommt und sich nicht mehr weiter ausdehnt. Der erreichte Quecksilberstand in dem Flüssigkeitssteigrohr gibt den oberen Fixpunkt der Temperaturskala an. Wird danach der Glaskolben in Eiswasser gestellt, verringert sich das Quecksilbervolumen im Steigrohr, und der erreichte Endpunkt ist der untere Fixpunkt der Temperaturskala. Auch hier muss so lange gewartet werden, bis die Quecksilbersäule zum Stillstand kommt. Die Distanz zwischen oberem und unterem Fixpunkt wurde von Celsius in 100 gleiche Abstände unterteilt. Diese Skala kann nach unten oder oben weiter fortgeführt werden. Der Schmelzpunkt von Eis bekam somit die Bezeichnung „null Grad Celsius“ (0 °C), und dem Siedepunkt wurde der Wert von 100 °C (Celsius) zugeordnet.

Das Fieberthermometer ist prinzipiell so aufgebaut wie oben bereits beschrieben, nur kann hier zusätzlich die maximale Temperatur gespeichert werden. Nach dem Messen zieht sich der Quecksilberfaden wieder zusammen. Damit die maximale Temperatur ablesbar bleibt, hat das Steigrohr beim Fieberthermometer eine schmale Verengung (Abb. 4). Dort reißt der Faden beim Abkühlen durch die Volumenverringerung der Quecksilberflüssigkeit ab und verhindert deren Rückzug. Der untere Teil zieht sich in das Vorratsgefäß zurück, und der obere Teil bleibt stehen. Die maximale Temperatur ist auf diese Weise als Information gespeichert. Für die nächste Messung muss das Quecksilber aus dem oberen Teil des Steigrohres durch die Verengung zurückgeschlagen werden, bis es vollständig aus dem Steigrohr verschwunden ist.

Abb. 4: Die Verengung verhindert den Rückgang der Quecksilberflüssigkeit nach dem Messen der maximalen Temperatur

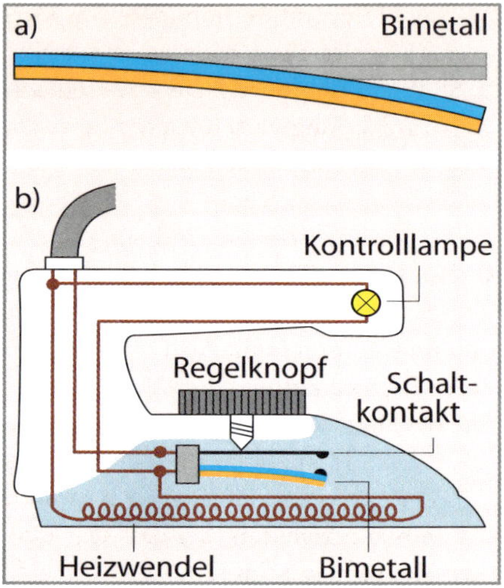

Abb. 5: Funktionsprinzip des Bimetallstreifens

Da der Gefrierpunkt von Quecksilber bei –39 °C und der Siedepunkt bei 357 °C liegt, können Quecksilberthermometer im Temperaturbereich von –30 °C bis 300 °C benutzt werden. Zur Messung von tiefen Temperaturen benutzt man Alkohol oder Pentan als Thermometerflüssigkeit. Das Alkoholthermometer ist zwischen –100 °C und 50 °C , das Pentanthermometer bis zu –200 °C verwendbar.

Alle Körper in den drei Zustandsformen haben gemeinsam, dass sich ihr Volumen bei der Temperaturerhöhung vergrößert, aber die Volumenveränderung ist von Stoff zu Stoff unterschiedlich. Die unterschiedliche Ausdehnung verschiedener Feststoffe wird bei Bimetallstreifen ausgenutzt.

Zwei Metallstreifen sind miteinander verbunden. Bei Temperaturerhöhung dehnt sich das eine Metall stärker aus als das andere und verbiegt somit den Doppelstreifen. Diese Eigenschaft wird z. B. für Thermostate bei Bügeleisen oder Heizgeräten ausgenutzt. Bei Temperaturerhöhung verbiegt sich der Bimetallstreifen und unterbricht z. B. einen Stromkreis, der das Bügeleisen oder Heizgerät mit Strom versorgt (Abb. 5).

Die Temperatur wird generell mit ϑ (Theta) bezeichnet und der Abstand zwischen zwei Werten (Differenz) mit dem Zeichen Δ (Delta). Die Temperaturdifferenz wird somit mit $\Delta\vartheta$ (lies: Delta Theta) benannt und es gilt:

$$\Delta\vartheta = \vartheta_2 - \vartheta_1$$

Wenn z. B. die Temperatur von ϑ_1 = 50°C auf ϑ_2 = 60°C angestiegen ist, dann beträgt die Temperaturdifferenz Dq=10 K. Die Temperaturdifferenzen werden generell nach dem englischen Physiker Lord Kelvin benannt und in der Einheit Kelvin (K) angegeben. Eine Temperaturdifferenz von 1K entspricht 1°C. Im oben angeführten Beispiel spricht man von einer Temperaturdifferenz von 10 K (Kelvin).

Zum Weiterlesen:

- Energie und Wärme, S. 12
- Energie: Transport – Wandlungsketten – Entwertung, S. 18
- Die Schmelzwärme, S. 300
- Die Verdampfungswärme, S. 306

Energie und Wärme

Friert der Mensch, dann geht er in einen warmen Raum oder er stellt sich in die Sonne, um sich aufzuwärmen (Abb. 1). Sind diese Möglichkeiten nicht gegeben, reibt er sich kräftig die Hände. Bleibt der Mensch längere Zeit in der Kälte stehen, dann benötigt er zusätzliche Energie in Form von zusätzlicher Nahrung (Abb. 2).

Über den Heizkörper oder über die Sonne kann der Mensch Energie in Form von

Abb. 1: Die Sonnenstrahlung dient als Wärmequelle

Abb. 2: Alleine die 500 g Zucker in dieser Torte enthalten eine Energie von 8000 kJ

Wärme aufnehmen. Die Hände erwärmen sich durch die Reibungsenergie der Handflächen, und z. B. ein Stück Zucker führt dem Körper chemische Energie zu, die der Körper „verbrennt". Die Energie, in unterschiedlichster Form, wird hier als Wärmezufuhr benutzt. Drückt man eine Luftpumpe beim Aufpumpen zusammen, so erwärmt sich die Pumpe in Reifennähe sehr stark. Wird ein Eisennagel mit der Zange mehrfach gebogen, so erwärmt sich die Biegestelle. Mehrere Stückchen Trockenspiritus (Esbit) verbrennen nach und nach unter einem Wasserbehälter. Das Wasser wird erwärmt. Auch bei diesen Vorgängen beobachtet man eine Änderung der Temperatur der Gegenstände. Bei der Luftpumpe und beim Eisennagel wird mechanische Energie in Wärme umgewandelt, und chemische Energie wird in Form von Wärme bei der Verbrennung vom Esbit auf das Wasser übertragen.

Das Wesentliche an der Energie ist, dass sie nicht entstehen oder vergehen kann. Sie kann nur von einer Form in die andere umgewandelt werden. Die Energie kann genutzt werden zum Erwärmen oder Heizen, sie kann aber auch in Licht oder Bewegung verwandelt werden. Die Energie kann in elektrischer, mechanischer oder in chemischer Natur vorliegen.

Wichtige Energielieferanten für den Menschen sind in erster Linie Brennstoffe wie z. B. Kohle, Erdgas, Erdöl, Torf und Kernbrennstoffe wie Uran und Thorium. Aber auch die Energie der Sonne wird in zunehmendem Maße technisch genutzt.

Auch der menschliche Körper benötigt, wie bereits erwähnt wurde, chemische Energie in Form von Nahrungsmitteln, um seinen täglichen Wärmehaushalt zu decken. In den Körperzellen „verbrennt" er diese Stoffe, wenn auch bei relativ niedrigen Temperaturen, und hält seinen Körperkern konstant auf ca. 37 °C. 100 g Müsli haben einen Energiewert von ca. 1400 kJ:

Nährwerte von 100 g Müsli:

Brennwert: 1351 kJ
Eiweiß 8,2 g
Fett: 4,7 g
Kohlenhydrate: 61,5 g

Die Zeile über den Brennwert liefert die notwendige Information über die Einheit der Energie. Die Abkürzung „kJ" steht für Kilojoule. Joule ist die internationale Einheit der Energie. Häufig findet man ebenso Aufschriften mit der Abkürzung „kcal". Dies bedeutet „Kilokalorie". Diese Bezeichnung ist aber heute nicht mehr als Einheit erlaubt. Viele Ernährungstabellen enthalten aber immer noch diese Abkürzung für die Energie.

Forscher haben z. B. herausgefunden, dass 4 Joule an Energie benötigt werden, um 1 Gramm Wasser um 1 K zu erwärmen. Dementsprechend benötigt man z. B. die Energiemenge von 4000 J (4 kJ), um 1000 g (1 kg) Wasser um 1 K zu erwärmen.

Im folgenden Versuch soll mit dem Esbit-Kocher (Abb. 3) festgestellt werden, wie viel Energie sich mit einer Tablette Hartspiritus (Esbit) auf eine bestimmte Menge Wasser übertragen lässt. Eine halbe Tablette Esbit wiegt 1 g (1 Gramm). Im Aluminiumgefäß befindet sich 1 kg (Liter) Wasser. Vor dem Erwärmen hat das Wasser eine Temperatur von 20°C. Nachdem die halbe Esbit-Tablette abgebrannt ist, hat das Wasser eine Temperatur von 30°C. Das Wasser hat sich also um 10 K erwärmt.

Um 1 kg Wasser um 1°C zu erwärmen, benötigt man 4 kJ (Kilojoule). Daraus ergibt sich, dass 1 kg Wasser für 10 K Erwärmung 40 kJ (Kilojoule) benötigt. Die halbe Esbit-Tablette hat also 40 kJ Wärme auf das Wasser übertragen. Die chemische Energie, gespeichert in der Esbit-Tablette, wird in Form von Wärme auf das Wasser übertragen und liefert somit an das Wasser eine Energiemenge von 40 kJ (Kilojoule).

Wird eine ganze Esbit-Tablette zum Aufheizen der Wassermenge eingesetzt, dann erwärmt sich das Wasser genau um 20 K. Bei der doppelten Menge Esbit verdoppelt sich somit auch die Temperaturerhöhung. Das Wasser erhält also bei 1 Tablette die zweifache Wärmemenge von 40 kJ. Zwei Esbit-Tabletten geben somit die Wärmemenge von 80 kJ an das Wasser ab.

In Esbit ist Energie. Um 1 kg (1 l) Wasser um 1K zu erwärmen, braucht man 4 kJ (Kilojoule).

Stoffe können Energie aufnehmen, speichern oder abgeben. Die Energiemenge lässt sich portionieren.

Wie Esbit hat jeder andere Stoff einen bestimmten Brennwert.

Brennstoff	Brennwert in kJ/g
Wasserstoff	143
Propangas	50
Benzin	46
Esbit	40
Steinkohle	31
Trockenes Holz	14

Bei Nahrungsmitteln bezeichnet man den Brennwert als Nährwert. Auch die Nahrungsmittel geben Ihren Nährwert in kJ/g an:

Nahrungsmittel	Nährwert in kJ/ g
Butter	30
Zucker	16
Roggenbrot	12
Wurst	12
Kartoffel	6
Vollmilch	2

Wird die Esbit-Tablette in einem Parallelversuch durch einen Tauchsieder ersetzt und führt man damit den gleichen Versuch

Abb. 3: Esbit-Kocher mit Thermometer

durch, dann stellt man fest, dass für das Erwärmen von 1kg Wasser um den Betrag von 10 K die gleiche Energiemenge benötigt wird, die von einer halben Esbit-Tablette an das Wasser abgegeben wird. In diesem Fall wird aber elektrische Energie in Form von Wärme auf das Wasser übertragen (Abb. 4). Die elektrische Energie kann am Energiezähler abgelesen werden. Der Energiezähler trägt nur eine andere Einheitenaufschrift für die Energie, nämlich „kWh = Kilowattstunde", was aber nichts anderes als eine bestimmte Energie in Joule darstellt: 1 kWh = 3.600.000 J oder 3,6 MJ. Da im Haushalt viel Energie umgewandelt wird, ist es günstiger, eine größere Einheit zu wählen, weil sonst die Energiezähler zu viele Stellen enthalten müssten (Abb. 5).

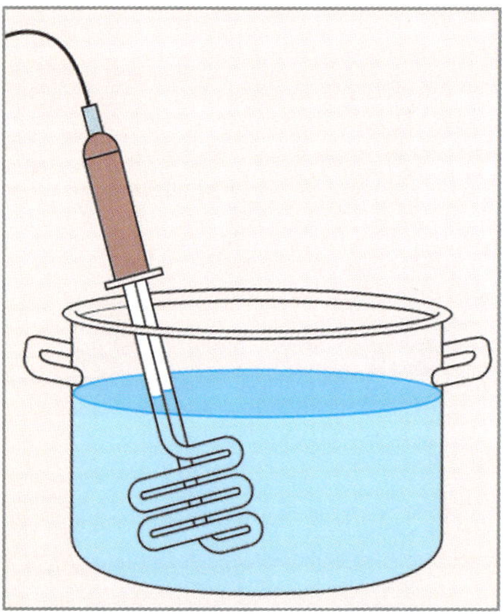

Abb. 4: Wassertopf mit Tauchsieder

Abb. 5: Stromzähler im Haushalt

Energie kann also in chemischer, elektrischer oder mechanischer Form als Wärme auf einen Körper übertragen werden.

In der Umwelt und Technik werden die Energieformen häufig gewandelt. So wandelt eine Rapspflanze in der Fotosynthese die Strahlungsenergie der Sonne in chemische Energie um. Das aus der Rapspflanze gewonnene Öl kann Motoren antreiben und wird durch die Kolben des Motors in mechanische Energie (oder auch Bewegungsenergie) verwandelt. Läuft die Lichtmaschine des Fahrzeugs mit, so wandeln drehende Magneten einen Teil der Bewegungsenergie in elektrische Energie um, damit das Auto mit Licht fahren kann. Die Reifen eines so betriebenen Fahrzeugs werden durch Scheibenbremsen irgendwann gebremst. Die dazu notwendige Reibung wandelt die mechanische Energie in Wärmeenergie um, die nutzlos an die Umwelt abgegeben wird.

Zum Weiterlesen:

- Die Temperatur, S. 6
- Energie: Transport – Wandlungsketten – Entwertung, S. 18
- Innere Energie, S. 294
- Die Schmelzwärme, S. 300

Energie: Transport – Wandlungsketten – Entwertung

Die Wärme ist für den Menschen die ursprünglichste Energieform. Wärme ist für das Überleben notwendig. Die Gebäude oder Räume, in denen der Mensch lebt oder arbeitet, sind mit Heizkörpern ausgestattet, die die Luft im Raum für den Menschen angenehm erwärmen. Die Energie im Heizkörper in Form von Wärme wird nicht im Heizkörper erzeugt, sondern der Heizkörper hat nur die Aufgabe, Wärme an die Umgebung abzugeben. Die Wärme für den Heizkörper wird zentral im Haus erzeugt. Ein großer Wasserbehälter wird dort erhitzt, und über Rohrleitungen wird das erhitzte Wasser den Heizkörpern zugeführt. Das Wasser kühlt durch die Wärmeabgabe im Heizkörper ab und fließt in Rohrleitungen zurück zum Heizkessel, wo erneut das Wasser erhitzt wird. Dieser Wasserkreislauf wird mit Hilfe einer Pumpe in Bewegung gehalten. Das erhitzte Wasser dient in diesem Kreislauf als Wärme- oder Energieträger. Das heiße Wasser transportiert die Energie zum Heizkörper.

Nicht nur mit flüssigen Stoffen ist der Wärmetransport möglich, sondern auch Gase oder Feststoffe können Energie transportieren. Für den häuslichen Bereich ist aber Wasser oder Wasserdampf der gebräuchlichste Energieträger.

Energieleitung in Materie

Brennende Holzstäbe lassen sich bequem als Fackeln in der Hand halten, obwohl die eine Seite lichterloh brennt. Wird dagegen ein Eisenstab einseitig erhitzt, dann verteilt sich die Wärme über den ganzen Gegenstand, und er wird beim Festhalten mit der bloßen Hand unangenehm heiß.

Materialien werden grundsätzlich in ihrer Eigenschaft unterschieden, wie gut oder schlecht sie die Wärme leiten. Vergleichbar mit dem Holz, kann man ebenso Glas oder Porzellan an einer Stelle erhitzen, und man stellt auch hier fest, dass sich die Wärme nicht gleichermaßen über den ganzen Körper verteilt. Generell kann man sagen, dass alle Nichtmetalle Wärme schlecht leiten. Mit Wasser im Reagenzglas macht man die gleiche Beobachtung (Abb. 1). Wasser siedet an der Oberfläche in der Flamme, aber das Wasser am anderen Ende im Reagenzglas verändert seine Temperatur kaum. Aber auch Luft leitet Wärme sehr schlecht. Luft und Wasser sind, wie alle Nichtmetalle, schlechte Wärmeleiter, wobei berücksichtigt

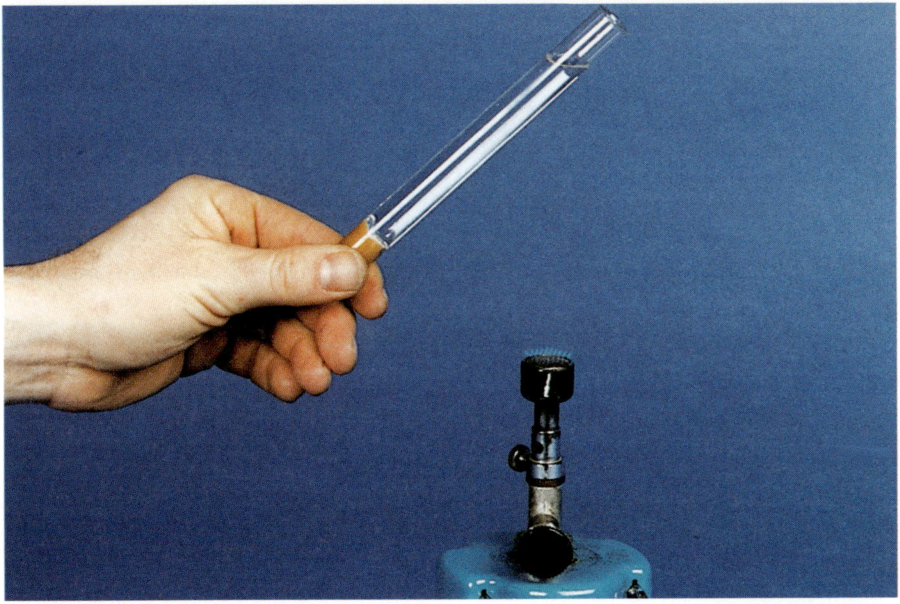

Abb. 1: Wasser siedet an der Oberfläche. Das Reagenzglas lässt sich in der Hand halten

werden muss, dass strömende Luft oder Wasser, wie z. B. das Wasser im Heizungssystem, sehr viel Energie transportieren.

Wird im Versuch das Holz, Glas oder Porzellan durch Eisen ersetzt, dann wird das Eisen nach kurzer Zeit überall sehr schnell heiß.

Bei allen anderen Metallen, wie z. B. Kupfer oder Aluminium, wird der gleiche Effekt beobachtet. Die Wärme verteilt sich über das Material, obgleich nur eine Seite des Materials durch die Flamme erwärmt wird. Diese Erfahrung ist für den Menschen von großem Nutzen, denn diese wesentlichen Unterscheidungsmerkmale zwischen Metallen und Nichtmetallen setzt der Mensch überall in seinem täglichen Leben ein. Der Heizkörper z. B. ist aus Metall, weil das Wasser den Heizkörper schnell und gleichmäßig erwärmen soll, und der Heizkörper hat die Aufgabe, so schnell wie möglich die Energie in Form von Wärme an die Umgebung abzugeben.

Für das Gebäude ist es aber wichtig, die erhöhte Raumtemperatur vor der kalten Umgebung (Außentemperatur) zu schützen (Abb. 2). Die Wärme soll nicht nach außen abgeführt werden. Deshalb muss das Gebäude aus Nichtmetallen bestehen. Diese Baustoffe isolieren und schützen damit die Wärme im Raum vor der kälteren Umgebung. Baustoffe, die insbesondere nur zu diesem Zweck in Gebäuden eingesetzt werden, nennt man Isolationsmaterialien (Abb. 3).

Die Energiestrahlung

Bei den bisherigen Beobachtungen wurde

Abb. 2: Der Energieverlust ist an schlecht isolierten Häusern besonders groß

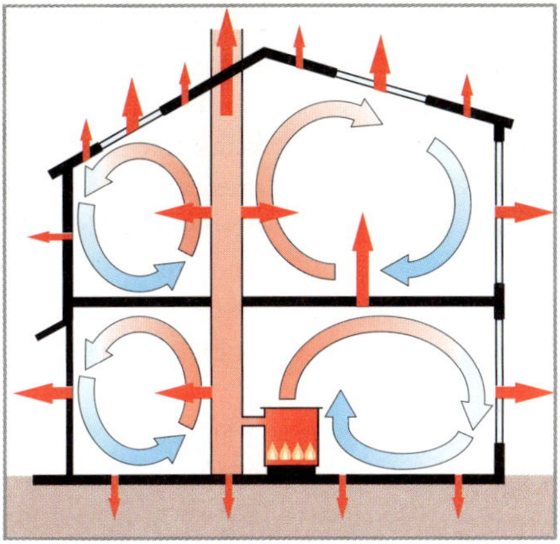

Abb. 3: Schematische Darstellung des Wärmeverlustes: Über die Fenster und den Schornstein ist der Verlust größer als über die Mauern und den Boden

der Wärmetransport mit Hilfe von Materie verwirklicht. Entweder wird die Wärme im Material selbst weitergeleitet, wie z. B. bei den Metallen, oder Wärme wird durch Strömung weitertransportiert, wie z. B. das fließende Wasser im Heizungssystem.

Diese beiden Wärmetransportmöglichkeiten erklären aber nicht, warum es auf der Erde warm ist, wenn die Sonne scheint, und warum sofort die Temperatur sinkt, wenn die Sonne hinter den Wolken verschwindet. Hier kann die Wärme nicht mit Materie transportiert werden, denn zwischen der Erde und der Sonne befindet sich ein materieloser Raum, das Weltall. Die Wärmeübertragung erfolgt hier mit der Wärmestrahlung. Die Wärmestrahlung benötigt kein Medium, um die Energie zu übertragen. Die Wärmestrahlung erwärmt Materialien unterschiedlich stark. Legt man z. B. einen schwarzen und einen weißen Gegenstand in die Sonne, dann stellt man fest, dass sich der schwarze Körper wesentlich stärker erwärmt. Der schwarze Gegenstand hat die Sonnenstrahlung wesentlich stärker aufgenommen als der weiße. Schwarze Gegenstände geben aber im Vergleich zu den weißen ihre Wärme wieder schneller an die kühlere Umgebung ab.

Die Energieübertragungskette

Energie hat unterschiedliche Erscheinungsformen, sie kann in thermischer, mechanischer oder elektrischer Energie sowie in Bewegungsenergie in Erscheinung treten. Die Energie kann von einer Energieform in die andere umgewandelt werden und kann von einem Gegenstand zum anderen übertragen werden. Die mehrfache Übertragung der Energie von einer Form in die andere oder von einem Gegenstand zu einem anderen bezeichnet man als Energieübertragungskette (Abb. 4). Das Besondere an den Energieübertragungsketten ist, dass bei der Umwandlung generell immer Energie in

Form von Wärme an die Umgebung abgegeben wird.

Energie ist für den Menschen wertvoll, wenn sie für seinen Nutzen einsetzbar ist. Ein Elektrozug bremst, indem er seine Elektromotoren als Generatoren einsetzt. Beim Abbremsen erzeugt der Zug elektrische Energie. Diese elektrische Energie bleibt für den Menschen nutzbar, denn sie kann später eingesetzt werden, um den Zug wieder in Bewegung zu setzen. Die Energie wurde umgewandelt, bleibt aber für den Menschen

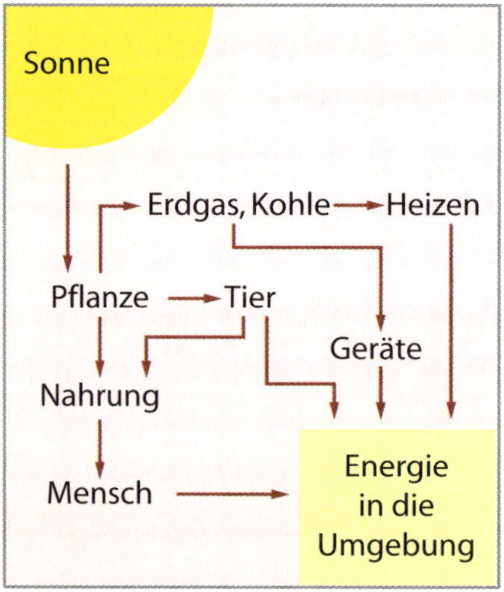

Abb. 4: Beispiel einer Energieübertragungskette

wertvoll, denn sie kann weiter genutzt werden. Diese wertvolle Energie wird als Exergie bezeichnet.

Beim Abbremsen eines Fahrzeuges wird die Bewegungsenergie in thermische Energie umgewandelt. Die heißen Bremsbeläge und Reifen geben ihre Energie in Form von Wärme an die Umgebung ab. Die Wärme lässt sich nicht mehr in Bewegungsenergie für das Fahrzeug umwandeln, denn mit der erwärmten Luft in der Umgebung lässt sich das Auto nicht mehr in Bewegung setzen. Die Energie, gespeichert in der Umgebung, ist für den Menschen nicht mehr wertvoll. Die Energie ist entwertet. Diese Energieform wird mit Anergie bezeichnet. Anergie ist Energie, die sich nicht mehr in Exergie umwandeln lässt.

Die Sonne kann prinzipiell als Exergiepumpe der Erde bezeichnet werden. Auf der Erde wurde über Jahrmillionen die Sonnenenergie in Form von fossilen Brennstoffen gespeichert. Diese Exergie ist begrenzt auf der Erde vorhanden und lässt sich nur in sehr langen Zeitzyklen wieder erneuern. Da aber der Energieverbrauch bzw. die Umwandlung von Exergie in Anergie durch den Menschen wesentlich schneller geschieht, als die Sonne ihre Exergie in Form von fossilen Brennstoffen nachliefern kann, sucht der Mensch nach

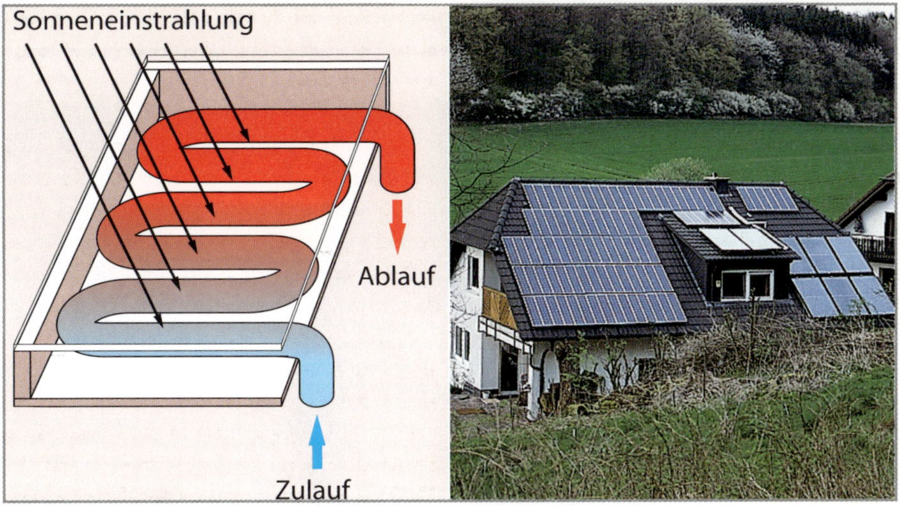

Abb. 5: Umwandlung der Sonnenenergie in nutzbare Energie

Möglichkeiten, die Sonnenenergie sofort als Exergie zu nutzen. Dieses Vorhaben wird z. B. mit modernen Sonnenkraftwerken oder Sonnenkollektoren verwirklicht. Die Sonnenenergie wird dabei entweder direkt in Wärme oder in Strom umgewandelt (Abb. 5).

Zum Weiterlesen:

- Die Temperatur, S. 6
- Energie und Wärme, S. 12
- Die Energieerhaltung als Postulat, S. 382
- Wärmekraftmaschinen, S. 318

Stromkreis I – Grundlagen

Die elektrische Erscheinung (Induktion) wurde im Jahre 1831 von Faraday entdeckt. Erst 1866 hat Werner von Siemens (1816-1892) die erste Maschine zur Stromerzeugung für eine praktische Verwendung erfunden. Heutzutage ist der Strom aus dem Alltag nicht mehr wegzudenken.

Bei der Bezeichnung Strom geht man von der Vorstellung aus, dass etwas strömt oder fließt. Damit der Strom fließt, benötigt man eine Quelle. Die wichtigste Stromquelle ist das Elektrizitätswerk, das über Freileitungen oder Erdkabel den Strom liefert. Daneben gibt es Stromquellen, die vom elektrischen Versorgungsnetz unabhängig sind wie z. B. Batterien. Ein Verbraucher, wie z. B. eine Glühlampe, zeigt an, dass Strom fließt, indem sie leuchtet. Strom selbst ist nicht ohne weiteres sichtbar. In der Abbildung 1 ist ein einfacher Stromkreis abgebildet. Der Pluspol einer Batterie ist durch ein Kabel an der Stelle A mit einem Schalter verbunden. Der Schalter ist geöffnet. Der Schalter steht an der

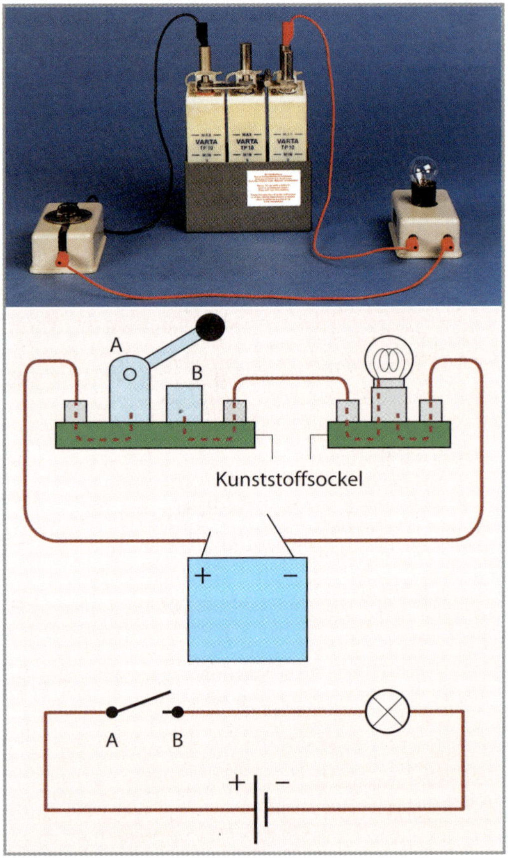

Abb. 1: Einfacher Stromkreis: Foto, schematischer Aufbau und Schaltbild

Stelle B über ein weiteres Kabel mit einem Anschluss der Glühlampe in Verbindung. Der andere Anschluss der Glühlampe ist über ein drittes Kabel mit dem Minuspol der Batterie verbunden. Der Schalter ist geöffnet, es fließt kein Strom. Die Lampe leuchtet nicht. Wird der Schalter geschlossen, dann fließt ein Strom, und die Glühlampe leuchtet.

Der einfache Aufbau des Stromkreises wird in der Abbildung 1 im Schaltbild vereinfacht dargestellt. Die Batterie, die Lampe und der Schalter werden im Schaltbild durch symbolische Zeichen ersetzt (Abb. 2). In der Elektrizitätslehre wird festgelegt, dass der Strom vom Pluspol zum Minuspol fließt.

Da der menschliche Körper ebenfalls Strom leitet, ist Elektrizität für den Menschen gefährlich. Deshalb müssen beim Umgang mit elektrischen Geräten immer die Sicherheitsvorschriften beachtet werden. Mit Netzspannungen darf niemals experimentiert werden. Nur kleine Spannungen unter 24 V sind für den Menschen ungefährlich. Trotzdem ist auch hier Vorsicht geboten, denn auch bei extrem geringen Spannungen können im Kurzschluss sehr hohe Ströme fließen, die zu schweren Verbrennungen führen können.

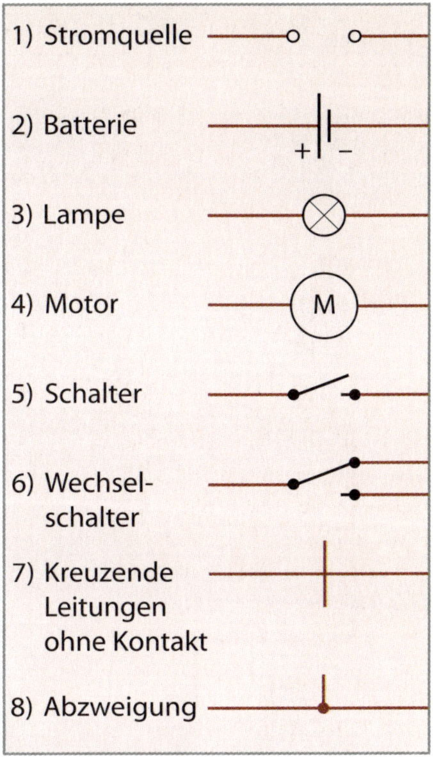

Abb. 2: Internationale Schaltsymbole

Leiter und Isolatoren

Der Stromfluss ist nur gewährleistet, wenn der Stromkreis aus Materialien besteht, die den Strom leiten. Der Versuchsaufbau in der Abbildung 1 benutzt beispielsweise Kupferdrähte für die

Stromführung. Der Schalter besteht aus Eisen. Kupfer und Eisen sind sehr gute Leiter. Für die Untersuchung von unterschiedlichen Materialien in Bezug auf ihre Eigenschaften der Leitfähigkeit wird der Hebel des Schalters durch unterschiedliche Materialien ersetzt. Die Glühlampe leuchtet auf, wenn das zu prüfende Material leitet. Mit diesem Versuchsaufbau wird festgestellt, dass generell Metalle (Kupfer, Eisen, Aluminium usw.) und Kohle den Strom sehr gut leiten. Bei diesen Materialien leuchtet die Glühlampe. Bei Glas, Porzellan, trockenem Holz, Kunststoffen und Gummi leuchtet die Glühlampe nicht. Diese Stoffe leiten keinen Strom und werden deshalb als Isolatoren bezeichnet.

Für die Untersuchung der Leitfähigkeit von Flüssigkeiten werden zwei Elektroden in ein Glas mit der zu prüfenden Flüssigkeit getaucht (Abb. 3). Die Elektroden bestehen aus Kohlestäben, und die Flüssigkeit besteht zunächst aus Trinkwasser. Bei diesem Versuchsaufbau leuchtet die Lampe nicht. Trotzdem wird ein geringer Stromfluss mit dem Messgerät angezeigt. Dieser Stromfluss ist allerdings zu schwach, um die Glühlampe zum Leuchten zu bringen. Das Experiment zeigt, dass beim Hinzufügen von Säure, Lauge oder Salz die

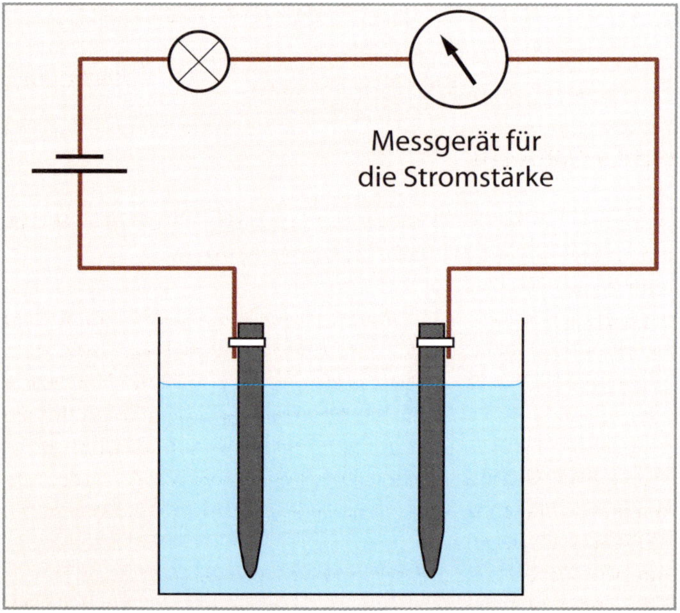

Abb. 3: Leitfähigkeitsprüfung von Flüssigkeiten

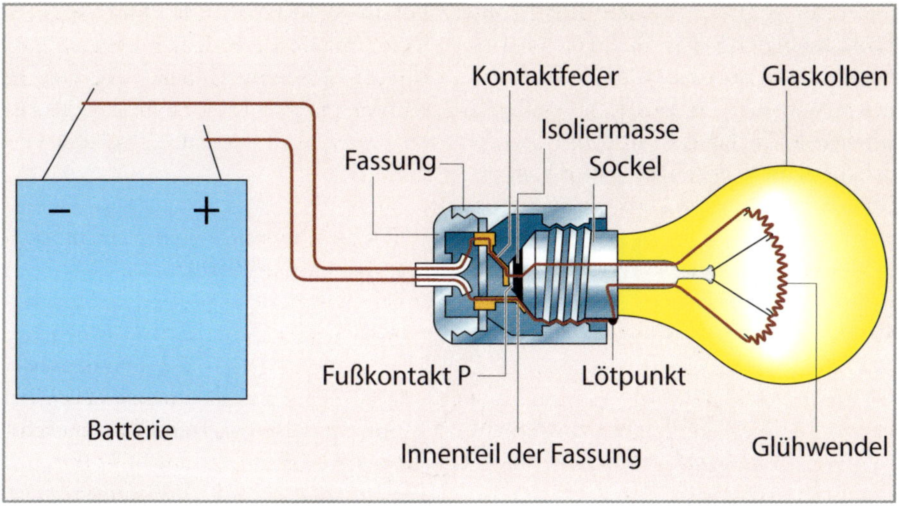

Abb. 4: Der Stromweg in der Glühlampe

Glühlampe leuchtet. Wässrige Lösungen von Salzen, Säuren und Laugen (Basen) sind also Leiter. Mit reinem destilliertem Wasser zeigt das Messgerät keinen Stromfluss an. Destilliertes Wasser ist ein Isolator. Nur die Mineralien im Trinkwasser ermöglichen einen geringen Stromfluss.

Neben Festkörpern und Flüssigkeiten können auch Gase Strom leiten. Diese Erscheinung wird bei der Glimmlampe ausgenutzt. Eine Glasröhre, mit zwei Metallelektroden ausgestattet, wird mit dem Gas Neon gefüllt. Der Strom fließt hier ab einer bestimmten Spannung von einer Elektrode über das Gas zur anderen.

Auch Blutbahnen, Nervenstränge und Muskeln sowie feuchte Haut leiten den Strom sehr gut. Nur trockene Haut wirkt wie ein Isolator. Deshalb ist Strom für den Menschen sehr gefährlich. Ein Stromfluss durch den Körper kann dem Menschen innere und äußere Verletzungen zufügen.

Aufbau einer Glühlampe

Ist eine Glühlampe in einem Stromkreis angeschlossen, dann fließt der Strom über die Glühwendel der Glühlampe. Der Stromfluss erhitzt die Glühwendel so weit, dass sie anfängt zu glühen und deshalb leuchtet (Abb. 4).

Die Glühlampe besteht im Wesentlichen aus einem Sockel mit einem Fußkontakt, wobei Fassung und Fußkontakt voneinander elektrisch isoliert sind. Über den Fußkontakt fließt der Strom zur Glühwendel, und über den Sockel fließt der Strom wieder zurück. Der Sockel ist in einer isolierten Fassung eingeschraubt. Über Kontaktfedern wird der Strom von der Stromleitung auf den Fußkontakt und den Sockel übertragen. Die Fassung besteht aus einem isolierenden Material.

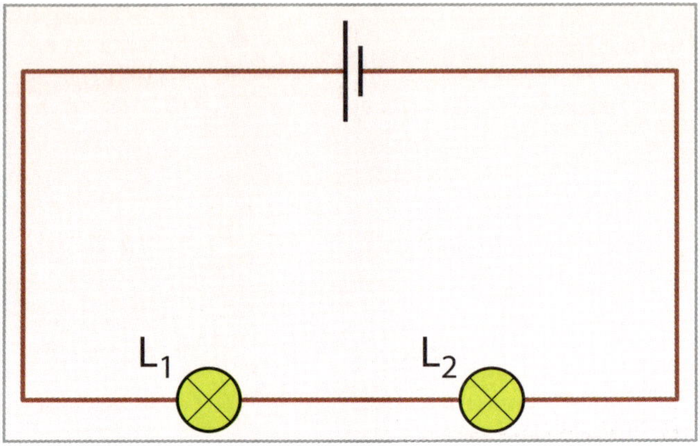

Abb. 6: Glühlampen hintereinander geschaltet: Die Lampen leuchten gleich hell, aber schwächer

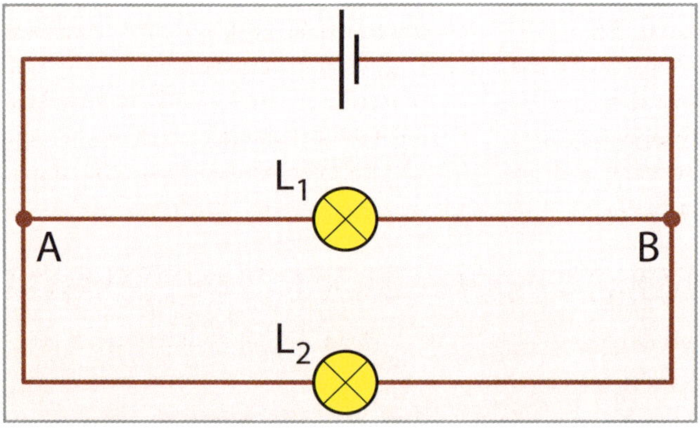

Abb. 5: Glühlampen parallel geschaltet: Beide Lampen leuchten gleich hell

Es ist möglich, auch zwei Glühlampen an einer Stromquelle anzuschließen, dabei bieten

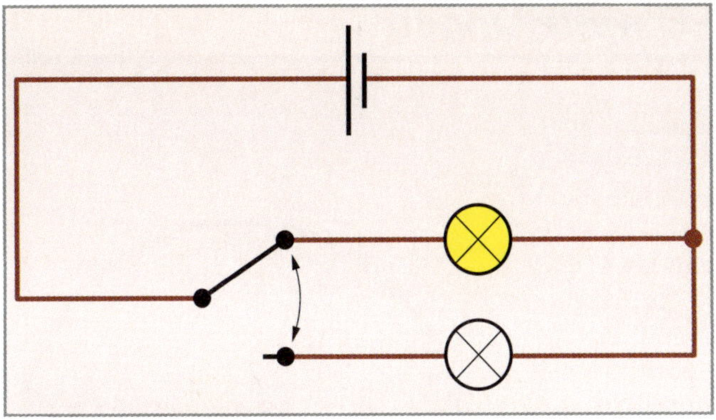

Abb. 7: Wechselschaltung

sich prinzipiell drei Lösungen an: Bei der Parallelschaltung (Abb. 5) als erster Möglichkeit sind beide Glühlampen parallel zur Batterie geschaltet. Die Lampen leuchten beide in der Helligkeit, wie bei der einfachen Schaltung. Es fließt in diesem Fall die doppelte Menge Strom, deshalb wird die Batterie doppelt so schnell verbraucht. Bei der Reihenschaltung (Abb. 6) als zweiter Möglichkeit sind die Glühlampen hintereinander geschaltet. Der Strom fließt erst durch die eine Lampe und dann durch die zweite. Die Lampen leuchten weniger intensiv als die Lampen der Parallelschaltung. Da jede Lampe dem Stromfluss einen Widerstand entgegensetzt, wird deshalb bei zwei hintereinander liegenden Widerständen der Stromfluss stärker behindert. Es fließt weniger Strom, und die Glühlampen leuchten schwächer.

Bei der Wechselschaltung (Abb. 7) als dritter Möglichkeit kann man über den Wechselschalter den Stromfluss entweder über die eine oder andere Glühlampe lenken. Bei der Wechselschaltung leuchtet nur eine Glühlampe, aber mit der gleichen Intensität, wie bei der einfachen Schaltung.

Zum Weiterlesen:

- Stromkreis II - Erweiterungen, S. 30
- Elektromagnetismus, S. 42
- Ladung, Spannung und Stromstärke, S. 48

Stromkreis II – Erweiterungen

In den bisherigen Versuchen mit Stromkreisen wurde der Stromfluss anhand der Glühlampe nachgewiesen. Der Strom, der durch den Glühfaden fließt, erhitzt den Draht und bringt ihn somit zum Glühen. Das Leuchten des Fadens in der Glühlampe ist die Folge der Wärmewirkung des elektrischen Stroms. Da der Stromfluss und die Wärmeentwicklung vom Drahtdurchmesser abhängen, werden deshalb sehr dünne Drähte in Glühlampen benutzt. Für die Emission von weißem Licht ist es notwendig, dass der Draht sehr hoch erhitzt wird. Bei ungefähr 500°C glühen alle Festkörper rötlich, und bei 1500°C emittieren Festkörper weißes Licht. Da Kupfer bei einer Temperatur von 1080°C und Eisen bei einer Temperatur von 1500°C schmelzen, sind beide Materialien als Glühwendel nicht geeignet. Für diesen Zweck sind Materialien mit extrem hohen Schmelztemperaturen gefragt wie z. B. Wolfram und Osmium. Da glühende Metalle in der Luft verbrennen, sind die Metallfäden von einem Glaskolben umgeben. Diese Glaskolben sind mit ausgewählten Gasen gefüllt wie beispielsweise Argon, Krypton oder Stickstoff, um die Verbrennung des Metallfadens in der Luft zu verhindern. Bei näherer Betrachtung des

Abb. 1: Die spiralförmige Wicklung des Glühfadens ist deutlich zu erkennen

Glühfadens erkennt man, dass der Faden zweifach spiralförmig aufgewickelt ist (Abb. 1). Bei gleichem Stromfluss glüht ein gewendelter Glühfaden intensiver als der gleiche Glühfaden im gestreckten Zustand. Die Metallfäden von den benachbarten Windungen erwärmen sich gegenseitig. Neben der indirekten Nutzung der elektrischen Wärmewirkung für die Lichterzeugung, wird der elektrische Strom für die direkte Wärmeerzeugung eingesetzt, wie z. B. in Bügeleisen, Waschmaschinen, Heizgeräten und elektrischen Kochplatten. Bei Überschreitung einer bestimmten Temperatur schmilzt der Heizdraht. Diesen Effekt nutzt man bei Schmelzsicherungen aus. Ist der Stromfluss durch die Sicherung zu hoch, dann brennt der Schmelzdraht durch, und der Stromkreis ist automatisch unterbrochen. Die Schmelzsicherung besteht aus einer Porzellanpatrone, die den dünnen Sicherungsdraht enthält. Ein farbiges Kennplättchen zeigt an, ob der Schmelzdraht durchgebrannt ist; dann ist die Schmelzsicherung für den weiteren Gebrauch nicht mehr zu verwenden und muss ausgewechselt werden. Heute verwendet man in den Haushalten elektromagnetische Sicherungsautomaten. Sie haben den Vorteil, dass man sie nach dem Auslösen wieder benutzen kann. Sind keine Sicherungen in den Stromkreis eingebaut, dann macht sich die Wärmewirkung des Stromes an einer anderen Stelle des Stromkreises bemerkbar, und es besteht Brandgefahr. Die Sicherungen sind so auszuwählen, dass zu-

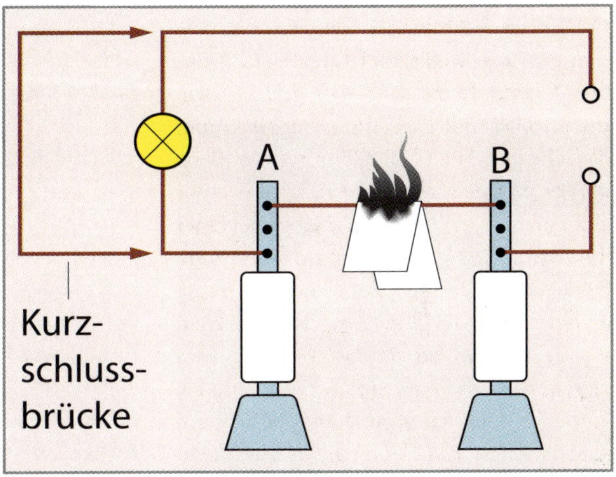

Abb. 2: Ein Kurzschluss entsteht beim Überbrücken der Energiewandler (Glühlampe). Beim Kurzschluss erwärmt sich der Draht zwischen den Punkten A und B. Der Papierreiter fängt Feuer

erst die Sicherung im Stromkreis von der Wärmewirkung des Stromes betroffen ist, bevor die Leitungen oder Haushaltsgeräte vom Strom beschädigt werden. Sicherungen müssen dem Leitungssystem angepasst sein. Es ist verboten, defekte Sicherungen durch dicke Drähte zu ersetzen, denn der Stromkreis wäre somit vor Kurzschlüssen nicht mehr abgesichert.

Der Kurzschluss

Durch Kurzschlüsse können Stromkreise vollständig zerstört werden. Ein Kurzschluss entsteht, wenn z. B. die Pole einer Batterie oder Spannungsquelle direkt, d. h. ohne Energieumwandler über ein Kabel verbunden sind. Kurzschlüsse sind gefährlich, weil sehr hohe Ströme fließen und dadurch Kabelbrände entstehen können. Kurzschlüsse entstehen, wenn Energiewandler in Stromkreisen überbrückt werden (Abb. 2).

Abb. 3: Der Dynamo wandelt mechanische Energie in elektrische um

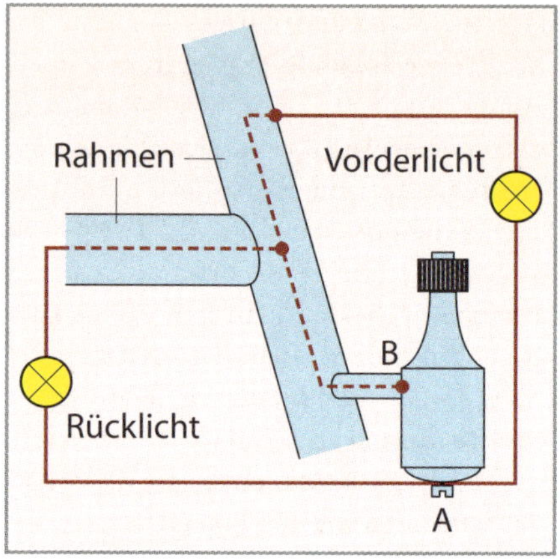

Abb. 4: Der Metallrahmen stellt die Rückleitung für die Fahrradbeleuchtung

Energiewandlung im Stromkreis

Das Besondere an der elektrischen Energie ist, dass sie bequem und schnell in andere Energieformen umgewandelt werden kann.

Bei der Glühlampe wird die elektrische Energie in Licht und Wärme umgewandelt. Der Tauchsieder wandelt den Strom in Wärme um. Die Energie ist dann im erwärmten Wasser enthalten. Ein Dynamo wandelt mechanische in elektrische Energie um (Abb. 3). Ein Fahrradfahrer z. B. spürt sehr deutlich, wenn der Dynamo am Reifen anliegt und Strom für die Fahrradbeleuchtung erzeugt. Der Radfahrer muss wesentlich mehr Arbeit leisten. Diese mechanische Arbeit wird mit Hilfe des Dynamos in Strom umgewandelt. Der erzeugte Strom erwärmt die Glühwendel und bringt die Fahrradlampen zum Erleuchten. Elektrische Energie wird nicht erzeugt, sondern wird immer aus anderen Energieformen umgewandelt.

Die gesparte Rückleitung

Eine Glühlampe leuchtet nur dann, wenn der Stromkreis geschlossen ist, d. h. von der Energiequelle muss eine elektrisch leitende Hin- und Rückleitung den Stromfluss gewährleisten. In den meisten Fällen ist der Stromkreis mit seinen Leitungen direkt erkennbar. Bei der Fahrradbeleuchtung ist der Stromkreis geschlossen, so dass die Fahrradlampen leuchten, aber es fehlt bei der ersten Betrachtung die Rückleitung. Bei genauerer Untersuchung stellt man fest, dass der Metallrahmen des Fahrrads als Rückleitung benutzt wird (Abb. 4). Die

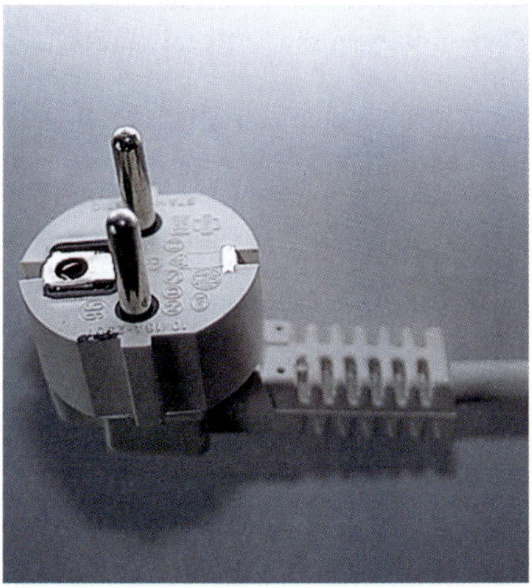

Abb. 5a: Netzstecker in geschlossenem Zustand

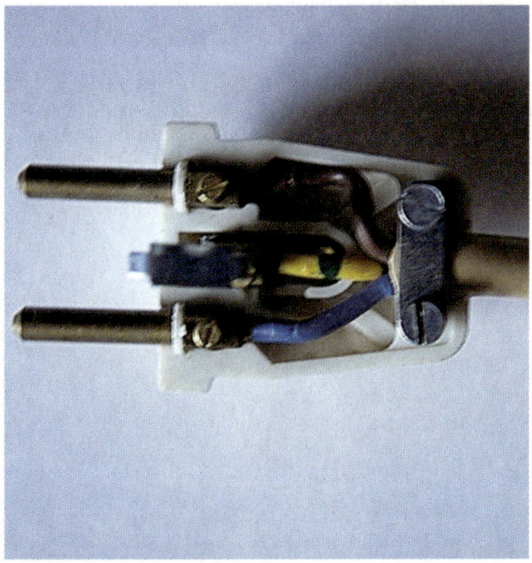

Abb. 5b: Geöffneter Netzstecker; Phase, Null- und Schutzleiter sind gut zu erkennen

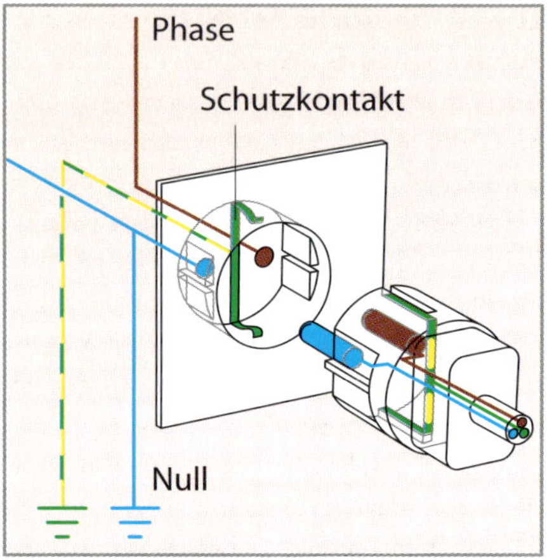

Abb. 5c: Schematische Darstellung des Schutzkontaktsteckers und der Steckdose. Die Farben der einzelnen Leiter sind verbindlich und müssen aus Sicherheitsgründen unbedingt eingehalten werden

Rückleitung zum Dynamo in Form eines Kabels bleibt also erspart, weil der Metallrahmen genauso gut den Strom leiten kann.

Das Haushaltsnetz

Jeder Haushalt bekommt über Zuleitungen vom Kraftwerk Strom geliefert. An jeder Steckdose im Haushalt misst man eine Spannung von 220 V. Beim Öffnen einer Steckdose entdeckt man drei Leiter (Abb. 5a, b, c). Die spannungsführende Leitung wird als

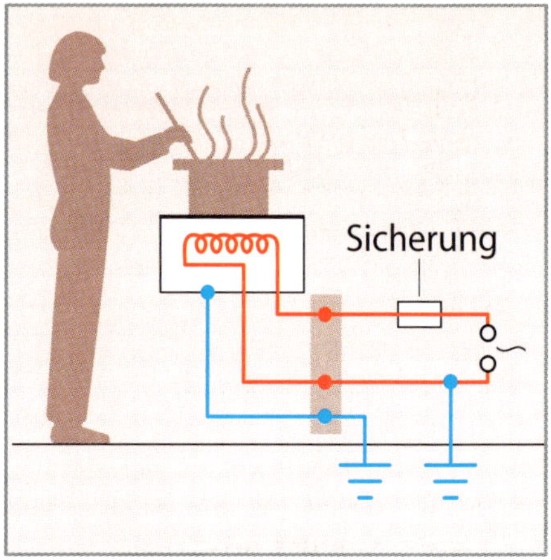

Abb. 6a: Intakte Kochplatte

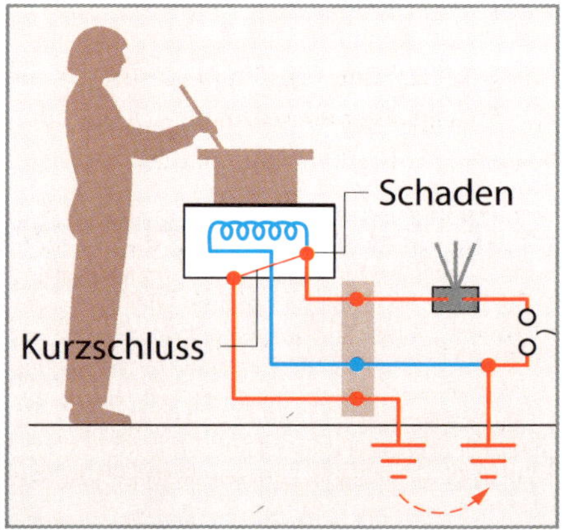

Abb. 6b: Kurzschluss zwischen Glühwendel und Gehäuse; Strom fließt über Schutzleiter

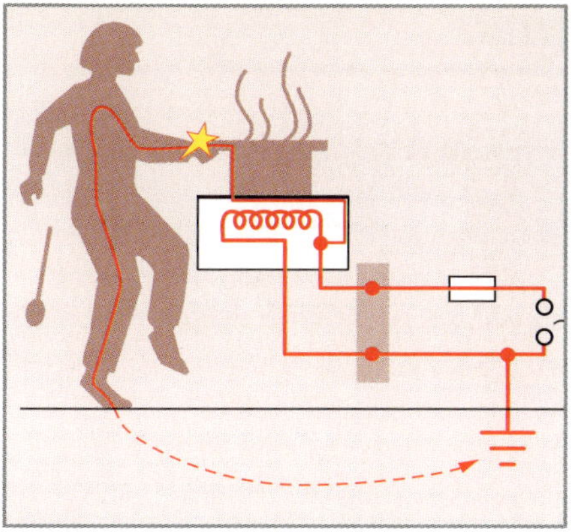

Abb. 6c: Kurzschluss zwischen Glühwendel und Gehäuse; Strom fließt über die Person. Lebensgefahr

Phase bezeichnet. Die Phase liefert für die Haushaltsgeräte den Strom, und der Nulleiter dient als Rückleitung, damit der Stromkreis geschlossen ist. Der Nullleiter wird im Schalterkasten des Hauses „geerdet", indem man ihn mit einem in der Erde vergrabenen Metallstück verbindet. Zwischen der Phase und dem Nullleiter liegt eine Spannung von 220 V (Volt). Die Phase ist in den meisten Fällen braun, der Nullleiter blau und der Schutzleiter grün-gelb gekennzeichnet. Ein Schukostecker (Schutzkontaktstecker) verbindet das Gehäuse mit dem Schutzleiter, der wie der Nullleiter geerdet ist. Falls ein Metallgehäuse Kontakt mit der Phase bekommt, fließt sofort ein Kurzschlussstrom über den Schutzleiter, und die Sicherung unterbricht automatisch den Stromkreis (Abb. 6a, b). Der Schutzleiter schützt somit den Menschen vor einem Stromschlag. Ist kein Schutzleiter vorhanden, kann Spannung am Gehäuse anliegen, und bei Berührung fließt der Strom über den Menschen zur Erde (Abb. 6c).

Zum Weiterlesen:

- Stromkreis I - Grundlagen, S. 24
- Elektromagnetismus, S. 42
- Ladung, Spannung und Stromstärke, S. 48

Grundlagen des Magnetismus

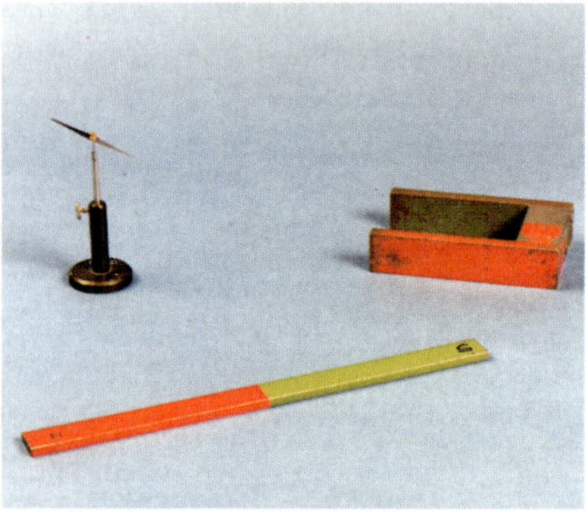

Abb. 1: Stabmagnet, Magnetnadel und Hufeisenmagnet sind die bekanntesten Formen des Magneten

Die geheimnisvollen Erscheinungen des Magnetismus haben den Menschen schon von jeher interessiert. Nach den geschichtlichen Überlieferungen fand man im Altertum in der Nähe der Stadt Magnesia in Kleinasien Eisenerzstücke, die andere kleine Eisenerzstücke anzogen. Später fand der Mensch heraus, dass viele Eisenerze (Magneteisen, Magnetkies) magnetische Eigenschaften besitzen. Magnetische Eisenerze findet man vor allem in Schweden, Norwegen, Chile und Ungarn. Heutzutage sind künstliche, aus Stahl hergestellte Magneten für die technische Anwendung wesentlich bedeutungsvoller. Die Form der Magneten kann sehr unterschiedlich sein, in der Abbildung 1 sind ein Stabmagnet, eine Magnetnadel und ein Hufeisenmagnet aus Stahl abgebildet.

Was ein Magnet so alles anzieht

Das Besondere am Magnetismus ist für den Menschen, dass er keinen wahrnehmbaren Übertragungsmechanismus mit seinen Sinnen erfassen kann. Eisengegenstände bleiben am Magneten hängen, ohne dass man Haken, klebende Flächen, Saugnäpfe oder andere bekannte Mechanismen erkennen könnte, die das Festhalten erklären. Die Wirkung des Magneten ist sogar aus einer gewissen Distanz auf Eisen übertragbar, so dass sie selbst durch Luft und Materialien wie Glas, Karton, Papier, Holzbrettchen hindurch auf das Eisen wirkt und es entsprechend bewegt, abstößt oder anzieht. Besonderer Beliebtheit erfreuen sich magnetische Figuren, die z. B. auf der Tischplatte bewegt werden, ohne berührt zu werden. Ein Magnet unter der Tischplatte bewegt die Figuren, und der Zuschauer hat den Eindruck, dass die Figuren von einer magischen Hand versetzt werden.

Bei der Untersuchung aller Grundstoffe hat man herausgefunden, dass der Magnetismus nicht nur auf Eisen wirkt, denn außer Eisen werden noch die Metalle Nickel und Kobalt in vergleichbarer Stärke angezogen. Diese Metalle werden als ferromagnetische Materialien bezeichnet. Stoffe hingegen, die nicht vom Magneten angezogen werden, sind somit nicht ferromagnetisch, z. B. Materialien wie Glas, Karton, Papier oder Holz, aber auch Metalle wie Aluminium und Kupfer.

Des Weiteren beobachtet man, dass der Magnet nicht an allen Stellen die gleiche Anziehungskraft ausübt. Wird an die Stirnseiten Eisen gehalten, dann nehmen die Anziehungskräfte auf das Eisen in Richtung Mitte des Magneten kontinuierlich ab, um dann in der Mitte vom Magneten losgelassen zu werden (Abb. 2). Hier übt der Magnet keine Kraft mehr auf Eisen aus. Streut man Eisenpulver auf den Magneten, dann stellt man ebenfalls fest, dass die Eisenteilchen besonders gut an den Enden des Eisenstabes haften. Es bilden sich an den Stirnseiten des Magneten so genannte „Eisenbärte“. Auch hier verringert sich zur Mitte hin die „Bartbildung“ aus den Eisenfeilspänen (Abb. 3).

Geheimnisvolle Linien - Feldlinien

Streut man Eisenpulver gleichmäßig auf ein Papier und legt in die Mitte einen Stabmagneten, dann bildet das Eisenpulver bogenförmige Linien, die als Feldlinien bezeichnet werden (Abb. 4). Die Linien beginnen an einer Stirnseite des Magneten und enden am anderen Ende des Magneten. Werden entlang dieser Linien kleine Magnetnadeln aufgestellt, dann richten sie sich eben-

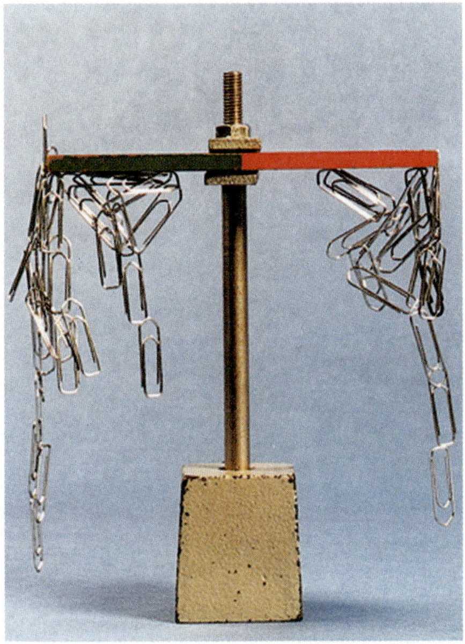

Abb. 2: Stabmagnet: Die Heftklammern halten in der Nähe der Stirnseiten. In der Mitte des Magneten lässt die magnetische Wirkung nach und die Heftklammern werden losgelassen

Abb. 3: Eisenfeilspäne bilden einen Bart am Ende eines Magneten. Die magnetische Wirkung ist hier am stärksten

falls parallel zu diesen Feldlinien aus. Die Endstellen bzw. Stirnseiten der Magneten werden als magnetische Pole bezeichnet. Die Stelle des Stabmagneten, an der die Feldlinien aus dem Material austreten, ist der Nordpol, und die Stelle, an der die Feldlinien in das Material eintreten, wird als Südpol bezeichnet. Beim Magneten wird der Südpol mit der Farbe Grün und der Nordpol mit der Farbe Rot gekennzeichnet. Nähert sich der Südpol eines Magneten dem Nordpol eines anderen Magneten, dann wirken aufeinander anziehende Kräfte. Die beiden Magneten halten aneinander fest. Nähert man die Südpole an, dann stoßen sie sich gegenseitig ab. Die Nordpole der Magneten verhalten sich genauso wie die Südpole, so dass man sagen

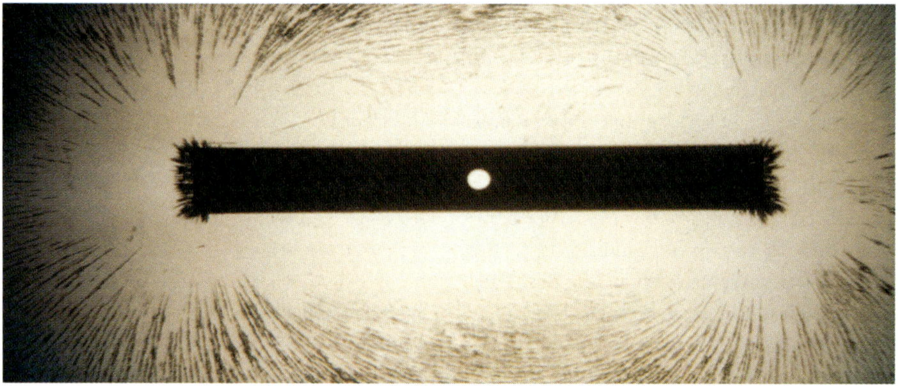

Abb. 4: Darstellung auf dem Overhead-Projektor: Eisenfeilspäne richten sich entlang der Feldlinien aus

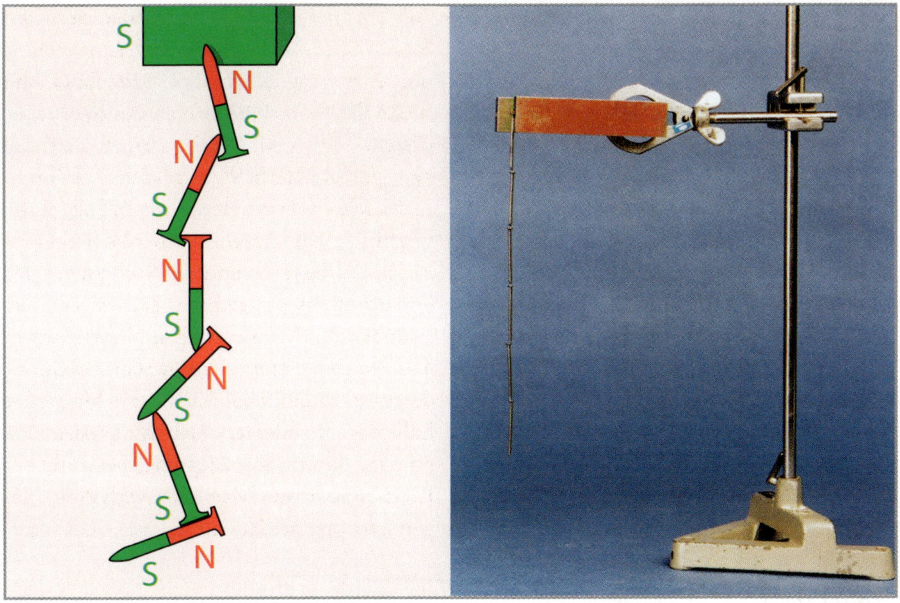

Abb. 5: Vorübergehend magnetisierte Nägel

kann, dass ungleichnamige magnetische Pole sich anziehen und gleichnamige Pole sich gegenseitig abstoßen. Besonders erstaunlich ist die Beobachtung, dass beweglich gelagerte Magneten immer in die gleiche Richtung zeigen. Da die gesamte Erde magnetische Eigenschaften hat, richten sich die Magneten an den Feldlinien der Erde aus. Diese Tatsache macht sich der Mensch zunutze, denn Kompassnadeln bestehen aus magnetischen Materialien. Der magnetische Nordpol des Magneten zeigt in Richtung des magnetischen Südpols, und der magnetische Südpol des Magneten zum magnetischen Nordpol der Erde. Es ist aber zu beachten, dass man die magnetischen Pole der Erde nicht mit den geographischen Polen verwechselt. Der magnetische Nordpol befindet sich beispielsweise leicht versetzt zum geographischen Südpol, und genauso verhält es sich mit dem magnetischen Südpol, der sich unweit vom geographischen Nordpol befindet.

Abb. 6: Symbolische Darstellung von ungeordneten Elementarmagneten in nicht magnetisiertem Eisen

Magnet und Eisen – Eisen wird magnetisch

Mit einem Magneten ist es möglich, Eisennägel kettenförmig aneinander zu hängen. Das Aneinanderhängen wäre nicht möglich, wenn die einzelnen Nägel nicht vorübergehend magnetisiert wären, so dass sie sich gegenseitig halten könnten (Abb. 5).

Mit diesem Experiment stellt sich nun die Frage, warum die Eisennägel untereinander magnetische Kräfte ausüben, wenn einer von den Nägeln in Kontakt mit einem Magneten steht.

Man stellt sich vor, dass ferromagnetische Stoffe aus Elementarmagneten aufgebaut sind. Befinden sich diese kleinsten magnetischen Einheiten in völliger Unordnung, dann befindet sich das Material im nicht magnetisierten Zustand (Abb. 6). Diese Elementarmagneten werden erst durch Anlegen eines äußeren Magnetfeldes ausgerichtet und somit magnetisiert. Es bilden sich Ketten von Elementarmagneten, deren Wirkung an den Enden des magnetisierten Materials zur Geltung kommt (Abb. 7). Verfallen die Elementarmagnete dann wieder in Unord-

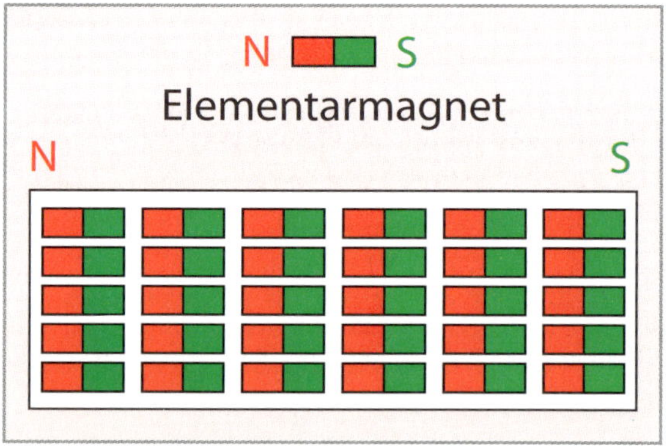

Abb. 7: Ein äußeres Magnetfeld ordnet die Elementarmagneten

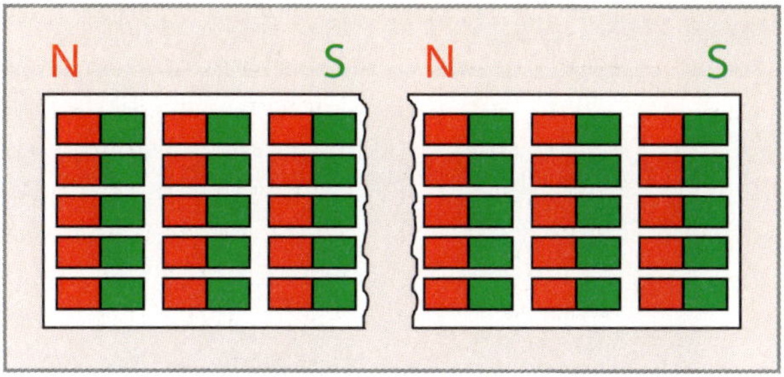

Abb. 8: Nach der Teilung stellen beide Teilstücke neue eigenständige Magneten dar

nung, wenn das äußere Magnetfeld nicht mehr vorhanden ist, dann spricht man von weichmagnetischen Stoffen. Eisen ist z. B. ein weichmagnetisches Material. Bleibt der magnetische Zustand ohne äußeres Feld weiter erhalten, dann handelt es sich um ein hartmagnetisches Material. Stahl hat beispielsweise hartmagnetische Eigenschaften. Erst durch Erhitzen oder durch das Schlagen mit dem Hammer auf den Magneten, der z. B. aus Stahl besteht, werden die gerichteten Elementarmagnete in Unordnung gebracht, d. h., das Material wird mit dieser Behandlung entmagnetisiert. Wird magnetisierter Stahl geteilt, dann entstehen an den Bruchenden neue Pole (Abb. 8). Auch die neu entstandenen Bruchstücke können immer wieder geteilt werden, und jedes einzelne Bruchstück ist ein eigenständiger Magnet. Bei jedem Magneten ist ein Nord- und ein Südpol vorhanden. Es ist also nicht möglich, bei weiterer Zerteilung den Nord- vom Südpol zu trennen.

Zum Weiterlesen:

- Energie und Wärme, S. 12
- Elektromagnetismus, S. 42
- Wirkungen des elektrischen Stromes, S. 120
- Die elektrische Ladung, S. 126

Elektromagnetismus und elektrische Magnetie

Mit den ersten Erkenntnissen über die Elektrizität, Anfang des 19. Jahrhunderts, wurden auch Versuche unternommen, um eventuelle Zusammenhänge zwischen Magnetismus und Elektrizität zu entdecken. Der dänische Physiker Oersted entdeckte als erster, dass elektrische Ströme Kräfte auf Magnetnadeln ausüben. Der Elektromagnetismus, d. h. der Zusammenhang zwischen Magnetismus und Elektrizität, war somit entdeckt und damit wurde auch dessen enormer Vorteil gegenüber dem herkömmlichen Magnetismus in seiner Anwendung erkannt. Mit der Entwicklung des Elektromagneten war es nun möglich, die magnetische Wirkung mit dem Stromfluss ein- und auszustellen. Der Grundstein für die spätere Entwicklung in Bereichen wie Elektroantrieb, Schalt- und Nachrichtentechnik war gelegt.

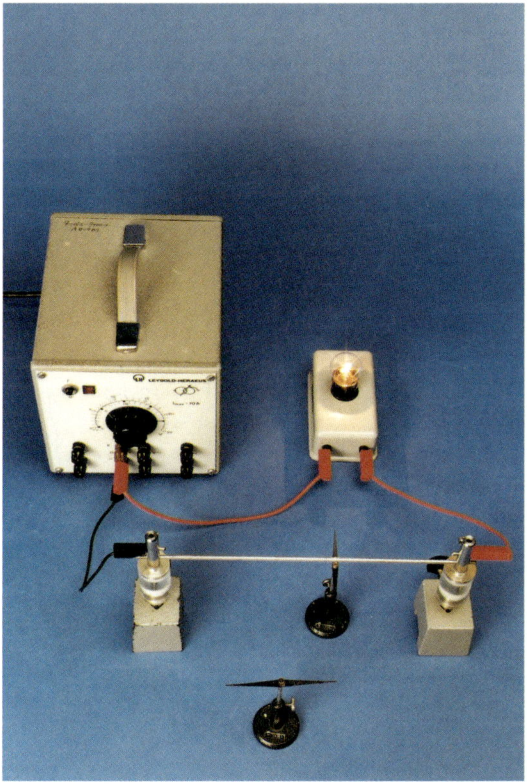

Abb. 1: Der Versuch von Hans-Christian Oersted (1777 -1851).
Die Kompassnadel (Magnet) wird vom stromdurchflossenen Leiter abgelenkt

Der Oersted-Versuch

Oersted entdeckte im Jahr 1820, dass ein stromdurchflossener Leiter direkten Einfluss auf eine Kompassnadel ausübt. Die Kompassnadel wurde beim Einschalten des Stroms aus ihrer Nord-Süd-Richtung abgelenkt (Abb. 1). Aus diesem Versuch wurde geschlossen, daß vom stromdurchflossenen Leiter ein magnetisches Feld erregt wird, das auf die Magnetnadel einwirkt. Abbildung 2 zeigt einen Leiter, der senkrecht durch eine Ebene verläuft. Der Leiter wird von einem Strom I durchflossen. Streut man auf die Ebene einer solchen Anordnung Eisenpulver, so ordnen sich die Eisenteilchen in konzentrischen Kreisen an. Das Eisenpulver macht die Feldlinien sichtbar. Werden kleine Magnete auf den Feldlinien angeordnet, dann richten sich diese Magnetnadeln entlang der Feldlinien aus (Abb. 2). Wird die Stromrichtung geändert, dann kehrt sich damit auch die Ausrichtung der Magnetnadeln um. Die Richtung der Feldlinien ist abhängig von der Stromrichtung. Die Korkenzieherregel vereinfacht den Zusammenhang der Orientierung der Feldlinien zur Stromrichtung:

Korkenzieherregel: Dreht man den Korkenzieher in Richtung des fließenden Stromes vorwärts, so gibt sein Drehsinn die Richtung der Feldlinien an.

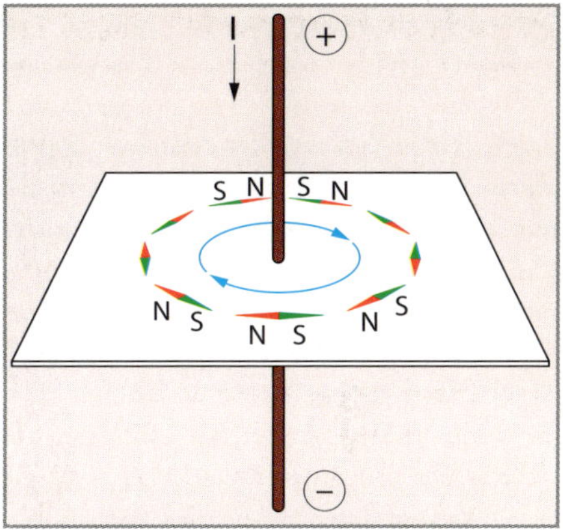

Abb. 2: Die Magnetnadeln zeigen die Richtung der Feldlinien an

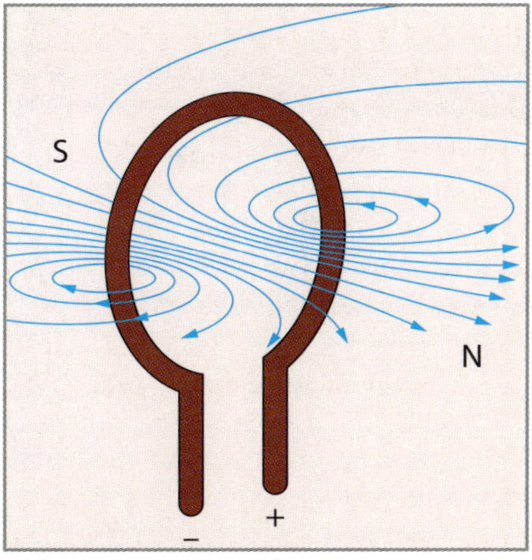

Abb. 3: Das Magnetfeld einer Leiterschleife

Die Spule als Elektromagnet

Bisher wurde festgestellt, dass ein gestreckter, stromdurchflossener Leiter eine magnetische Wirkung auf Magnete (Kompassnadeln) ausübt. Biegt man den gestreckten Leiter einer stromdurchflossenen Leiterschleife, dann ist sichtbar, dass die Feldlinien innerhalb der Leiterschleife gleichgerichtet sind und die Feldlinien außerhalb der Leiterschleife entgegengesetzt verlaufen. Die Teilfelder innerhalb der Leiterschleife sind gleichgerichtet, unterstützen sich und verstärken das Magnetfeld (Abb. 3). Die Leiterschleife stellt einen Elektromagneten dar, mit einem magnetischen Nord- und Südpol. An der Stelle, wo die Feldlinien austreten, ist der Nordpol. Am Südpol treten die Feldlinien wieder in den Magneten ein. Werden dieser Leiterschleife noch weitere Leiterschleifen hinzugefügt, dann erhält man eine Spule. Die Magnetfelder der einzelnen Leiter ergeben ein Gesamtmagnetfeld. Die Feldlinien treten an einer Stirnseite gebündelt aus und an der anderen Stirnseite wieder gebündelt ein (Abb. 4). Strom führende Spulen haben somit Pole und üben wie Stabmagnete magnetische Kräfte aus.

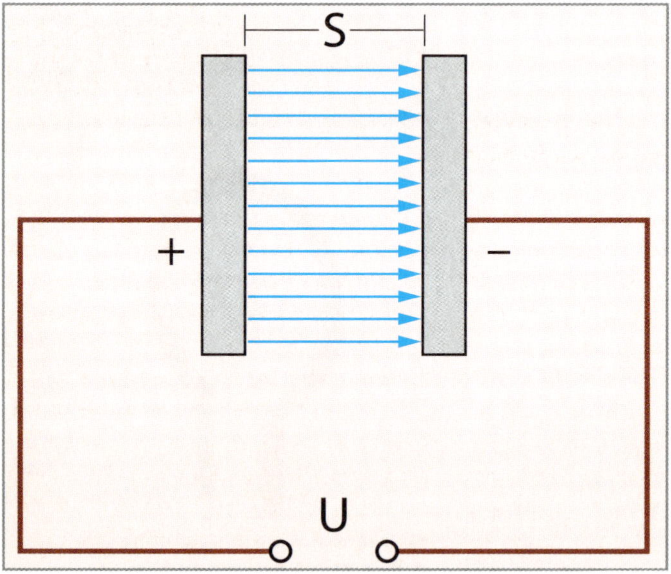

Abb. 4: Magnetfeld einer stromdurchflossenen Spule

Die verstärkende Wirkung des Eisens

Wird ein Eisenkern in eine Spule gelegt, dann wird der Magnetismus der Spule um ein Vielfaches vergrößert. Der Elektromagnetismus einer stromdurchflossenen Spule magnetisiert den in

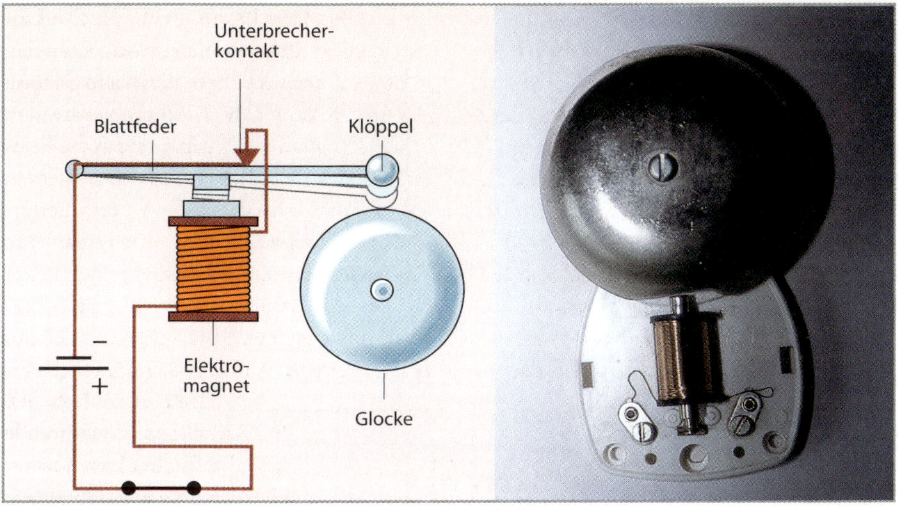

Abb. 5: Schematischer Aufbau einer elektrischen Klingel (links). Im Foto (rechts) ist der Elektromagnet deutlich zu erkennen

die Spule gebrachten Eisenkern. Das Eisen besteht aus ungeordneten Elementarmagneten. Durch das gerichtete Magnetfeld im Innern der Spule werden die Elementarmagnete ausgerichtet. Der im Eisen angeregte Magnetismus überlagert und verstärkt dann den ursprünglichen Magnetismus der Erregerspule, so dass bei gleicher Stromstärke der Magnetismus der Spule um ein Vielfaches verstärkt wird. Eine Spule mit Eisenkern zieht z. B. wesentlich mehr Eisennägel an sich als eine Spule ohne Eisenkern, deshalb findet man in der Anwendung größtenteils nur Spulen mit Eisenkern wieder. Beim Abschalten der Spulenspannung verliert der Eisenkern fast vollständig seine magnetischen Eigenschaften. Eisen wird deshalb als weichmagnetisch bezeichnet. Im Vergleich dazu werden Materialien, die ihre magnetischen Eigenschaften außerhalb der Spule oder bei abgeschalteter Spulenspannung weiter behalten, als hartmagnetisch bezeichnet. Stahl weist beispielsweise hartmagnetische Eigenschaften auf, so dass Stahl ideal für das Herstellen von Dauermagneten geeignet ist (Permanentmagnete).

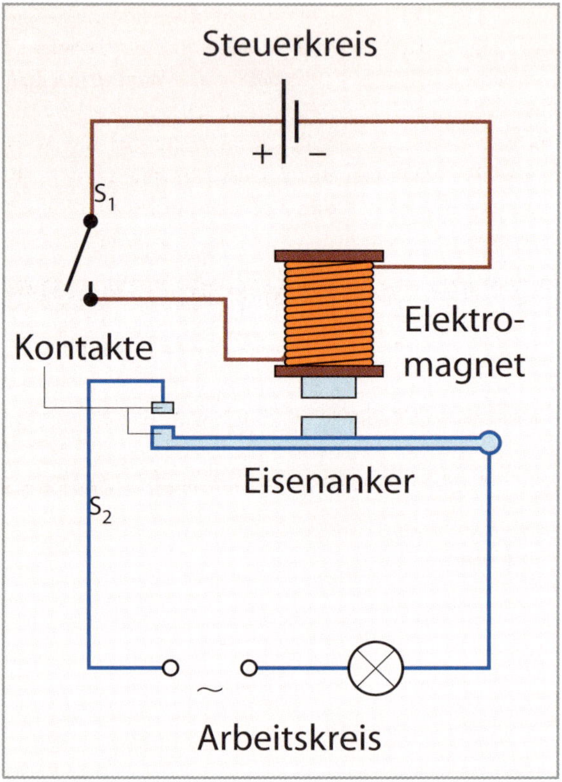

Abb. 6: Aufbau des Relais

Die Klingel

Die Klingel ist eine klassische Anwendung einer Spule mit Eisenkern. In Abbildung 5 ist das Funktionsprinzip in einem Schema vereinfacht dargestellt. Die Klingel besteht aus einer Spule mit Eisenkern, einem Anker (Eisenstück), befestigt an einem beweglichen Metallstreifen, und einer Metallspitze. Wenn der Stromkreis geschlossen ist, dann fließt der Strom über die Metallspitze zum Metallstreifen zur Spule. Die stromdurchflossene Spule erzeugt ein Magnetfeld und zieht den Anker mit dem Metallstreifen an. Damit ist aber der Kontakt zwischen Metallspitze und Metallstreifen unterbrochen, so dass kein Strom durch die Spule fließt und der Anker von der Spule losgelassen wird. Der Metallstreifen richtet sich auf, und so besteht erneuter Kontakt mit der Metallspitze. Es fließt wieder Strom, und der Anker wird erneut angezogen. Der Kontakt zur Metallspitze wird deshalb erneut unterbrochen und somit auch der Stromkreis. Der Anker mit dem Metallstreifen schwingt durch das abwechselnde Schließen und Unterbrechen des Stromkreises hin und her. Die Klingel läutet, wenn der Metallstreifen (Klöppel) gegen eine Glocke schlägt.

Das Relais

Wie in Abbildung 6 dargestellt, besteht ein Relais aus zwei getrennten Stromkreisen. Der erste Stromkreis wird als Steuerstromkreis und der zweite Stromkreis wird als Arbeitsstromkreis bezeichnet. Wird der Steuerstromkreis über den Schalter S_1 geschlossen, dann zieht der Elektromagnet (Spule mit Eisenkern) den Schalter S_2 an, und der zweite Stromkreis ist dann ebenfalls geschlossen. Wird der Schalter S_1 geöffnet, dann lässt der Magnet den Schalter S_2 los, und der Arbeitsstromkreis ist unterbrochen. Das Relais bietet somit die Möglichkeit, mit kleinen Spannungen, z. B. Batteriespannungen, Stromkreise mit hohen Spannungen und Strömen zu steuern.

Zum Weiterlesen:

- ➔ Wirkungen des elektrischen Stromes, S. 120
- ➔ Die elektrische Ladung, S. 126
- ➔ Die elektromagnetische Induktion, S. 342
- ➔ Elektromotor und Generator, S. 348

Ladung, Spannung und Stromstärke

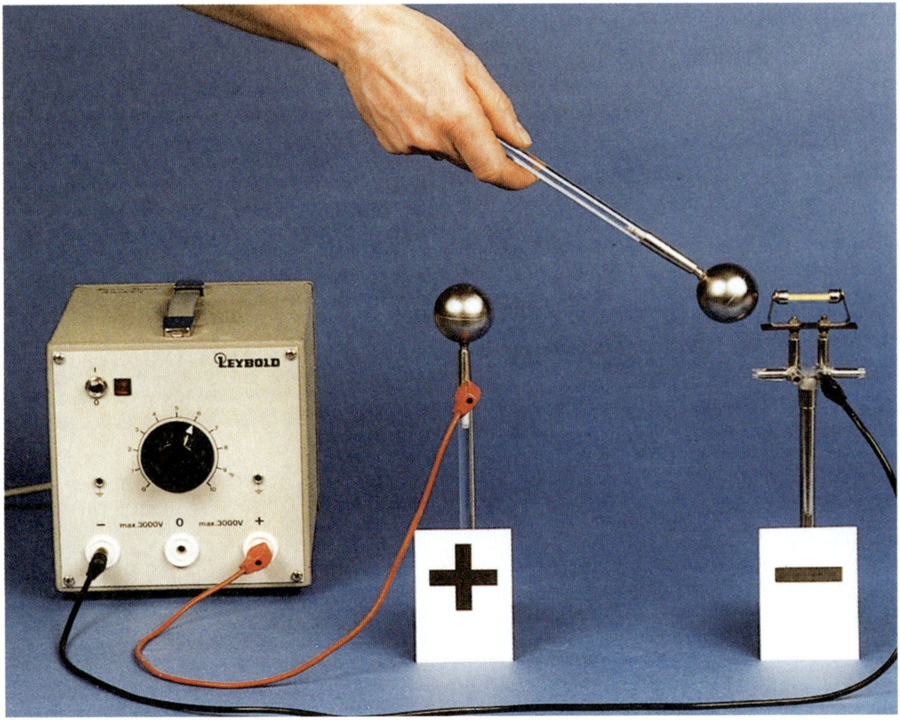

Abb. 1: Ladungstransport

Wenn ein Stromkreis geschlossen ist und Strom fließt, dann können die unterschiedlichsten Energiewandler betrieben werden. Der Begriff Strom bleibt bei dieser Beschreibung eine abstrakte Größe, die nur vermittelt, dass etwas fließt. In diesem Kapitel wird deshalb die elektrische Substanz vorgestellt, aus der der Stromfluss besteht. Diese Substanz wird als elektrische Ladung Q bezeichnet. Die folgenden Experimente sollen die Eigenschaften der Ladung Q verdeutlichen.

Der folgende Versuch (Abb. 1) zeigt zunächst, dass es möglich ist, vereinzelt Ladung zu transportieren. Dafür wird eine isolierte Metallkugel benutzt, die den Pluspol einer Energiequelle berührt. Die Metallkugel ist isoliert, damit Ladung nicht über den Körper zur Erde abfließt. Die Metallkugel wird von der Spannungsquelle zur Glimmlampe bewegt. Berührt die Kugel diese Glimmlampe, die mit dem negativen Pol verbunden ist, so registriert man ein Aufleuchten der Lampe. Es ist augenscheinlich Ladung transportiert worden, da die Lampe anzeigt, dass es einen kurzzeitigen Stromfluss gab. Ein weiterer Versuch gibt jedoch Aufschluss darüber, welche Art von Ladung transportiert wurde. Berührt man den negativen Pol der Spannungsquelle mit der Kugel und anschließend eine Glimmlampe, die mit dem positiven Pol verbunden wurde, so leuchtet nämlich auch hier die Glimmlampe auf. Die Kugel nahm negative Ladung am Minuspol auf und gab diese am Pluspol ab. Die angeschlossene Glimmlampe leuchtet bei diesem Ladungstransport. Weiterführende Untersuchungen zeigen, dass gleichnamige Ladungen sich abstoßen und ungleichnamige Ladungen sich gegenseitig anziehen (Abb. 2).

Mit der Metallkugel besteht also die Möglichkeit, Ladung portionsweise von der Energiequelle abzuschöpfen, um sie dann an die Glimmlampe abzugeben. Die Glimmlampe leuchtet kurzzeitig auf, d. h., kurzzeitig fließt ein Strom. Werden die Ladungsträger direkt über die Spannungsquelle kontinuierlich an die Glimmlampe nachgeliefert, dann fließt auch ein kontinuierlicher Strom. Die Einheit für die Ladung Q ist benannt nach dem Physiker Charles Augustin de Coulomb (1736-1806) und wird abgekürzt mit C:

$[Q] = C$
C = Coulomb

Die Stromstärke gibt an, wie viel Ladung pro Zeit z. B. durch einen Leiter fließt:

$$\text{Stromstärke} = \frac{\text{Ladung}}{\text{Zeit}} \qquad [I] = \frac{[Q]}{[t]}$$

Die Gleichung ergibt für die Ladung:

$[Q] = [I]\cdot[t] = A\cdot s = As = C$

A= Ampere
s = Sekunde
C= Coulomb

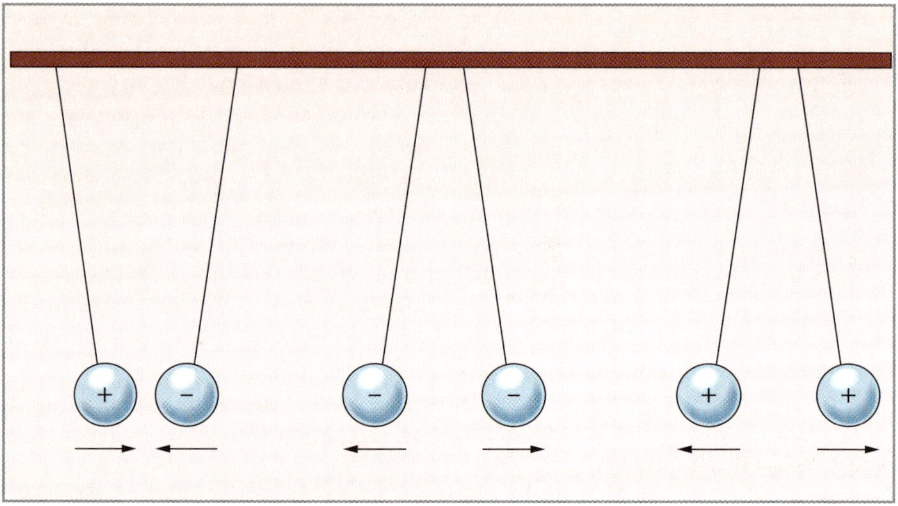

Abb. 2: Das Pendel macht es deutlich: Ungleichnamige Ladung zieht sich an und gleichnamige Ladung stößt sich ab

Was aber versteht man unter dem Spannungsbegriff?

Für die Erklärung des Begriffs Spannung wird oft auf den Wasserkreislauf als Modellvorstellung verwiesen. Der Wasserkreislauf hat in vielen Sachverhalten Ähnlichkeiten mit den Stromkreisläufen und stellt anschaulich den Spannungsbegriff dar.

In einer Stromquelle werden Ladungen getrennt, so dass die Pole eine unterschiedliche Ladungskonzentration aufweisen. Am Pluspol konzentrieren sich positive Ladungen und am Minuspol befinden sich die negativen Ladungen. Die positiven Ladungen werden grundsätzlich durch negative Ladungen angezogen. Zwischen den Polen besteht also das Bestreben, die Ladungstrennung durch Stromfluss auszugleichen. Im Modell mit dem Wasserkreislauf kann man sich also vorstellen, dass die negativen Ladungen auf ein höheres Niveau gepumpt werden (Abb. 3). Die negativen Ladungen haben das Bestreben, zum Pluspol zu fließen. Ist der Stromkreis geschlossen, dann fallen sie wieder wie das Wasser auf das ur-

Abb. 3: Wasserkreislauf mit einer Pumpe

sprüngliche Niveau zurück. Beim Ausgleich des Niveauunterschieds wird Arbeit verrichtet. Im Wasserkreislauf wird diese Arbeitsverrichtung mit dem Wasserrad angedeutet. Im Vergleich dazu bringen die elektrischen Ladungen eine Lampe zum Leuchten (Abb. 4). Damit der Energiewandler im Wasserkreislauf in Bewegung bleibt, muss immer wieder Wasser auf das gehobene Niveau gepumpt werden. Die Stromquelle verhält sich genauso. Die Fähigkeit einer Stromquelle, Ladung in einem Leiter in Bewegung zu setzten, heißt Spannung (U), gemessen in Volt (V).

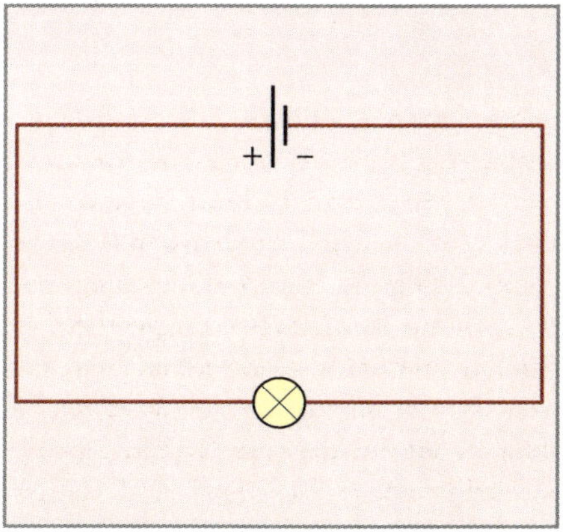

Abb. 4: Stromkreis mit einer einzigen Stromquelle

Abb. 5: Wasserkreislauf mit parallel geschalteten Pumpen

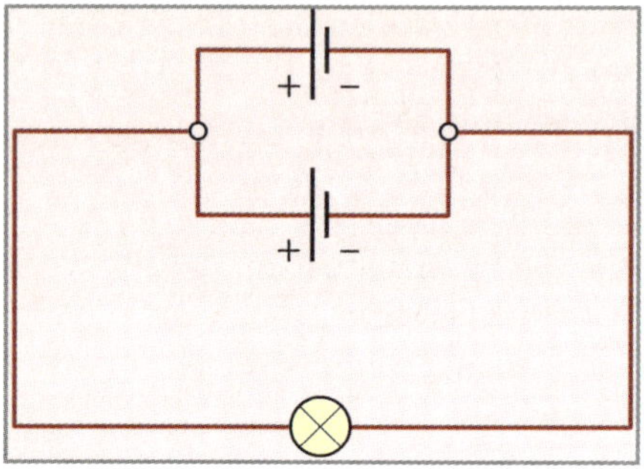

Abb. 6: Stromkreis mit parallel geschalteten Stromquellen

Abb. 7: Wasserkreislauf mit hintereinander geschalteten Pumpen

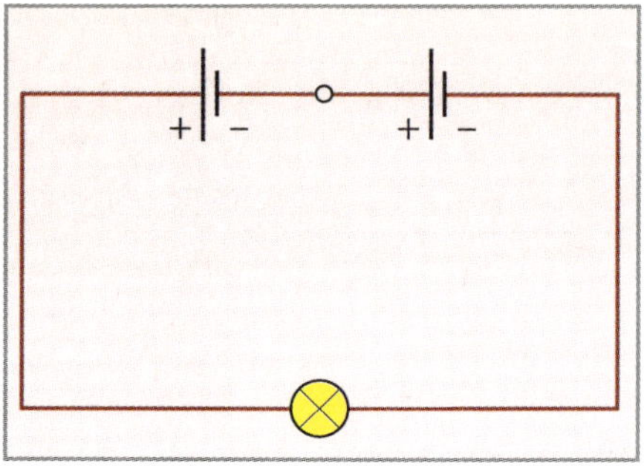

Abb. 8: Stromkreis mit hintereinander geschalteten Stromquellen

Reihen- und Parallelschaltung

Im Wasserkreislaufmodell ist der Druck auf das Wasserrad mit der Spannung im Stromkreis vergleichbar. Werden zwei Pumpen parallel angeordnet, wird nicht der Druck auf das Wasserrad geändert. Mit dieser Anordnung werden die Pumpen geschont (Abb. 5). Ähnlich verhält es sich mit den parallel geschalteten Stromquellen (Abb. 6). Die parallel geschalteten Stromquellen liefern für den Stromkreis die gleiche Gesamtspannung wie mit einer einzigen Stromquelle. Die Stromquellen brauchen allerdings nur die halbe Strommenge zu liefern, d. h., die beiden Stromquellen sind nur zur Hälfte belastet. Werden z. B. die beiden Pumpen übereinander angeordnet, befindet sich im Wasserkreislaufmodell das Wasser im oberen Becken auf der doppelten Höhe

	parallel geschaltet	hintereinander geschaltet
2 Stromquellen	Halbierte Strommenge: Die Stromquellen werden nur zur Hälfte belastet	Doppelte Potentialdifferenz: Die Glühbirne leuchtet doppelt so hell
2 Wasserpumpen	Die Pumpen werden nur zur Hälfte belastet	Doppelte Förderhöhe: Das Wasserrad dreht sich doppelt so schnell

Abb. 9: Zusammenfassung

als bei der einfachen Pumpenanordnung (Abb. 7). Das Wasserrad als Energiewandler am Ende des Fallrohres bekommt den doppelten Druck zu spüren und läuft doppelt so schnell. Dieses Beispiel auf den Stromkreis übertragen bedeutet, dass zwei hintereinander geschaltete Stromquellen die doppelte Spannung erzeugen. Die Potentialdifferenz ist doppelt so hoch, und die Glühlampe leuchtet deshalb doppelt so hell (Abb. 8). Würde man beispielsweise die Kette der hintereinander geschalteten Spannungsquellen 2-, 3-, 4- oder n-fach verlängern, würde sich somit auch die Spannung dementsprechend 2-, 3-, 4- oder n-fach erhöhen. Im Vergleich dazu erhöhen parallel geschaltete Spannungsquellen die Spannung im Stromkreis nicht (Abb. 9).

Zum Weiterlesen:

- Elektromagnetismus, S. 42
- Die elektrische Ladung, S. 126
- Die Stromstärke, S. 144
- Die elektrische Spannungsquelle, S.150

Licht und Lichtausbreitung

Abb. 1: Die Sonne als Lichtquelle

Die Sonne liefert das Licht für das Leben auf der Erde (Abb. 1). Am Tage ist die Sonnenstrahlung so intensiv, dass man nicht direkt in die Sonne blicken kann. Am Abend genießt der Mensch den Sonnenuntergang. Das von der Sonne ausgestrahlte (emittierte) Licht wird direkt vom menschlichen Auge empfangen. Das Auge sieht Licht. Das Licht kann unterschiedlich erscheinen. Licht kann sehr intensiv sein, wie die grellen Sonnenstrahlen während der Mittagszeit, oder aber das Licht kann angenehm wirken, wie der rötliche Sonnenuntergang. Die Sonne ist in diesem Fall die Lichtquelle. Sie sendet das Licht aus, und unser Auge empfängt das Licht. Neben der natürlichen Lichtquelle Sonne gibt es auch künstliche Lichtquellen. Lampen, Laser, Bildschirme oder aber auch glühende oder brennende Gegenstände senden Licht aus.

Nun stellt sich die Frage, ob ein zweiter Beobachter den Lichtstrahl sehen kann, wenn dieser von der Lichtquelle Sonne zum Auge des ersten Beobachters gelangt. Schwebt z. B. der zweite Beobachter im Weltall, dann kann er keine Lichtstrahlen erkennen, die von der Sonne zur Erde gelangen. Die Sonne emittiert das Licht, und die Erde mit ihrem Beobachter empfängt das Licht. Dazwischen ist nichts zu sehen. Befinden sich beide Beobachter in einem

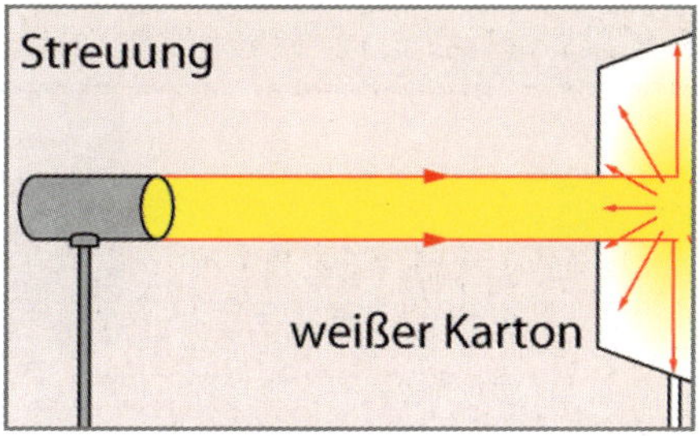

Abb. 2a: Streuung

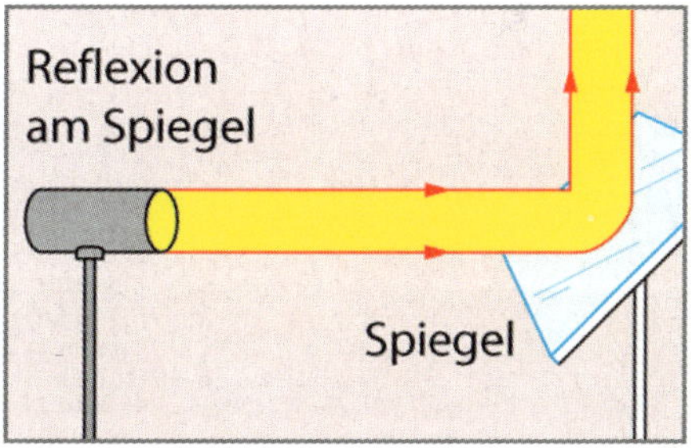

Abb. 2b: Reflexion

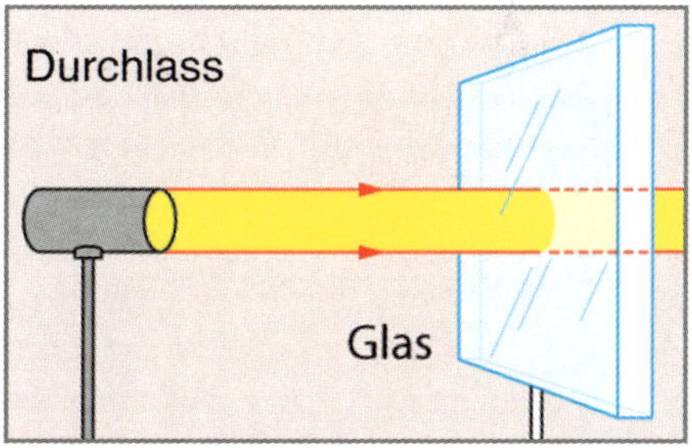

Abb. 2c: Transmission

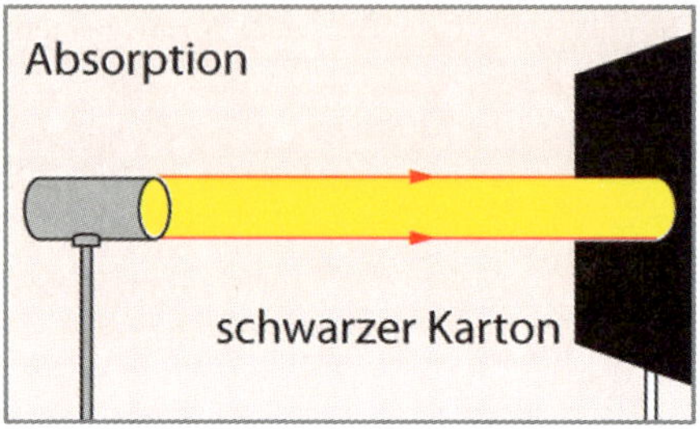

Abb. 2d: Absorption

Raum auf der Erde, dann wird plötzlich der Lichtstrahl sichtbar, weil man das Streulicht von den Staubpartikeln sieht, die sich im Lichtstrahl befinden. Der Lichtstrahl wird mit den lichtstreuenden Partikeln sichtbar gemacht.

Generell nennt man ungeordnet reflektierte Lichtstrahlen gestreutes Licht oder diffuses Licht (Abb. 2a). Im Gegensatz dazu wird bei der gerichteten Reflexion das Licht nur in einer Richtung gelenkt (Abb. 2b). Die idealen Reflektoren sind einfache Spiegel. Durch die Stellung des Spiegels lässt sich das Licht in eine bestimmte Richtung lenken. Neben den reflektierenden und streuenden Materialien gibt es auch transparente Stoffe (Abb. 2c), die das Licht ungehindert durchlassen. Schwarze Stoffe hingegen (Abb. 2d) nehmen das Licht vollständig auf. Sie absorbieren es.

Lichtausbreitung

Die meisten Lichtquellen emittieren das Licht gleichermaßen verteilt in alle Richtungen, wobei sich das Licht gradlinig ausbreitet. Die Sonne scheint nicht nur in Richtung Erde, sondern auch in alle anderen Richtungen. Glühlampen emittieren eben-

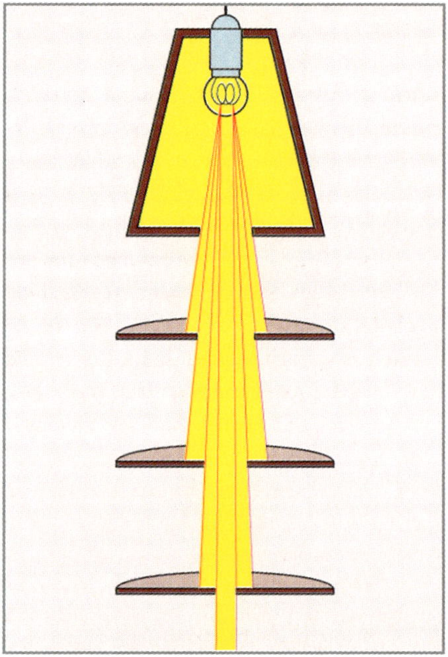

Abb. 3: Licht von einer Punktquelle wird durch Blenden immer schmaler gemacht. Die verbleibenden Strahlen im Lichtbündel verlaufen parallel

falls das Licht in alle Richtungen. Mit zunehmender Entfernung von der Lichtquelle laufen die Lichtstrahlen auseinander. Mit Lochblenden ist es möglich, aus den radial auseinander laufenden Strahlen ein dünnes und nahezu paralleles Strahlenbündel auszublenden (Abb. 3).

Reflexion

Trifft ein Lichtstrahl auf einen Spiegel, dann wird der Lichtstrahl abgelenkt. Bei schräg einfallenden Lichtstrahlen wird das Licht schräg reflektiert. Der Winkel zwischen einfallendem Lichtstrahl und dem Lot wird als Einfallswinkel α (Alpha) bezeichnet. Der Winkel zwischen ausfallendem Lichtstrahl und dem Lot wird als Ausfallswinkel β (Beta) bezeichnet (Abb. 4). Bei der Reflexion sind Einfallswinkel und Ausfallswinkel gleich groß. Einfallender Lichtstrahl, reflektierter Lichtstrahl und Lot liegen in einer Ebene. Dieses Reflexionsgesetz ist auch dann gültig, wenn die Oberfläche unregelmäßig ist. Die parallelen Lichtstrahlen treffen hier aber mit unterschiedlichen Winkeln auf die raue Oberfläche. Dementsprechend ungeordnet werden die einzelnen Lichtstrahlen reflektiert.

Glatte Oberflächen, an denen Parallelstrahlen auch nach der Reflexion parallel sind, werden als ebene Spiegel bezeichnet. Der Spiegel erzeugt scheinbare (virtuelle) Bilder, die symmetrisch mit dem Gegenstand zur Spiegeloberfläche liegen (Abb. 5). Der Betrachter hat den Eindruck, als kämen die Strahlen von einem Punkt hinter dem Spie-

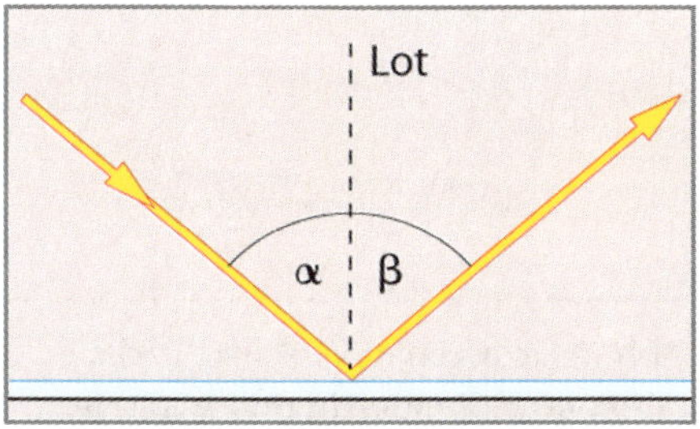

Abb. 4: Reflexionsgesetz: Einfallswinkel α ist gleich Ausfallswinkel β

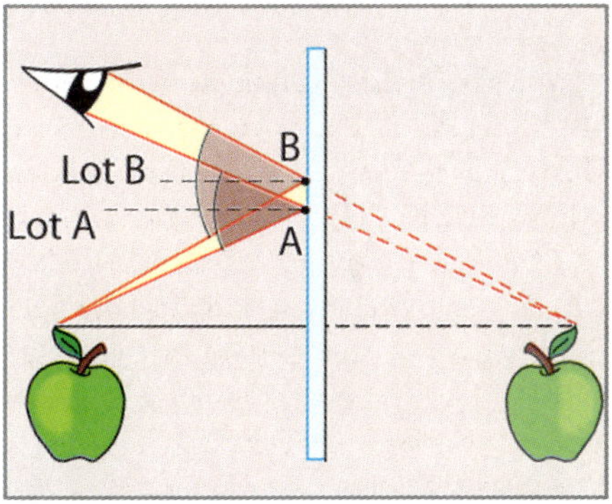

Abb. 5: Bildentstehung am Spiegel: Der Betrachter hat den Eindruck, als kämen die Strahlen von einem Punkt hinter dem Spiegel her

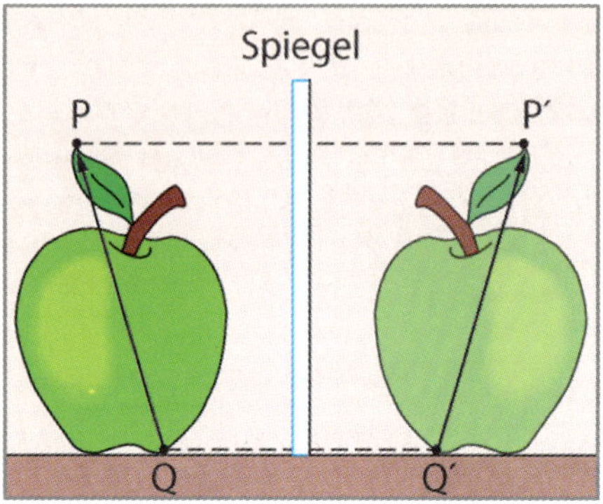

Abb. 6: Gegenstand und virtuelles Spiegelbild

gel. Stellt man vor eine senkrechte, dünne Glasplatte eine brennende Kerze und eine zweite gleich große nicht brennende hinter die Glasplatte, so dass sie mit dem Spiegelbild zusammenfällt, dann kann man mit diesem Aufbau kleine Zaubertricks durchführen, indem man beispielsweise seinen Finger in die scheinbare Flamme der hinteren Kerze hält. Natürlich ist die hintere Kerze aus, aber der Beobachter sieht den Finger in der von der Glasscheibe reflektierten Flamme. Dieser Versuch verdeutlicht, dass ebene Spiegel von einem Gegenstand ein scheinbares (virtuelles) Bild erzeugen, das genauso groß ist

Abb. 7 : 385.000 Kilometer trennen Mond und Erde voneinander. Das Licht benötigt für diese Entfernung nur 1,25 Sekunden

wie der Gegenstand selbst. Außerdem stellt man fest, dass der Abstand Bild zum Spiegel gleich ist mit dem Abstand Gegenstand zum Spiegel (Abb. 6).

Wenn wir den Lichtschalter betätigen, dann ist sofort das Licht da. Genauso verhält es sich, wenn wir in den Spiegel schauen. Das Bild erscheint sofort.

Wie schnell ist das Licht? Die Astronauten Armstrong und Aldrin installierten 1969 auf dem Mond einen Reflektor. Das von der Erde emittierte Licht benötigte für die Strecke Erde-Mond und wieder zurück ca. 2,5 s (Sekunden). Der Mond ist von der Erde 385.000 km entfernt. Für das Licht ergibt sich damit eine Geschwindigkeit von ca. 300.000 km/s (Abb. 7).

Zum Weiterlesen:

- ➔ Licht und Schatten, S. 60
- ➔ Lichtbrechung, S. 78
- ➔ Das Auge und der Sehvorgang, S. 102
- ➔ Optische Geräte, S. 108

Licht und Schatten

Durch die Erscheinung der Schattenbildung wird das Leben auf der Erde in Tag und Nacht eingeteilt. Wenn ein Erdteil durch die Drehung der Erde um ihre Achse in die sonnenzugewandte, beleuchtete Seite eintritt, dann wird es dort Tag, und wenn dieser Erdteil diese Seite verlässt, dann wird es dort Nacht. Die Sonne ist eine Lichtquelle, und die Erde ist ein Schattenkörper, der einen gigantischen Schattenraum erzeugt (Abb. 1). Das Entstehen der Schattenräume bleibt selbstverständlich nicht nur auf das Zusammenspiel Sonne-Erde beschränkt. Alle Fixsterne sind Sonnen, die als Punktlichtquellen die Planeten anstrahlen, und diese Planeten bilden Schatten. Im Weltraum sind deshalb riesige Schattenräume vorhanden. Die einzelnen Abstände zwischen den Lichtquellen und den Planeten bestimmen, ob Planeten sich gegenseitig beschatten. Die Erde und der Mond stehen z. B. so dicht zueinander, dass der eine unter bestimmten Umständen in den Schatten des anderen gelangen kann. Die Erscheinungen der Schattenbildung zwischen Mond und Erde treten mit präziser Regelmäßigkeit auf. Die Positionen der Planeten zur Sonne werden durch fixe Planetenbahnen bestimmt, d. h., die Planeten durchlaufen in periodischen Abständen immer wieder die gleichen Bahnen, wo sie immer wieder die gleichen Positionen zueinander annehmen. Die periodischen Erscheinungen der Schattenbildung von Mond und Erde spiegeln somit die periodisch auftretenden Planetenpositionen

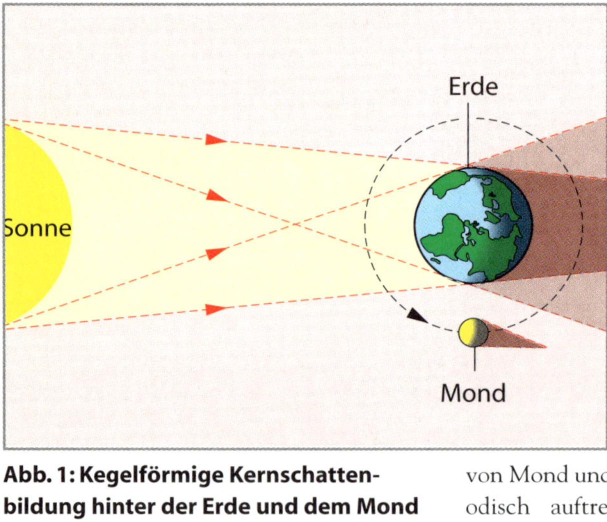

Abb. 1: Kegelförmige Kernschattenbildung hinter der Erde und dem Mond

wider und geben deren festen Rhythmus für die Schattenbildung vor. Die Sonnen- und Mondfinsternis sind Schattenbildungen, die direkt von der Erde aus in vorgegebenen Abständen beobachtet werden können. Im Gegensatz dazu werden die Mondphasen nicht durch den Schattenwurf eines anderen Himmelskörpers erzeugt. Vielmehr wird nur ein Teil der von der Sonne angestrahlten Mondfläche von der Erde aus gesehen.

Der Schattenwurf

Ein Körper, der von einer punktförmigen Lichtquelle beleuchtet wird und kein Licht durchlässt, erzeugt einen Schlagschatten mit scharfen Umrissen. Der Schatten lässt die Form des Gegenstandes scharf wieder erkennen, und wir nennen den Schatten auch Schattenbild des Gegenstandes (Silhouette) (Abb. 2). Der Schatten ist ein eindeutiger Hinweis darauf, dass das Licht sich gradlinig ausbreitet. Wird anstelle der Punktlichtquelle streuendes Licht benutzt, dann verschwinden die scharfen Grenzen zwischen Licht und Schatten. Wird ein Gegenstand mit zwei Punktlichtquellen angestrahlt, so erhellt jeweils eine Lichtquelle einen Teil des Schattenraumes der anderen Lichtquelle, wobei der Bereich, der von keiner Lichtquelle erhellt wird, Kernschatten genannt wird (Abb. 3). Der halb erhellte Schattenbereich wird als Halbschatten bezeichnet.

Abb. 2: Die Sonne als Punktlichtquelle: Das Handtuch wirft einen Schlagschatten mit scharfen Umrissen

Die Lichtgestalten des Mondes

Der Mond, von der Erde aus betrachtet,

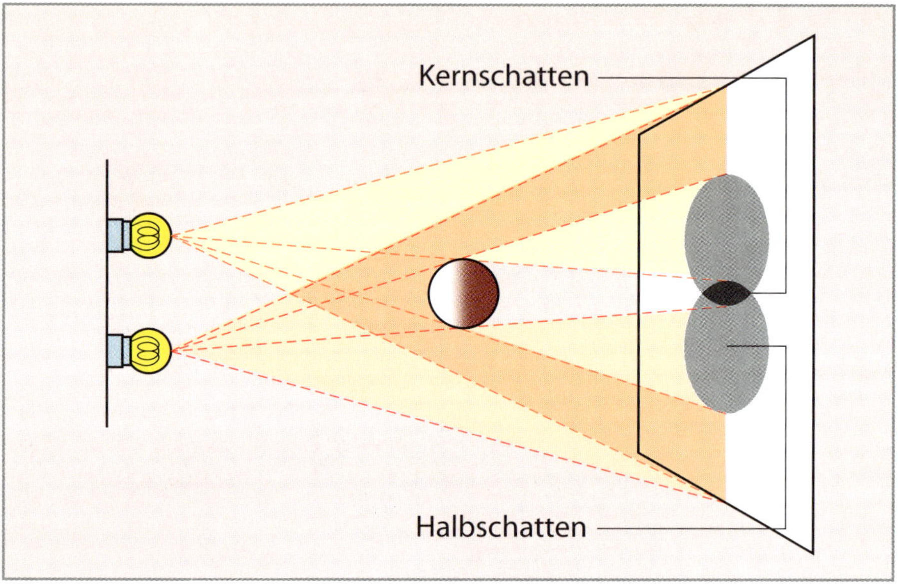

Abb. 3: Kernschatten- und Halbschattenbildung bei zwei Punktlichtquellen

verändert während eines Umlaufs um die Erde sein Erscheinungsbild. Es liegt stets eine Mondhälfte im Sonnenlicht, die andere im Schatten, so wie auch auf der Erde auf der einen Hälfte Tag herrscht und auf der anderen Erdseite Nacht. Die Lichtgestalten oder Phasen des Mondes sind periodisch und beginnen nach etwas mehr als 4 Wochen stets wieder von neuem. Der Mond umkreist die Erde einmal in 27,5 Tagen und mit ihr einmal im Jahr die Sonne. Die Mondphasen entstehen dadurch, dass von der Erde aus betrachtet während eines Mondumlaufs unterschiedliche Anteile der von der Sonne beleuchteten Mondhalbkugel sichtbar sind (Abb. 4). Bei Neumond liegt die erdabgewandte Seite im Sonnenlicht, so dass die erdzugewandte Seite unbeleuchtet ist. Der Mond zeigt dem Erdbeobachter nur die unbeleuchtete Rückseite. Nach drei Tagen sieht der irdische Beobachter bei Sonnenuntergang etwa ein Vier-

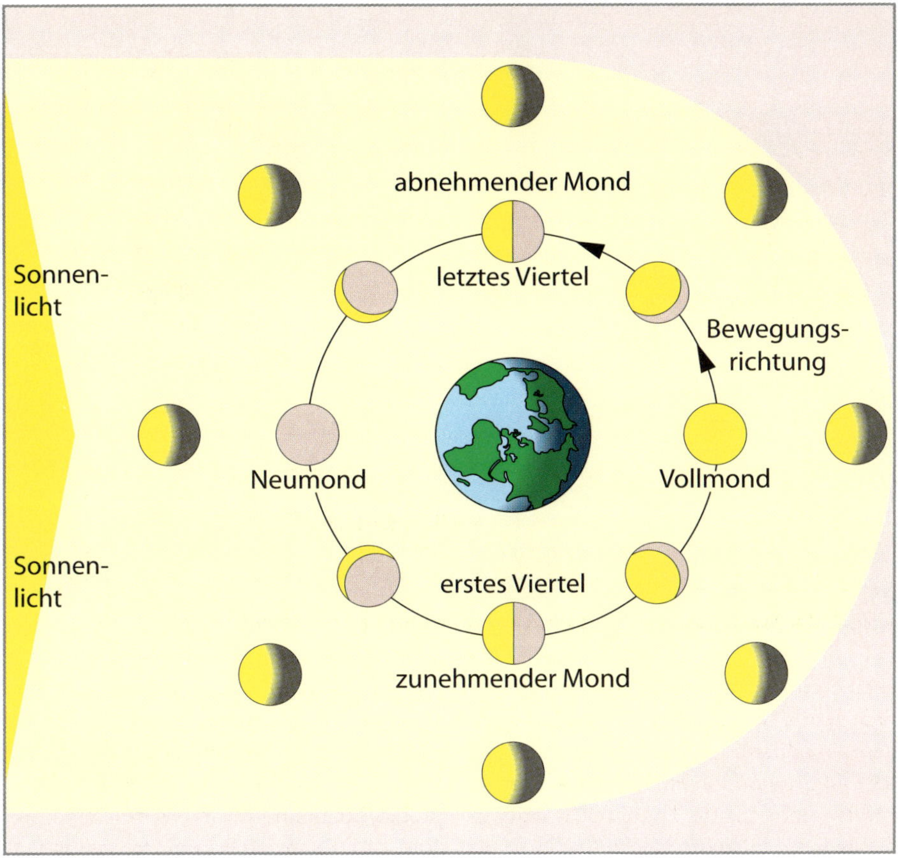

Abb. 4: Mondphasen (Sicht aus dem Weltall): Um die reelle Beobachtung des Mondes von der Erde mit der Abbildung vergleichen zu können, muss die Mondabbildung (mittlerer Ring) in der Richtung von der Erde zum Mond betrachtet werden, sonst erscheinen die Phasen des zunehmenden Mondes seitenverkehrt

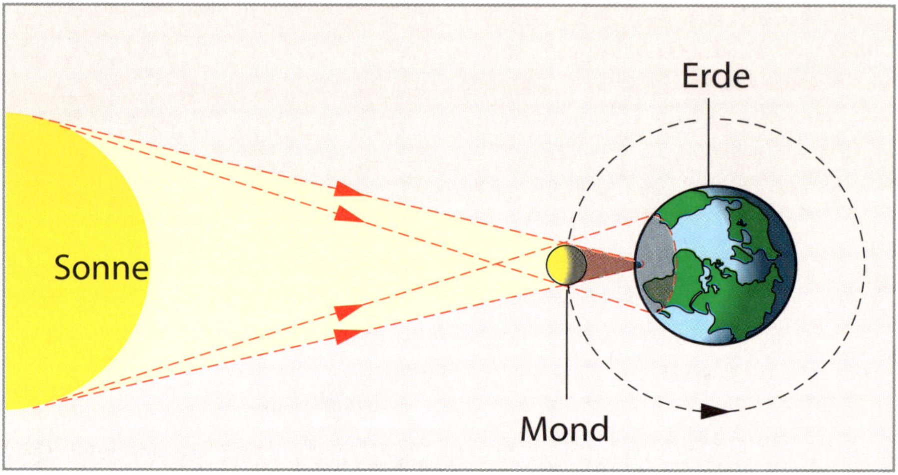

Abb. 5a: Sonnenfinsternis. Der Kernschatten des Mondes fällt auf die Erde

tel der beleuchteten Fläche. Der Mond ist für den Beobachter nach rechts gewölbt. Nach einer Woche ist von der beleuchteten Seite des Mondes die Hälfte zu sehen, nach einer weiteren Woche ist die gesamte beleuchtete Fläche zu erkennen. In dieser Phase geht der Mond bei Sonnenuntergang im Osten auf und steht um Mitternacht im Süden am höchsten. Diese Phase wird als Vollmond bezeichnet. Nach einer weiteren Woche ist der Mond zur Hälfte sichtbar.

Kreuzt der Mond die direkte Verbindungsstrecke zwischen Sonne und Erde, so fällt sein Schatten auf die Erde.

Für den irdischen Beobachter verfinstert sich dann die Sonne. Da die Mondumlaufbahn sich periodisch verändert und zur überwiegenden Zeit gegen die gradlinige Verbindungsstrecke zwischen Sonne und Erde geneigt ist, passiert es sehr selten, dass die Mittelpunkte von Sonne, Mond und Erde genau auf einer Geraden liegen. Die totale Sonnenfinsternis dauert in der Regel ca. 3 min. Maximal kann eine Sonnenfinsternis ca. 7,5 min betragen. Nach genau 18 Jahren und 11 Tagen (Sarosperiode) wiederholt sich die Sonnenfinsternis. Die letzte totale Sonnenfinsternis fand in Deutschland am 11.8.1999 statt (Abb. 5 a, b).

Eine Mondfinsternis tritt ein, wenn der Mond in gradliniger Verlängerung der Strecke Sonne-Erde steht. Dabei steht der Mond im Kernschatten der Erde. Beim Beginn oder Abklingen der Mondfinsternis ist der Schlagschatten auf dem Mond erkennbar. Bewegt sich der Mond durch das Zentrum des Kernschattens, ist er 2 Stunden lang verdunkelt. Tritt nur ein Teil des Mondes in den Kernschatten ein, dann spricht man von einer partiellen Mondfinsternis, und der Erdschatten ist auf dem Mond erkennbar.

Abb. 5b: Sonnenfinsternis. Der Mond deckt die Sonne ab, die so genannte Corona wird sichtbar

Zum Weiterlesen:

- Licht und Lichtausbreitung, S. 54
- Licht und Bilder, S. 66
- Das Auge und der Sehvorgang, S. 102
- Optische Geräte, S. 108

Licht und Bilder

Schon Johannes Kepler (Abb. 1) befasste sich als einer der Ersten mit dem Bau einer Lochkamera. Die Lochkamera besteht im Prinzip aus einem geschlossenen Kasten mit einem Loch. Ein Gegenstand vor dem Loch der Kamera wird auf der gegenüberliegenden Kastenwand höhen- und seitenvertauscht abgebildet (Abb. 2). Wie funktioniert die Lochkamera? Jeder Punkt eines beliebigen Gegenstandes sendet oder reflektiert Licht. In Abbildung 3 wird der Gegenstand symbolisch durch einen schwarzen Stab dargestellt. Die beiden Endpunkte und der Mittelpunkt des Stabes werden zur Vereinfachung der Darstellung ausgewählt. Auf dem Schirm treffen die emittierten Strahlen der ausgewählten Lichtpunkte in ungeordneter Weise auf. Der Gegenstand ist in Form einer Abbildung auf dem Schirm nicht erkennbar.

Abb. 1: Johannes Kepler (1571-1630)

Wird wie in Abbildung 4 zwischen dem Gegenstand und dem Schirm eine Lochblende gestellt, bringt die Lochblende Ordnung in das Chaos. Nur bestimmte Lichtstrahlen finden ihren Weg gradlinig durch die Lochblende. Der Rest der Strahlung wird von der Blende zurückgehalten. Die drei Lichtpunkte des Gegenstandes erzeugen auf dem Schirm drei Lichtflecke. Wie die ausgewählten Lichtflecke werden auch alle anderen Punkte vom Gegenstand auf dem Schirm abgebildet. Verkleinert man das Loch der Lochblende, werden die Punkte auf dem Schirm immer feiner. Der Gegenstand erscheint somit genauer bzw. schärfer. Andererseits nimmt mit der Verringerung des Lochdurchmessers auch die Helligkeit des Bildes ab, weil weniger Licht durch die kleinere Öffnung durchgelassen wird. Beim Vergrößern dagegen gelangt mehr Licht an den Schirm, aber die Abbildung wird undeut-

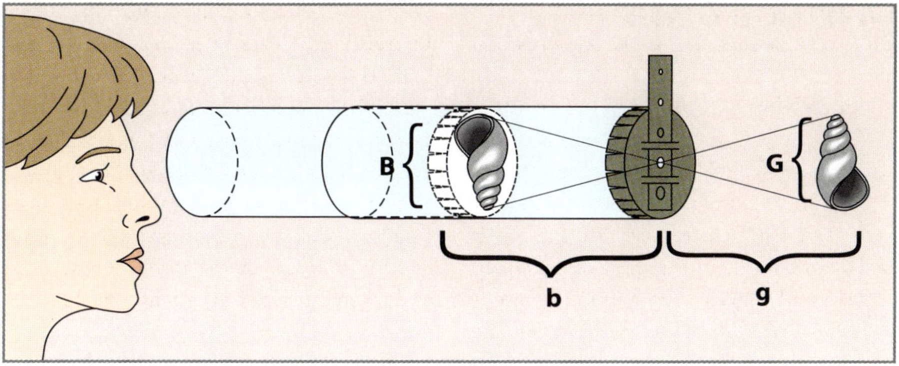

Abb. 2: Abbildung in der Lochkamera: B = Bildgröße in der Lochkamera, G = Gegenstandsgröße, b = Bildweite, g = Gegenstandsweite

licher. Bei weiterer Zunahme des Lochdurchmessers verschwimmt das Bild bis zur Unkenntlichkeit.

Prinzipiell funktioniert auch unser Auge oder der Fotoapparat wie die Lochkamera. Beim Fotoapparat sind jedoch noch Linsensysteme vorgeschaltet, um die Qualität der Aufnahme und deren Größe zu verbessern oder zu steuern. Die Abbildung in der Lochkamera folgt einem bestimmten Abbildungsgesetz, wobei das Bild einer Lochkamera umgekehrt, seitenvertauscht und reell ist (es kann auf einem Schirm aufgefangen werden). In diesem Abbildungsgesetz ist die Gegenstandsgröße der Abbildungsgröße direkt proportional. Das Abbildungsgesetz lautet:

$$A = \frac{B}{G} = \frac{b}{g}$$

A = Abbildungsmaßstab
B = Bildgröße
G = Gegenstandsgröße
b = Bildweite
g = Gegenstandsweite

Der Abbildungsmaßstab 2 ist z. B. gegeben, wenn der Gegenstand 10 cm lang ist und man ein Bild von 20 cm erhält. Ist der Gegenstand 20 cm von der Lochblende entfernt, dann muss für das Abbildungsverhältnis 2 der Bildabstand 40 cm betragen.

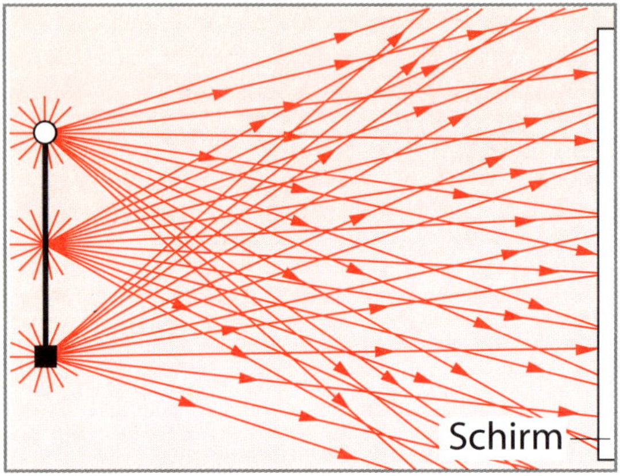

Abb. 3: Lichtstrahlen von einem Gegenstand treffen ungeordnet auf einen Schirm

an die jeweilige Gegenstandsweite geschieht unbewusst und heißt Akkommodation. Die Linse erzeugt auf der Netzhaut das Bild des Gegenstandes. In der Netzhaut mündet der Sehnerv mit feinsten Verästelungen, den Zäpfchen und den Stäbchen. Die Zäpfchen sind zuständig für das farbige Sehen am Tage, und die Stäbchen übernehmen ihre Aufgabe für das Schwarzweißsehen in der Nacht. Mit der Pupille regelt das Auge den Lichteinfall. Im Dunkeln sind die Pupillen weiter geöffnet als im Hel-

Das Auge

Der Strahlengang beim Auge entspricht dem Strahlengang der Lochkamera. Das Auge besteht aus einer Sammellinse, der so genannten Kristalllinse, die ein von einem Gegenstand ausgehendes Lichtbündel auf der lichtempfindlichen Netzhaut abbildet. Auf der Netzhaut entsteht wie bei der Lochkamera ein umgekehrtes reelles Bild. Die Scharfeinstellung beim Auge erfolgt nicht durch Veränderung der Bildweite, sondern durch Brennweitenveränderung der Kristalllinse. Das Anpassen der Brennweite

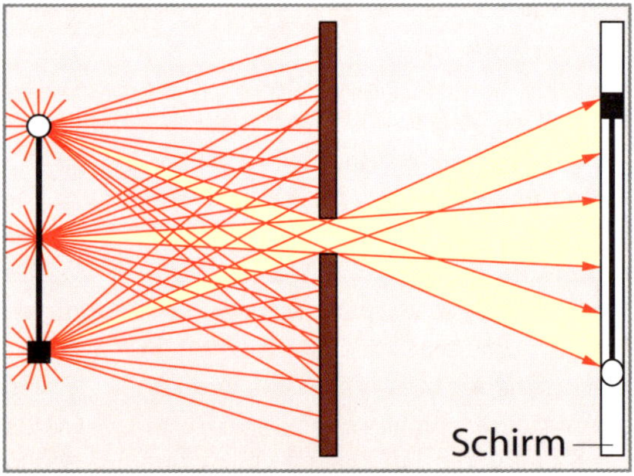

Abb. 4: Eine Lochblende ordnet die Strahlung. Nur bestimmte Strahlen finden den gradlinigen Weg durch die Lochblende

len, um mehr Licht einzufangen.

Licht und Farben

Fällt weißes Sonnenlicht durch ein Prisma, erhält man eine Farbzerlegung in alle Regenbogenfarben (Abb. 5). Dieses allgemein bekannte Phänomen wurde bereits von Isaac Newton (1643–1727) untersucht. Das Licht mit seinen verschiedenen Spektralfarben tritt in der Reihenfolge Rot, Orange, Gelb, Grün, Blau, Indigo und Violett auf (Abb. 6). Das langwellige Rot begrenzt den Bereich des sichtbaren Lichts zur einen Seite, das kurzwellige Violett zur anderen. Vereinigt man die Spektralfarben mit Hilfe einer Sammellinse, dann erhält man wieder weißes Licht.

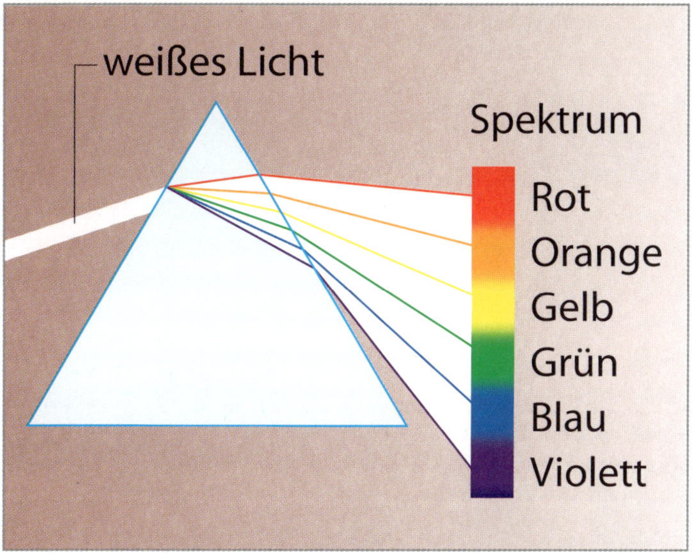

Abb. 5: Das Prisma zerlegt das weiße Licht in seine Spektralfarben

Wird aus den Spektralfarben eine Farbkomponente herausgefiltert, dann ergibt sich eine Mischfarbe aus dem Rest der Spektralfarben. Diese entstandene Mischfarbe wird als Komplementärfarbe bezeichnet. Wird z. B. die Spektralfarbe Rot ausgeblendet, dann erhält man die Komplementärfarbe Grün. Rot und Grün ergeben bei der Zusammenführung wieder weißes Licht. Beim Ausblenden von unterschiedlichen Farbkomponenten aus dem Farbspektrum ergeben sich zu den jeweiligen Farben die Komplementärfarben (Abb. 7).

Damit das Auge alle Farben sehen kann, muss weißes Licht benutzt werden. Fehlen

Abb. 6: Das Licht mit seinen verschiedenen Spektralfarben, vom Rot bis zum Violett

Ausgeblendete Spektralfarbe	Komplementärfarbe
Rot	Grün
Orange	Blau
Gelb	Violett
Grün	Rot
Blau	Orange
Violett	Gelb

Abb. 7: Spektralfarben und ihre Komplementärfarben

Farbkomponenten in der Beleuchtung, dann ist der Eindruck verfälscht. Wird z. B. ein blauer Gegenstand mit dem Licht einer Natriumdampflampe beleuchtet, dann ist kein Blau zu erkennen. Natriumdampflampen erzeugen spektralreines gelbes Licht. Um die blaue Farbe erzeugen zu können, muss Blau im Licht enthalten sein. Da im Natriumdampflicht kein blau enthalten ist, erscheint der Gegenstand schwarz. Die unterschiedlichen Farben werden vom Auge mit den Zäpfchen auf der Netzhaut wahrgenommen. Die Zäpfchen kommen in drei verschiedenen Arten vor und sind unterschiedlich empfindlich, bezogen auf die Farberkennung der Farben Rot,

Grün und Blau. Der Farbeindruck Blau kann sowohl durch die reine Spektralfarbe als auch durch eine Mischung erzeugt werden. Umgekehrt kann die Mischung von drei Spektralfarben (Blau, Rot, Grün z. B.) jeden Farbton bis zu Weiß erzeugen.

Zum Weiterlesen:

- Licht und Lichtausbreitung, S. 54
- Lichtbrechung, S. 78
- Das Auge und der Sehvorgang, S. 102
- Optische Geräte, S. 108

Reflexion an Hohl- und Wölbspiegel

Abb. 1: Gewölbte Oberflächen lassen verzerrte Spiegelbilder entstehen

Verchromte Autoteile, Glaskugeln am Weihnachtsbaum, gewölbte Spiegel an Straßenkreuzungen, Rückspiegel am Fahrrad und Auto geben ein Spiegelbild in Abhängigkeit von der Wölbung der Spiegeloberfläche mehr oder weniger verzerrt wieder (Abb. 1). Die Verzerrung des Spiegelbildes wird beim Rückspiegel am Fahrzeug und beim Spiegel an der Straßenkreuzung bewusst eingesetzt. Das Spiegelbild wirkt zusammengestaucht, damit der Fahrer mit dem Spiegelbild einen größeren Bereich überschauen kann. Gewölbte Spiegel, wie z. B. der Kosmetikspiegel, können aber auch Gegenstände größer erscheinen lassen. Es ist nun interessant zu untersuchen, welchen Einfluss die Wölbung auf das Spiegelbild hat.

Generell unterscheidet man bei gewölbten Spiegeln den Hohlspiegel (Konkavspiegel) und den Wölbspiegel (Konvexspiegel). Liegt beim Spiegel der Rand höher als die Spiegelmitte, dann spricht man von einem Hohlspiegel, dagegen handelt es sich um

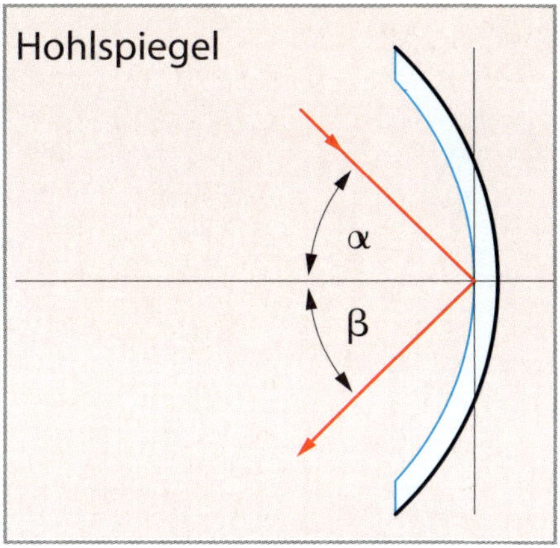

Abb. 2a: Hohlspiegel: Licht fällt in die nach innen gekrümmte Fläche

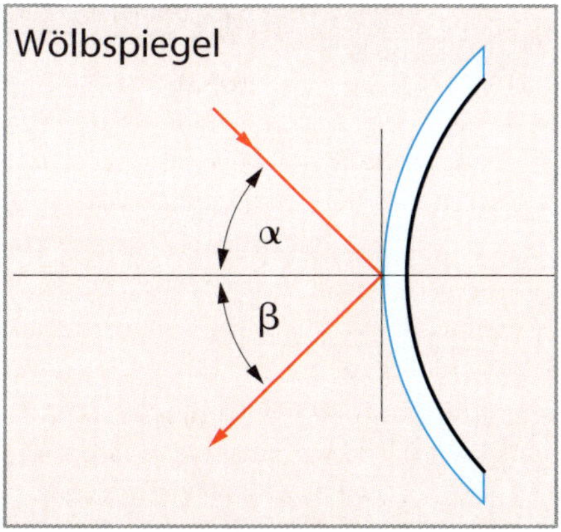

Abb. 2b: Wölbspiegel: Licht fällt auf die nach außen gekrümmte Oberfläche

einen Wölbspiegel, wenn der Rand tiefer liegt (Abb. 2 a, b). Wie für ebene Flächen gilt das Reflexionsgesetz auch für gekrümmte Oberflächen. Gekrümmte Spiegel werden in unserem alltäglichen Leben eingesetzt, wo paralleles Licht erforderlich ist, wie z. B. für Autoscheinwerfer oder für Taschenlampen. Trifft im umgekehrten Lichtweg paralleles Licht auf einen Hohlspiegel, dann treffen sich die reflektierenden Strahlen in einem Punkt vor dem Spiegel. Dieser Punkt heißt Brennpunkt. Der Abstand des Brennpunktes vom Scheitelpunkt des Hohlspiegels heißt Brennweite f. Der Brennpunkt und der Scheitelpunkt befinden sich auf der optischen Achse. Die optische Achse ist dadurch gekennzeichnet, dass der Lichtstrahl genau senkrecht auf die gekrümmte Oberfläche des Hohlspiegels auftrifft (Abb. 3).

Die Brennweite f berechnet sich folgendermaßen:

$$f = \frac{r}{2}$$

f = Brennweite des Hohlspiegels

r = Krümmungsradius des Hohlspiegels

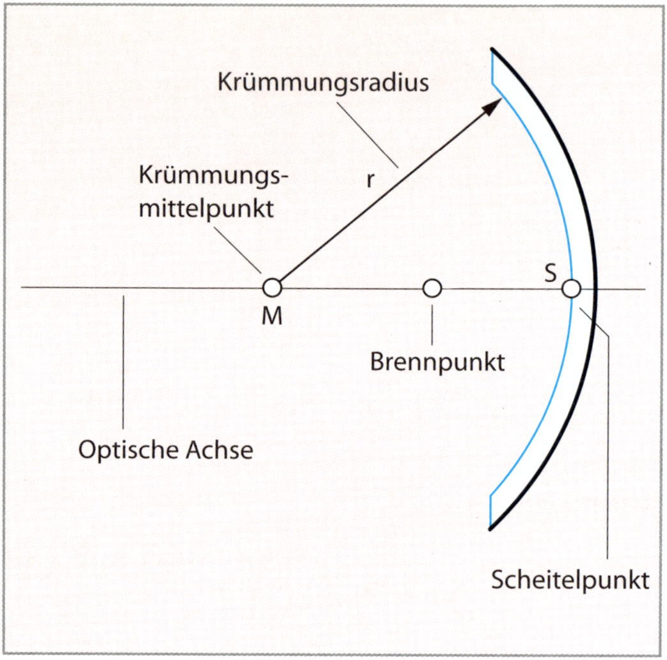

Abb. 3: Wichtige geometrische Begriffe für gekrümmte Spiegel

Entfernt man die Lichtquelle auf der optischen Achse vom Hohlspiegel, dann schneiden sich die reflektierten Lichtstrahlen in einem Punkt. Die Lichtstrahlen konvergieren. Je weiter sich die Lichtquelle entfernt, desto stärker konvergieren die Lichtstrahlen. Befindet sich die Lichtquelle zwischen Brennpunkt und Hohlspiegel, dann laufen die Lichtstrahlen auseinander. Das Lichtbündel wird dann als divergent bezeichnet. Der Hohlspiegel wird technisch für die Autobeleuchtung genutzt. Die Biluxlampe, eingesetzt im Autoscheinwerfer, besteht aus zwei getrennt schaltbaren Glühwendeln. Die erste Glühwendel liegt genau im Brennpunkt. Mit dieser Glühwendel wird das parallele Licht für das Fernlicht erzeugt (Abb. 4a). Die zweite Glühwendel wird für das Abblendlicht benutzt. Diese Glühwendel ist einseitig ver-

Hohlspiegel (Konkavspiegel) als Kugelspiegel

Wie im vorhergehenden Kapitel bereits erläutert, sammelt der Hohlspiegel parallel zur optischen Achse einfallendes Licht im Brennpunkt. Befindet sich im Brennpunkt eine Punktlichtquelle, dann erzeugt der Spiegel daraus einen parallelen Lichtstrahl.

blendet und strahlt deshalb nur nach oben hin gegen den Hohlspiegel ab (Abb. 4b). Bei der Erzeugung divergenter Strahlen erzeugt der scheinbare Strahlverlauf hinter dem Spiegel ein virtuelles Bild.

Zur grafischen Konstruktion des Bildpunktes genügt die Verwendung von zwei oder drei speziellen geometrischen Strahlen: 1. Hauptstrahl, 2. Parallelstrahl und 3. Brennstrahl (Abb. 5). Ein Gegenstand, der sich zwischen Brennpunkt F und Spiegel S (Scheitelpunkt) befindet, wird hinter dem Spiegel abgebildet. Diese Abbildung wird scheinbare (virtuelle) Abbildung genannt. Befindet sich der Gegenstand ge-

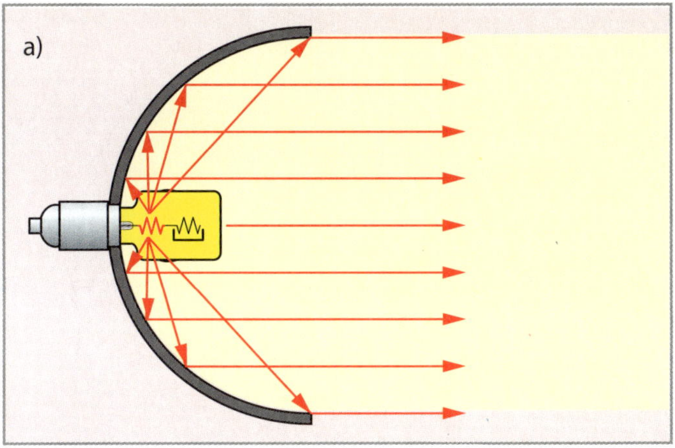

Abb. 4a: Biluxlampe: Fernlicht

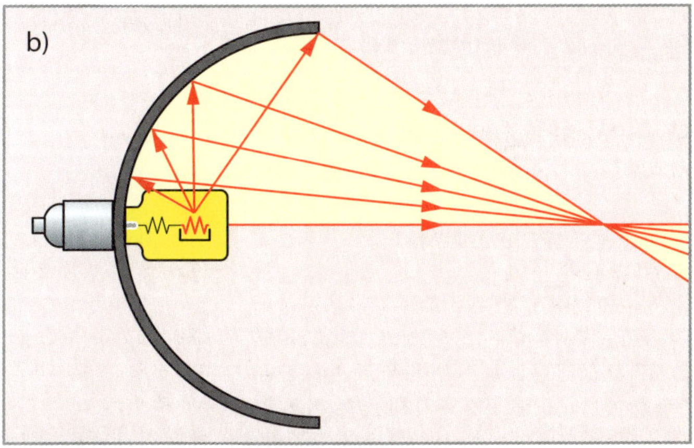

Abb. 4b: Biluxlampe: Abblendlicht

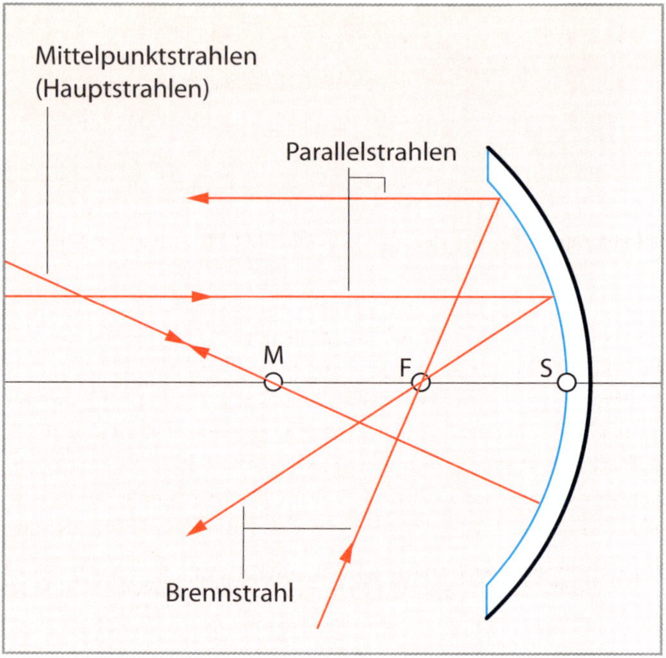

Abb. 5: Parallelstrahl → Brennpunktstrahl. Brennpunktstrahl → Parallelstrahl. Mittelpunktstrahl wird in sich reflektiert

neres reelles Bild zwischen Brennpunkt und Mittelpunkt erzeugt. Bei reellen Abbildungen mit dem Hohlspiegel (Konkavspiegel) gelten zusammenfassend folgende Beziehungen zwischen Gegenstandsgröße G, Bildgröße B, Gegenstandsweite g, Bildweite b und Brennweite f:

Ein Hohlspiegel liefert reelle Bilder für $g > f$ und virtuelle Bilder für $g < f$. Alle Strahlen, die parallel auf den Hohlspiegel treffen, schneiden sich auf der Brennebene. In der Tabelle 1 wird die Bildgröße in Abhängigkeit von der Gegenstandsweite dargestellt.

nau auf der Höhe des Brennpunktes (Brennebene), dann wird kein Bild erzeugt. Befindet sich der Gegenstand zwischen dem Brennpunkt F und dem Mittelpunkt M, dann schneiden sich die reflektierten Strahlen. In diesem Fall ist das Bild größer als der Gegenstand. Befindet sich der Gegenstand hinter dem Mittelpunkt, dann wird ein klei-

Wölbspiegel (Konvexspiegel) als Kugelspiegel

Beim Wölbspiegel wird die äußere Kugeloberfläche als reflektierende Seite benutzt. Wölbspiegel (Konvexspiegel) zerstreuen pa-

Gegenstandsweite g	Bildweite b	Bildgröße B	Bildart
g > 2f	f < b < 2f	B < G	Reell, umgekehrt
g = 2f	b = 2f	B = G	Reell, umgekehrt
f < g < 2f	b > 2f	B > G	Reell, umgekehrt
g < f	b < 0	B > G	Virtuell, aufrecht

Tabelle 1: Bilder des Hohlspiegels (Konkavspiegels) in Abhängigkeit zur Gegenstandsweite g

ralleles Licht. Lichtstrahlen, welche parallel zur optischen Achse auf einen Wölbspiegel fallen, werden so zurückgeworfen, dass sie von einem Punkt hinter dem Spiegel, dem scheinbaren (virtuellen) Brennpunkt, herzukommen scheinen. Der Wölbspiegel hat stets scheinbare (virtuelle), aufrechte und verkleinerte Bilder. Weil die Brennweite hinter dem Spiegel liegt, hat sie einen negativen Zahlenwert ($f < 0$). Die Bildweite hat aus dem gleichen Grund ebenfalls einen negativen Zahlenwert. Die Konstruktion des Spiegelbildes erfolgt wie beim Hohlspiegel mit dem Parallel-, Haupt- und Brennstrahl.

Zum Weiterlesen:

- ➔ Lichtbrechung, S. 78
- ➔ Planparallele Platte und Prisma, S. 84
- ➔ Sammellinsen, S. 90

Lichtbrechung

Wird ein gerader Stab schräg in ein Wasserbecken gehalten, dann wird ein Abknicken des Stabes an der Wasseroberfläche beobachtet. Da der Stab natürlich gerade ist, muss diese Erscheinung darauf beruhen, dass der Lichtweg vom Stab aus dem Wasser heraus nicht gradlinig verläuft. Mit einem Lichtstrahl im Wasserbecken beobachtet man den gleichen Effekt. Ein Teil des Lichtstrahles wird an der Wasseroberfläche reflektiert, der andere Teil dringt in das Wasser ein, ändert aber an der Grenzfläche zwischen Luft und Wasser seine Richtung. Man sagt: Der Lichtstrahl wird beim Eindringen ins Wasser gebrochen (Abb. 1).

Geht also ein Lichtstrahl von einem Medium (Stoff) in ein anderes Medium über, so ändert er an der Grenzschicht beider Stoffe seine Richtung. Für die genaue Beschreibung des Vorganges „Lichtbrechung" sind nun folgende Begriffe wie einfallender Lichtstrahl, gebrochener Lichtstrahl, Einfallswinkel, Brechungswinkel und Einfallslot notwendig (Abb. 2). Beim Übergang des Lichts von Luft zu Wasser wird beobachtet, dass das Licht zum Lot hin gebrochen wird, d. h., der Winkel zwischen Lot und gebrochenem

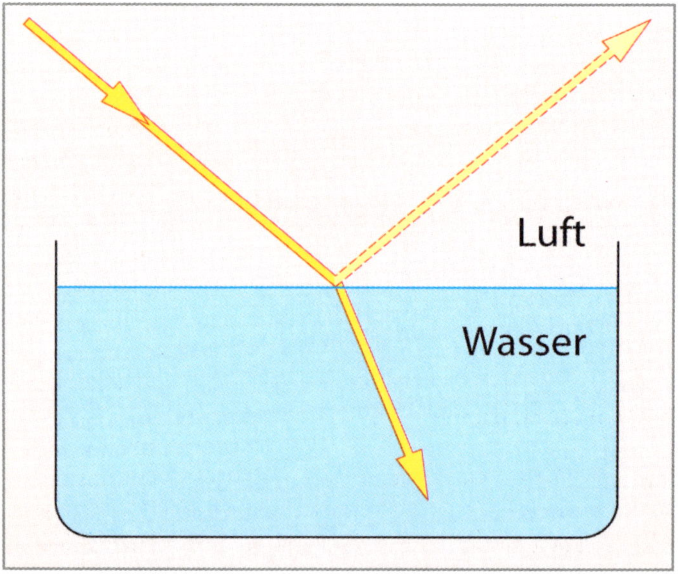

Abb. 1: Brechung des Lichtes an der Grenzfläche zwischen Luft und Wasser

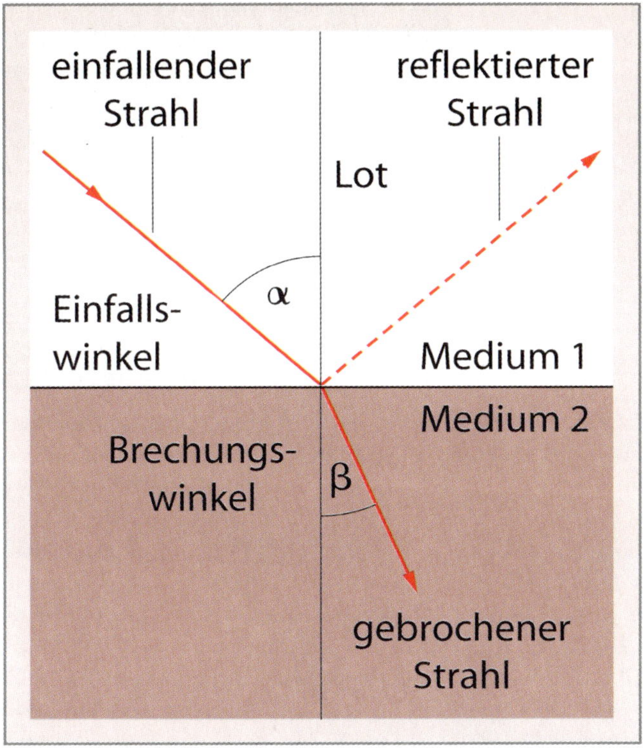

Abb. 2: Begriffe zur Erklärung der Lichtbrechung

Strahl wird kleiner. In diesem Fall ist das zweite Medium (Wasser) „optisch dichter" als das erste (Luft). Es muss beachtet werden, dass der Begriff „optische Dichte" nicht von der stofflichen Dichte abgeleitet werden kann. Es ist eine Festlegung, in der die Bezeichnung „optisch dichter" oder „optisch dünner" immer nur auf ein konkretes Stoffpaar bezogen ist. Lässt man einen Lichtstrahl im Wasserbecken von unten gegen die Wasseroberfläche treffen, dann wird ein Teil des Lichtes an der Grenzschicht reflektiert. Der andere Teil geht vom Wasser in die Luft über und ändert an der Grenzfläche ebenfalls seine Richtung. In diesem Fall ist der Einfallswinkel kleiner als der Brechungswinkel, d. h., der Lichtstrahl wird vom Lot weg gebrochen. Hier ist das erste Medium „optisch dichter" als das zweite. Das Licht bleibt ungebrochen beim Übergang von einem Medium zum anderen, wenn der Lichtstrahl senkrecht auf die Grenzfläche auftrifft. Wird der Einfallswinkel im „optisch dichteren" Medium vergrößert, dann verläuft ab einem bestimmten Einfallswinkel der Lichtstrahl an der Grenz-

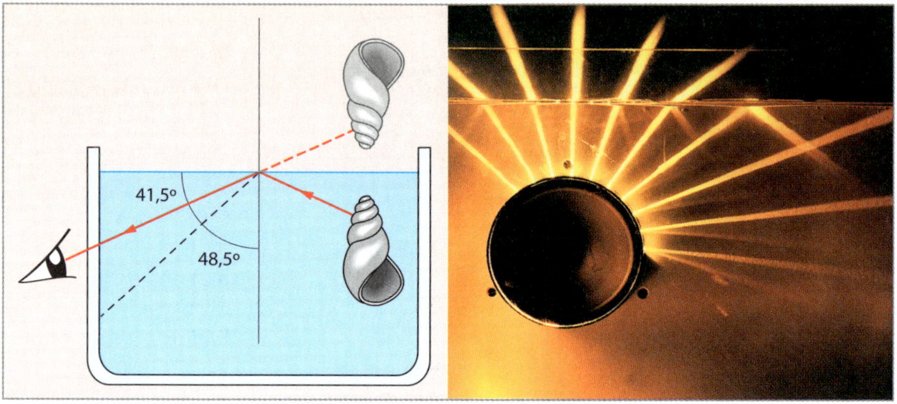

Abb. 3: Brechung des Lichtes an der Grenzfläche zwischen Wasser und Luft. Ab dem Grenzwinkel von 48,5° tritt Totalreflexion ein. Auch im Modellversuch ist dies deutlich zu erkennen

fläche entlang. Beim Übergang Wasser-Luft beispielsweise verläuft der Lichtstrahl bei einem Einfallswinkel von 48,5 ° genau an der Wasseroberfläche entlang. Der Brechungswinkel beträgt in diesem Fall also 90 °. Wird der Einfallswinkel noch größer, dann geht gar kein Licht mehr vom Wasser in die Luft über. Der gesamte Lichtstrahl wird reflektiert. Diese Erscheinung wird Totalreflexion genannt, und der Winkel, bei dem Totalreflexion eintritt, heißt Grenzwinkel der Totalreflexion (Abb. 3). Bei den bisherigen Beobachtungen liegen immer der einfallende Lichtstrahl, das Einfallslot und der gebrochene Strahl in einer Ebene.

Bei der Totalreflexion wird der gesamte Lichtstrahl reflektiert, deshalb glänzt eine Wasseroberfläche, an der das Licht vollständig reflektiert wird, stärker als eine auf Hochglanz polierte Metalloberfläche.

Die gleichen Beobachtungen wie bei den beiden Medien Wasser und Luft kann man auch bei anderen transparenten Medien machen, wenn beispielsweise der Lichtstrahl von der Luft in ein anderes Medium wie z. B. Glas oder Quarz übergeht. In der Tabelle 1 wird der Brechungswinkel β in Abhängigkeit vom Einfallswinkel α für den Übergang von Luft auf Wasser und Glas dargestellt. In der

Winkel α in Luft	Winkel β in		Ablenkung beim Übergang Luft/Glas $\delta = \alpha - \beta$
	Glas	Wasser	
0 °	0 °	0 °	0 °
10 °	6,6 °	7,5 °	3,4 °
20 °	13,2 °	14,9 °	6,8 °
30 °	19,5 °	22,0 °	10,5 °
40 °	25,4 °	28,8 °	14,6 °
50 °	30,7 °	35,1 °	19,3 °
60 °	35,3 °	40,5 °	24,7 °
70 °	38,8 °	44,8 °	31,2 °
80 °	41,0 °	47,6 °	39,0 °
90 °	41,8 °	48,6 °	48,2 °

Tabelle 1: Einfallswinkel α und Brechungswinkel β bei Luft, Glas und Wasser

rechten Spalte ist die Gesamtablenkung δ für den Übergang des Lichtstrahls von der Luft ins Glas angegeben.

Eine Gesetzmäßigkeit zwischen dem Einfallswinkel und dem Brechungswinkel war lange Zeit nicht erkannt worden. Der holländische Mathematiker Snellius bemerkte als Erster, dass das Verhältnis der Gegenkatheten a, b, der Winkel α und β für einen bestimmten Stoff für alle Winkel gleich bleibt (Abb. 4). Für die Formulierung der Gesetzmäßigkeit ersetzte er die Gegenkatheten a und b durch die Winkelfunktionen $\sin\alpha$ und $\sin\beta$. In Tabelle 2 sind für die Medien Wasser und Glas die Einfalls- und Brechungswinkel ihren Sinuswerten und dem Quotienten $\sin\alpha/\sin\beta$ zugeordnet. Aus der Tabelle ist ersichtlich, dass für alle Einfallswinkel das Verhältnis $\sin\alpha/\sin\beta$ gleich bleibt.

Snellius leitete aus der Beobachtung also folgende Beziehung her:

$$\frac{a}{b} = \frac{\sin\alpha}{\sin\beta} = n$$

Übergang des Lichtes von Luft ins Wasser				
α	β	sinα	sinβ	sinα/sinβ
20 °	14,9 °	0,342	0,257	1,33
40 °	28,8 °	0,643	0,482	1,33
60 °	40,5 °	0,866	0,649	1,33
80 °	47,6 °	0,985	0,738	1,33
90 °	48,6 °	1,000	0,750	1,33

Tabelle 2: Für ein bestimmtes Stoffpaar ergibt das Verhältnis sinα/sinβ immer den gleichen Wert

mit a als Gegenkathete des Winkels α und b als Gegenkathete des Winkels β. Diese mathematische Beziehung wird als „snelliussches Brechungsgesetz" bezeichnet.

Die Konstante n wird als Brechzahl oder Brechungsindex des Stoffpaares bezeichnet. Für das Stoffpaar Luft/Wasser hat die Brechzahl n für den oben durchgeführten Versuch einen Wert von 1,33.

Beim gleichen Versuchsaufbau mit der gleichen Lichtquelle bekommt man für das Stoffpaar Luft/Glas eine Brechzahl von 1,52. Da der Strahlengang auch umkehrbar ist, kann man aus der Tabelle 2 die Grenzwinkel für die Totalreflexion ablesen. Bei dieser Be-

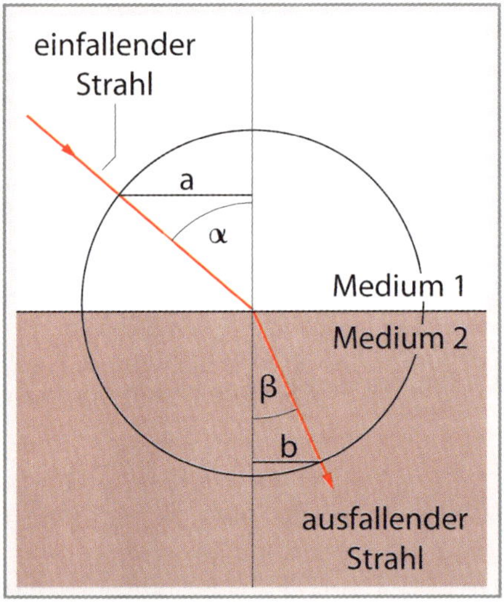

Abb. 4: Mit den Gegenkatheten a und b beschreibt Snellius das Brechungsgesetz

trachtung wird der Winkel α zum Einfallswinkel und der Winkel β zum Brechungswinkel. Der Grenzwinkel zur Totalreflexion beträgt in diesem Fall 48,6 °. Jeder Einfallswinkel, bezogen auf den Übergang Wasser-Luft, größer als 48,6 °, wird an der Wasseroberfläche total reflektiert.

Die Brechzahlen sind aber nicht nur von den Stoffpaaren abhängig, sondern auch von der Farbe des Lichtes. Rotes Licht wird beispielsweise geringer gebrochen als blaues Licht (Dispersion). Blaues Licht ist im Medium langsamer als rotes Licht. Die Geschwindigkeit des Lichtes verhält sich in den beiden Stoffpaaren direkt proportional zum Brechungsindex:

$$\frac{\sin\alpha}{\sin\beta} = \frac{c_o}{c} = n$$

c_o = Lichtgeschwindigkeit im Vakuum (mit der Luft gleichgesetzt)

c = Lichtgeschwindigkeit im Medium

In der Natur können die unterschiedlichen Lichtbrechungen der Farben am Regenbogen beobachtet werden. Beim Regenbogen haben wir die Stoffpaare Luft/Wasser, wobei das Wasser in Form von winzigen Wassertröpfchen in der Luft verteilt ist.

Zum Weiterlesen:

- Reflexion an Hohl- und Wölbspiegel, S. 72
- Planparallele Platte und Prisma, S. 84
- Sammellinsen, S. 90
- Zerstreuungslinsen, S. 96

Planparallele Platte und Prisma

Ein einfaches Beispiel für die planparallele Platte ist die Fensterscheibe. Der Blick auf die Objekte durch die Fensterscheibe erscheint für den Betrachter unbeeinflusst. Dieser Eindruck täuscht, denn legt man beispielsweise eine planparallele Glasplatte auf einen Schriftzug, dann erkennt man, dass der Teil des Schriftzuges, abgedeckt durch die Glasplatte, klar und deutlich, aber versetzt erscheint gegenüber dem Teil, der nicht von der transparenten Glasplatte abgedeckt wurde (Abb. 1). Der Schriftzug erscheint

Abb. 1: Verschiebung des Schriftzuges durch eine parallele Glasplatte

durch die Glasplatte verschoben. Wird der Versuch mit Glasplatten unterschiedlicher Dicke wiederholt, dann stellt man fest, dass mit zunehmender Dicke der Glasplatte die Verschiebung der Schrift verstärkt wird. Das Gleiche kann man beobachten, wenn man den Blickwinkel verändert. Schaut man senkrecht auf die Glasscheibe, dann ist keine Verschiebung erkennbar. Neigt der Beobachter den Blickwinkel, dann ist ebenfalls eine Verschiebung sichtbar. Mit zunehmender Neigung nimmt die Verschiebung zu. Bei der Sicht durch die Fensterscheibe ist dieser Effekt auch vorhanden, aber kaum zu bemerken, da man nur durch die Fensterscheibe schaut und somit keinen direkten Vergleich hat zwischen verschobenem und nicht verschobenem Bild. Die Lichtbrechung ist die Ursache für die Verschiebungserscheinung bei planparallelen Platten, die beim Durchgang durch das Glas zweifach auftritt. Beim Eintritt von der Luft in das Glas wird der Lichtstrahl zum Einfallslot hin und beim Austritt aus der Glasplatte vom Einfallslot weg gebrochen. Im Glas verläuft der Lichtstrahl wie in der Luft gradlinig. Da der Einfallswinkel und der Ausfallswinkel gleich groß sind, erfährt der Lichtstrahl keine Änderung der Ausbreitungsrichtung, sondern der Lichtstrahl wird nur parallel verschoben. Die Parallelverschiebung vergrößert sich mit Zunahme der Plattendicke d, der Brechzahl n und dem Einfallswinkel α (Alpha) (Abb. 2 a, b).

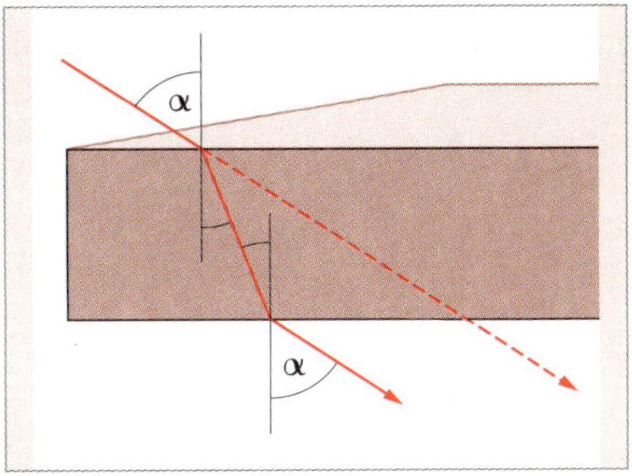

Abb. 2a: Lichtstrahl an einer planparallelen Platte. Der Lichtstrahl wird parallel verschoben

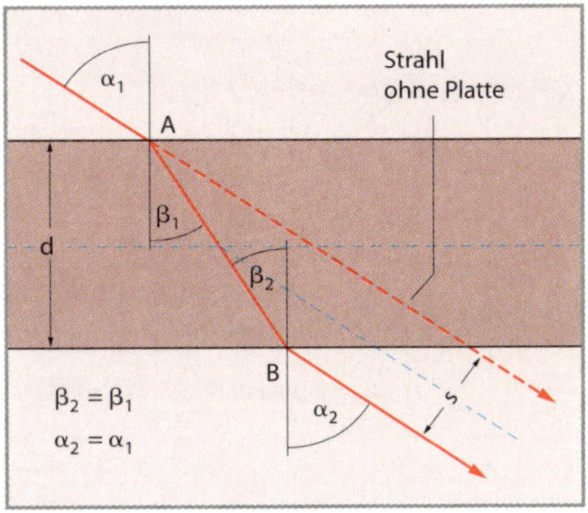

Abb. 2b: Vergrößerung der Parallelverschiebung bei Zunahme der Plattendicke

Planparallele Platten finden breite Verwendung in der Optik, insbesondere in der Interferometrie, wo das Licht auf seine Eigenschaften hin untersucht wird.

Das Prisma

Ein weiteres wichtiges optisches Bauteil, das sich die Brechung und die Totalreflexion zunutze macht, ist das Prisma. In der Optik versteht man unter einem Prisma einen keilförmigen Glaskörper, dessen ebene Grenzflächen gegeneinander geneigt sind. Im Gegensatz zur planparallelen Platte wirkt sich beim Prisma die zweifache Brechung auf die Ausbreitungsrichtung aus. Wie in Abbildung 3 dargestellt, wird das Prisma durch den Winkel γ (Gamma) bestimmt, der angibt, wie stark die beiden parallelen Ebenen zueinander geneigt sind. Wie bei der planparallelen Platte wird auch hier der Lichtstrahl zweifach gebrochen, d. h., der einfallende Lichtstrahl wird zum Lot hin gebrochen und der ausfallende Lichtstrahl vom Lot weg. Der Gesamtablenkwinkel δ wird bestimmt durch den Einfallswinkel und durch den Ausfallswinkel des Lichtstrahls. Der Gesamtablenkwinkel verändert sich bei gleichem Einfallswinkel des Lichtes, wenn sich der Keilwinkel γ (Gamma) ändert, so dass bei Vergrößerung des Keilwinkels γ der Ablenkwinkel wächst.

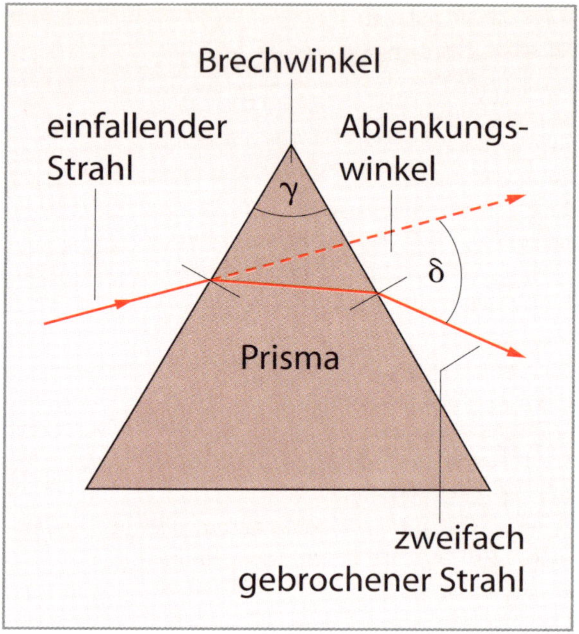

Abb. 3: Lichtbrechung an einem optischen Prisma

Große Bedeutung in der praktischen Optik haben Prismen, die ein rechtwinkliges, gleichschenkliges Dreieck darstellen, d. h. Prismen, die einen Keilwinkel von 90 ° haben. Fällt der Lichtstrahl, wie in Abbildung 4 dargestellt, senkrecht über eine Grenzfläche in das Prisma ein, dann trifft das Licht in einem Winkel von 45 ° auf die gegenüberliegende Fläche (Hypotenusenfläche) und wird dort totalreflektiert. Der Lichtstrahl wird mit dieser optischen Prismenanordnung um genau 90 ° abgelenkt. Fallen zwei Lichtstrahlen in der Höhe versetzt in das Prisma ein, dann werden die Strahlen in ihrer Anordnung vertauscht, so dass eine Bildumkehrung erfolgt. Fällt der Lichtstrahl rechtwinklig über die Basis (Hypotenusenfläche) ins Prisma ein (Abb. 5), dann wird er an beiden Seitenflächen nacheinander totalreflektiert und tritt wieder senkrecht zur Basis aus dem Prisma aus. Hier erfolgt also eine Richtungsänderung von 180 °, und das Bild des einfallenden Strahls wird ebenfalls umgekehrt. Bei der dritten Prismenposition trifft das Licht mit einem Winkel von 45 ° auf eine Seitenfläche auf, so dass der Strahl in Richtung Basisfläche gebrochen wird (Abb. 6). An der Basisfläche wird der Lichtstrahl totalreflektiert. Der Lichtweg durch das Prisma erfährt im Gegensatz zu den beiden vorhergehenden Prismenpositionen keine Richtungsänderung, aber hier wird das Bild umgekehrt.

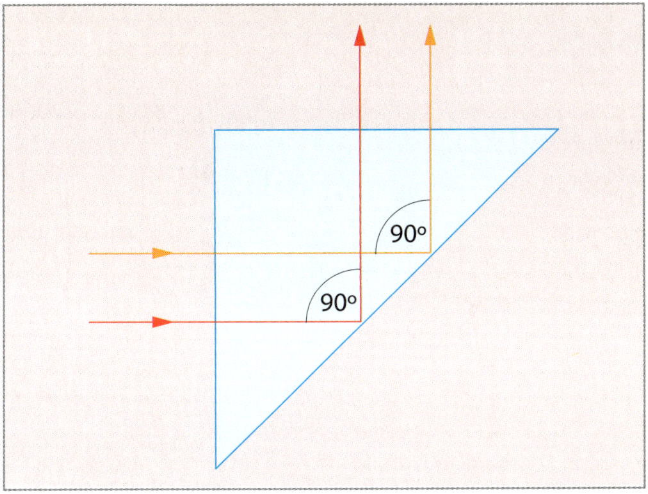

Abb. 4: Totalreflexion im Prisma. Der Lichtstrahl wird um 90 ° abgelenkt

Lichtzerlegung durch ein Prisma

Das Licht ändert seine Ausbreitungsrichtung beim Übergang von einem Medium ins

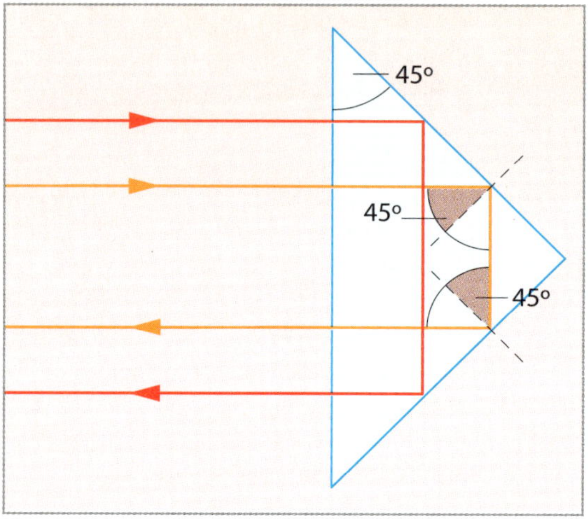

Abb. 5: Totalreflexion im Prisma. Der Lichtstrahl wird um 180 ° abgelenkt

nächste. Der Brechungswinkel ist dabei nicht nur von der Folge der Medien im Lichtweg abhängig, sondern auch vom Licht selbst. Weißes Licht besteht aus seinen Spektralkomponenten, die im Einzelnen komponentenweise unterschiedlich stark gebrochen werden (Dispersion). Blaues Licht wird beispielsweise in Glas bei schrägem Lichteinfall stärker gebrochen als rotes Licht, so dass weißes Licht im Glas vollständig in seine Spektralfarben zerlegt wird. Bei planparallelen Platten macht sich diese Zerlegung für den Beobachter nicht bemerkbar, da das gesamte Spekt-

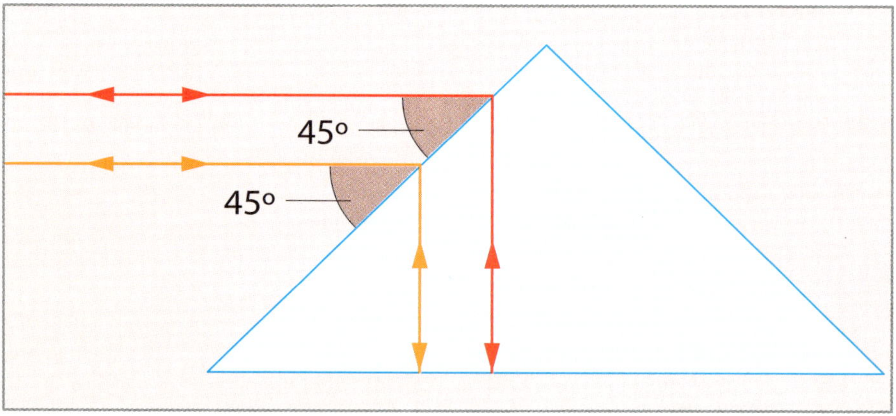

Abb. 6: Umkehrprisma, keine Richtungsänderung

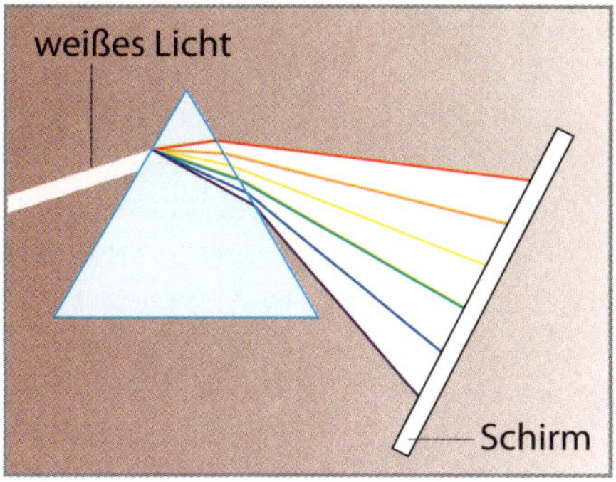

Abb. 7: Die Spektralkomponenten im Licht werden im Prisma unterschiedlich stark gebrochen (Dispersion)

rum wieder parallel, d. h. mit dem gleichen Winkel aus dem Glas austritt und sich dadurch wieder vermischt. Wäre das nicht der Fall, dann würden beispielsweise die Fensterscheiben in allen Spektralfarben bunt schillern. Beim Prisma verhält es sich anders. Hier wird ebenfalls im Glas das Licht in seine Komponenten zerlegt, aber die einzelnen Spektralfarben treten hier mit unterschiedlichen Winkeln aus dem Prisma aus, so dass die Spektralfarben sichtbar bleiben. Am stärksten abgelenkt wird dabei das violette Licht und am wenigsten abgelenkt bleibt die rote Spektralkomponente (Abb. 7).

Zum Weiterlesen:

- Reflexion an Hohl- und Wölbspiegel, S. 72
- Lichtbrechung, S. 78
- Zerstreuungslinsen, S. 96
- Dispersion, S. 114

Sammellinsen

Die Hauptbestandteile der meisten optischen Geräte – wie z. B. Fotoapparate, Filmkameras, Fernrohre oder einfache Brillen – bestehen aus Linsen. Linsen sind durchsichtige Körper, hergestellt aus Glas oder Kunststoff, deren Form von Teilen einer Kugeloberfläche begrenzt wird, wobei die Linsen unterschieden werden in Sammel- und Zerstreuungslinsen. Wie der Begriff Sammellinse bereits andeutet, hat sie die Eigenschaft, das Licht zu konzentrieren. Dieser Linsentyp, den man auch als Konvexlinse bezeichnet, hat mindestens eine nach außen gewölbte Seite. Ein Anwendungsbeispiel für die Sammellinse ist die Lupe, die das Sonnenlicht so stark konzentrieren kann, dass sich z. B. ein Stück Papier in ihrem Brennpunkt entzündet. Wie in Abbildung 1 dargestellt, unterscheidet man in Bi-, Plan- und Konkavkonvexlinsen. Sind dagegen die Linsen so geformt, dass die Kugeloberflächen nach innen gewölbt sind, dann spricht man von Zerstreuungslinsen bzw. Konkavlinsen. Im Vergleich zu den Konvexlinsen (Sammellinsen) unterscheidet man auch hier in Bi-, Plan und Konvexkonkavlinsen (Abb. 1).

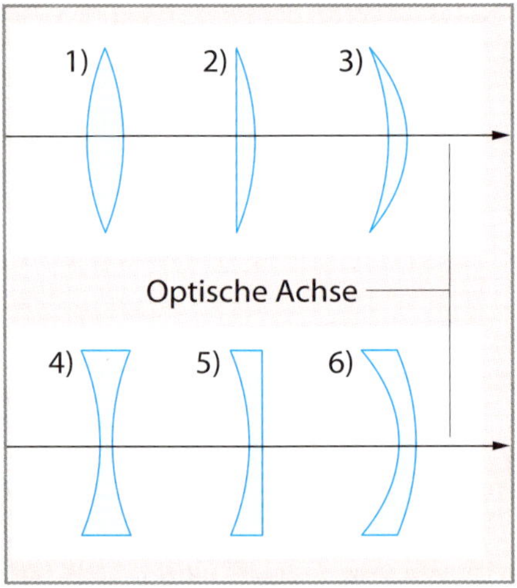

Abb. 1: Verschiedene Formen der Konvex- und Konkavlinsen

Die Sammellinse

Wie bereits erwähnt, hat die Sammellinse (Konvexlinse) die Eigenschaft, paralleles Licht im Brennpunkt zu konzentrieren. Bei näherer Betrachtung des Strahlverlaufs in der Sammellinse erkennt man, dass Lichtbündel unterschiedlich stark in ihrer Richtung abgelenkt werden. Die Richtungsänderung hängt davon ab, an welcher Stelle der Lichtstrahl auf die Linse auftrifft, denn der Lichtstrahl wird beispielsweise wesentlich stärker am Linsenende abgelenkt als in der Nähe der optischen Achse. Um sich das Ablenken eines parallelen Strahls in der Sammellinse besser vorstellen zu können, stellt man sich die Linse in Teilprismen zerlegt vor,

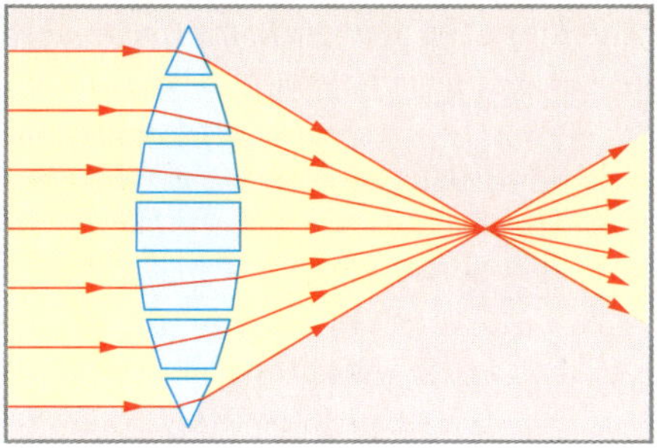

Abb. 2: Funktionsweise der Sammellinse, dargestellt mit Teilprismen

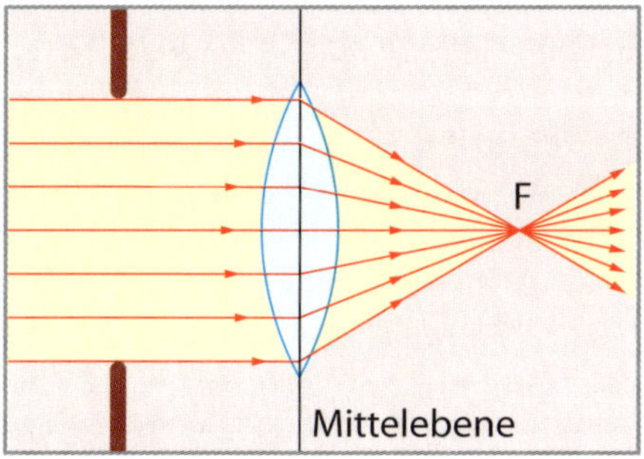

Abb. 3: Sammellinse

so dass die optische Achse durch eine planparallele Platte verläuft und zu beiden Seiten Teilprismen die Linse ersetzen. Der Neigungswinkel der Seitenflächen vergrößert sich mit zunehmendem Abstand von der optischen Achse. In den einzelnen Teilstücken der Prismen wird das Licht zweifach gebrochen. Über Prismen ist bekannt, dass mit der zunehmenden Neigung der Seitenflächen die Ablenkung verstärkt wird (Abb. 2). Fällt das Licht parallel zur optischen Achse auf die Sammellinse ein, dann werden die Lichtstrahlen im Brennpunkt konzentriert, wobei die einzelnen Lichtstrahlen in den Teilabschnitten unterschiedlich stark gebrochen werden. Um die Darstellung des Strahlenweges durch die Linse zu vereinfachen, wird, anstatt der zweifachen Lichtbrechung, die Gesamtrichtung an der Mittelebene der Linse einmalig geändert (Abb. 3).

Fällt ein paralleler Lichtstrahl schräg auf eine Sammellinse ein, dann werden auch hier die Lichtstrahlen in einem Brennpunkt vereinigt. Der Brennpunkt liegt auf einer Ebene, die parallel zur Mittelebene der Linse liegt. Diese Ebene wird als Brennebene bezeichnet und verläuft durch den Brennpunkt. Wird der Einfallswinkel des parallelen Lichtstrahls verändert, dann verändert sich dementsprechend die Lage des Brennpunktes auf der Brennebene (Abb. 4). Je nach Krümmung der Linsenoberfläche wird das Licht stärker gebrochen, so dass sich die Brennebene zur Linse hin verschiebt. Die Kenngröße der Linse, die den Abstand der Brennebene (Brennweite) enthält, wird als Brechkraft D bezeichnet.

$$D = \frac{1}{f}$$

$$[D] = \frac{1}{[f]} = \frac{1}{m} = 1 \text{ dpt (Dioptrie)}$$

Die Einheit der Brechkraft ist Dioptrie.

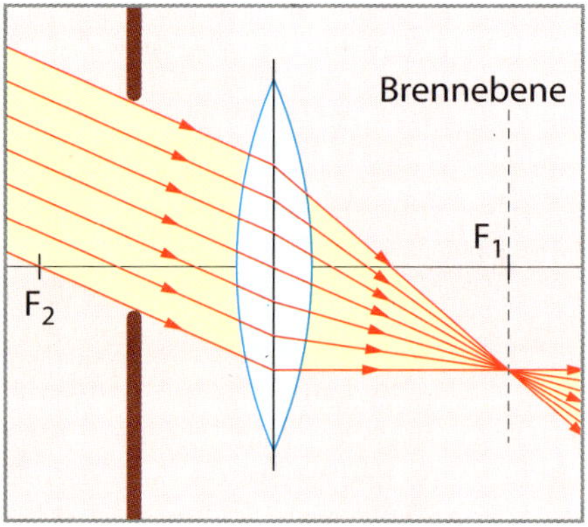

Abb. 4: Die Brennebene verläuft parallel zur Mittelebene. Schräg einfallende parallele Lichtbündel haben ihren Brennpunkt auf der Brennebene

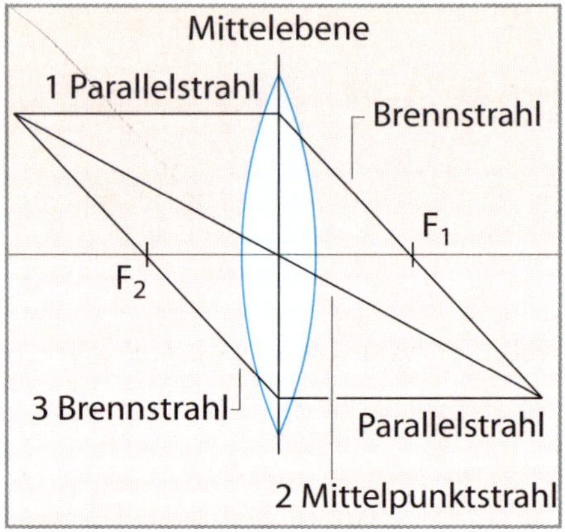

Abb. 5: Ausgezeichnete Strahlen für die Bildkonstruktion bei der Sammellinse. 1 = Parallelstrahl, 2 = Mittelpunktstrahl, 3 = Brennstrahl

Die Bilder der Sammellinse

Mit der Sammellinse ist es möglich, Gegenstände reell und virtuell abzubilden. Der Vorteil der Sammellinse gegenüber der Lochkamera ist, dass bei der Lochkamera nur sehr kleine Öffnungen ein scharfes Bild erzeugen. Um ein lichtstarkes Bild mit der Lochkamera zu erhalten, muss es mit breiteren Lichtbündeln abgebildet werden, so dass aber die Bildschärfe durch die Vergrößerung der Lichtflecken nachlässt. Die Sammellinse hat den Vorteil, dass sie im Vergleich mit wesentlich größeren Durchmessern ohne Schärfenverlust abbildet. Für die Bildkonstruktion mit der Sammellinse sind ausgezeichnete Strahlen wie der Parallel-, Brenn- und Mittelpunktstrahl vorgesehen (Abb. 5). Für die Bilderzeugung mit der Sammellinse stehen die Gegenstandsweite und Bildweite in direktem Zusammenhang mit dem Abbil-

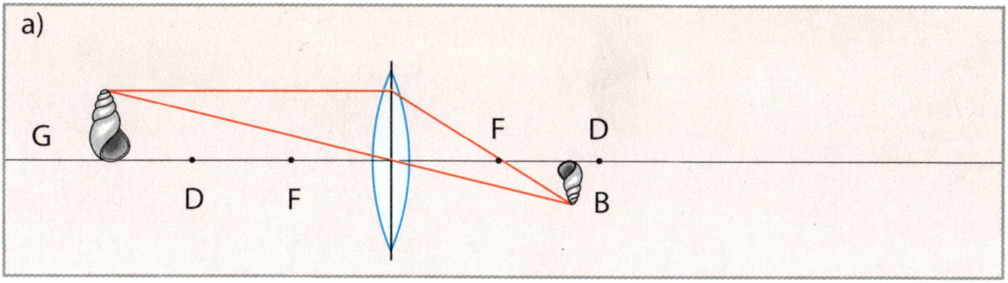

Abb. 6a: Gegenstandsweite g ist größer als die Brennweite b

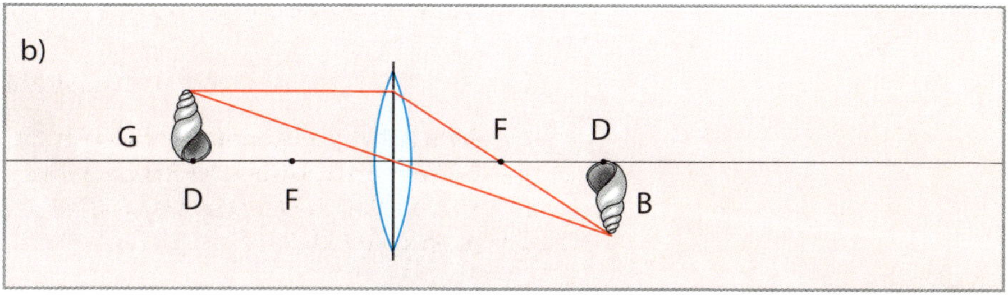

Abb. 6b: Gegenstandsweite g = Brennweite b

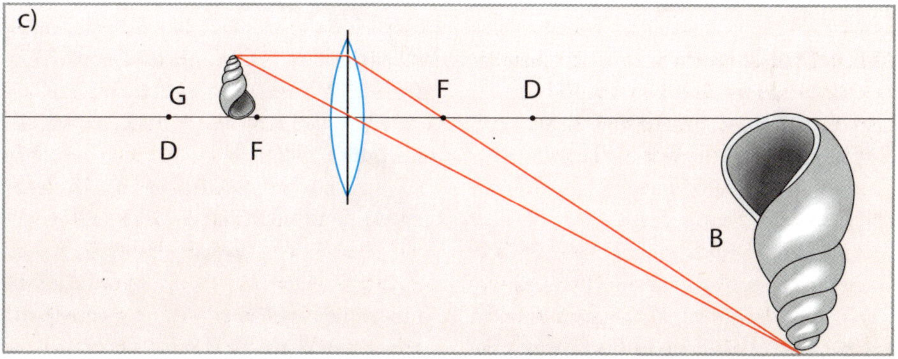

Abb. 6c: Nähert sich der Gegenstand dem Brennpunkt, wird das Bild größer

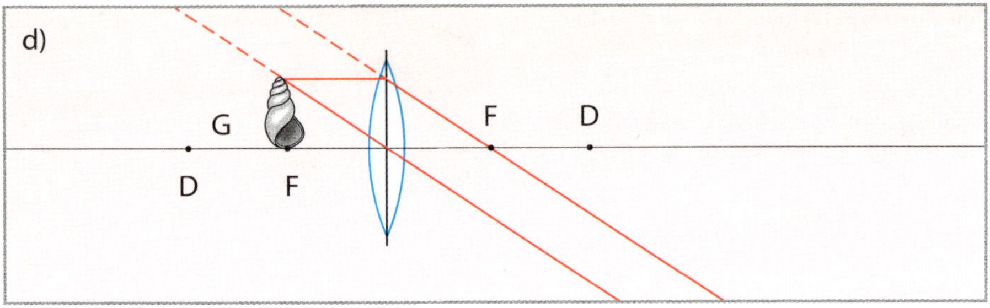

Abb. 6d: Nähert sich der Gegenstand dem Brennpunkt, entsteht kein Bild mehr

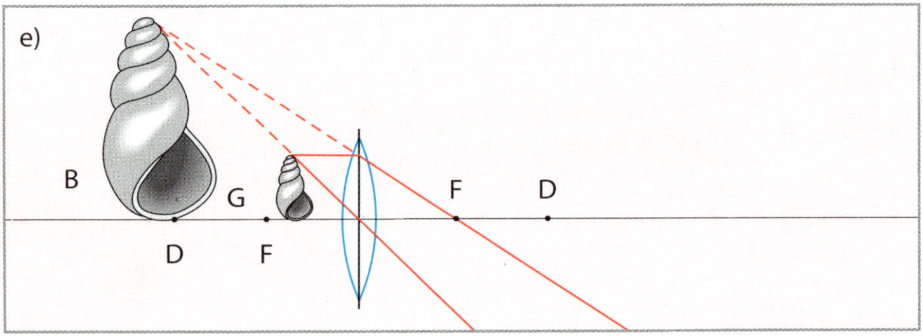

Abb. 6e: Bei Überschreitung des Brennpunkts entsteht ein virtuelles Bild

dungsmaßstab. Das Bild ist stark verkleinert, wenn der Gegenstand sehr weit von der Linse entfernt ist, wobei sich bei Annäherung des Gegenstandes das Bild vergrößert (Abb. 6a). In einem Sonderfall sind der Gegenstand und das Bild gleich groß und dabei gleich weit von der Linse entfernt (Abb. 6b). Nähert sich der Gegenstand dem Brennpunkt, dann vergrößert sich das Bild so lange, bis der Gegenstand den Brennpunkt erreicht hat (Abb. 6c). In dieser Position ist kein Bild mehr erkennbar, da Parallelstrahl und Mittelpunktstrahl parallel verlaufen und sich nicht in einem Bildpunkt vereinigen können (Abb. 6d). Erst bei Überschreitung des Brennpunktes entsteht ein scheinbares (virtuelles) vergrößertes Bild auf der Gegenstandsseite (Abb. 6e). Die reellen

Bilder sind im Gegensatz zu den virtuellen Bildern umgekehrt.

Mit der folgenden Gleichung kann man den Abbildungsmaßstab bei Sammellinsen berechnen.

$$A = \frac{B}{G} = \frac{b}{g}$$

In der Linsengleichung sind für optische Berechnungen die Größen Gegenstandsweite (g) Bildweite (b) und Brennweite (f) vorhanden:

$$\frac{1}{g} + \frac{1}{b} = \frac{1}{f}$$

Zum Weiterlesen:

- → Reflexion an Hohl- und Wölbspiegel, S. 72
- → Planparallele Platte und Prisma, S. 84
- → Zerstreuungslinsen, S. 96
- → Dispersion, S. 114

Zerstreuungslinsen

Optische Instrumente bestehen in der Regel aus einer Kombination von unterschiedlichen Linsen oder Linsensystemen. Um beispielsweise parallele Lichtstrahlen auf einen Punkt zu konzentrieren, werden in der Optik Sammellinsen eingesetzt, die also die Fähigkeit haben, die Lichtstrahlen konvergieren zu lassen. Ebenso werden in der Optik Linsen benötigt, die genau das Gegenteil der Sammellinsen bewirken, d. h. das Licht zerstreuen (divergieren). Mit unterschiedlich kombinierten Linsen ist es möglich, in der Optik Lichtwege entsprechend der Anwendung zu optimieren und Linsenfehler wie Unschärfe, Verzerrungen oder Farbfehler zu korrigieren. Wie die Bezeichnung der Zerstreuungslinse bereits verrät, hat sie die Aufgabe, parallele Lichtbündel zu zerstreuen. Zerstreuungslinsen (Konkavlinsen) werden unter anderem in Brillen eingesetzt, um kurzsichtige Augen zu korrigieren. Bei genauer Betrachtung der Zerstreuungslinse (Konkavlinse) stellt man fest, dass sie aus Teilkugeloberflächen besteht, die im Gegensatz zur Sammellinse nach innen gewölbt sind, so dass der Rand breiter ist als der Mittelteil der Linse.

Wirkungsweise einer Zerstreuungslinse

Die Wirkungsweise der Zerstreuungslinse lässt sich verstehen, indem man sich die Linse in Teilstücke zerlegt vorstellt, so dass jedes Teilstück einen bestimmten Lichtweg stellvertretend darstellt. Die Linse wird in der Mitte durch eine planparallele Platte ersetzt. Danach folgen Prismenteilstücke, die so orientiert sind, dass das Licht nach außen hin gebrochen wird (Abb. 1). Die Ablenkung ist umso größer, je mehr die beiden Seitenflächen der Pris-

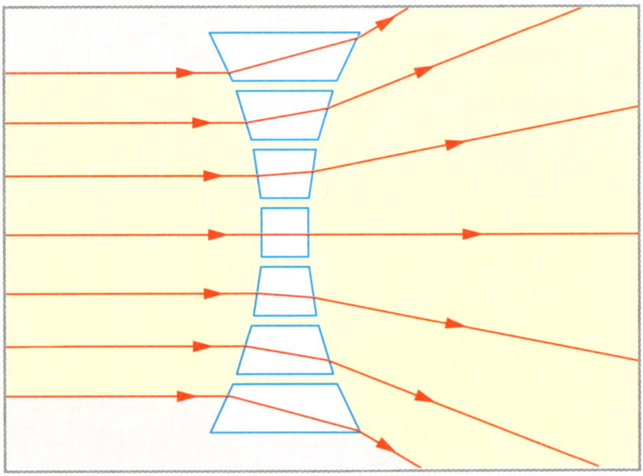

Abb. 1: Zerstreuungslinse in Teilprismen unterteilt

menteilstücke gegeneinander geneigt sind, so daß die betrachteten Lichtstrahlen mit wachsendem Abstand von der optischen Achse immer mehr nach außen hin abgelenkt werden. Lässt man Lichtstrahlen parallel zur optischen Achse auf die Zerstreuungslinse (Konkavlinse) fallen, dann werden die Lichtstrahlen derart zerstreut, dass die Strahlen von einem Punkt vor der Linse auszugehen scheinen. Dieser Punkt wird als scheinbarer (virtueller) Brennpunkt F' (Abb. 2) der Konkavlinse bezeichnet, und seine Entfernung vom optischen Mittelpunkt ist die Brennweite f'. Da der Brennpunkt F' im Gegensatz zum Brennpunkt der Konvexlinse auf der Seite des einfallenden Lichts liegt, wird die virtuelle Brennweite f' immer mit einem negativen Vorzeichen angegeben (z. B. für f' = – 5cm: siehe Beispielrechnung).

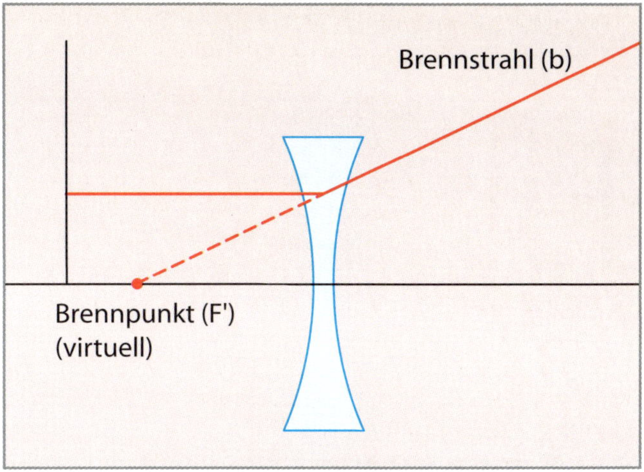

Abb. 2: Scheinbarer Brennpunkt einer Zerstreuungslinse

Bilder der Zerstreuungslinse

Für eine vereinfachte Bildkonstruktion wird auch die Zerstreuungslinse (Konkavlinse) für die optische Darstellung durch ihre optische Mittelebene ersetzt. Für Konstruktion werden auch hier ausgezeichnete Strahlen wie der Mittelpunktstrahl, Brennstrahl und Parallelstrahl eingesetzt. Zeichnet man von einem Gegenstandspunkt, wie in Abb. 3 dargestellt, den Strahlverlauf der ausgezeichneten Strahlen, dann ergeben die Schnittpunkte der rückläufigen Verlängerungen der Strahlen den entsprechenden Bildpunkt. Zerstreuungslinsen geben stets aufrechte und verkleinerte, scheinbare (virtuelle) Bilder wieder, so dass beim Blick durch eine Konkavlinse alle Gegenstände, unabhängig

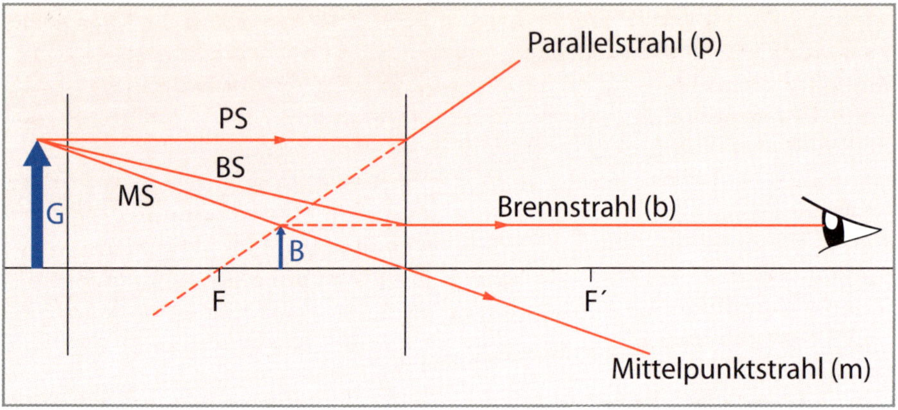

Abb. 3: Bildkonstruktion mit dem Parallelstrahl (p), Brennstrahl (b) und Mittelpunktstrahl (m)

von ihrer Entfernung, aufrecht und verkleinert erscheinen. Die Bilder liegen auf derselben Seite wie der Gegenstand zwischen der Linse und dem virtuellen Brennpunkt (Abb. 3).

Beispielrechnung

Für die Zerstreuungslinse gilt uneingeschränkt die Linsengleichung. Es muss allerdings beachtet werden, dass die Brennweite f' einen negativen Zahlenwert besitzt, da der virtuelle Brennpunkt vor der Linse liegt. Da die Brennweite einen negativen Wert besitzt, ist somit auch die Brechkraft negativ. Hat eine Zerstreuungslinse eine Brennweite f' von – 5cm, dann errechnet sich daraus eine Brechkraft von – 20 dpt (Dioptrie).

$$f = -5\,\text{cm}$$

$$D = \frac{1}{-5\ \text{cm}} = \frac{1}{-0{,}05\ \text{m}} = -20\ \text{dpt}$$

$$\text{Dioptrie: dpt} = \frac{1}{\text{m}}$$

Bei einer negativen Brennweite ist also die Brechkraft ebenfalls negativ. Ist der Gegenstand 10 cm von der Linse entfernt, dann ergibt sich nach Lösen der Linsengleichung für die Bildweite ein Wert von –3,3 cm (Beispielrechnung 1).

Für die Bildweite ergibt sich ein negativer Wert, somit befindet sich das scheinbare Bild auf der Gegenstandsseite (Abb. 4). Für den Abbildungsmaßstab A = b/g errechnet sich ein Wert von 0,33, d. h., das Bild ist um den Faktor 3 kleiner als der Gegenstand.

Führt man im Vergleich eine Rechnung für eine Sammellinse mit der gleichen Gegenstandsweite g = 10 cm und Brennweite f = 5 cm durch, dann erhält man aus der Linsengleichung eine Bildweite von 10 cm (Beispielrechnung 2).

In diesem Fall ist der Gegenstand mit doppelter Brennweite von der Linse entfernt, so dass das Bild mit der Linsenentfernung und Größe des Gegenstands auf der anderen Seite der Linse umgekehrt erscheint (Abb. 5).

Die Linsengleichung gibt vor:

$$\frac{1}{g} + \frac{1}{b} = \frac{1}{f} \Rightarrow \frac{1}{b} = \frac{1}{f} - \frac{1}{g}$$

$$\frac{1}{b} = -\frac{1}{5\text{ cm}} - \frac{1}{10\text{ cm}}$$

$$\Rightarrow \frac{1}{b} = -\frac{1}{0{,}05\text{ m}} - \frac{1}{0{,}1\text{ m}}$$

$$\Rightarrow \frac{1}{b} = -\frac{20}{\text{m}} - \frac{10}{\text{m}} = -\frac{30}{\text{m}}$$

$$\Rightarrow \frac{b}{1} = -\frac{1}{30}\text{ m} = -0{,}033\text{ m}$$

Bildweite = – 3,3 cm

Beispielrechnung 1

Die Linsengleichung gibt vor:

$$\frac{1}{g} + \frac{1}{b} = \frac{1}{f} \Rightarrow \frac{1}{b} = \frac{1}{f} - \frac{1}{g}$$

$$\frac{1}{b} = \frac{1}{5\text{ cm}} - \frac{1}{10\text{ cm}}$$

$$\Rightarrow \frac{1}{b} = \frac{1}{0{,}05\text{ m}} - \frac{1}{0{,}1\text{ m}}$$

$$\Rightarrow \frac{1}{b} = \frac{20}{\text{m}} - \frac{10}{\text{m}} = \frac{10}{\text{m}}$$

$$\Rightarrow \frac{b}{1} = \frac{1}{10}\text{ m} = 0{,}1\text{ m}$$

Bildweite = 10 cm

Beispielrechnung 2

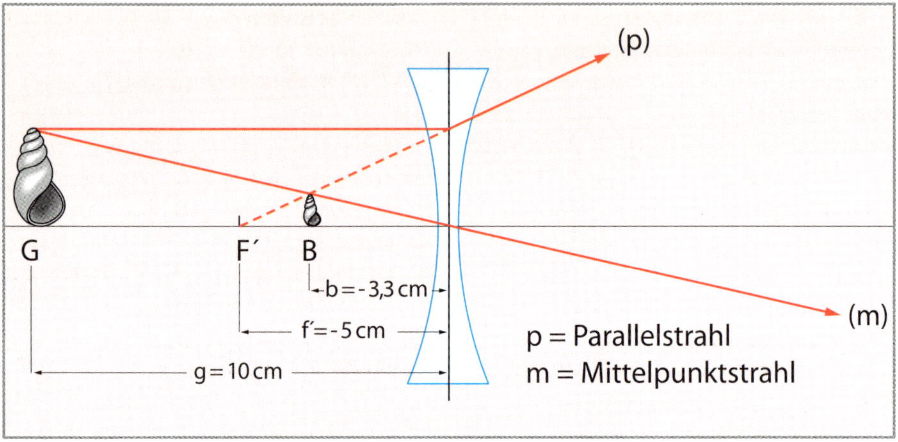

Abb. 4: Konkavlinse (Zerstreuungslinse): Bildkonstruktion; das scheinbare Bild befindet sich auf der Gegenstandsseite

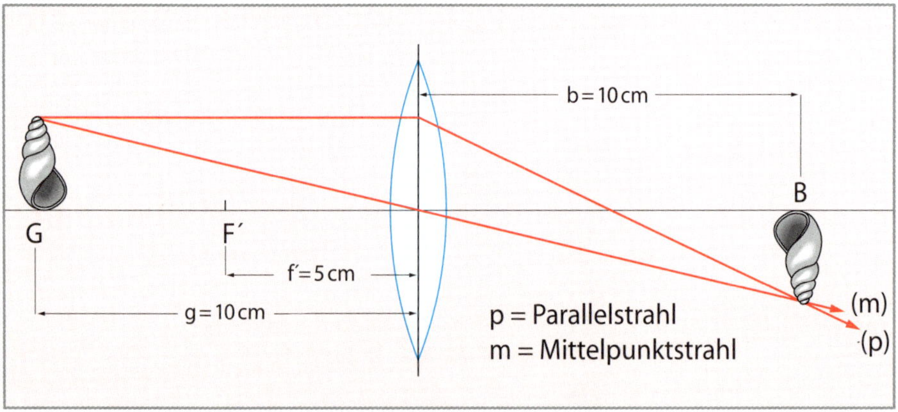

Abb. 5: Konvexlinse (Sammellinse): Bildkonstruktion; das Bild erscheint auf der anderen Seite der Linse, aber umgekehrt

In der Optik werden häufig in Linsensystemen unterschiedliche Linsen angeordnet, und der Gesamtbrechwert des Systems D errechnet sich aus den Einzelbrechwerten der enthaltenen Linsen. Ordnet man die beiden oben angeführten Beispiellinsen hintereinander an, dann ergibt sich der Gesamtbrechwert aus der Summe der einzelnen Brechwerte:

$D = D1 + D2.$

Beim Einsetzen der Brechwerte der beiden Linsen ergibt sich für

$D = -20 \text{ dpt} + 20 \text{ dpt} = 0 \text{ dpt}$.

Man erkennt: Bei einer Anordnung dieser beiden Linsen wird die Brechkraft der Konkavlinse (Zerstreuungslinse) mit der Konvexlinse aufgehoben. Der Strahlverlauf wird nach dem Durchlaufen der beiden Linsen letztendlich nicht verändert.

Zum Weiterlesen:

- → Reflexion an Hohl- und Wölbspiegel, S. 72
- → Planparallele Platte und Prisma, S. 84
- → Sammellinsen, S. 90
- → Optische Geräte, S. 108

Das Auge und der Sehvorgang

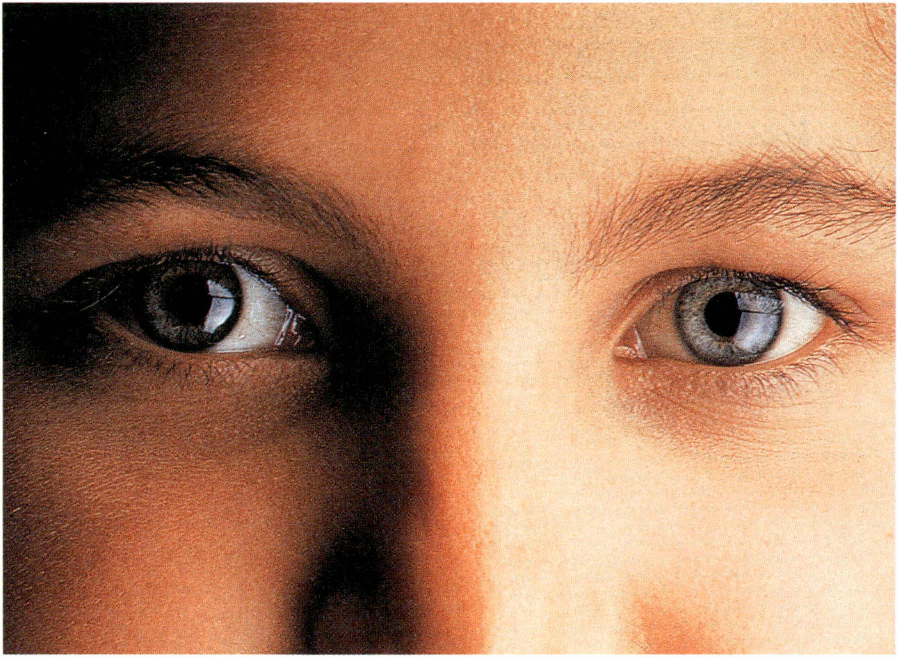

Abb. 1: Sehvorgang und Wahrnehmung: Perfektes Zusammenspiel zwischen Auge und Gehirn

Das menschliche Auge ist prinzipiell wie eine einfache Kamera aufgebaut, in der ein Kopfstehendes Bild der Außenwelt auf die Netzhaut abgebildet wird. Die Netzhaut nimmt das Bild auf und leitet die Informationen an das Gehirn weiter. Von wenigen Ausnahmen abgesehen, ist das menschliche Auge leistungsstärker als das der meisten Tiere, wobei das Auge, verglichen mit einer fotografischen Kamera, eher als schlecht zu beurteilen ist. Hervorragende Eigenschaften erhält der Vorgang Sehen erst durch das Verarbeiten der Eindrücke im Gehirn. Beispielsweise werden die Anpassung an Hell und Dunkel mit der Pupille und die Anpassung der Brennweite der Augenlinse automatisch vom Gehirn aus gesteuert (Abb. 1). Andererseits sieht das Auge nur in einem sehr kleinen Ausschnitt scharf, was aber für den Vorgang „Sehen" unbedeutend ist, da der Blick sehr schnell von einem Ausschnitt zum anderen geführt wird und deshalb diese Einschränkung vom Menschen nicht bewusst bemerkt wird.

Das Auge und sein Aufbau

Das Auge besteht im Wesentlichen aus der Hornhaut, Augenflüssigkeit, Augenlinse und Glaskörper, die untereinander verschieden stark das Licht brechen (Abb. 2). An der Gestalt dieser Augenbestandteile erkennt man, dass es sich um ein Linsensystem handelt, dessen Brennweite im Gegensatz zum Objektiv im Fotoapparat verändert werden kann. Die Augenlinse (Kristalllinse) besteht aus einem elastischen, transparenten Material, dessen Oberflächenkrümmung durch Anspannung der Augenmuskeln (Ziliarmuskel) verändert wird, um das Bild auf der Netzhaut scharf zu stellen (fokussieren). Die damit erreichbare Anpassung an die Gegenstandsweite heißt Akkommodation

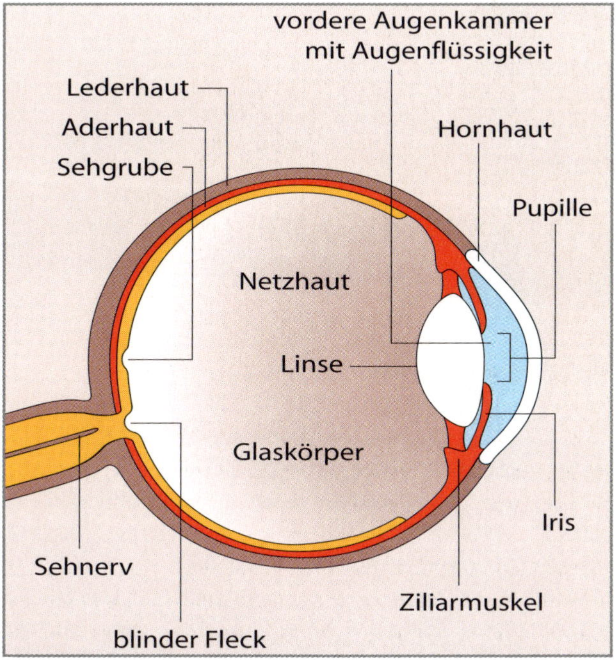

Abb. 2: Längsschnitt durch das menschliche Auge

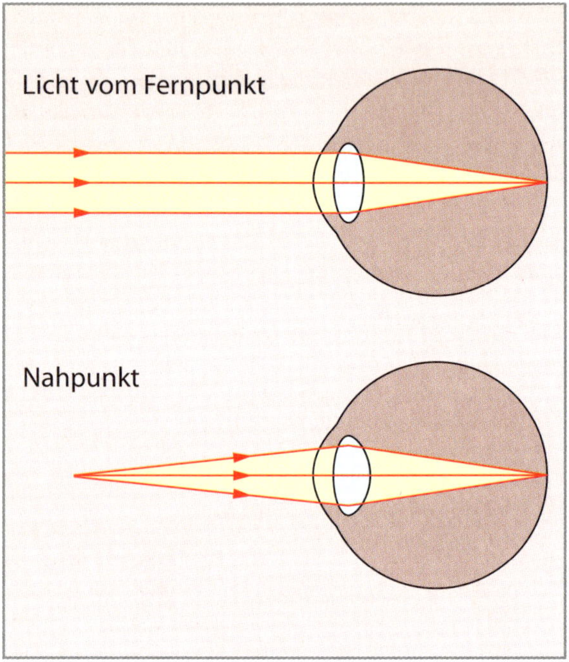

Abb. 3: Nah- und Fernpunkt vom Auge

des Auges. Die Steuerung des Ziliarmuskels erfolgt automatisch, so dass auf der Netzhaut stets ein scharfes Bild entsteht. Je näher das betrachtete Objekt ist, desto stärker zieht sich der Ziliarmuskel zusammen, und die Linse rundet sich ab. Bei entfernten Gegenständen ist bei einem gesunden Auge keine Akkommodation erforderlich, denn die Augenlinse wird über die straffen Haltebänder des Ziliarmuskels flach gehalten. Neben dem Ziliarmuskel wird auch die Iris vom Gehirn aus gesteuert (Adaption), so dass sie z. B. ihren Durchmesser verkleinert, wenn die Helligkeit zunimmt.

Beim Sehvorgang treten die Strahlen über Pupille und Kristalllinse in das Augeninnere ein und erzeugen umgekehrte Bilder auf der Netzhaut. Die Netzhaut besteht aus einer feinen Haut, durchzogen von feinsten Verzweigungen des Sehnervs, die an der Netzhautoberfläche als Stäbchen und Zäpfchen enden, um die ankommenden Lichtreize zu empfangen. Die so genannten Zäpfchen vermitteln die Farbeindrücke, und die weniger empfindlichen aber dafür zahlreicheren Stäbchen, das Hell-Dunkel-Sehen. Im menschlichen Auge sind ungefähr 7 Millionen Zäpfchen und 120 Million Stäbchen vorhanden.

Bei normaler Helligkeit sieht man vor allem mit den Zäpfchen, wobei drei verschiedene Sorten von Zäpfchen die drei Grundfarben unterscheiden. Bei geringer

Helligkeit sind die Zäpfchen unempfindlich, und man sieht nur noch mit den Stäbchen, die die Helligkeitsunterschiede, aber dafür keine Farben wahrnehmen können. Die lichtempfindlichste Stelle der Netzhaut liegt der Pupille genau gegenüber und wird als Netzhautgrube oder gelber Fleck bezeichnet.

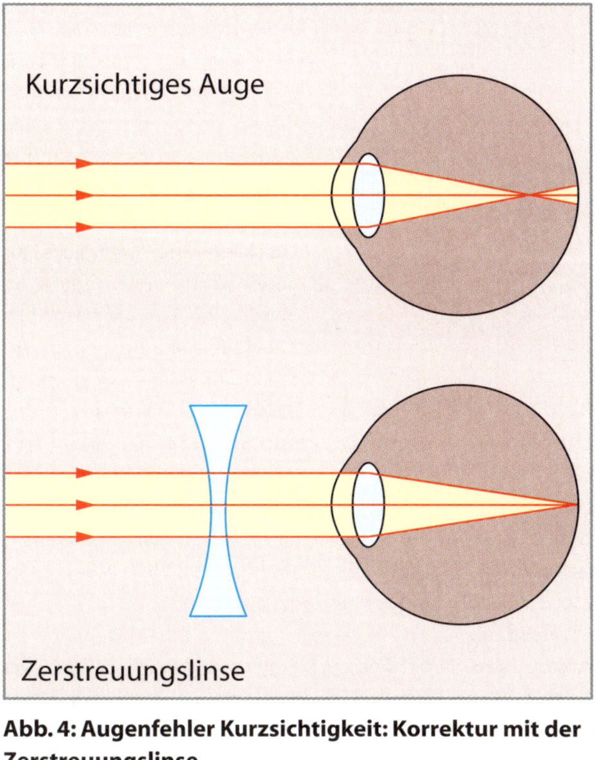

Abb. 4: Augenfehler Kurzsichtigkeit: Korrektur mit der Zerstreuungslinse

Die hier erzeugten Bilder werden an dieser Stelle der Netzhaut am deutlichsten wahrgenommen, da dort die Gegenstände in der Bildmitte fehlerfrei abgebildet werden und an dieser Stelle (am gelben Fleck) die Zäpfchen am dichtesten aneinander liegen. Nicht weit vom gelben Fleck entfernt befindet sich der Sehnerv, der direkt zum Gehirn führt. An dieser Stelle befinden sich keine lichtempfänglichen Nervenenden, die die Abbildung aufnehmen. Diese Stelle nennt man den blinden Fleck.

Erst das Sehen mit zwei Augen vermittelt den Eindruck von der räumlichen Gestalt der Gegenstände und der Raumtiefe. Das räumliche Sehen ermöglicht das Abschätzen von Entfernungen in die Tiefe des Raumes. Eine wichtige Kenngröße des Auges ist das Auflösungsvermögen, das angibt, bis zu welchem Abstand und Größe zwei Gegenstandspunkte noch getrennt wahrgenommen werden können. Das Auflösungsvermögen

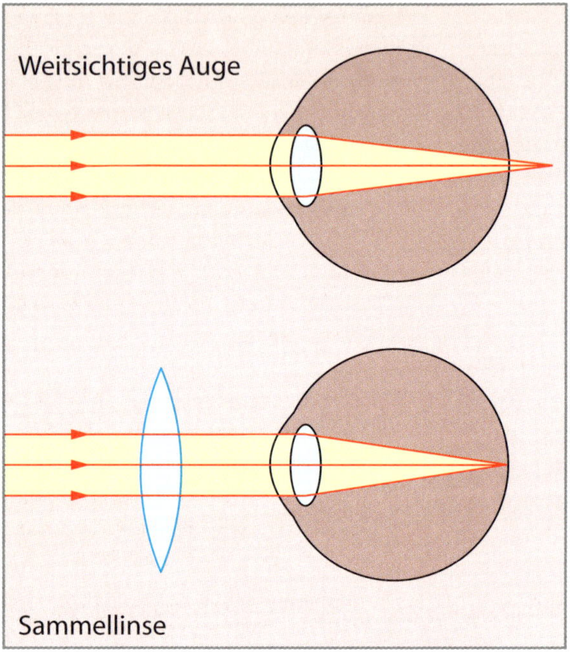

Abb. 5: Augenfehler Weitsichtigkeit: Korrektur mit der Sammellinse

wird mit dem Sehwinkel beschrieben. Zwei Gegenstandspunkte können nur dann getrennt wahrgenommen werden, wenn ihre beiden Bildpunkte auf zwei verschiedene Zäpfchen oder Stäbchen fallen. Dazu muss der Sehwinkel aber mindestens 1/60 Grad (1/60 Grad = 1 Winkelminute) betragen. Bei diesem Sehwinkel sind für die Netzhaut keine Einzelheiten mehr erkennbar, da das Netzhautbild von 0,0063 mm nur noch ein einziges Stäbchen überdeckt und somit die Auflösungsgrenze vom Auge erreicht hat. Um dennoch eine höhere Auflösung mit seinem Auge zu erreichen, müssen Sehhilfen benutzt werden. Die Lupe beispielsweise ermöglicht kleinste Gegenstände zu erkennen, indem sie den Sehwinkel erweitert. Ist der Sehwinkel größer, dann ist somit auch die entsprechende Abbildung auf der Netzhaut größer und deckt eine entsprechende Anzahl von Stäbchen und Zäpfchen ab.

Die Fehlsichtigkeit des Auges

Die Leistungsfähigkeit des Auges hat seine natürlichen Grenzen wie beispielsweise das Auflösungsvermögen, das von der Feinfasrigkeit der aufnehmenden Stäbchen und Zäpfchen auf der Netzhaut abhängt und das über den Sehwinkel festgelegt (definiert) wird. Die Einstellung der Linsenwölbung (Akkommodation) als auch die Anpassung der Iris (Adaption), die über das Gehirn gesteuert werden, so dass auf der Netzhaut ein scharfes „normal belichtetes“ Bild entsteht, unterliegen ebenfalls ihren natürlichen Leistungsgrenzen. Ein gesundes Auge hat die Fähigkeit, Gegenstände mit einem Blickabstand von 10–15 cm noch scharf auf der Netzhaut abzubilden. Dieser Punkt wird als Nahpunkt bezeichnet. Alle Gegenstände, die den Abstand zu den Augen weiter unterschreiten, können nicht mehr klar abgebildet werden, denn ein weiteres Wölben der Linse (Akkommodation) ist nicht mehr möglich. Der entfernteste Punkt, den das Auge noch scharf erkennen kann, wird als Fernpunkt bezeichnet. Hierbei ist die Linse nicht akkommodiert, und der Fernpunkt liegt beim gesunden Auge im Unendlichen (Abb. 3).

Liegt der Fernpunkt bei einem nicht akkommodierten Auge aber im Endlichen, dann spricht man von einem kurzsichtigen Auge. Die Krümmung bzw. die Brechkraft des Auges ist so stark ausgeprägt, dass sich wegen der zu geringen Brennweite die Strahlen für entferntere Gegenstände schon vor der Netzhaut vereinigen. Brillen mit Zerstreuungslinsen sorgen in diesem Fall für Abhilfe, indem sie die Brennweite entsprechend vergrößern (Abb. 4).

Bei einem weitsichtigen Auge hat sich der Nahpunkt vom Auge entfernt. Für nahe liegende Gegenstände wird das Bild hinter der Netzhaut abgebildet. In diesem Fall sorgt eine Brille mit Sammellinsen für eine Verkürzung der Brennweite (Abb. 5).

Zum Weiterlesen:

- Licht und Lichtausbreitung, S. 54
- Licht und Bilder, S. 66
- Lichtbrechung, S. 78
- Zerstreuungslinsen, S. 96
- Dispersion, S. 114

Optische Geräte – Mikroskop, Fernrohr, Fotoapparat

Um Einzelheiten eines entfernten Gegenstandes oder Details von einem kleinen Gegenstand erkennen zu können, benötigt man eine Sehhilfe. Ein Baum aus der Ferne gesehen und eine Nadelspitze aus unmittelbarer Nähe betrachtet, sind bei entsprechender Distanz jeweils für das Auge nur als Punkt erkennbar. In beiden Beispielen ist für das betrachtende Auge der Sehwinkel zu klein, so dass das Bild auf der Netzhaut nicht genügend Zäpfchen oder Stäbchen abdeckt. Damit zwei unterschiedliche Bildpunkte erkannt werden können, müssen mindestens zwei Sensoren (Stäbchen oder Zäpfchen) auf der Netzhaut mit dem Bild abgedeckt sein. Um das Bild auf der Netzhaut zu vergrößern, muss der Sehwinkel vergrößert werden, indem man sich dem Gegenstand nähert. Den Weg kann sich der Beobachter ersparen, indem er ein Fernrohr oder Fernglas benutzt, das im Prinzip nichts anderes macht, als den Sehwinkel und damit das Bild auf der Netzhaut zu vergrößern, indem es den Gegenstand optisch näher rückt. Bei sehr kleinen Gegenständen ist es ebenfalls möglich, den Sehwinkel durch Distanzverringerung zu vergrößern, wobei ab einer Gegenstandsnähe

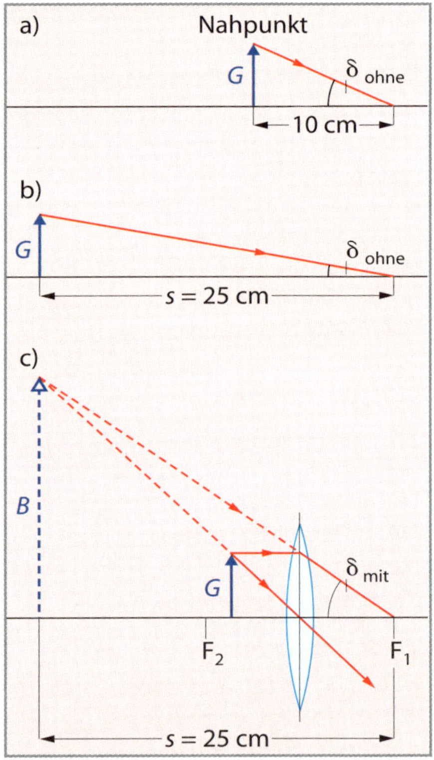

Abb. 1: a) Sehwinkel am Nahpunkt, b) Sehwinkel bei deutlicher Sehweite, c) Sehwinkel mit Lupe

von 10 cm die Augenlinse sich nicht mehr ausreichend akkommodieren (krümmen) kann und das Bild unscharf auf der Netzhaut erscheint. Der Sehwinkel wird in diesem Fall künstlich durch eine Lupe oder ein Mikroskop vergrößert, so dass mehr Einzelheiten erkennbar sind. Die Vergrößerung mithilfe von optischen Instrumenten wird über den Sehwinkel festgelegt (definiert).

$$V = \frac{\delta}{\delta_0}$$

V = Vergrößerung
δ = Sehwinkel mit Instrument
δ_0 = Sehwinkel ohne Instrument

Die Lupe, das Mikroskop

Die Lupe besteht aus einer Sammellinse (Konvexlinse), mit der es möglich ist, ein virtuelles, vergrößertes, aufrechtes Bild zu erzeugen. Das Bild entsteht auf der Gegenstandsseite.

Obgleich der Gegenstand innerhalb der Brennweite der Linse sehr dicht zur Beobachtung an der Lupe liegt, lässt sich das virtuelle Bild in der deutlichen Sehweite (25 cm vom Gegenstand entfernt) beobachten. Im Gegensatz dazu ist die Beobachtung im Nahbereich wesentlich anstrengender, da hier die Augen durch das Akkommodieren sehr schnell ermüden (Abb. 1). Ist die Brennweite der Lupe klein im Verhältnis zur deutlichen Sehweite (s = 25 cm), dann ergibt sich für die Brennweite der Lupe folgende Vergrößerung.

$$V_L = \frac{s}{f}$$

V_L = Vergrößerung der Lupe
s = deutliche Sehweite
f = Brennweite der Lupe

Aus der Formel ist ersichtlich, dass die Vergrößerung mit abnehmender Brennweite zunimmt, wobei eine 20fache Vergrößerung für Lupen nicht überschritten wird, da sonst die Linse zu dick sein würde und Abbildungsfehler das Sehen stark beeinträchtigen. Ist die Vergrößerung mit der Lupe nicht ausreichend, dann kann die Sammellinse durch eine weitere Sammellinse verstärkt werden. Im Mikroskop befinden sich deshalb zwei Sammellinsen in einem Rohr, das als Tubus bezeichnet wird. Die beiden Sammellinsen (Konvexlinsen) werden in ihrer Bezeichnung unterschieden, wobei die Linse, die bei der Betrachtung durch das Mikroskop dem Beobachter zugewandt ist, als Okular bezeichnet wird und die Sammellinse, die dem Gegenstand zugewandt ist, als Objektiv bezeichnet wird.

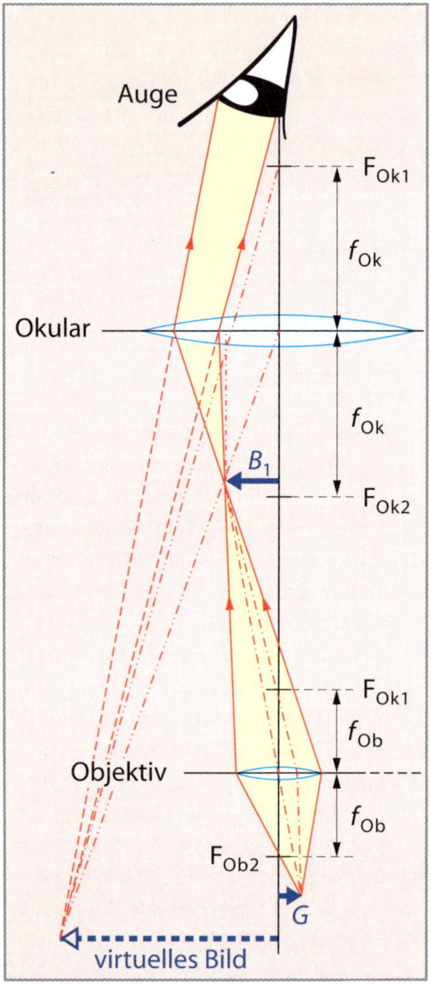

Abb. 2: Strahlengang im Mikroskop

Das Mikroskop funktioniert derart, dass der zu beobachtende Gegenstand sich außerhalb der Brennweite des Objektivs befindet. Es entsteht somit ein umgekehrt vergrößertes reelles Bild, das in der Brennweite vom Okular als Zwischenbild für die Erzeugung eines nochmals vergrößerten virtuellen Bildes genutzt wird, welches letztendlich vom Betrachter gesehen wird (Abb. 2). Die Gesamtvergrößerung des Mikroskops errechnet sich aus der Vergrößerung des Objektivs multipliziert mit der Vergrößerung des Okulars.

$$V_M = V_{Ob} \cdot V_{Oku}$$

V_M = Vergrößerung Mikroskop
V_{Ob} = Vergrößerung Objektiv
V_{Oku} = Vergrößerung Okular

Das Fernrohr

Das Fernrohr besteht im Prinzip aus einer Sammellinse mit großer Brennweite als Objektiv, das die Aufgabe hat, von einem entfernten Gegenstand ein Bild in der Nähe zu erzeugen, so dass man es mit dem Okular als Lupe betrachten kann. Die Strahlen, die von einem anderen Himmelskörper kommen, treffen fast parallel auf die Linse, so dass das Bild in der Höhe der Brennebene entsteht. Aus diesem Grund benötigt man eine Linse mit großer Brennweite, weil damit auch das

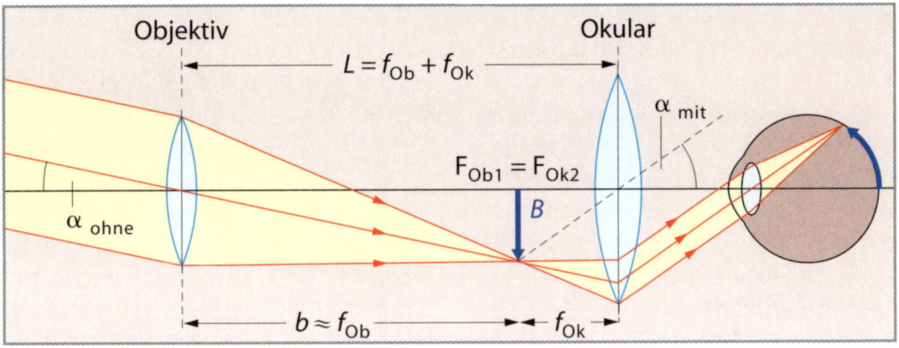

Abb. 3: Strahlengang im astronomischen Fernrohr (Kepler-Fernrohr)

Zwischenbild umso größer erscheint. Das Okular hat dagegen eine sehr kurze Brennweite, um das Zwischenbild nochmals zu vergrößern (Abb. 3). Die Vergrößerung des Sehwinkels in einem Kepler-Fernrohr berechnet sich aus dem Quotienten der Brennweiten:

$$V_F = \frac{f_{Ob}}{f_{Ok}}$$

V_F = Vergrößerung Fernrohr
f_{Ob} = Brennweite Objektiv
f_{Ok} = Brennweite Okular

Diese Anordnung von zwei Sammellinsen wurde 1611 von Johannes Kepler (1571-1630) entwickelt und wird auch als astronomisches Fernrohr bezeichnet.

Der Fotoapparat

Der einfachste Aufbau für einen Fotoapparat ist prinzipiell die Lochkamera, in der das Bild mit einer lichtempfindlichen Platte oder Film festgehalten wird. Um ein scharfes Bild mit der Lochkamera zu erhalten, ist die Belichtungszeit sehr lang, da nur sehr wenig Licht durch das Loch für die Belichtung zur Verfügung steht. Wird das Loch in der Lochkamera vergrößert, dann sind die Lichtpinsel bei der Abbildung zu groß, und das Bild wird unscharf. Im Gegensatz dazu erzeugt der Fotoapparat die optische Abbildung mit einer Sammellinse, die jeden Gegenstandspunkt exakt zu einem Bildpunkt vereinigt, so dass deren Lichtbündel wesentlich heller sind bei vergleichbarer Auflösung, wodurch die Belichtungszeit wesentlich verkürzt wird. Die Bildpunkte werden auf einem lichtempfindlichen Film festgehalten. Im Allgemeinen befindet sich der abzubildende Gegenstand mehr als zwei Brennweiten vom Objektiv entfernt (g > 2f), so dass ein reelles, verkleinertes und umgekehrtes Bild auf dem lichtempfindlichen Material entsteht. Die Abbildung bleibt durch fotochemische Prozesse im Material gespeichert. Für die Einstellung der Schärfe muss das Objektiv verschoben werden, wobei die Bildweite der jeweiligen Gegenstandsweite angepasst wird (Abb. 4).

Die Leistungsfähigkeit eines Fotoapparates hängt in erster Linie von der Lichtstärke des Objektives ab und wird durch das Verhältnis von Linsendurchmesser zur Brennweite angegeben, das als Blendenzahl bezeichnet wird. Die Blendenzahl ist das Verhältnis (Brennweite f / Linsendurchmesser d), d. h., Bilder mit gleicher Blendenzahl sind bei gleicher Belichtungszeit gleich hell, und je kleiner die Blendenzahl ist, desto grö-

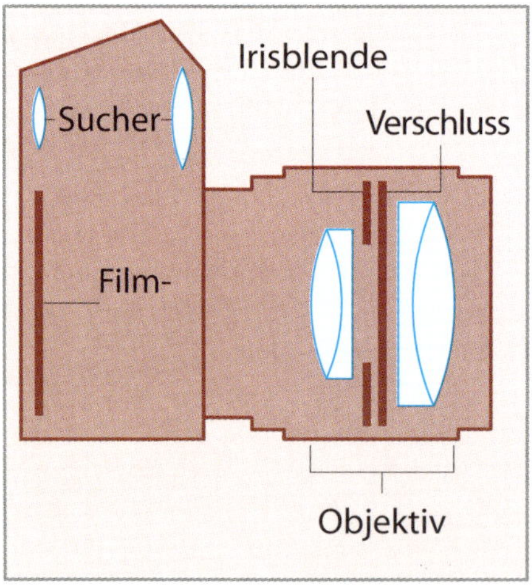

Abb. 4: Aufbau einer Kleinbildkamera

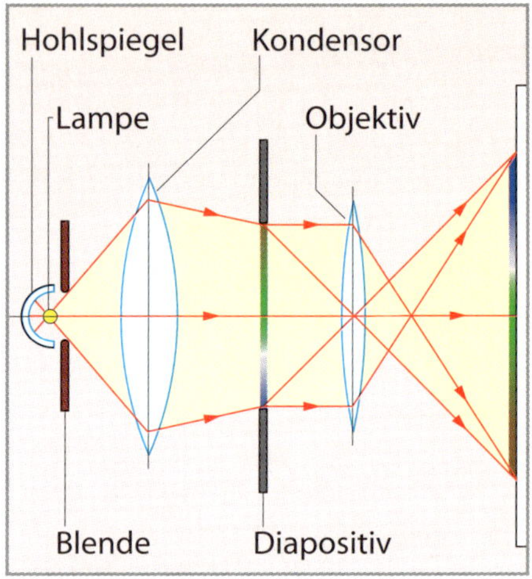

Abb. 5: Funktionsprinzip des Durchlichtprojektors:
Das Diapositiv befindet sich zwischen einfacher und doppelter Brennweite des Objektivs (Sammellinse). Außerhalb der doppelten Brennweite entsteht ein vergrößertes reelles, aber umgekehrtes Bild vom Diapositiv

ßer ist die Bildhelligkeit. Die Lichtmenge bei unterschiedlicher Blendenzahl wird über den Zeitverschluss reguliert, so dass Bilder mit unterschiedlichen Blendenzahlen bei angepassten Belichtungszeiten über den Zeitverschluss die gleiche Lichtmenge erhalten.

Der Projektor

Ein Projektor ist prinzipiell im Aufbau mit dem Fotoapparat zu vergleichen. Der Unterschied liegt darin, dass die Lage von Bild und Gegenstand (Objekt) vertauscht wird. Anstelle des lichtempfindlichen Films wird im Fotoapparat das Diapositiv eingesetzt, das stark beleuchtet wird, so dass das Objektiv ein Bild auf der Leinwand außerhalb der Kamera erzeugen kann (Abb. 5). Die Ausführungen der Projektoren lassen sich unterscheiden in Durchlichtprojektoren wie Dia- und Filmprojektor oder Auflichtprojektoren, die auch als Episkope bezeichnet werden.

Zum Weiterlesen:

- ➔ Sammellinsen, S. 90
- ➔ Zerstreuungslinsen, S. 96
- ➔ Das Auge und der Sehvorgang, S. 102
- ➔ Dispersion, S. 114

Dispersion – das Spektrum des Lichts

Abb. 1: Eines der eindrucksvollsten Naturereignisse: Der Regenbogen

Ein farbenprächtiger Regenbogen entsteht, wenn Sonnenlicht in einem bestimmten Winkel auf Wassertröpfchen fällt, so dass die Farben Rot, Orange, Gelb, Grün, Blau, Indigo und Violett in Halbkreisform am Himmel zu erkennen sind (Abb. 1). Fällt das Sonnenlicht durch ein Prisma, dann erhält man die gleichen Farben in der gleichen Reihenfolge angeordnet. Das Rot begrenzt den Farbenbereich zur einen und das Violett zur anderen Seite. Das Farbenspiel des Lichtes ist auch an anderen transparenten Gegenständen zu beobachten wie z. B. an geschliffenen Glaskanten, Edelsteinen oder auch transparenten Kunststoffen, wenn sie in einem bestimmten Winkel dem Sonnenlicht ausgesetzt sind, wobei auch hier die gleiche Reihenfolge der Farben zu erkennen ist.

Für die genauere Untersuchung des Lichtes und der Ursache für das Auftreten der Farben kann beim folgenden Versuch das Sonnenlicht auch durch eine Kohlenbogenlampe ersetzt werden. Diese Lampe erzeugt durch elektrische Entladung zwischen zwei Kohlestäben (Elektroden) einen hellen Lichtbogen mit einer Temperatur von 3000-4000 °C. Der Lichtstrahl der Lampe fällt über einen Spalt auf ein Prisma, so dass bei der Kohlenbogenlampe die gleichen Farben in der gleichen Reihenfolge zu beobachten sind wie beim Sonnenlicht. Bei der Untersuchung der einzelnen Farben stellt man fest, dass jede Farbe unterschiedlich stark vom Prisma abgelenkt bzw. gebrochen wird. Am wenigsten abgelenkt (gebrochen) wird das rote und am stärksten gebrochen wird das blaue Licht (Abb. 2).

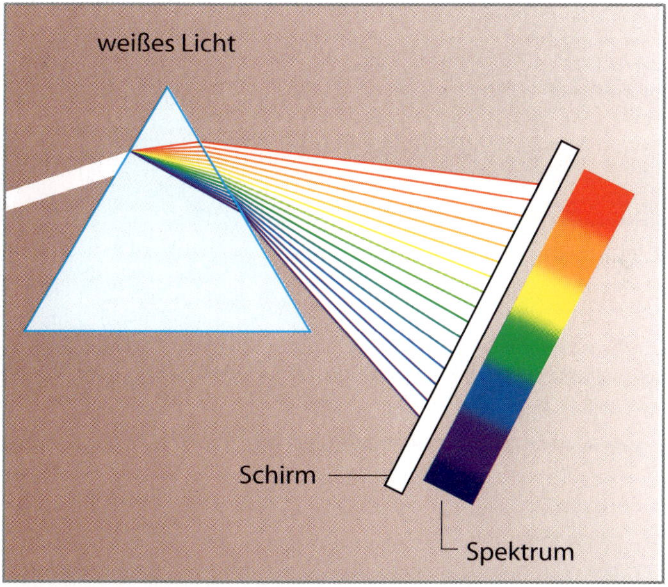

Abb. 2: Dispersion: Spektralfarben werden am Prisma unterschiedlich stark gebrochen

Aus diesem Versuchsergebnis kann man schließen, dass das Licht aus farbigen Lichtanteilen besteht, die als Spektralfarben bezeichnet werden und in ihrer

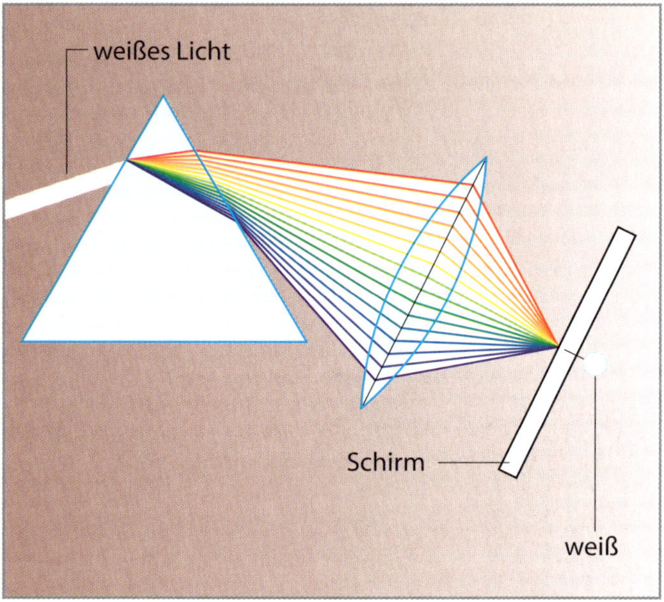

Abb. 3: Die Spektralfarben bilden beim Zusammenführen wieder weißes Licht

Als Ursache nimmt man an, dass das rote Licht das Medium Glas als weniger optisch dicht empfindet als das blaue Licht und deshalb weniger stark abgelenkt wird. Da der Brechungsindex über die Ablenkung definiert wird, stellt man hier fest, dass sich der Brechungsindex des betreffenden Materials mit der Spektralfarbe ändert. Dieses Phänomen, dass die Brechzahl (der Brechungsindex) von der Spektralfarbe abhängig ist,

Gesamtheit ein Spektrum bilden. Außerdem ist ersichtlich, dass sowohl das Licht der Sonne als auch das Licht weiß glühender anderer Lichtquellen die einzelnen Spektralfarben enthalten. Beim Durchgang des weißen Lichts durch transparentes brechendes Material wie z. B. Glas oder Wasser werden die einzelnen Anteile des Spektrums unterschiedlich stark gebrochen und dadurch winkelabhängig voneinander getrennt.

bezeichnet man als Dispersion des Lichts. Ein weiterer Beweis dafür, dass das weiße Licht aus den einzelnen Spektralfarben besteht, wird aus dem Versuch ersichtlich, bei dem die Spektralfarben, wieder über eine Sammellinse (Konvexlinse) zusammengeführt, weißes Licht ergeben (Abb. 3). Die Tatsache, dass das Sonnenlicht aus einer Mischung aus Spektralfarben besteht, wurde bereits im Jahr 1704 vom englischen Physiker

Isaac Newton nachgewiesen (Abb. 4). Eine Erklärung für das Entstehen des Regenbogens lieferte bereits davor der französische Philosoph René Descartes (1596-1650). Beim Eintritt des Sonnenlichtes in den Regentropfen werden die Spektralfarben unterschiedlich stark gebrochen (Abb. 5). Ein Teil des gebrochenen Lichtes wird an der Rückwand des Tropfens totalreflektiert und verlässt nach nochmaliger Brechung den Wassertropfen. Zwischen dem einfallenden Sonnenstrahl und den reflektierten Spektralfarben besteht ein Winkel von 40 ° für die violette Komponente und von 42 ° für den roten Spektralanteil, wobei alle anderen Spektralkomponenten dazwischen liegen. Um einen Regenbogen beobachten zu können, ist es deshalb wichtig, dass man mit dem Rücken zur Sonne steht. Die Dispersionserscheinung ist nur zu beobachten, wenn gerichtetes Licht in Form von z. B. direkten Sonnenstrahlen vorhanden ist. Bei bedecktem Himmel kann deshalb kein Regenbogen beobachtet werden.

Abb. 4: Isaac Newton (1643 - 1727)

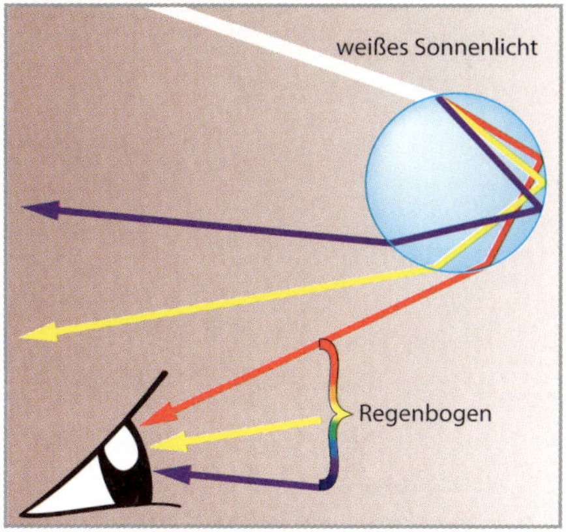

Abb. 5: Entstehung des Regenbogens. Dispersion am Wassertropfen

Aus den bisherigen Versuchen ist ersichtlich, dass sich das Licht aus den einzelnen Komponeten der Spektralfarben zu-

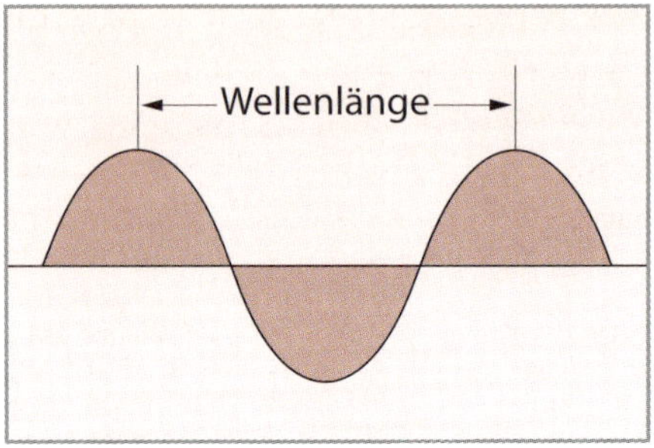

Abb. 6: Licht besitzt Wellencharakter, die Wellenlänge ist der Abstand zwischen zwei benachbarten Schwingungsmaxima

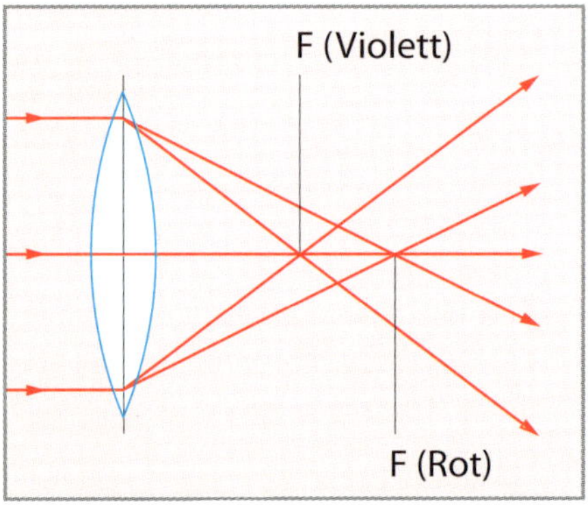

Abb. 7: Farbfehler bei der Sammellinse (Konvexlinse): Da die Brechzahl für violettes Licht höher ist als die des roten, ist die Linsenbrennweite für violettes Licht kleiner

sammensetzt. Das Licht besitzt Wellencharakter wie z. B. die Radiowellen oder Mikrowellen, nur mit dem Unterschied, dass die Lichtwellenlängen im Vergleich wesentlich kürzer sind, wobei als Wellenlänge der Abstand zwischen zwei benachbarten Schwingungsmaxima bezeichnet wird (Abb. 6). Das Spektrum des sichtbaren Lichts wird durch das langwellige Rot und durch das kurzwellige Violett begrenzt. Außerhalb des sichtbaren Spektrums folgt der roten Spektralfarbe der Infrarotbereich und dem violetten Licht die ultraviolette Strahlung.

Die Abhängigkeit der Brechzahl von den unterschiedlichen Spektralfarben (Wellenlängen des Lichts) wirkt sich auch bei der Abbildung durch Linsen aus, falls nicht einfarbiges Licht verwendet wird. Eine Linse hat durch die Brechzahländerung für jede Spektralfarbe (Wellenlänge) eine andere Brennweite. Die Brechzahl für violettes Licht ist höher als für rotes Licht, somit ist die Linsenbrennweite für violettes Licht kleiner als für rotes (Abb. 7). Für jede Spektralfarbe ergibt sich ein eigener Brennpunkt. Wie weit die Brennpunkte der einzelnen Spektralfarben auseinander liegen, hängt von der Dispersion des Glases ab. Als Nennwert der Brennweite wird das gelbe Natriumlicht angegeben, und die Abweichungen dazu werden als Farbfehler oder chromatische Aberration bezeichnet. Bei Abbildungen mit einfachen Linsen macht sich der Farbfehler durch farbige Säume bemerkbar, denn wegen der unterschiedlichen Brennweiten entsteht für jede Farbe ein eigenes Bild mit eigener Größe.

Es ist möglich, durch Hintereinanderschalten z. B. einer Sammellinse und einer Zerstreuungslinse aus geeigneten unterschiedlichen Gläsern den Farbfehler zu reduzieren. Ein solches Linsensystem wird als Achromat bezeichnet.

Zum Weiterlesen:

- → Reflexion an Hohl- und Wölbspiegel, S. 72
- → Lichtbrechung, S. 78
- → Planparallele Platte und Prisma, S. 84
- → Zerstreuungslinsen, S. 96

Wirkungen des elektrischen Stromes

Die elektrische Energie kann in chemische und magnetische Energie verwandelt werden oder kann über Wärme ihre Wirkung zur Geltung bringen. Die Wärmewirkung des Stromes wird in vielen elektrischen Haushaltsgeräten genutzt wie beispielsweise beim Tauchsieder zum Erwärmen von Wasser oder in den Kochplatten des Elektroherds. Der Strom ist als Energieform sehr praktisch, da er in relativ dünnen Leitungen zu dem Verbraucher (Energiewandler) transportiert wird und sich dort problemlos in andere Energieformen umwandeln lässt. Es stellt sich nun die Frage, wann der Strom seine Energie in Wärme abgibt. Bei der Stromleitung muss man sich vorstellen, daß der Strom in Form von Elektronen (negativen Ladungen) in den Leitungen fließt.

Abb. 1: Glühlampe

Wird das Fließen der Elektronen durch einen Engpass (Widerstand) beispielsweise in Form einer dünnen Leitung eingeschränkt, dann stoßen sich die Elektronen vermehrt an den Atomen des Leitungsmaterials, und Energie der Elektronen wird in Form von Wärme abgegeben. Je größer die Behinderung, desto mehr wird bei gleichem Stromfluss an Widerstand entgegengesetzt, und Wärme entsteht. Der Leitungsquerschnitt und die Höhe des Stromflusses müssen also aufeinander abgestimmt sein. Bezüglich der Wärmeumwandlung lässt sich der Elektronenfluss vergleichen mit einem Seil, das beim Tauziehen durch eine Hand gleitet. Je stärker die Hand zufasst und das Seil in seiner Bewegung behindert, desto mehr erwärmt sich die Hand durch die Reibung mit dem Seil. Besonders gut leitet Kupfer den Strom, deshalb bestehen die meisten Leitungen aus Kupferdrähten. Gold und Silber

Abb. 2: Leuchtstoffröhre

leiten den Strom noch besser, sind aber für die Verwendung als Leitungsmaterial viel zu teuer. Wird bei gleichem Stromfluss der Leitungsquerschnitt verringert, dann erwärmt sich dementsprechend der Stromleiter.

Lichtwirkung des elektrischen Stroms

Der Querschnitt der Stromleitung kann so weit verringert werden, dass der Draht sich beim Stromdurchfluss bis zum Glühen erhitzt. Je stärker der Draht erhitzt wird, desto heller erleuchtet er, so dass beispielsweise in der Glühlampe der Stromfluss die Wendel aus feinem Wolframdraht auf eine Temperatur bis zu 3000 °C aufheizt (Abb. 1). Die Wärmewirkung des Stroms wird hier als Lichtquelle ausgenutzt, und die Helligkeit des emittierten Lichtes ist direkt von der Temperatur der Glühwendel abhängig, d. h., je höher die Temperatur ist, desto heller erleuchtet die Glühwendel. Im Vergleich dazu können Gase ohne Wärmewirkung Licht erzeugen. In der Leuchtstoffröhre wird Quecksilberdampf zum Leuchten angeregt, wobei die emittierte Strahlung für das Auge kaum sichtbar ist, da sich der überwiegende Teil der Strahlung im ultravioletten Spektralbereich befindet. Auf der Innenseite der Glasröhre trifft deshalb die Strahlung auf einen Leuchtstoff, der den ultravioletten Spektralanteil in sichtbares Licht verwandelt (Abb. 2). Die Leuchtstoffröhre hat einen sehr hohen Wirkungsgrad, denn fast die Hälfte der elektrischen Energie geht in sichtbares Licht über. Im Vergleich dazu wandelt die Glühlampe nur ungefähr 10 % der Energie in sichtbares Licht um, und der Rest geht in Wärme über.

Chemische Wirkung des elektrischen Stroms

Bisher wurden nur Metalle oder Gase als Leiter für den elektrischen Strom vorgestellt. Auch Flüssigkeiten können Strom leiten, wobei Wasser allein den Strom eher schlecht leitet. Taucht man aber zwei Elektroden in eine wässrige Lösung von Salzen, Basen oder Säuren und legt eine elektrische Spannung an, dann fließt ein elektrischer Strom. Der Strom wird also nicht vom Wasser geleitet, sondern von der Substanz, die im Wasser aufgelöst ist. Wässrige Lösungen, die den Strom leiten, werden Elektrolyte genannt, und die Träger des elektrischen Stromes in Flüssigkeiten sind Ionen, die beim Zerfall von Molekülen (Dissoziation) entstehen.

So dissoziiert beispielsweise Kochsalz (NaCl) in wässriger Lösung, d. h., Natrium gibt ein Elektron ab und wird zu einem Na+- Ion, wobei Chlor das zusätzliche Elektron aufnimmt und zu einem Cl–-Ion wird. Das negative Chlorion bewegt sich zur positiven Elektrode (Anode), an der Elektronenmangel herrscht, und gibt ein Elektron ab. Das elementare Chlor steigt in Bläschen auf und tritt durch seinen charakteristischen Geruch an der positiven Elektrode (Anode) in Erscheinung. Das Natriumion hingegen neutralisiert sich durch Elektronenaufnahme an der positiven Elektrode (Kathode). Bei Stromfluss wandern

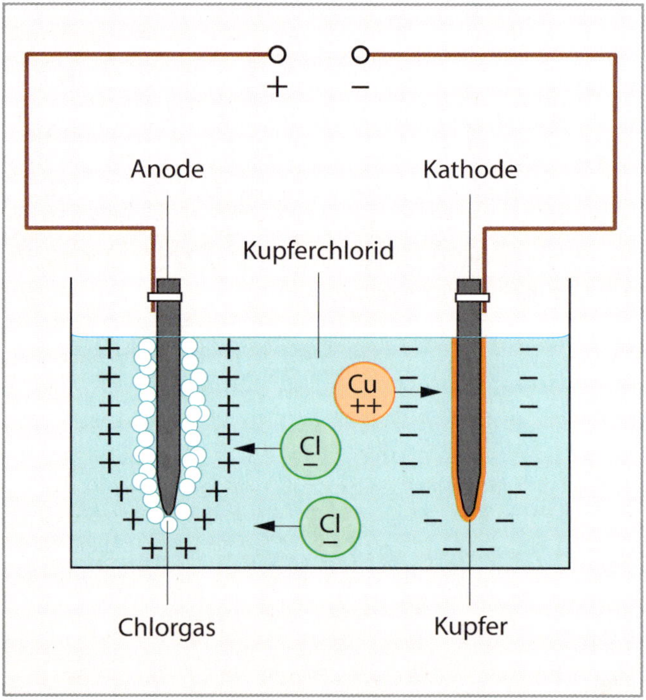

Abb. 3: Positive Kupferionen werden zur Kathode und negative Chlorionen werden zur Anode gezogen

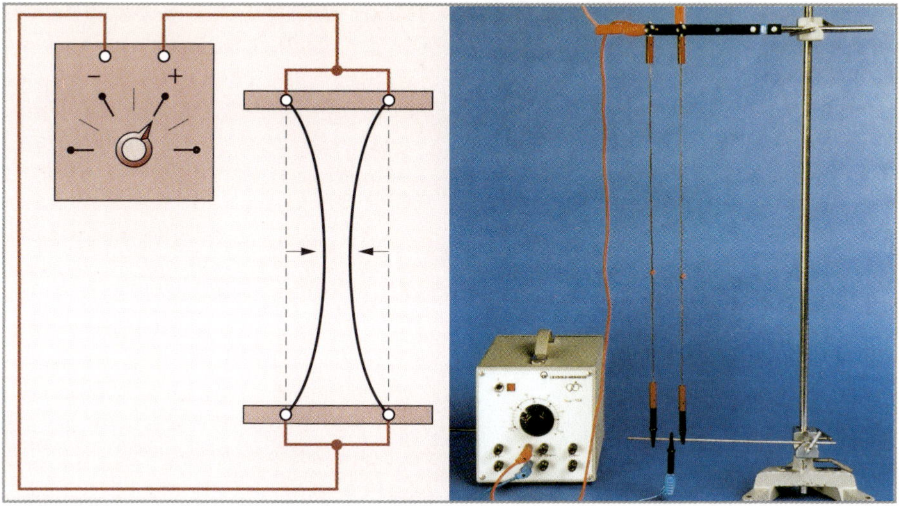

Abb. 4: Kraftwirkung auf einen stromdurchflossenen Leiter

also positive Ionen (Kationen) zur negativen Elektrode (Kathode), und negative Ionen (Anionen) bewegen sich zur positiven Elektrode (Anode).

Kupferchlorid, in Wasser gelöst, ist ebenfalls für den Stromfluss geeignet. Der Unterschied zum Natriumchlorid besteht nur darin, dass in diesem Fall anstatt Natriumionen die Kupferionen zur Kathode wandern und dort neutralisiert werden. Das Kupfer bildet einen Belag über der Kathode (Abb. 3).

Kehrt man die Stromrichtung um, stellt man fest, dass sich jetzt die andere Elektrode mit Kupfer überzieht, und dass sich an der Anode der vorher gebildete Kupferbelag löst. Nimmt man anstatt der Anode ein Kupferblech, kann sich fortlaufend von der Anode Kupfer ablösen, um damit die Kathode zu überdecken. Diesen Vorgang nennt man Galvanisieren. Er wird zur Oberflächenveredelung von Metallen genutzt.

Magnetische Wirkung

Beim Oersted-Versuch wurde gezeigt, dass ein stromdurchflossener Leiter ein Magnetfeld erzeugt. Wird dieser Leiter zu einer Leiterschleife geformt, hat dieses Magnetfeld einen Nord- und einen Südpol, die durch weitere Leiterschleifen in Form einer Spule verstärkt werden. Wird der Versuch umgekehrt und ein Leiter senkrecht zu den Feldlinien durch ein Magnetfeld bewegt, ist eine Spannung an den jeweiligen Enden des Leiters messbar. In diesem Fall spricht man davon, dass im Leiter eine Spannung induziert wird. Befindet sich ein stromdurchflossener Leiter im äußeren Magnetfeld und eine Spannung wird angelegt, stellt man fest, dass der stromdurchflossene Leiter mit seinem ihn umgebenden Magnetfeld durch das äußere Magnetfeld eine abstoßende bzw. anziehende Kraft erfährt (Abb. 4). Dieser Effekt wird beispielsweise im Drehspulinstrument ausgenutzt.

Beim Stromfluss durch die einzelnen Windungen der Spule dreht sich die Spule im Magnetfeld in Abhängigkeit vom Stromfluss. Je stärker der Stromfluss ist, desto mehr dreht sich die Spule. Ein Zeiger gibt ent-

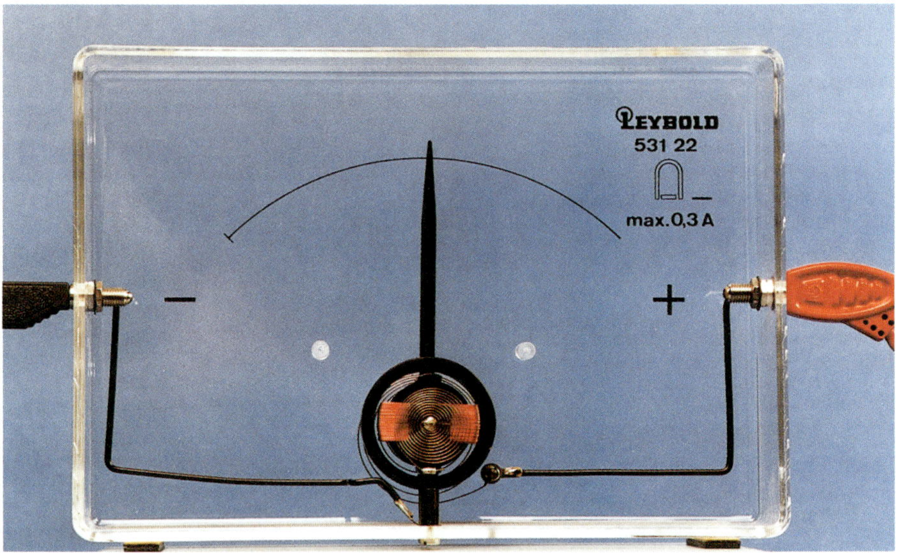

Abb. 5: Funktionsprinzip: Drehspulinstrument

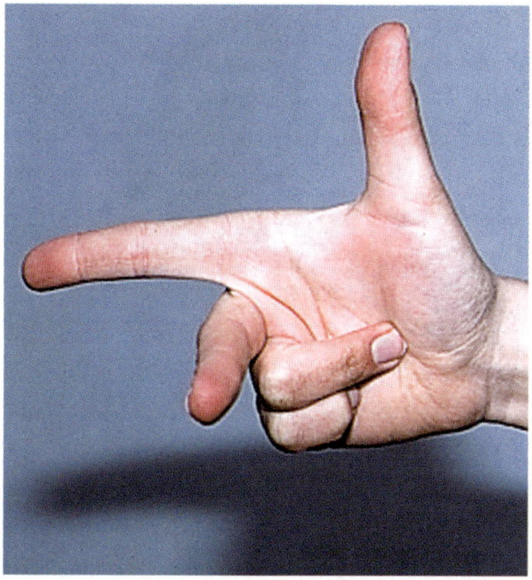

Abb. 6: Dreifingerregel (rechte Hand)

sprechend der Spulenstellung die Stromstärke an (Abb. 5). Wenn kein Strom fließt, wird sie über die Rückstellkräfte der verdrillten Aufhängung der Spule wieder in Normalposition gebracht. Die Ablenkrichtung des Stromleiters im äußeren Magnetfeld lässt sich über die Dreifingerregel der rechten Hand bestimmen:

Hält man den Daumen in Stromrichtung (technische Stromrichtung also von + nach –) und zeigt der Zeigefinger in Richtung der magnetischen Feldlinien, dann zeigt der abgespreizte Mittelfinger in die Bewegungsrichtung (Abb. 6).

Zum Weiterlesen:

- Die elektrische Ladung, S. 126
- Influenzversuche, S. 132
- Die Stromstärke, S. 144
- Das ohmsche Gesetz, S. 156
- Der elektrische Widerstand, S. 162

Die elektrische Ladung

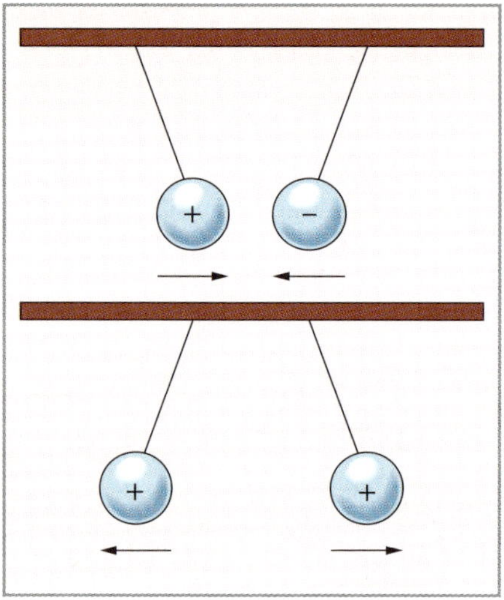

Abb. 1: Kraftwirkung zwischen elektrischen Ladungen: Gleichnamige Ladungen stoßen sich ab und ungleichnamige Ladungen ziehen sich an

Werden Kunststoffgegenstände mit einem Leder gerieben, dann kann man beispielsweise Papierschnipsel oder Watteflocken damit anziehen. Es ist also eine Kraftwirkung zwischen den Gegenständen zu beobachten. Eine ähnlich merkwürdige Entdeckung machte man bereits im Altertum (Thales von Milet, 585 v. Chr.) mit geriebenem Bernstein, der mit seiner anziehenden Wirkung auf Wolle bereits Aufmerksamkeit auf sich lenkte. Durch das Reiben lassen sich anscheinend Ladungen von Körpern entfernen bzw. aufnehmen. Berührt man mit einem geriebenen Kunststoffstab beispielsweise eine Metallkugel und nach nochmali-

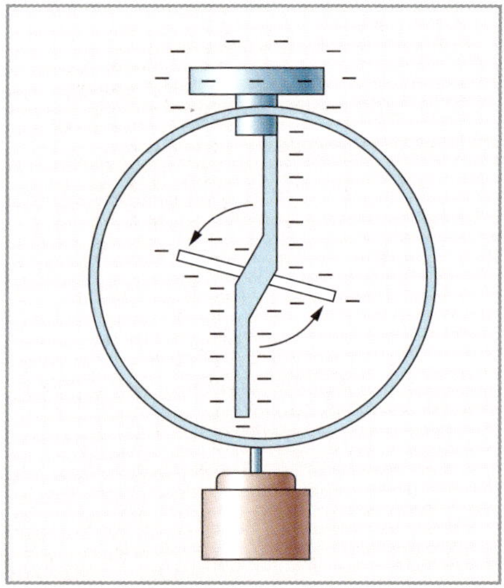

Abb. 2: Das Elektroskop ist das geeignete Gerät für den Nachweis von Ladung (hier in einer schematischen Darstellung)

gem Reiben eine zweite Metallkugel, dann wirken die beiden Metallkugeln abstoßend aufeinander (Abb. 1).

Für die weitere Untersuchung des elektrischen Phänomens benutzt man ein Elektroskop, dass genau diese abstoßende Kraftwirkung ausnutzt, um elektrische Ladung nachzuweisen.

Das Elektroskop besteht aus einer Metallkonstruktion, an der ein leicht beweglicher Zeiger befestigt ist. Der Zeiger ist mit dem Metallhalter elektrisch verbunden, so dass sich die Ladung gleichermaßen verteilt und ihre abstoßende Wirkung über die Zeigerbewegung zum Ausdruck bringt. Der Metallring (bzw. das Gehäuse) ist mit der Erde verbunden und gegenüber dem inneren Metallsystem isoliert. Die Metallzeiger sind leitend mit einem Metallteller verbunden, der sich außerhalb des Elektroskops befindet. Berührt man mit dem geriebenen Kunststoffstab den Metallteller, dann bemerkt man, dass der Zeiger ausschlägt und dann die neue Position beibehält, auch wenn sich der Kunststoffstab vom Metallteller entfernt (Abb. 2). Es wurde somit ruhende elektrische Ladung aufgebracht. Berührt man danach mit dem Leder den leitenden Teller des Elektroskops, dann fällt der Zeiger wieder in die Ausgangsposition zurück, d. h., der Ausschlag vom Elektroskop wird wieder neutralisiert.

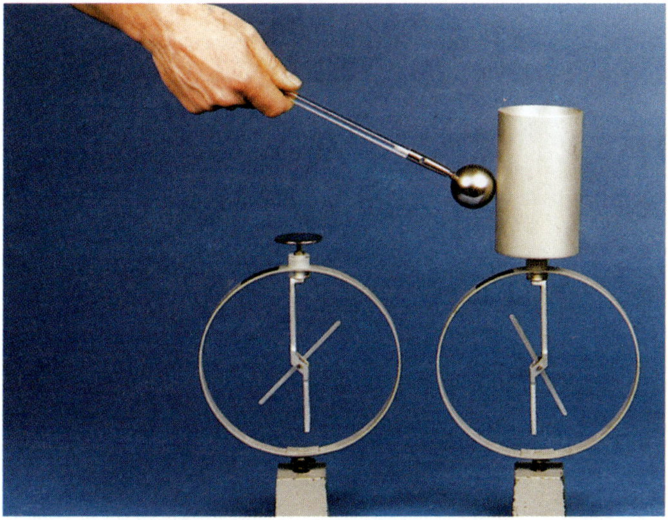

Abb. 3a: Ladungsentnahme von der Becheraußenseite: Führt man die Metallkugel zum zweiten Elektroskop, so schlägt dieses aus: Die Kugel konnte Ladung aufnehmen

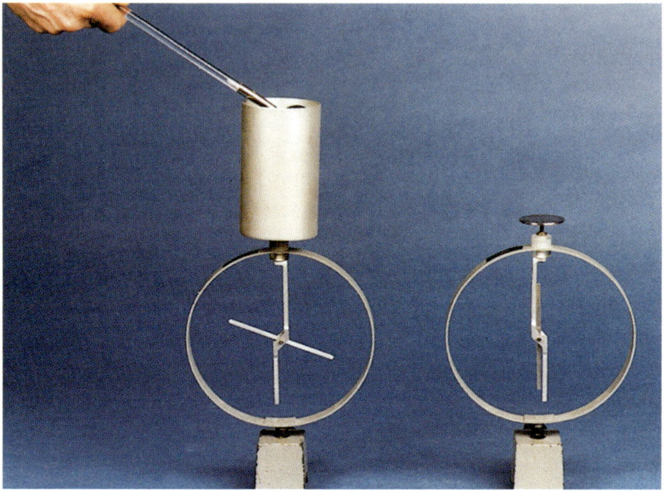

Abb. 3b: Ladungsentnahme aus dem Becherinneren: Führt man die Metallkugel zum zweiten Elektroskop, so schlägt dieses nicht aus: Es ließ sich keine Ladung entnehmen

Die elektrische Ladung wird demnach unterschieden in Plusladung Q+ und Minusladung Q–. Wird auf dem Metallteller des Elektroskops ein Metallbecher in leitender Verbindung installiert, dann besteht die Möglichkeit, die Ladung über den Becher auf das Elektroskop zu bringen. Möchte man die Ladung von einem Elektroskop zu einem zweiten löffeln, dann macht es einen Unterschied, ob man mit dem Löffel den Becher (Faraday-Becher) von außen berührt oder von innen. Als Löffel wird hier vereinfacht eine Metallkugel mit isolierendem Kunststoffgriff bezeichnet, die die Ladung aufnimmt wie ein Löffel und an anderer Stelle wieder abgibt. Von der Becheraußenseite lässt sich Ladung zum anderen Elektroskop transportieren (Abb. 3a). Beim Berühren der Innenseite des Bechers geht keine Ladung auf den Löffel über, und folglich zeigt das zweite Elektroskop keinen Ausschlag

Beginnt man den Versuch in vertauschter Reihenfolge, dann stellt man fest, dass beim Berühren mit dem Leder das Elektroskop ebenfalls ausschlägt. Berührt man nun danach das Elektroskop mit dem Kunststoffstab, dann wird auch hier der Ausschlag neutralisiert und der Zeiger nimmt seine Ausgangsposition ein. Aus dem Versuch ist ersichtlich, dass es zwei Arten von Ladungen geben muss, wobei sich gleichnamige Ladung abstößt und sich die gegensätzlichen Ladungssorten neutralisieren.

(Abb. 3b). Somit zeigt die Becherinnenwand bezüglich der Ladung ein anderes Verhalten als die Becheraußenwand, nämlich, dass es möglich ist, über die Becherinnenseite Ladung auf das Elektroskop zu bringen. Bei einem weiteren Versuch ist aber ersichtlich, dass es möglich ist, über die Becherinnenseite Ladung auf das Elektroskop zu laden. Jeweils erneut erzeugte Reibungsladung lässt sich über den Becherinnenbereich aufladen. Mit erneuter Berührung des geriebenen Plastikstabs schlägt der Zeiger stark aus, da jeweils neue Ladung hinzugefügt wird. Wird im Vergleich dazu die Becheraußenwand berührt, dann kann dieser Effekt nicht beobachtet werden. Über die Außenwand lässt sich keine Ladung hinzufügen, da dort bereits Ladung vorhanden ist, und die von der Ladung des Elektroskops ausgehende abstoßende Kraft behindert den Ladungsübergang vom gleichnamig geladenen Löffel zum Elektroskop. Die Übertragung wird vollständig behindert, wenn die Ladungsdichte des Elektroskops gleich der des Löffels ist, da es zwischen Körpern gleicher elektrischer Ladung keinen Ladungsübergang gibt. Bringt man im Vergleich dazu die elektrische Ladung ins Innere des Faraday-Bechers, so wechselt diese direkt auf den Faraday-Becher über. Dieser Versuch führt zu dem Schluss, dass sich die Ladung nur auf der Metallaußenwand ansammelt. Die ruhende

Abb. 4: Blitzeinschlag in ein Auto

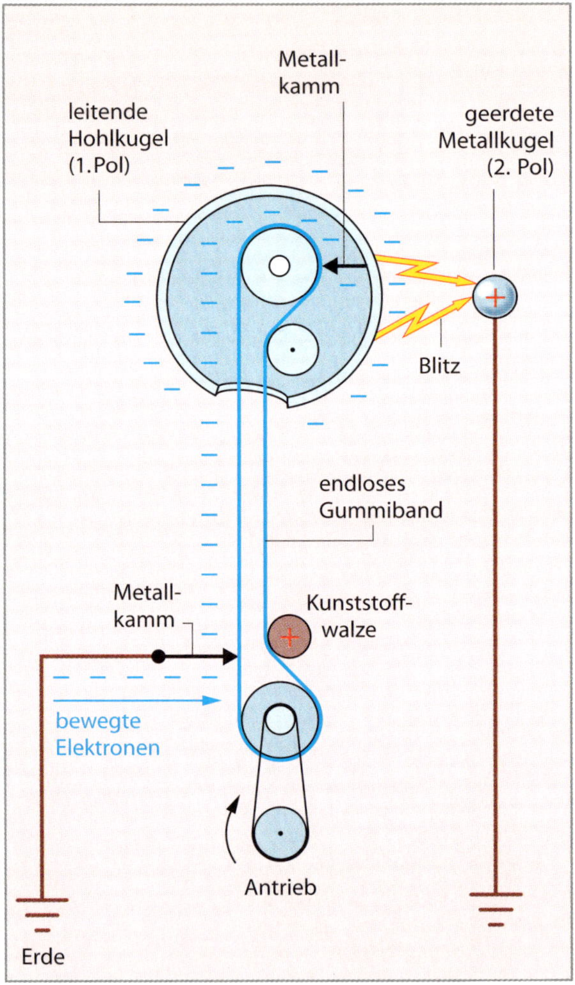

Abb. 5: Schematischer Aufbau eines Bandgenerators

Ladung hat somit ihren Sitz auf der Außenfläche des Metallhohlkörpers (Faraday-Becher).

Der Faradaykäfig zeigt im größeren Maßstab, dass der Innnenraum von großen Ladungsbewegungen unberührt bleibt. Personen bleiben im Faradaykäfig unverletzt, selbst wenn außen Blitze durch Hochspannungsentladung auf den Metallkäfig einwirken. Der Innenbereich bleibt vollständig unberührt von der Entladung. Dieser Effekt ist lebenswichtig z. B. für Autofahrer, die in ein Gewitter geraten (Abb. 4). Blitze, die direkt in das Fahrzeug einschlagen, sind für Insassen ungefährlich, da sich die Ladung nur auf der Karosserieaußenwand befindet. Im Innenraum bleibt es ladungsneutral.

Der Effekt, dass der Faraday-Becher von innen kontinuierlich mit Ladung nachgefüllt wird und dass man die Ladung von außen ablöffeln kann, wird vom Bandgenerator (Van-de-Graaff-Generator) ausgenutzt (Abb. 5). Mit diesem Generator erzeugte der holländische Physiker im Jahre 1931 erstmals hohe Spannungen für Versuchszwecke bis zu 1.000.000 Volt. Bei diesem Generator wird ein Band aus isolierendem Material durch Reibung oder mit einer kleinen Batterie schwach aufgeladen. Dieses Band fördert nun kontinuierlich Ladung in das Innere der Metallkugel. Die Metallkugel nimmt die Ladung auf, unabhängig von der Ladungsmenge, die bereits aufgenommen wurde, und die Ladung wandert sofort auf die Außenseite der Kugel. Mit dem Bandgenerator kann auf diese Art und Weise kontinuierlich Ladung auf die Kugel aufgebracht werden und somit extrem hohe Spannungen erzeugt werden.

Zum Weiterlesen:

- Influenzversuche, S. 132
- Der Aufbau der Materie I, S. 144
- Die Stromstärke, S. 138
- Das ohmsche Gesetz, S. 156
- Der elektrische Widerstand, S. 162

Influenzversuche

Mit den magnetischen Kräften vergleichbar, üben auch elektrische Ladungen Kräfte aufeinander aus, so dass sich gleichnamige Ladungen abstoßen und ungleichnamige Ladungen anziehen. Das Elektroskop ist ein einfaches Messgerät, das Ladung nachweist, indem es das Abstoßen von gleichnamiger Ladung für die Messung ausnutzt. Wird Ladung mit einem „Löffel" auf den Metallkopf des Elektroskops gebracht, dann beobachtet man einen Ausschlag. Bei genauerer Betrachtung erkennt man, dass das Elektroskop schon ausschlägt, bevor die Ladung den Metallkopf berührt. Diesen Effekt nennt man Influenz, deren Eigenschaften in diesem Kapitel mit den folgenden Versuchen genauer dargestellt werden sollen.

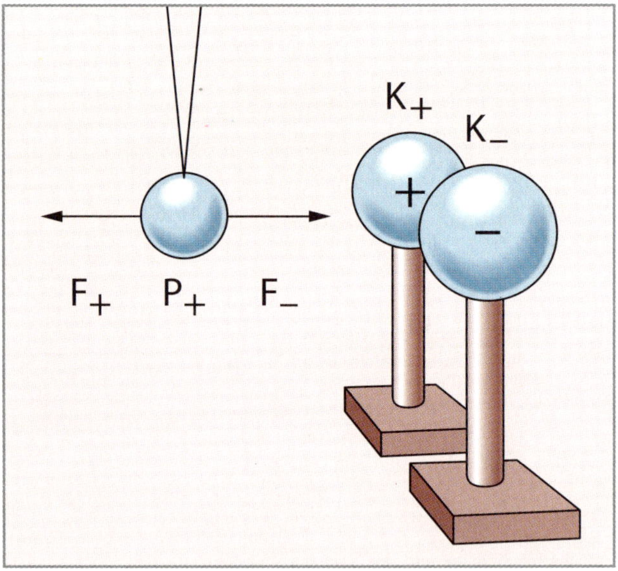

Abb. 1: Kräfte von entgegengesetzten Ladungen heben sich gegenseitig auf

Wird im folgenden Versuch eine Metallkugel als Pendel mit Hilfe eines Bandgenerators positiv geladen und wird dieser frei hängenden Kugel eine fest stehende positiv geladene Kugel genähert, dann beobachtet man, daß die bewegliche Kugel von der fest stehenden Kugel abgestoßen wird. Nähert man dieser Versuchsanordnung eine weitere fest stehende Kugel, aber mit negativer Ladung der gleichen Ladungsmenge, so dass der Abstand des Pendels zu beiden Kugeln gleich ist, dann ist kein Ausschlag des Pendels mehr zu beobachten (Abb. 1). Die bifilate Aufhängung verhindert die unweigerlich auftretende Bewegung der Probekugel. Dieser Versuch verdeutlicht, dass sich entgegengesetzte Ladungen in ihrer Wirkung neutralisieren, wenn sie die gleiche Ladungsmenge besitzen. Wird beispielsweise das elektrische Feld dieser Kugel geschwächt, indem Ladung z. B. mit dem Löffel abgetragen wird, dann stellt man fest, dass sich die Felder nicht mehr vollständig neutralisieren und das Pendel dementsprechend ausschlägt. Berühren sich aber die beiden Kugeln mit der gegensätzlichen Ladung, dann gleicht sich die Ladung in Form eines Funkens schlagartig aus, und beide Kugeln sind damit elektrisch neutral.

Ein weiterer Versuch zeigt, dass eine positiv geladene Kugel bei Annäherung an den Kopf des Elektroskops das Instrument zum Ausschlagen bringt und damit Ladung anzeigt (Abb. 2). Entfernt sich die Kugel, dann geht der Zeiger wieder in seine Nullstellung

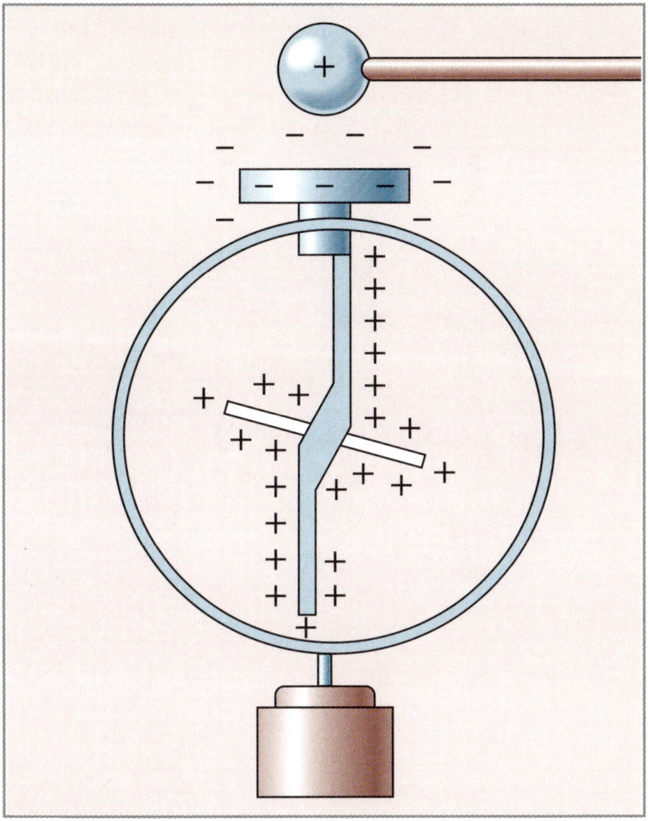

Abb. 2: Trennung von Ladung im Elektroskop durch Influenz

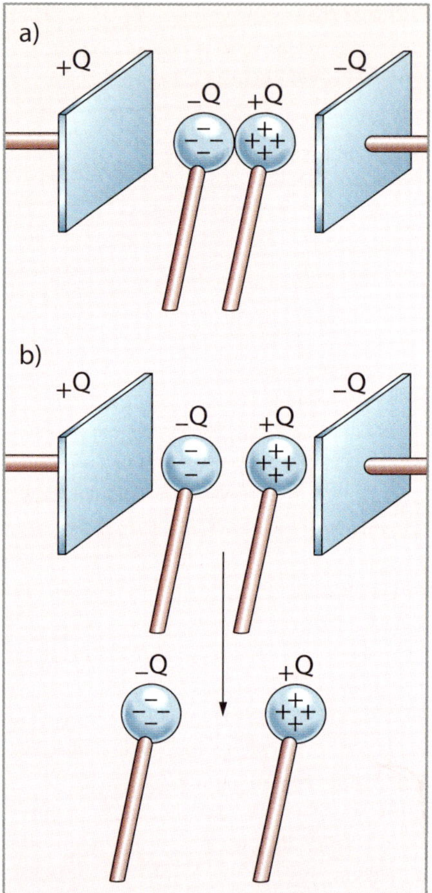

Abb. 3a) Löffelpaar im Feld, b) getrenntes Löffelpaar im Feld und dann außerhalb des Feldes

zurück, da keine zusätzliche Ladung auf das Instrument übertragen wurde. Es stellt sich nun die Frage, warum das Elektroskop trotz alledem ausschlägt. Der Grund dafür liegt darin, dass Ladung durch äußere Kraftwirkung der geladenen Kugel auseinander gezogen bzw. getrennt wird, so dass sich im Zeigerbereich als auch im Kopfbereich des Elektroskops ein Ladungsüberschuss befindet, der zum Zeigerausschlag führt. In Metall sind die negativen Ladungsträger (Elektronen) beweglich, und entsprechend der Polarität des äußeren Feldes werden sie entweder angezogen oder abgestoßen. Bei der Annäherung einer positiven Ladung werden negative Ladungen (Elektronen) Q_- angezogen und die positiven Ladungen Q_+ bleiben im Zeiger zurück. Die äußere Krafteinwirkung verwandelt somit das Elektroskop in einen Zweipol oder Dipol, und die unter dem Einfluss eines elektrischen Feldes verursachte Ladungstrennung wird als Influenz bezeichnet. Entfernt sich die äußere Ladung, dann vermischen sich im Metall die positiven mit den negativen Ladungen, und ihre Kraftwirkung neutralisiert sich in der Form, wie es mit den beiden großen Kugeln im vorhergehenden Versuch demonstriert wurde. Die Ursache der Kraftwirkung der elektrischen Ladungen ist das elektrische Feld. Ein Körper heißt elektrisch neutral, wenn die Anzahl der positiven und negativen Ladungen

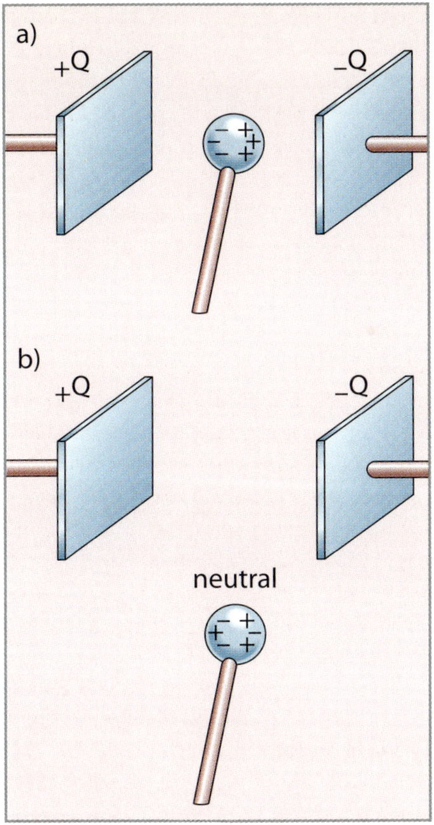

Abb. 4a) Löffel im Feld, b) Löffel außerhalb des Feldes

gleich ist. Im Gegensatz dazu ist ein Körper geladen, wenn die Anzahl der Ladungen unterschiedlich groß ist. Ladungsunterschiede in Metallen lassen sich mit Hilfe der Ladungstrennung erzeugen, indem man beispielsweise zwischen zwei ebenen Platten mit verschiedener Ladung zwei sich berührende Löffel hält (Abb. 3a, b). Durch die Wirkung des äußeren Feldes sammeln sich die Ladungen, dem elektrischen Feld entsprechend, auf den Löffeln an. Werden die beiden Löffel im Feld auseinander gezogen und dann aus dem Feld entfernt, dann sind sie entgegengesetzt geladen. Auf jedem Löffel ist ein Ungleichgewicht an Ladungen vorhanden. Der Löffel, der näher zur positiven Platte orientiert war, ist negativ geladen, und der Löffel, der der negativen Platte näher stand, ist positiv geladen, entsprechend der Gesetzmäßigkeit, dass sich ungleichnamige Ladungen anziehen bzw. gleichnamige Ladungen abstoßen. Wird im Vergleich dazu nur ein Löffel zwischen die beiden geladenen Platten gehalten, dann findet auch hier eine Ladungstrennung statt, aber beim Entfernen aus dem äußeren Feld ist keine Ladung des Löffels nachweisbar. Die Ladungen haben sich außerhalb wieder ausgeglichen bzw. neutralisiert (Abb. 4a, b). Die Versuche zum Nachweis der elektrischen Influenz verdeutlichen, dass beide Arten der elektrischen Ladung im Leiter vorhanden sind. Jedoch sind es nur die Elektronen (negative Ladungen), die in Metallen frei beweglich sind und so die Trennung von Ladungen durch äußere Felder ermöglichen.

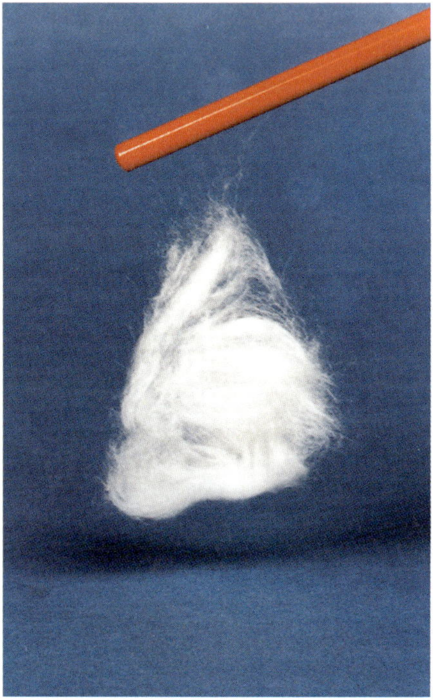

Abb. 5): Influenzwirkung bei Isolatoren;
a) Wattefasern

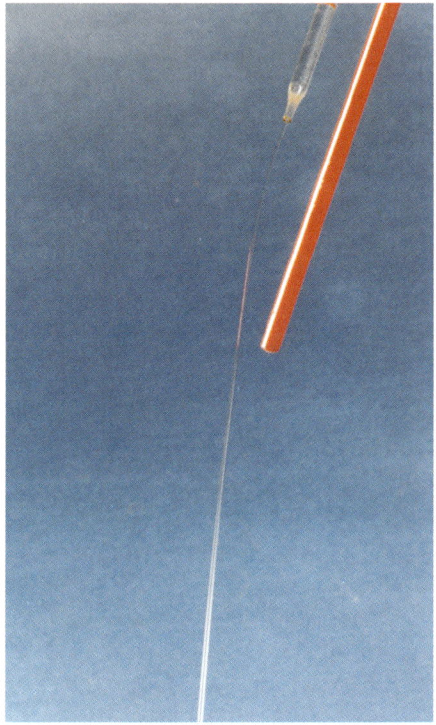

b): Wasserstrahl

Im Gegensatz zu Metallen sind die Elektronen (negative Ladung) bei Isolatoren (schlechten Leitern) an ihre Atome gebunden. Aber auch hier zeigt die Influenz ihre Wirkung, so dass beispielsweise ein feiner Wasserstrahl von einem geladenen Kunststoffstab abgelenkt wird oder Wattefasern angezogen werden (Abb. 5a, b). Die einzelnen Moleküle des Wassers bestehen prinzipiell aus ungeordneten Dipolen. Nähert sich ein äußeres elektrisches Feld, dann richten sich die Dipole aus, und der Isolator wird somit vom äußeren Feld angezogen, d. h., der Wasserstrahl verändert die Strahlrichtung. Dieser Effekt ist vergleichbar mit den Elementarmagneten in ferromagnetischen Materialien (Eisen), die sich ebenfalls nach dem äußeren Feld ausrichten. Entfernt man das äußere Feld, dann fallen die Dipole wieder in den ungeordneten Zustand zurück, vergleichbar mit den Elementarmagneten im Eisen, die ohne äußeres magnetisches Feld ihre Ausrichtung verlieren. Das Ausrichten von Dipolen in Isolatoren durch Influenz wird auch als Polarisation bezeichnet.

Zum Weiterlesen:

- Der Aufbau der Materie I, S. 138
- Die Stromstärke, S. 144
- Das ohmsche Gesetz, S. 156
- Der elektrische Widerstand, S. 162
- Die elektrische Spannung, S. 330
- Die elektrische Leistung, S. 336

Der Aufbau der Materie I

Elektrische Erscheinungen führen zu der Überlegung, dass die Materie, bestehend aus Atomen, einen inneren elektrischen Aufbau besitzt. Die Atome bestehen dabei in der Regel aus positiven, negativen und neutralen Bestandteilen, wobei das Atom mit diesen Bausteinen unter normalen Bedingungen nach außen hin elektrisch neutral ist. Das Bild über den Aufbau des Atoms verfeinerte sich durch intensive Forschung insbesondere am Anfang dieses Jahrhunderts. Der Begriff Atom kommt ursprünglich aus der griechischen Sprache und bedeutet „unteilbar", d. h., das Atom wurde als kleinster Baustein der Materie angenommen. Die späteren Kenntnisse über die elektrischen Bestandteile innerhalb der Materie führten zu einer detaillierteren Vorstellung, dass das Atom aus negativen Ladungen besteht, die in einer gleichmäßig mit positiver Ladung ausgefüllten Kugel eingebettet sind (Abb. 1). Diese Vorstellung wurde vom englischen Physiker Thomson als Atommodell am Anfang des 20. Jahrhunderts entwickelt. Weitere Forschungsergebnisse führten den englischen Physiker Rutherford zu einem Atommodell, in dem die negativen Ladungen (Elektronen) wie Planeten um den positiven Atomkern in der Atomhülle kreisen. In diesem Planetenmodell würden allerdings die Elektronen

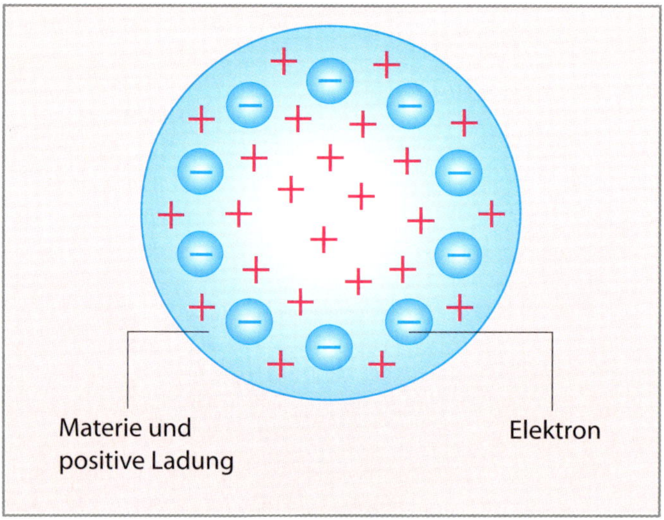

Abb. 1: Einfaches Atommodell nach Thomson

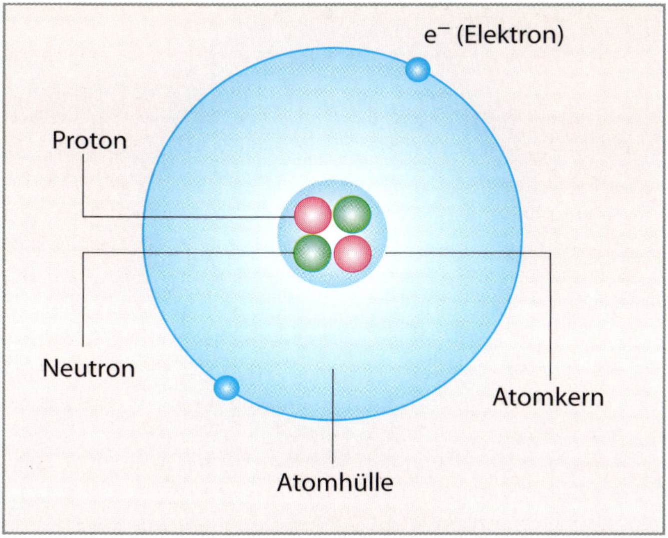

Abb. 2: Bohrsches Atommodell: Heliumatom

gieabstrahlung kontinuierlich enger werden, was letztendlich zum Zusammenfall der Materie führen würde. Das entspricht aber nicht der Realität. Befinden sich die Elektronen auf den vorgegebenen Schalen, dann wird von den Elektronen keine Energie abgegeben, und die Elektronenbahnen bleiben konstant bestehen.

wie schwingende Dipole kontinuierlich Energie abstrahlen. Aus diesen energetischen Überlegungen verfeinerte der dänische Physiker Niels Bohr dieses Atommodell, indem er die Elektronenbewegung nur auf ganz bestimmten äußeren Bahnen bzw. Schalen zuließ (Abb. 2). Man spricht hier vom bohrschen Schalenmodell des Atoms, das die Elektronenbewegung ohne Energieverluste berücksichtigt, welche wie kreisförmig bewegte Ladungen auftreten müssten. Nach dem alten Planetenmodell müssten sonst die Elektronenbahnen durch die Ener-

Das Atom hat den unvorstellbar kleinen Durchmesser von 10^{-10} m, d. h., dieser Baustein der Materie hat bei einer 1millionenfachen Vergrößerung immer noch die winzige Größe von 1 hundertstel Millimeter. Der Atomkern selbst ist dabei nochmals 10.000fach kleiner (10^{-14} m) als das Gesamtatom. In der Atomhülle, also zwischen dem Atomkern und den sich darum bewegenden Elektronen, befindet sich keine Materie. Um eine Vorstellung von den Größenverhältnissen im Atom zu bekommen, muss man sich vergleichsweise ein Reiskorn als Atomkern

Abb. 3: Atomkern als Reiskorn mit einer Atomhülle der Größe eines Fußballstadions

denken, das sich in der Mitte einer Atomhülle mit der Größe eines Fußballstadions befindet (Abb. 3). Die gesamte Masse des Atoms ist im Atomkern konzentriert, wobei der Atomkern aus den positiv geladenen Protonen und aus den gleich großen, aber elektrisch neutralen Neutronen besteht. Die Anzahl der positiv geladenen Protonen und der negativ geladenen Elektronen ist bei einem normalen Atom gleich, und das Atom ist deshalb insgesamt elektrisch neutral. Man kennt heutzutage insgesamt 109 chemische Elemente, davon kommen 91 in der Natur vor, und die übrigen werden ausschließlich künstlich erzeugt. Wasserstoff ist dabei von allen Elementen am einfachsten aufgebaut und besteht nur aus einem Proton als Atomkern und aus einem Elektron in der Atomhülle (Abb. 4). Wasserstoff ist das leichteste chemische Element. Im Vergleich dazu besitzt Helium im Atomkern 2 Protonen und 2 Neutronen, d. h., Helium hat im Atomkern das 4fache der Wasserstoffmasse vereinigt. Für das elektrisch neutrale Helium befinden sich somit 2 Elektronen auf der Elektronenschale. Mit der wachsenden Anzahl der Protonen im Atomkern steigt gleichzeitig die Anzahl der Elektronen und der Elektronenschalen in der Atomhülle. Jede weitere Elektronenschale kann eine höhere Anzahl von Elektronen aufnehmen, wobei die größten Atome maximal 7 Elektronenschalen in der Atomhülle vorweisen. Zur Vereinfachung der Vorstellung kann man sich das Atom auch als Zwiebel vorstellen, wo auf jeder Schalenebene eine bestimmte Anzahl von Elektronen Platz hat. Bewegt man sich vom Atomkern ausgehend zu den einzelnen Schalen, dann hat die erste Schale Platz für 2 Elektronen, die nächst- höhere ist höchstens mit 8 Elektronen besetzt, und die nachfolgenden Schalen können 18, 32 usw. Elektronen maximal aufnehmen. Die Anzahl der Protonen wird entsprechend größer und wird als Kernladungszahl Z bezeichnet.

Wie bereits erwähnt, ist ein Atom elektrisch neutral, wenn die Anzahl der Protonen mit der Anzahl der Elektronen übereinstimmt. Stimmt die Elektronenzahl nicht mit der Protonenzahl (Kernladungszahl Z) überein, dann ist das Atom nicht mehr neutral, und man spricht in diesem Fall von einem Ion. Salze beispielsweise besitzen die Eigenschaft, in wässrigen Lösungen in Ionen zu zerfallen. Diesen Vorgang nennt man Dissoziation. Bei der Dissoziation von Kochsalz bzw. Natriumchlorid (NaCl) entstehen positiv geladene Na^{+}- Ionen und negativ geladene Cl^{-}-Ionen. Bei der Trennung von NaCl hat das

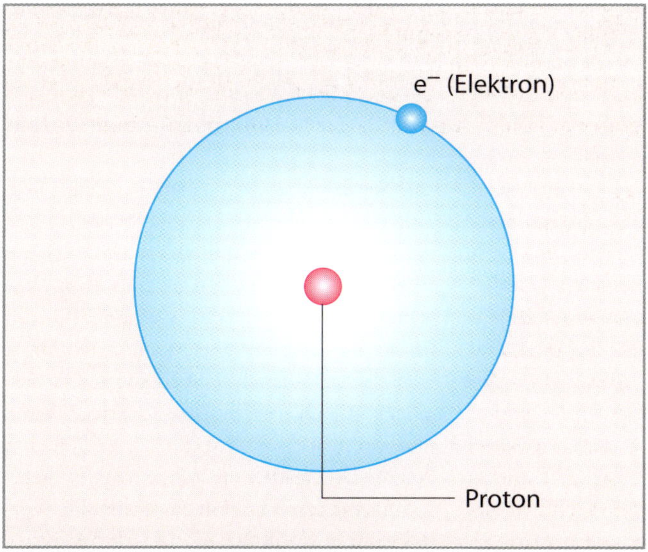

Abb. 4: Bohrsches Atommodell; Wasseratom

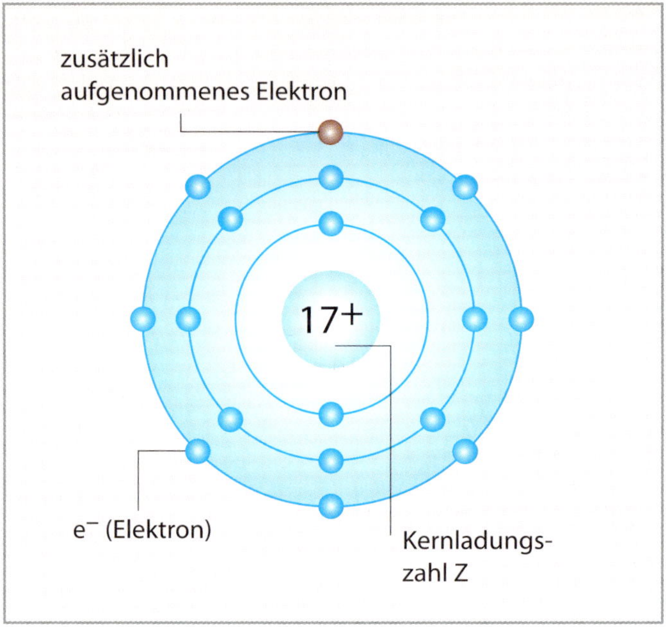

Abb. 5: Bohrsches Atommodell: ionisiertes Chlor

das zusätzliche Elektron sind somit auf der äußeren Schale 8 Elektronen, und das Chlor wird mit diesem überschüssigen Elektron zum negativ geladenen Ion. Das Natrium hat im Vergleich eine Kernladungszahl Z gleich 11, d. h., der Kern besteht aus 11 Protonen (Abb. 6). Das Natrium hat vergleichbar mit dem Chlor ebenfalls 3 Elektronenschalen, wobei auf der dritten Schale nur ein Elektron vorhanden ist. Da die Elektronen die Tendenz haben, vollständige Elektronenschalen zu besitzen, gibt das Natrium sein äußeres Elektron, an das Chlor ab und wird dadurch positiv. Es fehlt ein Elektron, und der positive Ladungsanteil des Atomkerns überwiegt. Wird Spannung an den Elektroden in einer wässrigen Kochsalzlösung angelegt, dann werden die negativ geladenen Chlorionen von der positiven Elektrode angezogen. Dabei gibt das Chlor-

Natrium ein Elektron dem Chlor überlassen. Das neutrale Chlor hat die Kernladungszahl Z = 17, so dass 17 Protonen im Atomkern und 17 Elektronen in der Atomhülle vorhanden sind (Abb. 5). Dabei besteht das Chlor aus drei Elektronenschalen, wobei sich auf der ersten Schale 2 Elektronen befinden, auf der zweiten Schale befinden sich 8 Elektronen, und auf der dritten Schale sind 7 Elektronen vorhanden. Durch

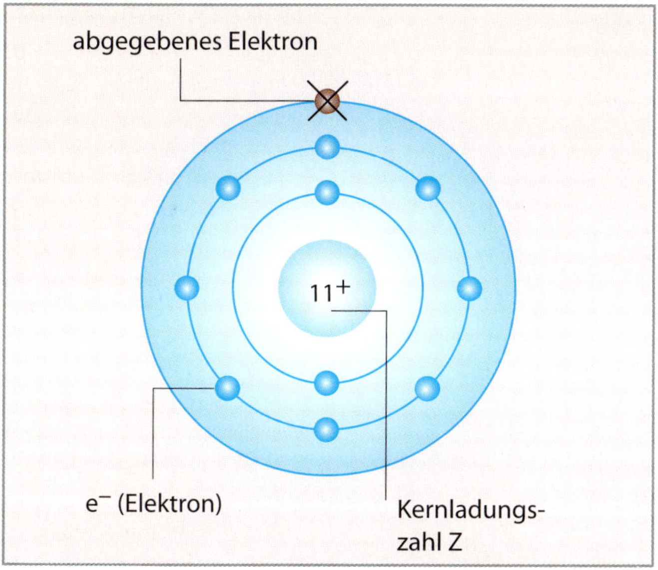

Abb. 6: Bohrsches Atommodell: ionisiertes Natrium

atom sein überschüssiges Elektron ab, und es bildet sich elementares Chlor, das als Chlorgas aufsteigt. Im Gegensatz dazu wandert das positiv geladene Natriumatom zur negativen Elektrode und nimmt dort ein Elektron auf. Durch das Neutralisieren der Ionen wird mit der Aufnahme bzw. Abgabe von Elektronen an den entsprechenden Elektroden ein Stromfluss erzeugt.

Zum Weiterlesen:

- Das ohmsche Gesetz, S. 156
- Der elektrische Widerstand, S. 162
- Die elektrische Spannung, S. 330
- Die elektrische Leistung, S. 336
- Der Aufbau der Materie II, S. 384

Die Stromstärke

Ist der Stromkreis geschlossen, bewegen sich Elektronen (negative Ladung Q^-) beispielsweise durch einen Draht, so dass Ladung von einem Ende des metallischen Leiters zum anderen transportiert wird. Dieser elektrische Strom kann mit der Strömung von Wasser durch eine Rohrleitung verglichen werden. Die Wasserströmung wird in diesem Fall aus den Angaben ermittelt, die angeben, wie viel Wasser durch die Rohrleitung hindurchfließt. Es ist dabei einleuchtend, dass der Querschnitt der Rohrleitung eine wichtige Größe für die Bestimmung der durchfließenden Wassermenge ist, denn je größer der Durchmesser der Rohrleitung ist, desto mehr Wasser kann hindurchfließen. Genauso verhält es sich mit der fließenden Ladung, so dass für die elektrische Stromstärke die Ladungsmenge angegeben wird, die sich pro Zeiteinheit durch einen bestimmten Leitungsquerschnitt bewegt (Abb. 1). Aus dieser Vorstellung des elektrischen Stroms resultiert folglich, dass bei gleich bleibender Stromstärke die transportierte Elektrizitätsmenge in Form von Ladung (Q) zur Zeit proportional ist, d. h., dass sich die Ladungsmenge bei n-facher Zeit ver-n-facht.

Es stellt sich nun die Frage, wie sich die Ladungsmenge messen bzw. abzählen lässt, um diese Behauptung über die Stromstärke nachweisen zu können. Die Stromstärke I ist durch ein Messverfahren der magnetischen Wirkung des Stromes festgelegt (definiert), und die Einheit der Stromstärke I wird mit

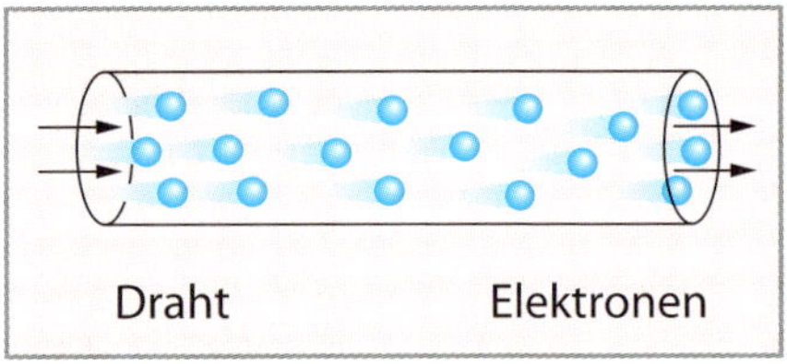

Abb. 1: Stromstärke: Ladungsmenge, die pro Zeiteinheit durch einen bestimmten Querschnitt hindurchfließt

Ampere bezeichnet, benannt nach dem französischen Physiker, Mathematiker und Philosophen André Marie Ampère (1775-1836). Ein gleichwertiges, aber anschaulicheres Messverfahren beruht auf der Elektrolyse von gesäuertem Wasser. Unter Einsatz des hofmannschen Apparates liefert die durch den Stromfluss erzeugte Knallgasmenge ein Proportionalitätsverhältnis, das für die Definition der Stromstärke genauso gut geeignet ist.

Der hofmannsche Apparat besteht aus drei wassergefüllten Glasröhrchen, die am

Fußteil miteinander verbunden sind (Abb. 2). In den äußeren Glasröhrchen, die nach oben hin mit Hähnen verschlossen sind, befinden sich Elektroden, wobei das mittlere Röhrchen den Flüssigkeitshaushalt in den beiden äußeren Röhrchen reguliert. Für den Versuch wird dem destilliertem Wasser im hofmannschen Apparat etwas Säure hinzugefügt. Die Säure bewirkt, dass sich das Wasser in H^+und OH^--Ionen aufspaltet, die beim Anlegen einer Spannung an den Elektroden einen Stromfluss durch den Elektrolyten ermöglichen. Bei Stromfluss wird an beiden Elektroden eine heftige Gasentwicklung beobachtet, wobei die Gase in den getrennten Röhrchen aufgefangen werden. An der Anode

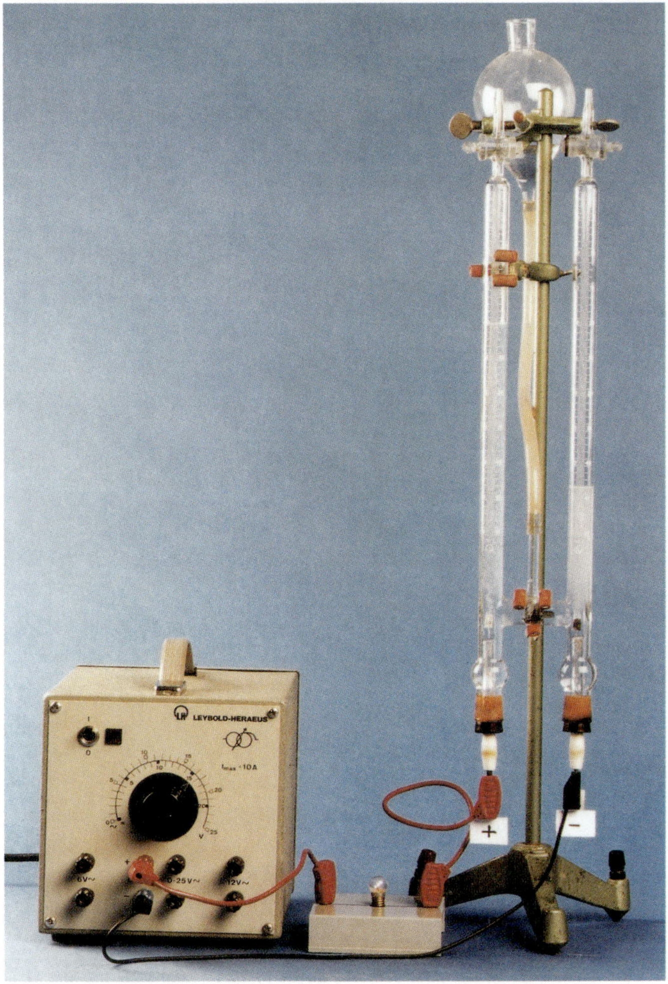

Abb. 2: Hofmannscher Apparat

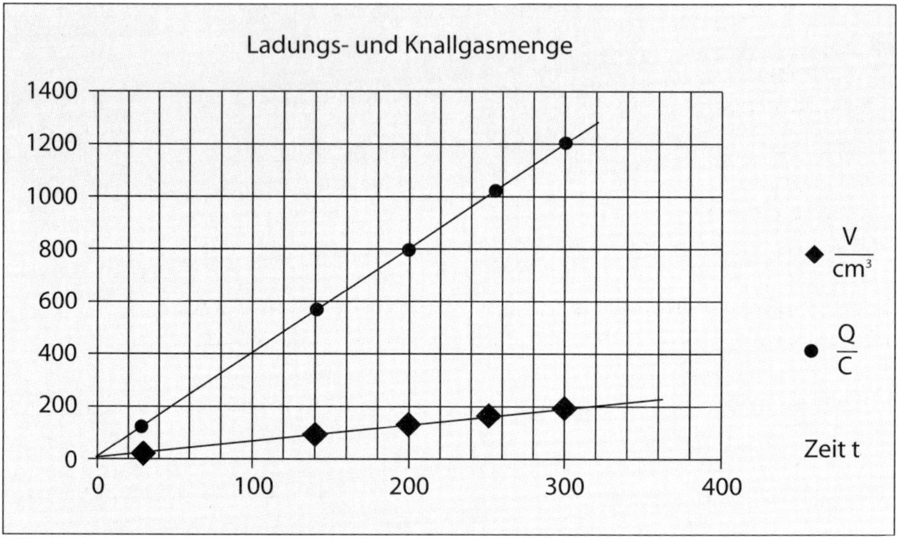

Abb. 3: Proportionaler Anstieg der Knallgasmenge bzw. Ladungsmenge

(positive Elektrode) sammelt sich Sauerstoff an und an der Kathode (negative Elektrode) Wasserstoff. Ein Gemisch dieser beiden Gase heißt Knallgas und ist explosiv. Es ist zu beobachten, dass sich die Gasentwicklung von Wasserstoff zu Sauerstoff im Verhältnis 2:1 an den Elektroden entwickelt. Zur Erklärung kann man vereinfacht annehmen, dass beim Neutralisieren der H^+-Ionen an der negativen Elektrode aus vier H^+-Ionen zwei Wasserstoffmoleküle (H_2) entstehen. An der positiven Elektrode ergeben vier OH^--Ionen nach der Abgabe ihrer Elektronen zwei Wassermoleküle (H_2O) und ein Sauerstoffmolekül (O_2). Die oben beschriebene Anordnung wird hauptsächlich genutzt, um industriell Wasserstoff und Sauerstoff zu erzeugen. Ersetzt man beispielsweise die herkömmlichen Spannungsquellen durch eine Solaranlage, kann Wasserstoff umweltfreundlich produziert werden, so dass sich mit dem gewonnenen Knallgas vielfältige Verbrennungsmaschinen antreiben lassen, die bei der Verbrennung nur Wasser erzeugen, also eine sinnvolle Alternative zu den herkömmlichen umweltbelastenden fossilen Brennstoffen ergeben.

t/s	30	140	200	250	300
Gemessene Knallgasmenge V/cm³	20.88	97.44	139.2	174	208.8
Errechnete Ladungsmenge Q/C	122.8	573	818	1023	1228

Tabelle 1: Messreihe; Knallgasmenge in Abhängigkeit von der Zeit. Die Ladungsmenge wurde aus der Knallgasmenge errechnet

Die im hofmannschen Apparat entstandene Knallgasmenge wird durch den Transport von geladenen Teilchen (Ionen) erzeugt. Diese Knallgasmenge kann dazu genutzt werden, die genaue Stromstärke I zu ermitteln (Abb. 3). Es ist bekannt, dass bei einer Knallgaszelle (Versuchsaufbau) beim Durchgang der Ladungsmenge von 1 C (Coulomb) 0,17 cm3 Knallgas erzeugt wird. Laut Definition ist dabei 1 C die Einheit der Elektrizitätsmenge der Ladung, die bei einem Strom der Stärke 1 A (Ampere) in 1 s durch den Leiterquerschnitt fließt und ebenfalls als 1 As (1 Amperesekunde) bezeichnet werden kann. Wird die gebildete Gasmenge in Abhängigkeit von der Zeit mit dem hofmannschen Apparat gemessen, ergibt sich folgende Messreihe (Tabelle 1).

Die Messreihe bestätigt die Proportionalität zwischen der Gasvolumenänderung bzw. der Ladungsmenge Q und der Zeit t:

$$Q \sim t \quad \text{(gelesen: Q ist proportional zu t)}$$

Der Quotient aus der Ladung und der Zeit ergibt die elektrische Stromstärke I.

$$I = \frac{Q}{t}$$

Die oben gemessenen Werte für das Volumen und die daraus errechneten Werte für die Ladung ergeben eine Gerade, wenn man sie in ein Q-t-Diagramm (s.o.) einträgt. Die Steigung der Geraden ergibt wie der Quotient Q/t die Stromstärke. In unserem Fall haben wir eine Stromstärke von 4,09 C/s

Abb. 4: Die Stromstärke des Blitzes erreicht bis zu 10.000 Ampere

bzw. A (Ampere). Zusammenfassend kann man sagen, dass die abgeschiedene Knallgasmenge der transportierten Ladungsmenge proportional ist. Gleiche Ladungsmengen erzeugen damit gleiche Knallgasmengen. Doppelt so große Ladungsmengen erzeugen doppelt so hohe Knallgasmengen: $V \sim Q$.

Im Vergleich zur Ladungseinheit 1 C ist die Ladungseinheit eines einzelnen Elektrons winzig klein und hat den Wert von $1{,}6 \cdot 10^{-19}$ C (Coulomb). Das bedeutet, dass $6{,}25 \cdot 10^{18}$ Elektronen ein Coulomb ergeben.

Ströme fließen nahezu überall. Die höchsten sind in der freien Natur zu beobachten (Abb. 4). Leider sind sie in der Form des Blitzes noch nicht nutzbar. Ganz im Gegensatz dazu die sehr schwachen Ströme, die in der modernen Technik große Wirkung zeigen; in modernen Mikrochips sind sie meist nur wenige Mikroampere stark (Abb. 5).

Abb. 5: Klein, aber fein: die Ströme in Mikrochips

Zum Weiterlesen:

- Ladung, Spannung und Stromstärke, S. 48
- Strom- und Spannungsmessungen, S. 168
- Verzweigte und unverzweigte Stromkreise, S. 174

Die elektrische Spannungsquelle

Eine Spannungsquelle ist eine Energiequelle, die einen Elektronenfluss ermöglicht. Im geschlossenen Stromkreis bestimmt die Höhe der Spannung entscheidend den Strom- bzw. den Elektronenfluss. Je weniger Widerstand dem Stromfluss entgegengesetzt wird, desto mehr Elektronen können fließen. Je größer die Spannungsdifferenz zwischen dem Minuspol und dem Pluspol der Spannungsquelle ist, desto höher ist beispielsweise bei gleich bleibendem elektrischen Widerstand des Stromkreises der Stromfluss. Verglichen mit dem Fließverhalten von Wasser im Gefälle, haben die Elektronen im geschlossenen Stromkreis den Drang, sich vom Minuspol zum Pluspol der Spannungsquelle

Abb. 1: Batterien sind die bekanntesten Spannungsquellen. Sie existieren in den verschiedensten Ausführungen und Größen und finden meist in tragbaren, netzunabhängigen Geräten Verwendung

zu bewegen. Je höher das Gefälle im Wassermodell ist, desto schneller fließt das Wasser ab. Ähnlich verhält es sich mit den Elektronen einer Spannungsquelle, d. h., je höher die Spannungsdifferenz ist, desto größer ist der Stromfluss. Nur noch der elektrische Widerstand setzt dem Stromkreis ein Hindernis entgegen, d. h., erhöht sich der elektrische Widerstand, dann verringert sich der Stromfluss. Der Widerstand begrenzt damit den Stromfluss. Wäre im geschlossenen Stromkreis kein elektrischer Widerstand vorhanden, wie beispielsweise im Fall eines elektrischen Kurzschlusses, dann würde ein fast unbegrenzt hoher Strom, d. h. Kurzschlussstrom fließen. Der Kurzschlussstrom ist sehr gefährlich, da er den elektrischen Stromkreis zerstören kann.

Der Kurzschluss könnte mit dem Bruch einer Staumauer verglichen werden, wo große Mengen Wasser ungehindert abfließen, da kein Hindernis bzw. Widerstand dem Wasser entgegengesetzt wird.

Im Fall eines elektrischen Kurzschlusses unterbrechen elektrische Sicherungen automatisch den Stromkreis.

Spannungsquellen besitzen die Eigenschaft, Ladungen trennen zu können; dadurch entsteht am Pluspol der Spannungsquelle ein Elektronenmangel, und der Minuspol ist folglich durch Elektronenüberschuss gekennzeichnet (Abb. 1). Dieser Zu-

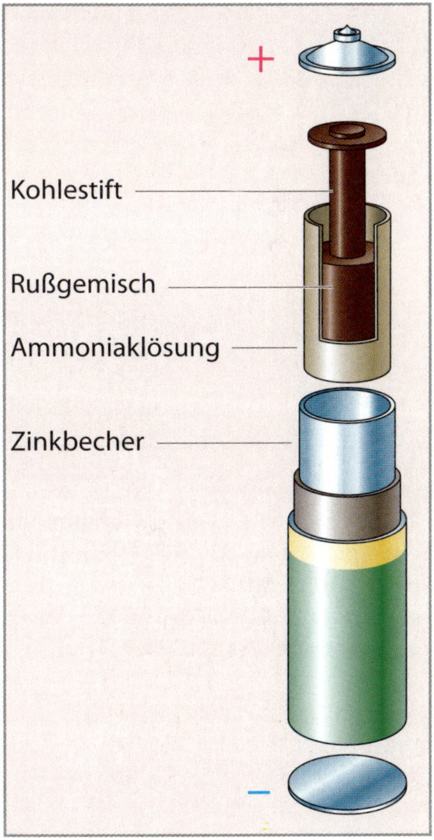

Abb. 2: Monozelle: Zink-Kohle-Element erzeugt 1,5 V (Volt)

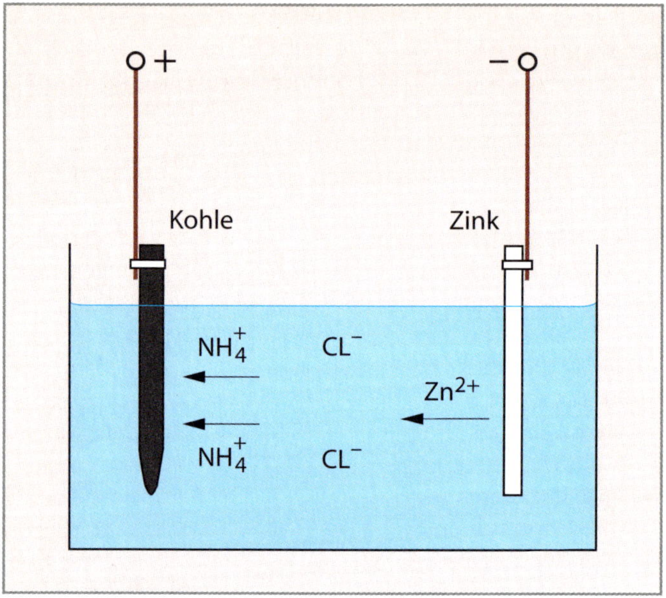

Abb. 3: Zink-Kohle-Element: Ammoniumchlorid NH_4Cl in wässriger Lösung, d. h. NH_4^+-Ionen und Cl-Ionen. Durch Lösungsdruck gehen Zn^{2+}-Ionen in die Lösung. Die NH_4^+-Ionen wandern zur Kohleelektrode. Zn^{2+}-Ionen verbinden sich mit den Cl-Ionen zu $ZnCl_2$ (Zinkchlorid)

stand von Elektronenüberschuss und Elektronenmangel lässt sich beispielsweise auf elektrochemischem Weg erzeugen. Der Vorgang der Elektrolyse lässt sich umkehren, d. h., über den elektrochemischen Weg lässt sich eine elektrische Spannung erzeugen, die beim geschlossenen Stromkreis einen elektrischen Strom fließen lässt.

Um eine elektrochemische Spannungsquelle zu erhalten, taucht man zwei verschiedene Metalle in einen Elektrolyten ein und verbindet sie mit einem Leiter, so dass zwischen den Metallen bzw. den Elektroden ein elektrischer Strom fließt. Diese Anordnung wird als galvanisches Element bezeichnet, benannt nach dem italienischen Mediziner Luigi Galvani (1737-98), der beobachtete, dass Froschschenkel beim Berühren mit unterschiedlichen Metallen zucken. Das erste galvanische Element (voltaische Säule) wurde entwickelt von Alessandro Volta (1799), das aus Kupfer-(Cu) und Zink-(Zn)Scheiben bestand, die getrennt in verdünnte Schwefelsäure (H_2SO_4) eingetaucht wurden. Diese Anordnung erzeugt eine Spannungsdifferenz von 1,10 V (Volt). Gemäß der elektrochemischen Spannungsreihe können unterschiedliche Spannungen mit verschiedenen Metallkombinationen erreicht werden.

Die Taschenlampenbatterie stellt eines der gebräuchlichsten galvanischen Elemente dar (Abb. 2). Sie besteht aus einem Zinkbecher und einem Kohlestab in der Mitte der Monozelle, die mit einem Braunsteinmantel umgeben ist. Der Zinkbecher bildet den negativen Pol und der umhüllte Kohlestab den positiven Pol. Als Elektrolyt befindet sich zwischen den beiden Elektroden eine eingedickte Salmiaklösung (NH_4Cl). An der Oberfläche des Zinkbechers, der die negative Elektrode bildet, gehen durch die Einwirkungen des Elektrolyten 2fach positiv geladene Zinkionen in Lösung (Abb. 3). Die abgegebenen Elektronen bilden an der Elektrode einen Elektronenüberschuss, und die Zinkionen laden die Lösung und den darin steckenden Kohlestab positiv auf. Wenn eine Spannung von 1,5 V (Volt) zwischen den beiden Elektroden erreicht ist, verhindern Abstoßungskräfte den weiteren Austritt von Zinkionen. Sobald aber der Stromkreis geschlossen ist, verliert der Zinkbecher Elektronen. Über den äußeren Stromkreis gelangen die Elektronen zum Kohlestab und geben dort die Elektronen an die positiven Ionen ab. Der äußere Elektronenstrom verursacht einen inneren Ionenstrom, dabei wird die Zinkelektrode immer weiter aufgelöst (Abb. 4).

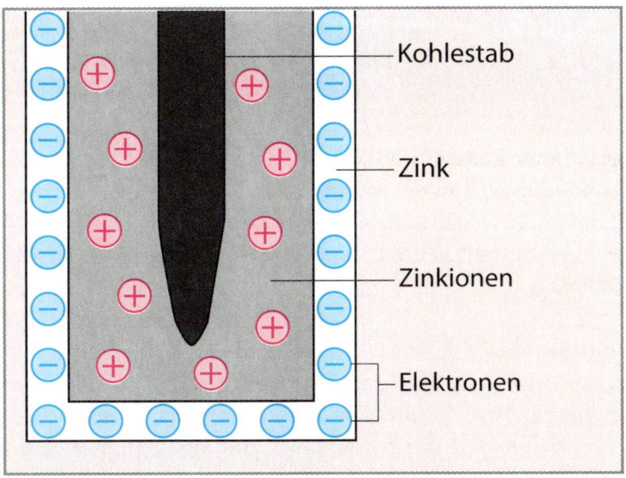

Abb. 4: Zink-Kohle-Element: Auflösung des Zinkmantels beim Stromfluss

Akkumulatoren basieren auf dem gleichen Prinzip, können aber im Vergleich zur oben beschriebenen Monozelle wieder aufgeladen werden.

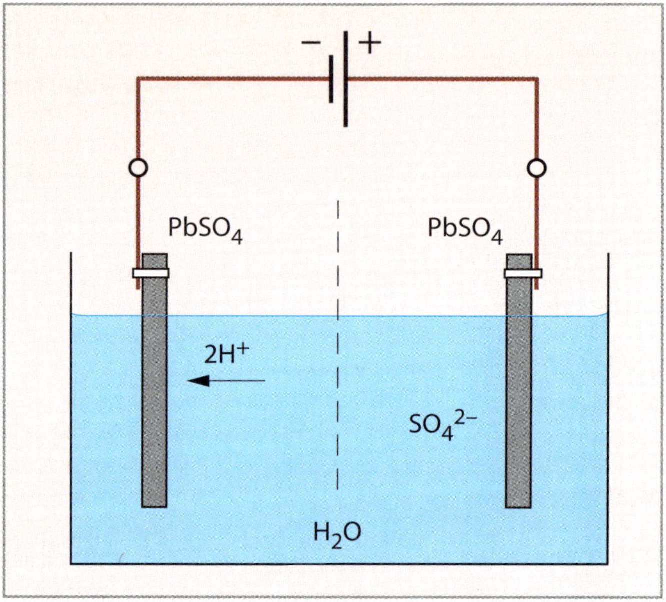

Abb. 5: Bleiakkumulator: entladener Zustand: Erst durch das Anlegen einer äußeren Stromquelle kann der Akkumulator aufgeladen werden. Die Ionen der Schwefelsäure wandern zu den Elektroden. An der Kathode entsteht metallisches Blei (Pb), an der Anode Bleioxid (PbO_2)

Beim galvanischen Element ist wesentlich, dass die Elektroden verschiedenartig sind und gemäß der elektrolytischen Spannungsreihe die Grundlage für die Spannungserzeugung bilden. Im Vergleich dazu wird im Akkumulator auf künstliche Weise die Verschiedenartigkeit der beiden Elektroden immer wieder hergestellt. Das lässt sich verwirklichen, indem man beispielsweise zwei Bleiplatten (Pb) in verdünnte Schwefelsäure (H_2SO_4) taucht; dann bilden sich auf beiden Platten weiße Schichten aus Bleisulfat ($PbSO_4$). In diesem Fall misst man noch keine Spannung, da sich die beiden Platten nicht voneinander unterscheiden (Abb. 5). Werden die beiden Platten aber an einer Spannungsquelle angeschlossen, so dass ein Ladestrom fließt, entsteht an der Kathode metallisches Blei (Pb) und an der Anode Bleidioxid (PbO_2). Es stehen sich also nach dem Ladevorgang zwei verschiedene Stoffe als Elektoden gegenüber, d. h., verursacht durch den Ladevorgang, sind die beiden Bleielektroden mit unterschiedlichen Schichten auf den Oberflächen ver-

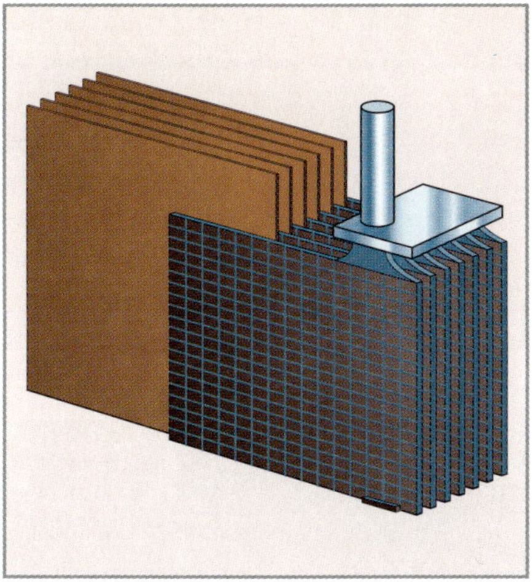

Abb. 6: Bleiakkumulatorzelle

sehen. Ihre Schichten haben gemäß der elektrochemischen Spannungsreihe verschiedene Spannungen und ergeben somit ein galvanisches Element mit einer Spannung von 2 V (Volt). Bei dem entgegengesetzten Vorgang der Stromentnahme werden die Oberflächen der beiden Elektroden durch die chemische Veränderung so weit verändert, bis beide Platten wieder identisch mit einer Bleisulfatschicht ($PbS0_4$) überzogen sind. In diesem Zustand ist der Akkumulator (Abb. 6) entladen. Beim Laden wird also elektrische Energie in chemische Energie umgewandelt, und beim Entladen wird diese Energie wieder abgegeben.

Zum Weiterlesen:

- Strom- und Spannungsmessungen, S. 168
- Verzweigte und unverzweigte Stromkreise, S. 174
- Die elektrische Spannung, S. 330
- Die elektrische Leistung, S. 336

Das ohmsche Gesetz

Um beim Einkauf von elektrischen Verbrauchsgegenständen die elektrischen Leistungen der Ware beurteilen zu können, sind auf den Verpackungen von Glühlampen beispielsweise Angaben über Spannung und Stromstärke zu entnehmen. Die Angaben auf Glühlampenverpackungen können sich unterscheiden, so kann auf einer Verpackung 220 V (Volt) und 0,27 A (Ampere) stehen, und eine weitere Verpackung kann z. B. mit 220 V (Volt) und 0,54 A (Ampere) beschriftet sein, d. h., dass durch diese beiden Glühlampen bei gleich angelegter Spannung ein unterschiedlicher Strom fließt. Es stellt

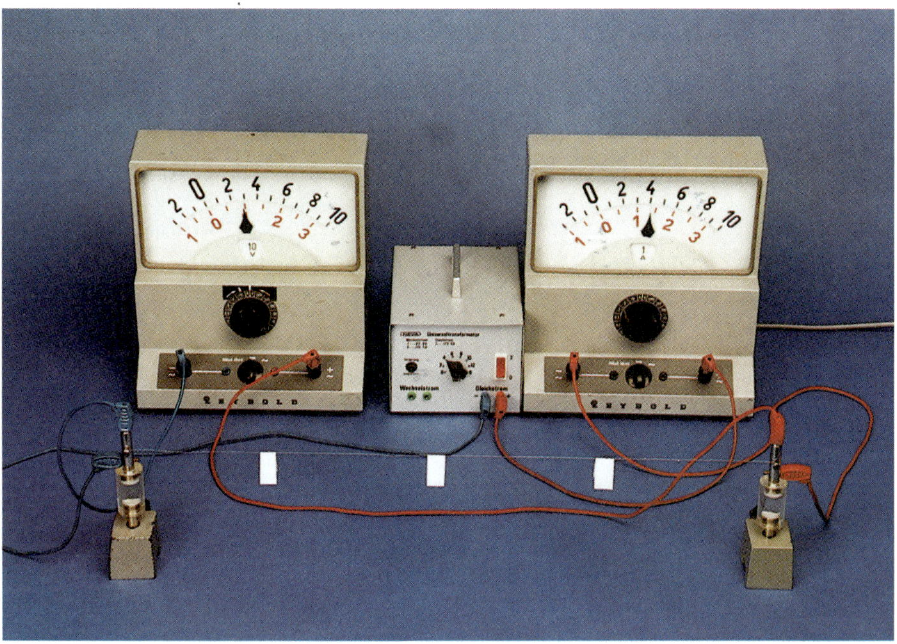

Abb. 1: Versuchsaufbau zur Messung von Spannung und Stromstärke

sich nun die Frage, welche Eigenschaften bei Glühlampen dazu führen, dass bei gleicher Spannung die Stromstärke unterschiedlich hoch ausfällt. Den genaueren Zusammenhang zwischen Stromstärke und Spannung untersuchte bereits der Gymnasiallehrer Georg Simon Ohm im Jahr 1826. Dabei fand er eine Gesetzmäßigkeit heraus, die nach ihm als **ohmsches Gesetz** benannt wurde.

Das Zusammenspiel zwischen der angelegten Spannung U und der Stromstärke I wird verdeutlicht, indem man beispielsweise einen Konstantandraht an einer regelbaren Spannungsquelle anschließt (Abb. 1 und 2). Um in diesem Versuch die Spannung und den Strom in den einzelnen Versuchsschritten messen zu können, werden parallel zur Spannungsquelle ein Spannungsmessgerät und in Reihe ein Strommessgerät geschaltet. Wird die Spannung bei diesem Versuch um das Doppelte erhöht, dann beobachtet man ebenfalls eine Verdoppelung der Stromstärke. Diese Tendenz bleibt bei weiterer Spannungserhöhung bestehen, d.h., wird die Spannung n-fach erhöht, dann erhöht sich dementsprechend die Stromstärke um den n-fachen Betrag (Abb. 3).

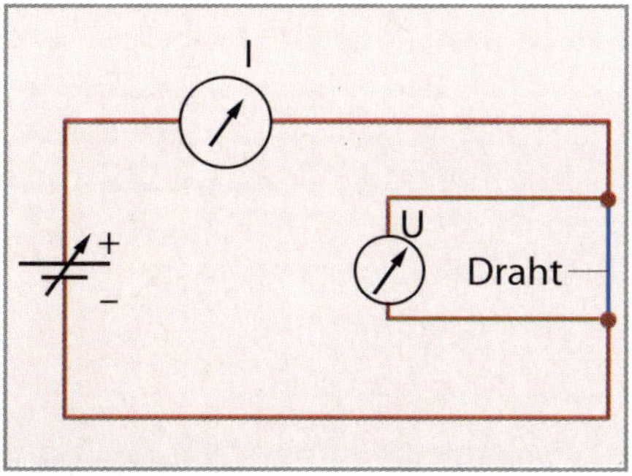

Abb. 2: Messaufbau zur Messung der Kennlinien

Das Ergebnis dieser einfachen Versuchsreihe zeigt, dass die Stromstärke I der Spannung U proportional ist: I~U (sprich: I ist proportional U). Dieser Zusammenhang wird als ohmsches Gesetz bezeichnet.

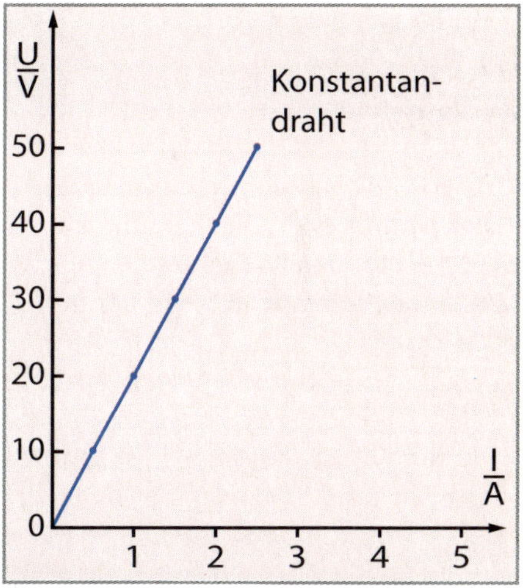

Abb. 3: U-I-Kennlinie von Konstantan

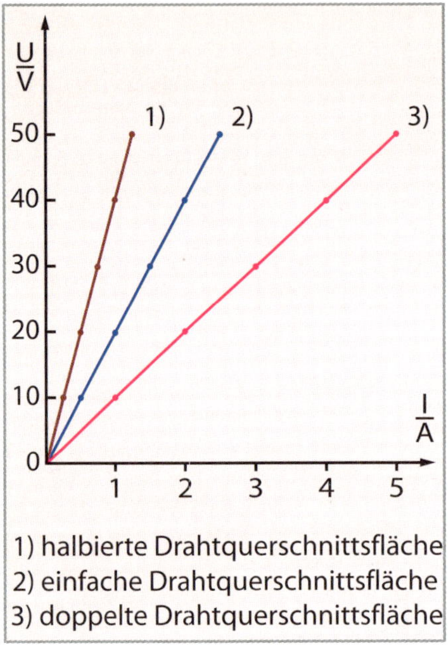

Abb. 4: U-I-Kennlinien von unterschiedlichen Drahtdicken. Die Steigung der Geraden gibt den Widerstand an. Je dünner der Draht, desto höher der Widerstand

Die nächste Frage stellt sich, was passiert, wenn die Querschnittsfläche des Drahtes verdoppelt wird. Die Verdoppelung der Querschnittsfläche des Konstantandrahts führt im Vergleich zum einfachen Draht bei gleich angelegter Spannung zu einer Verdoppelung der Stromstärke. Wird die Drahtquerschnittsfläche halbiert, dann wird auch eine Halbierung der Stromstärke beobachtet (Abb. 4).

Eine anschauliche Modellvorstellung für die festgestellten Abhängigkeiten im elektrischen Stromkreis bietet der Wasserfluss durch Rohrleitungen. Durch ein Rohrleitungssystem fließt durch einen bestimmten Rohrdurchmesser vermehrt Wasser, wenn beispielsweise der Wasserdruck erhöht wird. Der Wasserdruck ist der durchfließenden Wassermenge direkt proportional. Übertragen auf das ohmsche Gesetz bedeutet das, dass der Wasserdruck die Spannung im Stromkreis darstellt und bei Erhöhung der Spannung die Stromstärke proportional ansteigt. Wird im Wassermodell der Rohrdurchmesser erhöht, dann fließt ebenfalls mehr Wasser durch die Rohrleitung. Dieses Proportionalitätsverhalten zwischen Wasserfluss und Rohrleitungsdurchmesser lässt sich ebenfalls beim elektrischen Stromkreis beobachten, denn bei Erhöhung des Leitungsquerschnittes erhöht sich dementsprechend die Stromstärke.

Die Stromstärke ist also proportional zur angelegten Spannung. Es stellt sich nun weiter die Frage, ob die Drahtlänge einen Einfluss auf die Stromstärke hat. Für diese

Untersuchung werden Konstantandrähte mit ein-, zwei-, und dreifacher Länge bei gleich angelegter Spannung auf den Stromfluss untersucht. Dabei wird ebenfalls festgestellt, dass die Drahtlänge sich umgekehrt proportional zur Stromstärke verhält, d. h., je länger der Draht ist, desto geringer ist bei gleicher Spannung die Stromstärke (Abb. 5a, b). Die Ursache kann damit verdeutlicht werden, dass bei doppelter Drahtlänge die Elektronen auf doppelt so viele Atome im Draht stoßen und dabei doppelt so stark abgebremst werden, d. h., bei n-facher Drahtlänge wird den Elektronen n-facher Widerstand entgegengesetzt. Der elektrische Widerstand ist der Drahtlänge proportional und wird bestimmt aus dem Quotienten aus der anliegenden Spannung U und der Stromstärke I:

$$\frac{\text{Spannung (U)}}{\text{Stromstärke (I)}} = \text{Widerstand (R)}$$

$$\frac{[U]}{[I]} = [R]$$

$$\frac{\text{V (Volt)}}{\text{A (Ampere)}} = \Omega \text{ (Ohm)}$$

Ω = griech. Buchstabe Omega

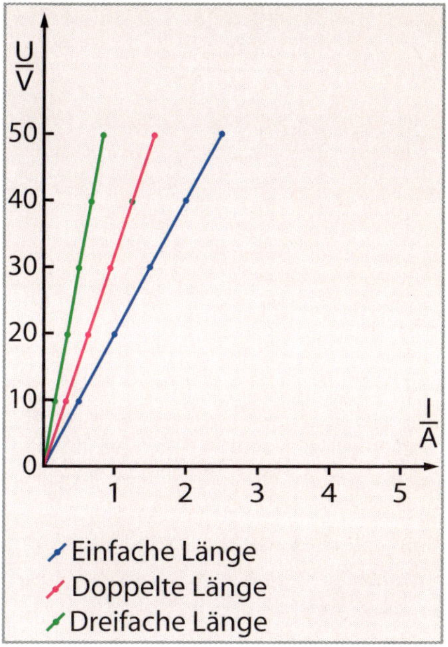

Abb. 5a: U-I-Kennlinien von unterschiedlichen Drahtlängen. Die Steigung der Geraden gibt den Widerstand an. Je länger der Draht, desto höher ist der Widerstand

Wie die Drahtlänge hat auch der Drahtdurchmesser seinen Einfluss auf den elektrischen Widerstand, d. h,. mit steigendem Drahtdurchmesser sinkt der elektrische Widerstand vom Draht. In Abbildung 3 gibt die Steigung der Geraden den Widerstand

U/V	10	20	30	40	50	Länge
I/A	0,5	1	1,5	2	2,5	Einfache Länge
I/A	0,25	0,5	0,75	1	1,25	Doppelte Länge
I/A	0,16	0,3	0,5	0,66	0,83	Dreifache Länge

Abb. 5b: U-I-Kennlinien von unterschiedlichen Drahtlängen

wieder, d. h., je dünner der Draht ist, desto steiler ist die Gerade und entsprechend höher ist der Widerstand. Bei gleicher Betrachtungsweise kann aus der Abbildung 5 entnommen werden, dass sich bei Veränderung der Drahtlänge die Widerstandserhöhung sich ebenfalls in der Steilheit der Geraden widerspiegelt.

Beim ersten Versuch wurde festgestellt, dass Konstantan bei Erhöhung der Spannung die Stromstärke proportional erhöht. Bei anderen Materialien wie beispielsweise Eisen, Aluminium, Kupfer und Silber nimmt bei Erhöhung der Spannung der Stromfluss nicht proportional zu. Misst man den Stromfluss bei einem Eisendraht bei konstanter Erhöhung der Spannung, dann beobachtet man, dass der Stromfluss nicht mehr proportional ansteigt, d. h,. der Stromfluss steigt weniger schnell an als die angelegte Spannung. Trägt man den Quotienten der ange-

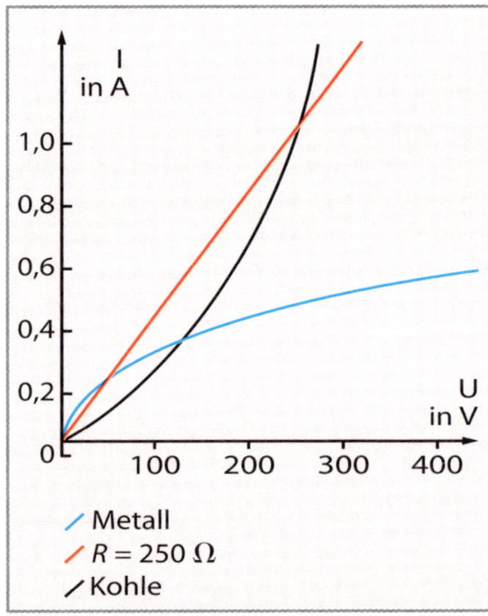

Abb. 6: I-U-Kennlinien von Konstantan, Metall und Kohle: Es ist deutlich zu erkennen, dass sich bei zunehmender Stromstärke der Widerstand von Kohle verringert

legten elektrischen Spannung und den Stromfluss für Konstantan und Metall auf, dann erkennt man einen deutlichen Unterschied (Abb. 6). Für Konstantan ergibt sich eine Gerade, und das Metall weicht mit zunehmender Spannung von der Geraden ab. Die Ursache für die Widerstandszunahme ist das Erwärmen des Metalldrahtes beim Stromdurchfluss. Je mehr Strom durch den Eisendraht fließt, desto mehr erwärmt er sich, und der Widerstand nimmt zu.

In diesem Fall ist das ohmsche Gesetz nicht gültig. Wird der Eisendraht bei der Versuchsdurchführung gekühlt, dann ist auch hier die Proportionalität zu beobachten, und das ohmsche Gesetz gilt. Im Gegensatz zu Metallen hat Kohle die Eigenschaft, bei zunehmender Stromstärke bzw. Temperatur den Widerstand zu verringern (Abb. 6).

Zum Weiterlesen:

- → Wirkungen des elektrischen Stromes, S. 120
- → Die elektrische Ladung, S. 126
- → Influenzversuche, S. 132
- → Der elektrische Widerstand, S. 162

Der elektrische Widerstand

Abb. 1: Mit Widerstand!

Als Widerstand bezeichnet man eine elektrische Größe, die den Elektronenfluss im geschlossenen Stromkreis einschränkt. Der elektrische Widerstand ist dabei von vielen Einzelfaktoren abhängig, d. h. vom Material, von der Temperatur, von der Länge und vom Querschnitt des stromdurchflossenen Leiters. Metalle sind generell Strom leitende Materialien; Kunststoffe, Holz und andere Nichtmetalle leiten den Strom extrem schlecht bzw. gar nicht und werden deshalb als Isolatoren bezeichnet. Zwischen Leitern und Isolatoren befindet sich noch die Klasse der Halbleiter, die den Strom relativ schlecht leiten. In einem Leitungsmaterial (Metall) strömen die Elektronen zwischen den Metall-

Abb. 2: Ohne Widerstand!

atomen hindurch. Ein absolut ungehindertes Strömen ist dabei nicht möglich, da die Elektronen mit den Atomen zusammenstoßen. Dieser Widerstand begrenzt den Stromfluss, und durch das Abbremsen der Elektronen erwärmt sich das leitende Material.

In der Natur lässt sich das Phänomen des Widerstandes am besten anhand herabstürzender Wassermassen erläutern: Durch ein natürliches Hindernis wie einen Felsbrocken wird der freie Fall des Wassers ständig unterbrochen (Abb. 1). Im Gegensatz zu einem Wasserfall (Abb. 2) wird dem „Stromfluss" ständig ein Widerstand entgegengesetzt.

Der Stromfluss durch einen Leiter in Form eines Drahtes wird bestimmt durch seine Länge und seinen Querschnitt. Der Widerstand eines Drahtes nimmt proportional mit seiner Länge zu und nimmt mit Zunahme des Drahtdurchmessers ab, d. h., der elektrische Widerstand des Drahtes ist umgekehrt proportional zum Querschnitt des Leiters:

$$R \sim \frac{1}{A} \qquad [R] = \Omega \quad [A] = mm^2$$

Die einzelnen Materialien setzen dem elektrischen Strom einen unterschiedlich großen Widerstand entgegen. Als Ursache für die Variation des Widerstandes wird die atomare bzw. molekulare Struktur der Materialien, die die Leitfähigkeit des Materials beeinflussen, angenommen. Die Leitfähigkeit wird mit dem Leitwert als Kehrwert vom Widerstand definiert. Die Einheit des elektrischen Leitwertes ist:

$$G = \frac{1}{R} \qquad G = \text{Leitwert}$$

Die Einheit des Leitwertes (G) heißt Siemens (S):

$$[G] = \frac{1}{\Omega} = S \qquad S = \text{Siemens}$$

Um die Leitfähigkeit bzw. die Widerstandswirkung unterschiedlicher Materialien miteinander vergleichen zu können, benötigt man für die Körper gleiche Abmessungen. Häufig bezieht man die auf die Länge des Widerstandsdrahtes in Metern und den Querschnitt A in Quadratmillimetern. Die Temperatur muss immer angegeben werden:

$$R = \frac{\rho\, l}{A} \qquad [l] = m \quad [A] = mm^2 \quad [R] = \Omega$$

$$[\rho] = \frac{\Omega\, mm^2}{m}$$

Wobei ρ (Rho) als spezifischer Widerstand bezeichnet wird. Die Umstellung der Formel nach ρ ergibt:

$$\rho = \frac{R \cdot A}{l}$$

In der Tabelle 1 sind einige Werkstoffe zusammengestellt, die sehr unterschiedliche spezifische Widerstandswerte ergeben. Aus dieser Tabelle ist ersichtlich, dass Kupfer einen sehr geringen spezifischen Widerstand hat im Vergleich zum Halbleitermaterial Silicium und dem Isolationsstoff Porzellan.

Spezifische Widerstandswerte bei 18 °C [$\Omega mm^2/m$]	
Kupfer	0,02
Eisen	0,1
Konstantan	0,5
Silicium	1,200
Porzellan	10^{18}

Tabelle 1: Widerstandswerte verschiedener Werkstoffe

Hat man beispielsweise einen feinen Kupferdraht mit einem Querschnitt von 0,25 mm^2 und einer Länge von 3 m, ergibt sich mit dem spezifischen Widerstand von 0,02 $\Omega mm^2/m$ folgender Widerstand R:

$$R = \frac{0{,}02\ \Omega \frac{mm^2}{m} \cdot 3m}{0{,}25\ mm^2} = 0{,}24\ \Omega$$

Der Begriff Widerstand hat eine zweifache Bedeutung, zum einen bezeichnet er eine physikalische Größe eines Leiters, auf der anderen Seite wird der Begriff Widerstand für die Bezeichnung eines Bauteils in der Elektrotechnik bzw. Elektronik benutzt. Die Widerstände haben die Aufgabe, in elektronischen Stromkreisen den Stromfluss bzw. die Spannungen mit ihrer Widerstandswirkung zu beeinflussen. Die technischen Widerstände werden häufig auch als Schichtwiderstände bezeichnet, wenn sie nämlich aus einer dünnen Kohle- bzw. Metallschicht bestehen. Die leitende Schicht wird zum Schutz mit einem Porzellanmantel umhüllt. Zur Kennzeichnung der Widerstände bzgl. ihrer Widerstandsgröße werden sie mit einem Farbcode versehen. Der Farbcode besteht aus 4 Farbringen, wobei die Farbe und die entsprechende Position der Farbringe verschlüsselt die Widerstandsgröße wiedergeben (Abb. 3).

Ein Schichtwiderstand, wie er in jedem Gerät vorkommt mit Ringen der Farbfolge Gelb, Weiß, Schwarz und Gold ergibt entsprechend der Tabelle in Abbildung 2 einen

	1. Ring	2. Ring	3. Ring	4. Ring
schwarz	0	0		
braun	1	1	0	± 1 %
rot	2	2	00	± 2 %
orange	3	3	000	
gelb	4	4	0000	
grün	5	5	00000	
blau	6	6	usw.	
violett	7	7		
grau	8	8		
weiß	9	9		
gold			: 10	± 5 %
silber			: 100	± 10 %

Abb. 3: Schichtwiderstände – Zu Hunderten steuern sie die Prozesse im Inneren elektronischer Geräte. Die Farbcodes geben Aufschluss über ihren Wert

Widerstandswert von 490 Ω ±5%. Die 5% geben an, dass der Widerstandswert um 5% schwanken kann, d. h., er könnte im Extremfall einen minimalen Wert von 465,5 und einen maximalen Wert von 514,5 aufweisen. Mit den Festwiderständen lassen sich also die Ströme in komplexen Stromkreisen regulieren, wobei die Widerstände sich nicht in ihrem Betrag bei Betriebstemperatur bzw. Nennspannung verändern lassen. Nur außerhalb der Betriebstemperatur ändern sich die Widerstandswerte. Mit Schiebewiderständen ist es möglich, bei normaler Betriebstemperatur den Widerstandswert zu verändern. Beim Schiebewiderstand handelt es sich um ein Porzellanrohr, um das der Wider-

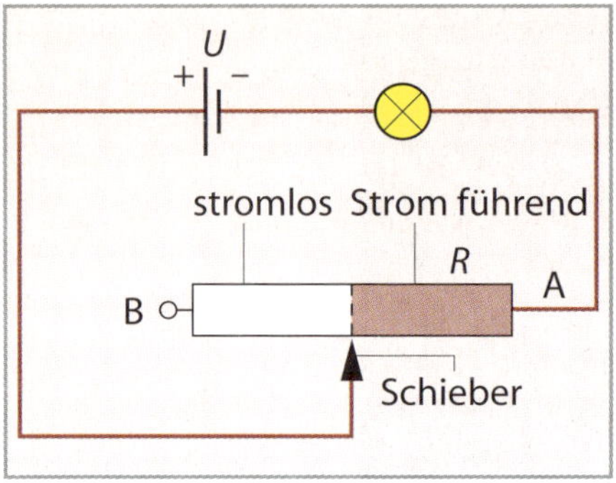

Abb. 4: Schematische Darstellung des Schiebewiderstandes

standsdraht gewickelt ist. Ein Metallschieber gleitet über die Drahtwicklung und kann mit der Position des Schiebers die abgegriffene Drahtlänge bzw. die Widerstandshöhe verändern. Mit dem Schiebewiderstand (Abb. 4) lässt sich beispielsweise die Helligkeit von Glühlampen regulieren (Abb. 5 und 6).

Metalle haben generell die Eigenschaft, den Strom besonders gut im kalten Zustand zu leiten. Mit steigender Temperatur nimmt der Widerstandswert zu. Die Gruppe von Werkstoffen mit solchen Eigenschaften wer-

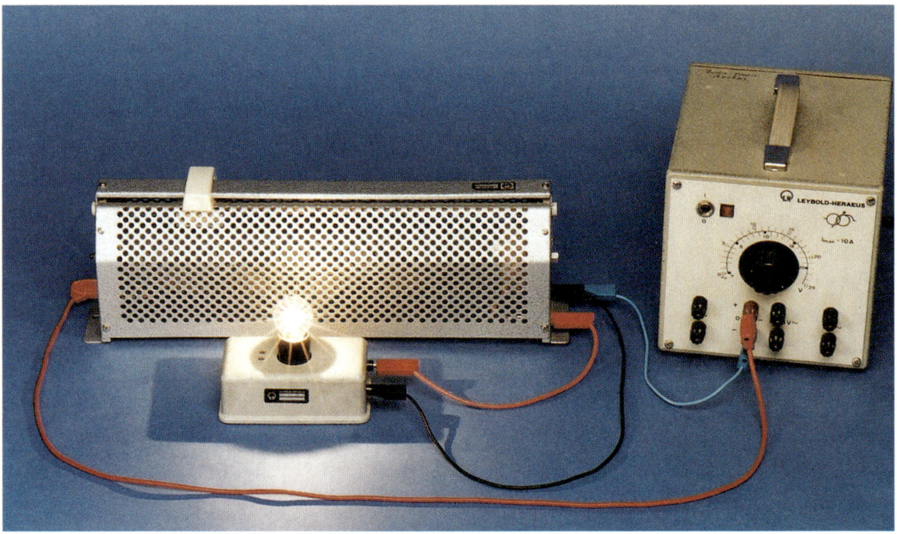

Abb. 5: Geringer Widerstand = großer Elektronenfluss

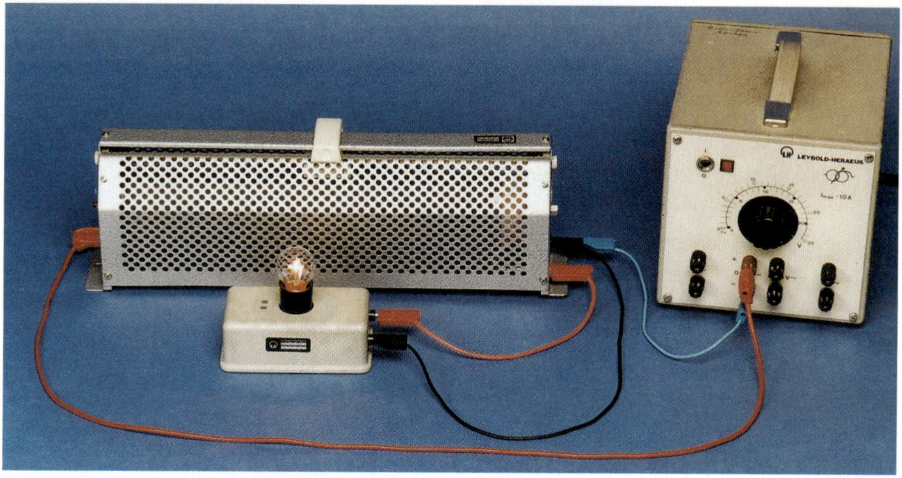

Abb. 6: Großer Widerstand = geringer Elektronenfluss

den als Kaltleiter bezeichnet. Ursache für die Zunahme des Widerstandswertes sind die erhöhten Molekül- und Atomschwingungen im Material.

Es gibt noch eine zweite Gruppe von Leitern, die als Heißleiter bezeichnet werden. Diese Stoffe leiten den Strom bei erhöhter Temperatur besonders gut. Kohle ist beispielsweise ein Heißleiter. Bei Heißleiterwerkstoffen werden mit der Temperaturerhöhung mehr und mehr Elektronen aus ihren Bindungen gelöst, die für den Stromfluss zur Verfügung stehen.

Zum Weiterlesen:

- Das ohmsche Gesetz, S. 156
- Strom- und Spannungsmessungen, S. 168
- Die elektrische Spannung, S. 330
- Die elektrische Leistung, S. 336

Strom- und Spannungsmessungen

Grundsätzlich kann jede Wirkung des elektrischen Stroms als Messprinzip ausgenutzt werden. Fließen beispielsweise unterschiedlich hohe elektrische Ströme durch eine Glühlampe, dann beobachtet man entsprechende Helligkeitsschwankungen. Die Lichtstärkeänderungen reichen zum Grobabschätzen aus, um Aussagen treffen zu können, ob nun mehr oder weniger Strom durch den Stromkreis fließt. Um aber elektrische Ströme und elektrische Spannungen hinsichtlich ihrer Stärke objektiv beurteilen zu können, benötigt man genaue Messgeräte. Damit die Messungen exakt und reproduzierbar sind, wurden Messgeräte entwickelt, die überwiegend die elektromagnetischen Wirkungen des Stroms ausnutzen. Das Drehspulinstrument ist dabei für die Strom- und Spannungsmessung in der Elektrotechnik das am häufigsten benutzte Messinstrument. Wie die Bezeichnung für das Messinstrument bereits verrät, besteht das Gerät aus einer Spule, die sich zwischen den magnetischen Polen eines Permanentmagneten befindet (Abb. 1). Fließt ein Strom durch diese Spule, dann bekommt sie, verursacht durch die magnetischen Feldkräfte des elektrischen Stroms, einen magnetischen Nord- und Südpol. Die stromdurchflossene Spule hat damit magnetische Eigenschaften, die die Bestrebung ausnutzt, dass sich ungleiche Pole anziehen und gleichnamige Pole abstoßen; dementsprechend bewegt sie sich innerhalb der Pole des Permanentmagneten. Diese Eigenschaft wird als Messprinzip für das Messwerk des Gerätes ausgenutzt. Da die Spule an einer Strom leitenden Zuführung befestigt ist, die der Spule im Magneten mechanischen Halt gibt, verdrillt sich die elektrische Zuführung und übt eine Gegenkraft gegenüber der elektromagnetischen Drehbewegung der Spule aus. Die Spule richtet sich so weit aus, bis die Kräfte, d. h. die Feldkräfte mit den Rückstellkräften im Gleichgewicht stehen. Wird der Stromfluss durch die Spule erhöht, ist auch die magnetische Kraft der Spule größer, und dementsprechend stärker verdreht sich die Spule, bis wieder das Kräftegleichgewicht erreicht ist. Die Spule verdreht sich also proportional zur Stromstärke, die durch die Spule fließt. Diese Proportionalität wird für die Strom- und Spannungsmessung in Stromkreisen ausgenutzt. Befestigt man an der Spule noch einen Zeiger, dann kann der Messwert direkt an einer geeichten Skala abgelesen werden.

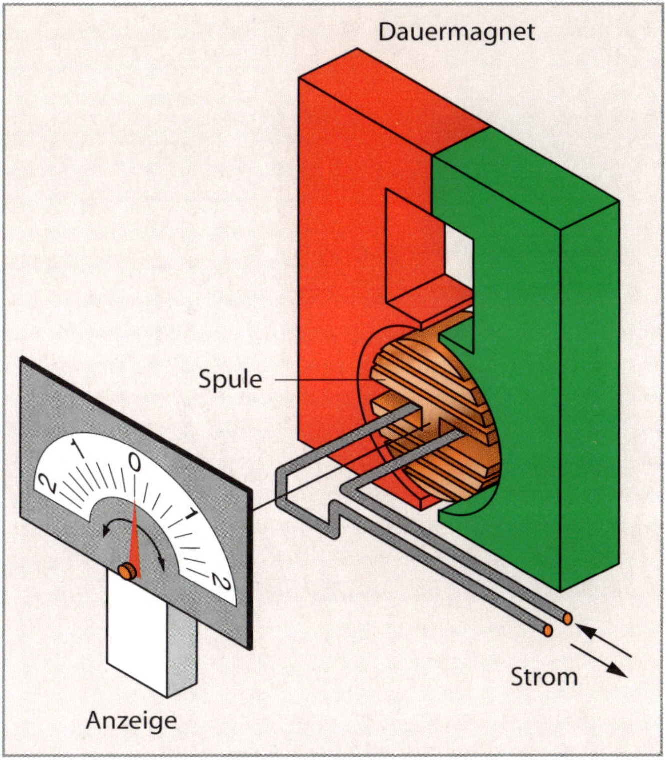

Abb. 1: Messwerk eines Drehspulinstruments

Das Messwerk des Drehspulinstruments ist in dieser ursprünglichen Bauweise nur für den Gleichstrom geeignet. Im Vergleich dazu ändert sich beim Wechselstrom die Stromrichtung periodisch. Daraus folgt, dass sich die magnetische Polarität der Spule und damit die Drehrichtung und die Ausschlagseite des Zeigers mit der gleichen Periodizität ändert. Da der Wechselstrom 100-mal in der Sekunde seine Stromrichtung ändert, müsste der Zeiger vom Messgerät je 50-mal in der Sekunde zu beiden Seiten ausschlagen. Der Zeiger würde so schnell schwingen, dass das menschliche Auge den Zeiger nicht mehr erkennen könnte. Da die Spule zu träge und langsam ist, um dieser schnellen Änderung zu folgen, kann mit dem Drehspulmessinstrument der Wechselstrom nur als Zittern des Zeigers wahrgenommen werden. Um trotz alledem Wechselströme mit dem Drehspulinstrument messen zu können, besitzt dieses Gerät besondere Vorrichtungen, die den Wechselstrom in Gleichstrom umwandeln.

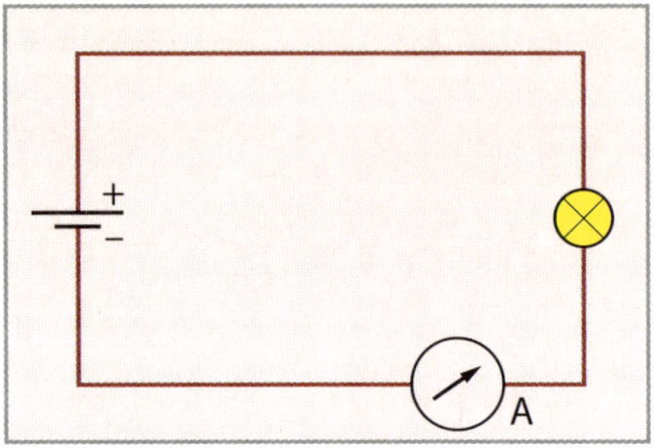

Abb. 2: Bei der Strommessung wird das Strommessgerät in Reihe mit dem Energiewandler (Glühlampe) geschaltet

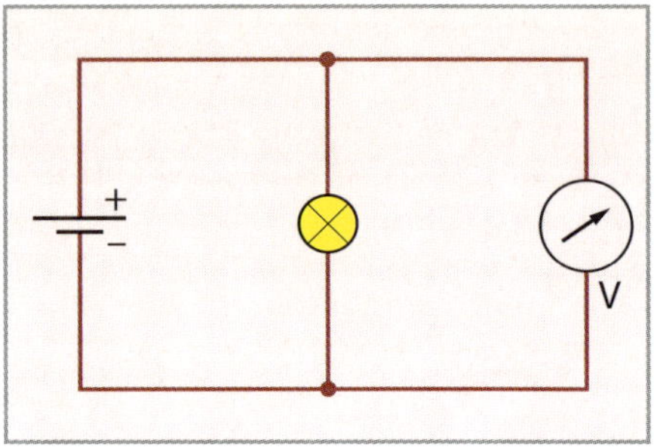

Abb. 3: Bei der Spannungsmessung wird das Spannungsmessgerät parallel zum Energiewandler (Glühlampe) geschaltet

Um den Stromkreis in seiner elektrischen Leistung erfassen zu können, sind Stromstärke- und Spannungsangaben erforderlich.

Für die Messung der Stromstärke muss das Messgerät in den Stromzweig gelegt werden (Abb. 2). Der Strom des Stromkreises fließt also durch das Messgerät hindurch. Es ist dabei äußerst wichtig, daß das Messgerät selber so wenig wie möglich an Widerstand dem Strom entgegensetzt, damit der Stromfluss durch den Messvorgang nicht beeinflusst wird, denn auch Messgeräte haben einen elektrischen Widerstand, der als Innenwiderstand des Messgerätes bezeichnet wird. Er sollte also prinzipell so bemessen sein, dass er beim Messvorgang kaum einen Einfluss auf den zu untersuchenden Stromkreis hat. Diese Anforderung wird besonders dann schwierig einzuhalten sein, wenn nur sehr geringe Ströme im Stromkreis untersucht werden sollen.

Im Gegensatz zur Strommessung muss bei der Spannungsmessung das Messgerät parallel geschaltet werden. Für die Messung der Spannung ist es notwendig, daß der Widerstand des Spannungsmessgerätes sehr hoch ist, damit der Stromfluss begrenzt wird. Um die Strom- und Spannungsmessungen mit dem Drehspulmessinstrument realisieren zu können, muss das Messwerk, das im Wesentlichen aus der Spule und dem Permanentmagneten besteht, für die Messungen noch zusätzlich mit Vor- und Nebenwiderständen ausgestattet werden. Für die Messung der Stromstärke ist es erforderlich, dass das Messgerät einen sehr geringen Innenwiderstand vorweist. Für die Spannungsmessung muss der Innenwiderstand aber sehr hoch sein, da das Messgerät parallel zum Stromkreis angeschlossen wird (Abb. 3).

Abb. 4a: Messung der Stromstärke

Abb. 4b: Messung der Spannung

Andernfalls würde über das Messwerk ein Kurzschlussstrom fließen und damit das Messwerk zerstören. Aus diesem Grund ist es sehr wichtig, daß beim Benutzen der Messgeräte darauf geachtet wird, ob das Messgerät im Strom- oder Spannungsmessbereich eingestellt ist (Abb. 4a, b). Schließt man beispielsweise ein Messgerät, das auf Strommessung eingestellt ist, wie einen Spannungsmesser an, fließt ein Kurzschlussstrom und das Gerät kann zerstört werden, wenn nicht eine Sicherung im Messgerät die Zerstörung des Messwerkes verhindert. Ausserdem ist es wichtig, dass bei den Messungen zunächst in dem höchsten Messbereich begonnen wird. Damit der Messfehler so klein wie möglich ist, muss ein angemessener Messbereich gewählt werden. Der Messfehler ist also im We-

Abb. 5: Diverse Messgeräte zur Beurteilung des Stromverbrauches und der Spannung. Durch Multiplikation von Spannung und Stromstärke errechnen sie die Leistung des jeweiligen Verbrauchers

sentlichen von der Wahl des Messbereiches und natürlich von der Qualität des Messgerätes abhängig. Auf den Messgeräten ist die Fehlergrenze angegeben. Die Genauigkeit wird durch Klassenzeichen festgelegt und ist auf der Instrumentenskala als Zahl abgedruckt. Ist dort beispielsweise der Wert 1,5 abzulesen, dann bedeutet das, dass vom Skalenendwert 1,5% Fehler auftreten können, d. h. also, bei einem Messbereichsendwert von z. B. 100 V kann im gesamten Messspektrum ein Fehler von 1,5 V (Volt) auftreten. Bei einem Messwert von 50 V im gleichen Messbereich bedeutet die Abweichung von 1,5 V eine Fehlerabweichung von 3%. Bei 10 V beträgt die Fehlerabweichung bereits 10%. Dieses Beispiel verdeutlicht, dass Messungen im unteren Ende des

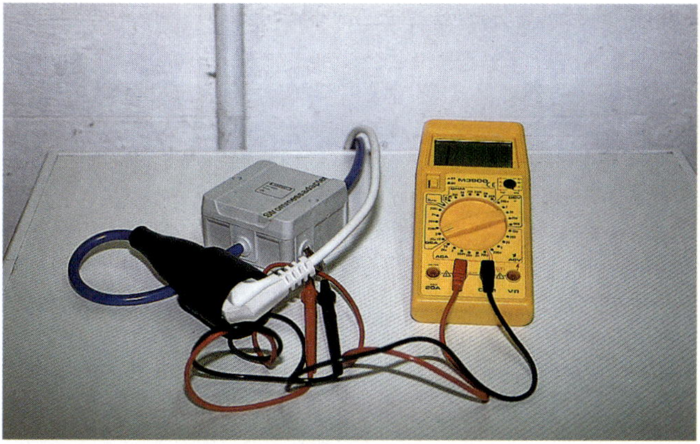

Abb. 6: Haushaltsstrom-Messgerät

Messbereiches den Fehler wesentlich vergrößern. Um den Fehler so gering wie möglich zu halten, sollte der Messbereich bei Strom- oder Spannungsmessungen voll ausgeschöpft werden.

Im alltäglichen Leben sind diverse Strom- und Spannungsmessgeräte im Einsatz. Einfache Teststreifen oder kleine Messgeräte für Batterien sind in vielen Haushalten vorhanden (Abb. 5). Ebenso findet man zunehmend Messgeräte zur Beurteilung des Stromverbrauches im Haushalt. Die Geräte werden vor den Verbraucher (meistens eine Waschmaschine, Wäschetrockner, Computer oder Geschirrspülmaschine) geschaltet und errechnen die Leistung aufgrund von Strom- und Spannungsmessungen (Abb. 6).

Zum Weiterlesen:

- Das ohmsche Gesetz, S. 156
- Verzweigte und unverzweigte Stromkreise, S. 174
- Die elektrische Spannung, S. 330
- Die elektrische Leistung, S. 336

Verzweigte und unverzweigte Stromkreise

Ein einfacher Stromkreis besteht aus einer Stromquelle und einem Energiewandler. Der häufig für den Energiewandler benutzte Begriff „Verbraucher" ist streng genommen nicht korrekt, da die Energie des elektrischen Stroms beim geschlossenen Stromkreis nicht verbraucht wird, sondern sich nur in eine andere Energieform verwandelt. Mit einer Glühlampe als Energiewandler im Stromkreis wird beispielsweise die elektrische Energie in Licht und Wärme umgewandelt. In der technischen Stromrichtung fließt vom Pluspol der Energiequelle der Strom über die Glühlampe zum Minuspol. Es muss berücksichtigt werden, dass die technische Stromrichtung dem Elektronenstrom genau entgegengesetzt gerichtet ist, denn die Elektronen fließen vom Minuspol zum Pluspol. Die Glühlampe ist dabei über elektrische Leiter mit der Stromquelle verbunden, die den Strom für den geschlossenen Stromkreis liefert, z. B. eine Batterie oder ein Akkumulator. Im Haushalt dagegen dienen vereinfacht betrachtet die Steckdosen in der Wand als Stromquellen, wobei die Steckdosen keine richtigen Stromquellen sind, sondern nur verlängerte Zuleitungen von Stromquellen, die sich außerhalb der Haushalte befinden. Die Zuleitungen transportieren also die elektrische Energie ins Haus, wobei sich die

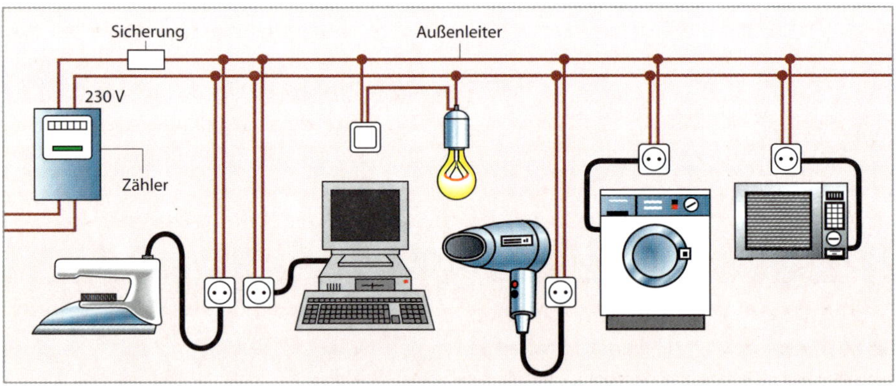

Abb. 1: Verzweigter Stromkreis: Parallelschaltung im Haushalt

Stromquellen in Kraftwerken befinden, die beispielsweise thermische Energie oder Kernenergie mit Generatoren in elektrische Energie verwandeln.

Damit an jeder Steckdose im Haushalt die gleiche Spannung von 220 V anliegt, sind die Steckdosen parallel zur Spannungsquelle (Generator im Kraftwerk) geschaltet (Abb. 1). In Abbildung 2 ist ein verzweigter Stromkreis dargestellt, in dem drei unterschiedliche Widerstände parallel zu einer Spannungsquelle geschaltet sind. An allen drei Widerständen liegt die gleiche Spannung an. Die elektrische Spannung lässt sich zur Vereinfachung mit dem Druckgefälle von drei Rohrleitungen vergleichen, die von einem höher gelegenen Stausee zum Turbinenhäuschen führen. In den drei parallel liegenden Rohren ist der Wasserdruck gleich. Sind die Rohrleitungen im Durchmesser unterschiedlich groß, dann fließt durch ein größeres Rohr entsprechend mehr Wasser als durch ein vergleichbar dünneres Rohr. Das dünne Rohr setzt im Vergleich zum dicken Rohr dem Wasserfluss einen größeren Widerstand entgegen. Die Gesamtwassermenge besteht aus der Summe der Einzelwassermengen, die durch die Rohre fließen. Im Vergleich dazu verhält sich im parallel geschalteten Stromkreis die elektrische Stromstärke wie der Wasserfluss in den einzelnen Rohren. Der elektrische Strom wird gemäß dem ohmschen Gesetz in den einzelnen Stromkreisen in Abhängigkeit zum Widerstand begrenzt. Die Summe der einzelnen Ströme ergibt den Gesamtstrom.

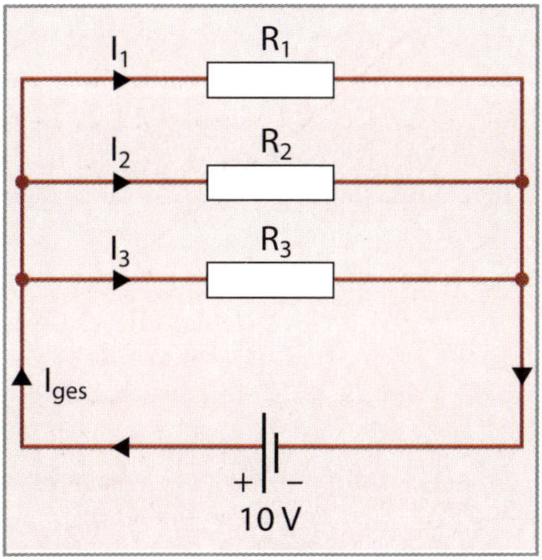

Abb. 2: An den drei Widerständen liegt die Spannung von 10 V an. Die Summe der Einzelströme bildet den Gesamtstrom (1. kirchhoffsches Gesetz)

Aus dieser Betrachtung ergibt sich die 1. kirchhoffsche Regel:

$$I_{ges} = I_1 + I_2 + I_3 + \dots$$

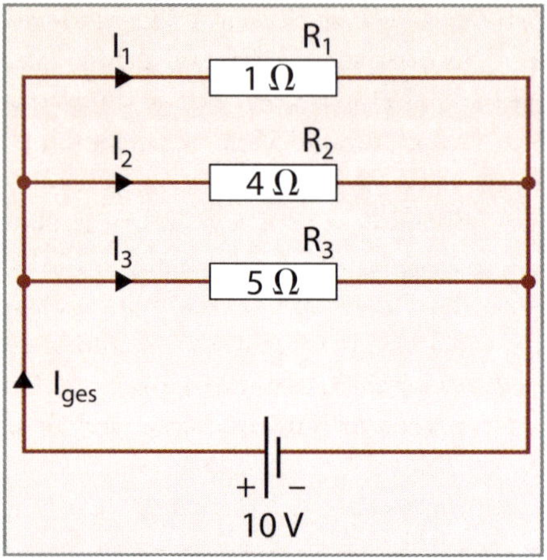

Abb. 3: Die Beispielaufgabe für einen verzweigten Stromkreis wird mithilfe der kirchhoffschen Regel und des ohmschen Gesetzes gelöst

Aus der 1. kirchhoffschen Regel und dem ohmschen Gesetz lässt sich sofort die Formel für den Gesamtwiderstand finden: Bei einer Parallelschaltung verhalten sich die Zweigströme umgekehrt proportional zu den Verzweigungswiderständen:

$$\frac{I_1}{I_2} = \frac{R_2}{R_1} \qquad \text{oder}$$

$$\frac{1}{R_{ges}} = \frac{1}{R_1} + \frac{1}{R_2} + \frac{1}{R_3}$$

Sind die einzelnen Widerstände im verzweigten Stromkreis vorgegeben und die Gesamtspannung wird als bekannt vorausgesetzt (Abb. 3), dann lassen sich unter Verwendung der kirchhoffschen Regel und des ohmschen Gesetzes die Einzelströme bzw. der Gesamtstrom im verzweigten Stromkreis berechnen:

$$I_1 = \frac{U_{ges}}{R_1} = \frac{10\ \text{V}}{1\ \Omega} = 10\ \text{A}$$

$$I_2 = \frac{U_{ges}}{R_2} = \frac{10\ \text{V}}{4\Omega} = 2{,}5\ \text{A}$$

$$I_3 = \frac{U_{ges}}{R_3} = \frac{10\ \text{V}}{5\ \Omega} = 2\ \text{A}$$

Wie im Haushalt, wo prinzipiell alle Haushaltsgeräte mit ihren elektrischen Widerständen parallel geschaltet werden, wird der verzweigte Stromkreis auch für die Konstruktion von Strommessgeräten benutzt. Das Messwerk des Messinstrumentes ist nur bis zu einer bestimmten Stromstärke brauchbar. Für die Messung von höheren Strömen muss dem Messwerk ein Widerstand parallel geschaltet werden (Abb. 4). Dieser Widerstand, der zur Messbereichserweiterung des Instrumentes dient, wird als Nebenwiderstand bezeichnet. Für mehrere

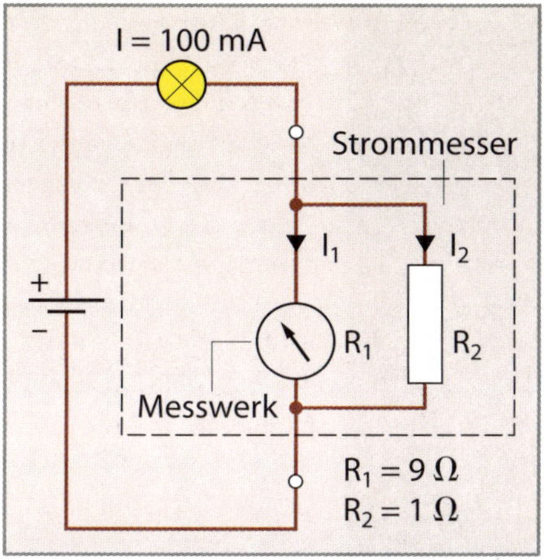

Abb. 4: Für die Strommessung wird mit dem Nebenwiderstand R_2 der Messbereich des Messwerks erweitert. Gemäß dem ohmschen Gesetz fließt bei der Parallelschaltung der Strom umgekehrt proportional zu den Widerständen R_1 und R_2. Daraus ergibt sich: $I_1 = 10$ mA; $I_2 = 90$ mA

Messbereichserweiterungen werden dementsprechend unterschiedliche Widerstände parallel geschaltet.

Im Gegensatz zum verzweigten Stromkreis, in dem die Widerstände parallel zur Spannungsquelle geschaltet sind, werden beim unverzweigten Stromkreis die Widerstände in Reihe, d. h. hintereinander geschaltet (Abb. 5). Seinem Widerstandswert proportional setzt jeder Widerstand dem Stromkreis ein Hindernis entgegen, so dass der Stromfluss durch die Summe der Einzelhindernisse bestimmt wird. Vergleichbar mit dem Wasserfluss, der durch unterschiedlich dicke, hintereinander angeordnete Rohrleitungen strömt, ist die Stromstärke bei hintereinander angeordneten Widerständen an jeder Stelle des Stromkreises gleich groß. Mit dem unverzweigten Stromkreis verhält es sich deshalb folgendermaßen:

$$R_{ges} = R_1 + R_2 + R_3$$

$$\frac{U_{ges}}{I} = \frac{U_1}{I} + \frac{U_2}{I} + \frac{U_3}{I}$$

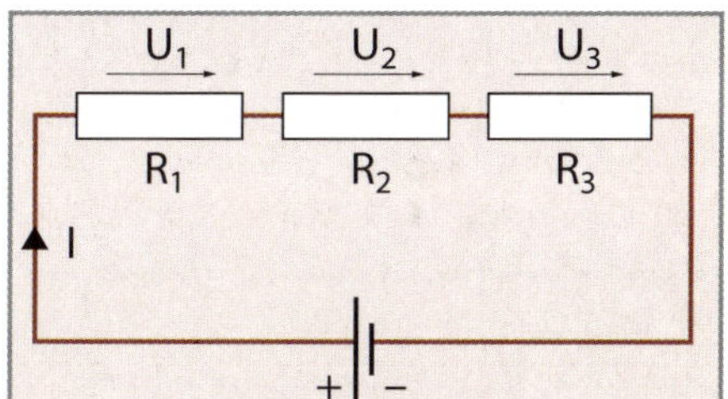

Abb. 5: Unverzweigter Stromkreis: Durch alle Widerstände fließt der gleiche Strom I. Die Teilspannungen sind proportional zu den Widerständen

Abb. 6: Hintereinanderschaltung von Glühlampen: Brennt eine Birne durch, ist der Stromkreis für alle anderen auch unterbrochen

Ein Anwendungsbeispiel für die Reihen- bzw. Hintereinanderschaltung ist die Lichterkette am Weihnachtsbaum (Abb. 6). Wird eine Glühlampe aus der Lichterkette entfernt, dann erlischt die gesamte Lichterkette. Der Stromkreis ist für alle Glühlampen unterbrochen, da im gesamten Stromkreis derselbe Strom durch die Glühlampen fließt. Wären die Glühlampen parallel zueinander geschaltet, dann blieben beim Entfernen einer Lampe die restlichen Glühlampen erleuchtet, da jede Lampe einen eigenen Stromkreis bildet, in dem also ein eigener Strom fließt.

Die Gesamtspannung im unverzweigten Stromkreis teilt sich gemäß dem ohmschen Gesetz proportional zu der Größe der Widerstände in Teilspannungen auf:

$$U_{ges} = U_1 + U_2 + U_3 + ...$$

Eine Anwendung der Reihenschaltung stellt die Messbereichserweiterung von Spannungsmessgeräten dar. Ein Vorwiderstand verhindert, dass die gesamte Spannung am Messwerk abfällt. Da sich bei einer Variation der Gesamtspannung die Teilspannung in der Reihenschaltung proportional verändert, kann das Messwerk über diese Proportionalitätsbeziehung die Gesamtspannung anzeigen. Im Spannungsmessgerät wird also bei der Messbereichsänderung der Vorwiderstand und die entsprechende Skalierung der Anzeige geändert.

Zum Weiterlesen:

- Wirkungen des elektrischen Stromes, S. 120
- Die elektrische Ladung, S. 126
- Die elektrische Spannung, S. 330
- Die elektrische Leistung, S. 336

Sie wirken überall – die Kräfte

Die Umgangssprache kennt viele Kraftbegriffe wie z. B. Arbeitskraft, Überzeugungskraft, wirtschaftliche oder politische Kraft. Diese Kräfte lassen sich nicht messen und sind deshalb keine physikalischen Kräfte.

Mit der eigenen Muskelkraft verhält es sich anders. Mit der Muskelkraft lässt sich ein Gummiband dehnen, ein Wagen anschieben, ein Speer werfen oder ein Ball oder eine Spiralfeder zusammenpressen.

Beim Wagenanschieben wird der Bewegungszustand der Körper geändert. Zunächst ruht der Wagen und dann bewegt er sich. Die Muskelkraft setzt somit den Wagen in Bewegung. Der Krafteinsatz beschleunigt den Wagen (Abb. 1a).

Beim Speerwurf verhält es sich ähnlich. Hier wird durch die eigene Muskelkraft der Speer mit dem Wurf in Bewegung gesetzt. Genauso ist ein Krafteinsatz notwendig, um einen gleichmäßig bewegten Körper in seiner Bewegungsrichtung zu ändern. Eine permanente Kraft wirkt z. B. auf einen bewegten Körper, der sich auf einer Kreisbahn mit gleichmäßiger Geschwindigkeit bewegt.

Kräfte können den Bewegungszustand oder die Bewegungsrichtung von Körpern ändern

Wie wir aus eigener Erfahrung kennen und wie die oberen Beispiele es veranschaulichen, wird mit Hilfe der Muskelkraft nicht nur der Bewegungszustand von Körpern geändert, sondern die Muskelkraft kann den Körper in seiner Erscheinungsform ändern.

Der Krafteinsatz verlängert das Gummiband durch Ziehen, und der Ball oder die

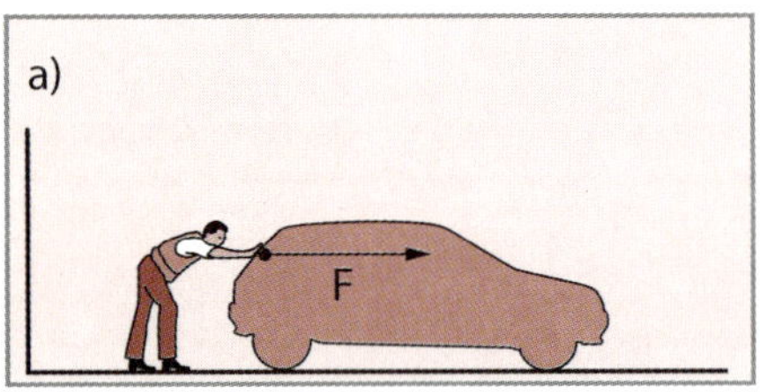

Abb. 1a: Durch Muskelkraft wird der ruhende Wagen in Bewegung gesetzt

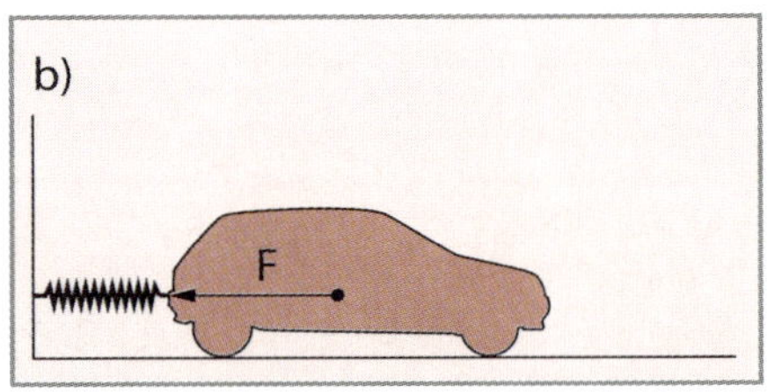

Abb. 1b: Die Kraftwirkung des Wagens verformt die Spiralfeder

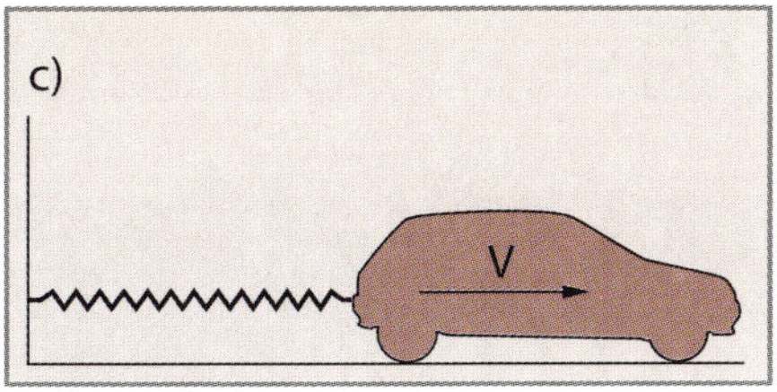

Abb. 1c: Die Feder befindet sich in der Ursprungsform

Spiralfeder verformen sich durch das Zusammenpressen (Abb. 1b, 1c).

Kräfte können Körper verformen

Das Einsetzen der Muskelkraft hinterlässt also eine Wirkung auf den Körper. Entweder wird der Bewegungszustand vom Körper geändert oder der Körper wird verformt. Die Muskelkraft ist somit die Ursache für die Zustandsänderung des Körpers (Wirkung).

Zusammenhang Ursache-Wirkung

Während wir bei unserer eigenen Muskelkraft ein Empfinden dafür haben, wie groß sie ist, können wir andere Kräfte nur indirekt über ihre Wirkung miteinander vergleichen. Da man Kräfte am Ändern des Bewegungszustandes erkennt, könnte man die Wurfweite beim Speerwerfen vergleichen. Diese Kraftmessung ist aber ungeeignet, weil auch die Geschicklichkeit beim Speerwerfen eine wesentliche Rolle spielt.

Günstiger verhält es sich mit einer Feder oder mit einem Expander. Zwei Personen ziehen z. B. nacheinander am Expander, der an einer Seite befestigt ist. Wer den Expander stärker verlängert und somit verformt (Abb. 2), der übt auf ihn die größere Kraft aus. Wird der Expander von beiden Personen bis auf die gleiche Länge verformt, üben beide gleich große Kräfte aus. Ziehen beide Personen gleichzeitig am Expander, ist die Verformung am größten. Je größer die einwirkende Kraft (Ursache) ist, desto stärker verformt sich der Expander (Wirkung). Der Expander ist somit ein Gerät, das Kräfte vergleicht und feststellt, welche der Kräfte größer ist. Wurden die einzelnen Längenausdehnungen der Zugversuche der Personen an einer dahinter liegenden Tafel markiert, besitzen wir eine Kräfteskala. Die Skala und der Expander bilden somit ein Messgerät. Zum Messen in der Physik benötigt man noch eine Einheit. Längen misst man z. B. in Metern, Zeiten z. B. in Sekunden. Die Einheiten sind willkürlich durch Vorschriften festgelegt, und man einigte sich hier auf die Krafteinheit Newton, benannt nach dem englischen Physiker Isaac Newton (1643-1727), der die grundlegenden Gesetze der Mechanik entdeckte.

Als Kraftmesser benutzt man prinzipiell kleine, aber präzise „Expander“, die eine

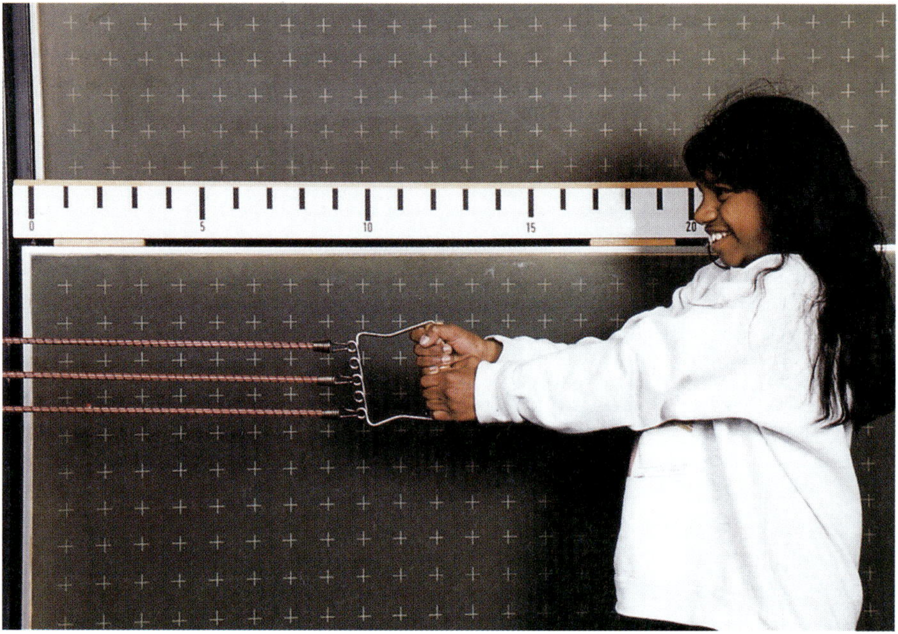

Abb. 2: Ein Expander mit Skala ergibt ein Messgerät zum Vergleichen von Kräften

hochwertige Stahlfeder beinhalten (Abb. 3). 1 N (N = Newton) ruft bei dieser Stahlfeder eine bestimmte Verlängerung hervor. Man kann mit diesem Messgerät feststellen, ob eine Kraft kleiner, gleich oder größer 1 N ist. Wird der Kraftaufwand verdoppelt, wird auch die Verlängerung der Stahlfeder verdoppelt. Wird der Kraftaufwand verdreifacht, vervierfacht oder beliebig vervielfacht (n-fach), wird auch die Verlängerung der Stahlfeder verdreifacht, vervierfacht oder entsprechend vervielfacht (n-fach). Die Längenänderung der Stahlfeder ist somit zur Kraft proportional. Einer ihrer Teilstriche kann z. B. die Angabe 1 N tragen. Greift eine Kraft an, kann man an der Unterkante der äußeren Hülle sofort den Messwert ablesen. Wird die Feder bis zum Teilstrich 4 verlängert, so übt man in diesem Fall eine Kraft von 4 N aus (Abb. 4).

Je nach Härte der Feder können Kraftmesser verschiedene Messbereiche aufweisen.

Es gibt Kraftmesser, die sehr geringe Kräfte messen können mit einem Messbereich von 0 N bis 0,1 N. Es gibt auch Kraftmesser, die sehr große Kräfte bestimmen können mit einem Messbereich von 0 N bis 100 N. Je nach Anwendung muss ein entsprechender Kraftmesser ausgewählt werden. Bei den bisher beschriebenen Kraftmessern fällt auf, dass die Markierungen der Messskalen in gleichen Abständen angebracht sind. Die n-fache Zugkraft ruft die n-fache Verlängerung hervor. Die Verlängerung ist zur Zugkraft direkt proportional. Ist die Kraft nicht mehr wirksam, zieht sich die Feder wieder zusammen und nimmt die Ausgangsposition ein. Verformungen dieser Art, die sich wieder zurückbilden, wenn die Kraft nicht mehr wirkt, heißen elastische Verformungen. Der Kraftmesser beinhaltet eine elastisch verformbare Feder, weil der Kraftmesser nach der Kraftanwendung wieder seine Ursprungsform annimmt.

Bei plastischen Verformungen verhält es sich anders. Knetmasse lässt sich z. B. plas-

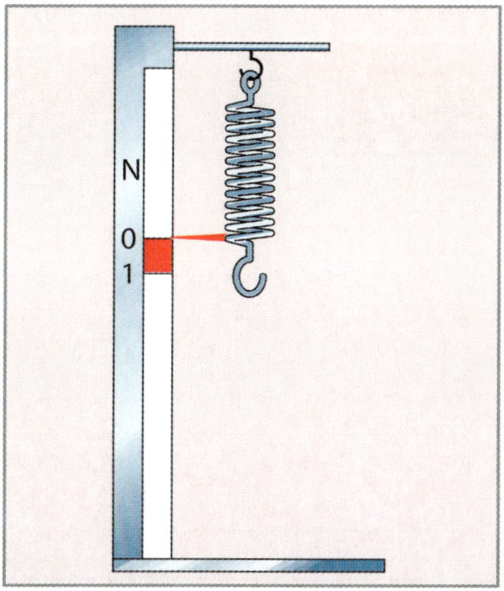

Abb. 3: Feder ohne Kraftwirkung

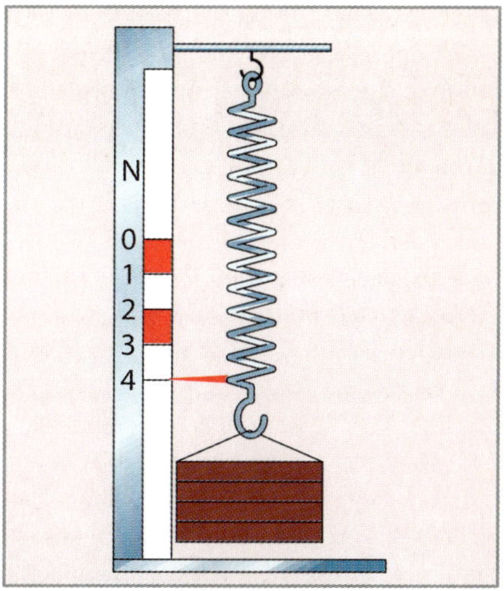

Abb. 4: Feder mit Kraftwirkung

	weiche Feder		harte Feder	
	s (Weg) in cm	$\frac{F}{s}$ = D in $\frac{N}{cm}$	s (Weg) in cm	$\frac{F}{s}$ = D in $\frac{N}{cm}$
0	0	-	0	-
1	9,9	0,101	2,1	0,47
2	19,7	0,101	4,1	0,48
3	29,6	0,101	6,2	0,48
4	39,4	0,101	8,4	0,47
5	49,2	0,101	10,4	0,48
6	59,1	0,101	12,6	0,47

Tabelle 1: Zugkraft und Verlängerung von zwei Spiralfedern

tisch verformen. Bei jeder erneuten Kraftanwendung verformt sich der Körper, obgleich die formgebende Kraft verschwindet. Bei der Knetmasse bleibt die Verformung bestehen.

Die Kraftwirkung auf die Stahlfeder des Kraftmessers erzeugt eine Verlängerung der Feder. Ist der Kraftzuwachs 1fach, 2fach, 3fach ... n-fach und verhält sich die Längenänderung dementsprechend 1fach, 2fach, 3fach ... n-fach, ist die Längen- oder Wegänderung dem Kraftzuwachs direkt proportional (Tabelle 1). Die Proportionalität ist im Kraft-Weg-Diagramm daran erkennbar, dass die Verbindung der Messwerte eine Gerade ergibt (Abb. 5).

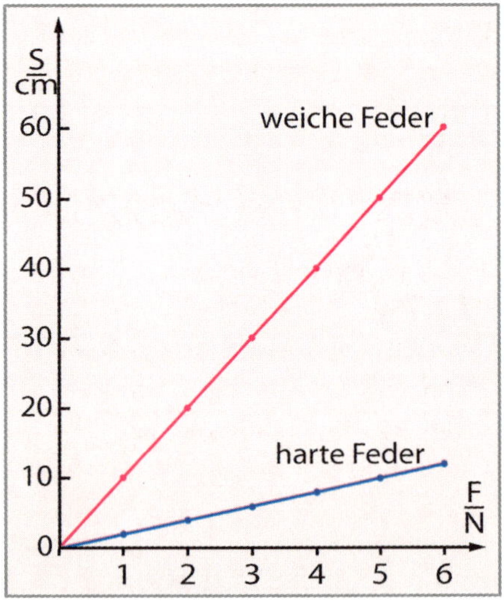

Abb. 5: Kraft-Weg-Diagramm

Diesen Zusammenhang nennt man nach dem englischen Physiker Robert Hooke das hookesche Gesetz. Der Quotient aus der Kraft F und der Verlängerung s ist in diesem Fall konstant, und diesen Quotienten bezeichnet man mit D. Je größer D ist, desto größer muss die Zugkraft für die gleiche Verlängerung sein. Die Größe D gibt an, wie sehr sich eine Feder einer Verlängerung widersetzt, deshalb nennt man D Federhärte oder Federkonstante.

Wird der Versuch mit einem Gummiring durchgeführt, dann wird zwar festgestellt, dass auch hier die Verlängerung s mit der Kraft ansteigt, wobei die Längenänderung sich nicht proportional zur Kraftänderung verhält. Hier gilt nicht das hookesche Gesetz.

Das hookesche Gesetz: Die Verlängerung s einer bestimmten Feder ist zur angreifenden Kraft F proportional:

$s \sim F$. Der Quotient aus Kraft F und der Verlängerung s ist konstant.

$\frac{F}{s} = D =$ konstant oder

$F = D \cdot s$. D wird als Federkonstante bezeichnet:

$$[D] = \frac{[F]}{[S]} = \frac{N}{m}$$

D = Federkonstante
F = Kraft
s = Weg
N = Newton
m = Meter

Zum Weiterlesen:

- Die Gewichtskräfte, S. 186
- Kraft als Vektor, S. 192
- Das Zusammenwirken von Kräften, S. 198
- Die Energieerhaltung als Postulat, S. 282

Die Gewichtskräfte

Im täglichen Leben spürt der Mensch die Gravitationskraft bzw. Schwerkraft, indem er auf der Erde stehen bleibt und nicht davonfliegt. Springt der Mensch in die Luft, dann fällt er wieder auf den Boden zurück. Diese Beobachtung ist nicht nur gültig für die Erde, Ähnliches würde man auch auf der Sonne und auf dem Mond feststellen. Befindet man sich allerdings als Astronaut im Weltall, dann schwebt der eigene Körper und wird scheinbar von keinem Planeten angezogen. Man stellt also fest, dass die Erde, der Mond und die Sonne jeden Körper anziehen. Man kann die Wirkung dieser Kraft feststellen und auch erklären. Die Physik beschränkt sich auf die Untersuchung und Beschreibung der Wirkung. Man stellt z. B. fest, dass es außergewöhnliche Körper gibt mit Stellen, die sich gegenseitig abstoßen oder anziehen. Diese Körper mit diesen Eigenschaften bezeichnet man als Magneten. Das Abstoßen bzw. Anziehen bei Magneten ist damit noch lange nicht erklärt. Genauso verhält es sich mit der Gravitationskraft. Man kann die Wirkung dieser Kraft feststellen, aber es gibt keine Erklärung, die begründet, warum das so ist. Bei näherer Untersuchung der Gravitationskraft wird festgestellt, dass diese Eigenschaft nicht nur mit Planeten zusammenhängt. Es gibt Versuche, die zeigen, dass jeder Körper unabhängig von seiner Größe anziehend auf andere Körper wirkt.

Beliebige Körper ziehen sich an. Diese Erscheinung heißt Gravitation. Die wirkende Kraft heißt Gravitationskraft. Die Gravitationskraft kann auch als Schwerkraft oder Gewichtskraft bezeichnet werden.

Die Gravitationskraft verschiedener Körper kann mit der Gravitationsdrehwaage nachgewiesen werden (Abb. 1). Diese Drehwaage besteht aus zwei gleich großen Bleikugeln, die miteinander fest verbunden sind und prinzipiell Planeten darstellen. Zwischen den Bleikugeln befinden sich kleinere Kugeln, die ebenfalls starr miteinander verbunden sind. Die kleinen Kugeln sind über einen dünnen Draht beweglich befestigt. Das kleine Kugelpaar nähert sich den großen Kugeln und richtet sich zu den großen Kugeln aus. Werden die großen Kugeln in ihrer Lage verdreht, dann folgen die kleinen Kugeln dieser Richtungsänderung. Das kleine Kugelpaar wird durch Wechselwirkung mit den großen Kugeln erneut ausgerichtet, bis beide Kugelpaare wieder parallel gestellt sind. Dieser Versuch kann prinzipiell mit allen Gegenständen durchgeführt werden und

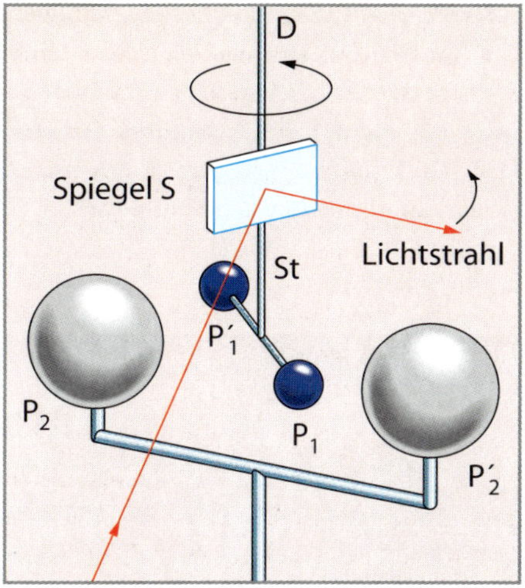

Abb. 1: Die Kugel P_1 wird durch P_2 angezogen, und die Kugel P'_1 wird durch P'_2 angezogen

führt immer zu dem gleichen Ergebnis. Hier handelt es sich also nicht um magnetische Kräfte, da sie auch zwischen unmagnetischen Stoffen wie Glas, Blei oder Holz ausgeübt werden.

Mit diesem Versuch wird gezeigt, dass zwischen allen Körpern eine Anziehungskraft herrscht. Die Wechselwirkungskräfte sind abhängig von der Größe der Körper. Die Anziehung der im Experiment benutzten Bleikugeln ist für den Menschen nicht spürbar. Die Kräfte sind zu gering. Damit der oben beschriebene Versuch gelingt, hängen die kleinen Kugeln noch zusätzlich in einem kleinen Gehäuse, denn der geringste Luftzug würde den Versuch erheblich behindern. Eine Spiegelvorrichtung, starr verbunden mit dem kleinen Kugelpaar, zeigt mit Hilfe eines reflektierenden Lichtstrahls genau die Positionsänderung an.

Erst bei großen Körpern in Form von Planeten spürt der Mensch die Gravita-

Abb. 2: An allen Orten auf der Welt zieht die Gewichtskraft senkrecht nach unten in Richtung Erdmittelpunkt

tionskraft oder kann sie an anderen Gegenständen direkt beobachten. Die Beobachtung zeigt außerdem, dass die Gewichtskraft senkrecht nach unten zieht, denn der Mensch steht senkrecht und nicht schief auf der Erde (Abb. 2). Lässt man einen Stein vom Turm fallen, dann fällt er ebenfalls senkrecht zu Boden. Diese Erscheinung ist überall auf der Erde gleich zu beobachten. Da die Erde nicht kugelförmig ist, hat die Kraft, die auf den Körper wirkt, zwangsläufig nicht überall dieselbe Stärke. Die Schwerkraft am Äquator hat eine andere Stärke als die Schwerkraft an den Polen, obwohl sie immer in Richtung Erdmittelpunkt zeigt. Beim Einsatz von genauen Kraftmessern kann auf der Erde festgestellt werden, dass die Kraftwirkung an den Polen größer ist als am Äquator. Begründet wird diese Feststellung mit der Tatsache, dass die Polkappen auf der Erde abgeflacht sind. Der Schwerkraftzuwachs ist mit dem geringeren Abstand zum Erdmittelpunkt zu begründen. An den Polen ist man deshalb 0,5% schwerer als am Äquator. Entfernt man sich von der Erde, nimmt die Schwerkraft ab. Vom Erdmittelpunkt ausgehend, ist auf dem Erdboden die Schwerkraft z. B. 4-mal größer als in einer Höhe von 6370 km.

Abb. 3: Trotz des schweren Schutzanzuges können die Astronauten auf dem Mond riesige Sprünge machen

Die Anziehungskräfte nehmen mit Abstandserhöhung ab

Der Betrag der Schwerkraft, die an einem Körper angreift, hängt nicht nur vom Abstand zwischen Planet und Körper ab, sondern auch von der Masse. Die Mondmasse ist wesentlich kleiner als die Erdmasse. Die Erde besitzt mehr Masse. Im Vergleich zur Erde werden auf der Mondoberfläche alle Körper nur mit dem 6. Teil der Gewichtskraft angezogen. Wird z. B. auf der Erde durch die Gravitation eine Kraft von 6 N auf einen Körper ausgeübt, dann würde derselbe Körper auf dem Mond nur eine Gewichtskraft von 1 N erfahren. Beim Luftsprung könnte der Mensch auf dem Mond 6-mal so hoch springen wie auf der Erde (Abb. 3).

Die Anziehungskräfte nehmen mit der Masse der Körper zu

Besitzen zwei unterschiedliche Körper aus beliebigen Stoffen die gleiche Gewichtskraft, besteht z. B. ein Körper aus Stahl und der andere Körper ist aus Holz, dann sind beide Körper auf dem Mond zwar 6-mal leichter, aber das Gewicht bleibt identisch (Abb. 4). Haben z. B. 3 Tafeln Schokolade auf der Erde das dreifache Gewicht, so besteht das gleiche Verhältnis auch auf dem Mond. Auf dem Mond haben zwar alle Körper nur 1/6 der Gewichtskraft, aber der Körper selbst mit seiner Masse bleibt identisch. Eine Tafel Scho-

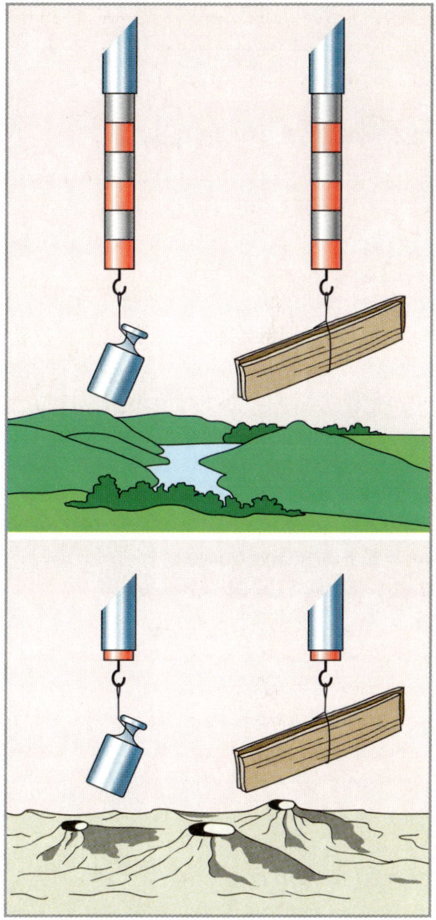

Abb. 4: Unterschied der Schwerkraft: Schwerkraft auf der Erde und Schwerkraft auf dem Mond

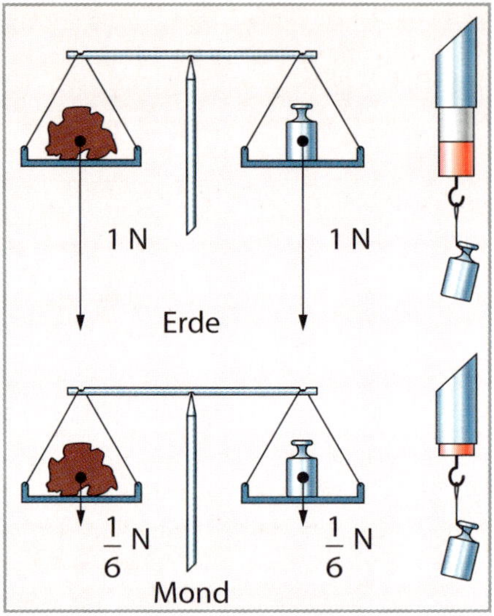

Abb. 5: Beim Ortswechsel bleibt die Balkenwaage im Gleichgewicht

kolade auf dem Mond ist für den Astronauten daher nicht weniger sättigend als auf der Erde. Die Masse bleibt gleich und ist nicht vom Ort abhängig. Die Substanz des Körpers bleibt beim Ortswechsel erhalten.

> Die Ursache für die Gewichtskraft ist die Gravitationskraft der Masse. Die Masse ist vom Ort unabhängig.

Zwei Körper haben die gleiche Masse, wenn sie am gleichen Ort gleich schwer sind.

Die Gewichtskraft kann verglichen werden mit Kraftmessungen, oder aber man vergleicht die Massen mit der Balkenwaage (Abb. 5). Die Balkenwaage ermöglicht den direkten Vergleich. Sind beide Massen identisch, dann zeigt die Balkenwaage keinen Ausschlag. Die Balkenwaage vergleicht Massen ortsunabhängig. Ist die Schwerkraft an einem Ort geringer, dann gilt: Beide Körper verändern ihr Gewicht gleichermaßen.

> Sind zwei Körper am gleichen Ort gleich schwer, dann haben sie die gleiche Masse.

Zur Festlegung der Masse als physikalische Basisgröße benötigt man ein Messverfahren. Das Messverfahren stellt die Massengleichheit oder die Massenvielfachheit fest. Ein Körper hat die n-fache Masse eines Vergleichskörpers, wenn er am gleichen Ort n-mal so schwer ist.

> Die Masse eines Körpers wird mit m bezeichnet. Die Gewichtskraft wird mit G bezeichnet.

Die Maßeinheit für die Masse ist 1 Kilogramm (1 kg). 1 kg ist die Masse eines Normkörpers, der in Paris aufbewahrt wird.

Die Gewichtskraft G ist der Masse m direkt proportional. G~m. Bildet man den Quotienten aus der Gewichtskraft zur Masse, dann ergibt sich der Faktor g.

$$[g] = \frac{[G]}{[m]} = \frac{N}{kg}$$

oder $G = m \cdot g$

G = Gewichtskraft
g = Ortsfaktor
m = Masse

Die Masse eines Körpers ist vom Ort unabhängig. Da die Gewichtskraft vom Ort abhängt, ist g ebenfalls vom Ort abhängig. Deshalb wird der Faktor g als Ortsfaktor bezeichnet. Der Ortsfaktor g hat die Einheit N/kg. Der Quotient aus Gewichtskraft G und Masse m an einem bestimmten Ort ergibt immer denselben Faktor g. Für Mitteleuropa erhält man einen Wert von 9,81 N/kg. Am Äquator ergibt der Quotient aus Gewichtskraft und Masse den Wert 9,78 N/kg, und an den Polen erhalten wir den Wert 9,83 N/kg. Der Faktor g ergibt z. B. auf dem Mond einen Wert von ca. 1,63 N/kg. Aus diesem Vergleich der Quotientenbildung aus Gewichtskraft und Masse wird ersichtlich, dass der Faktor g ortsabhängig ist.

Zum Weiterlesen:

- Sie wirken überall: Die Kräfte, S. 180
- Kraft als Vektor, S. 192
- Das Zusammenwirken von Kräften, S. 198
- Der Hebel, S. 204

Kraft als Vektor

Jeder weiß, dass man einen Nagel nur gerade bzw. waagerecht aus der Wand ziehen kann (Abb. 1a). Setzt man seine Muskelkraft so ein, dass man quer zum Nagel zieht, dann bleibt der Nagel in der Wand stecken (Abb. 1b). In beiden Zugrichtungen ist der Kraftaufwand gleich hoch, aber die Wirkungen der beiden Krafteinsätze erzielen unterschiedliche Ergebnisse. Auch der Ansatzpunkt der Kraft ist für seine Wirkung entscheidend, so ist z. B. eine Drehtür leichter zu bewegen, wenn man mehr außen als innen gegen den Drehflügel drückt und ein Stab lässt sich leichter verbiegen, indem man ihn zum Verbiegen an den äußeren Enden anfasst. Damit die Kraft in ihrer Wirkung richtig eingeschätzt wird, müssen somit nicht nur der Betrag und die Richtung, sondern auch der Ansatzpunkt der Kraft bekannt sein.

Größen, die in der Physik durch Betrag und Richtung gekennzeichnet sind, heißen Vektoren, die mit Pfeilen veranschaulicht

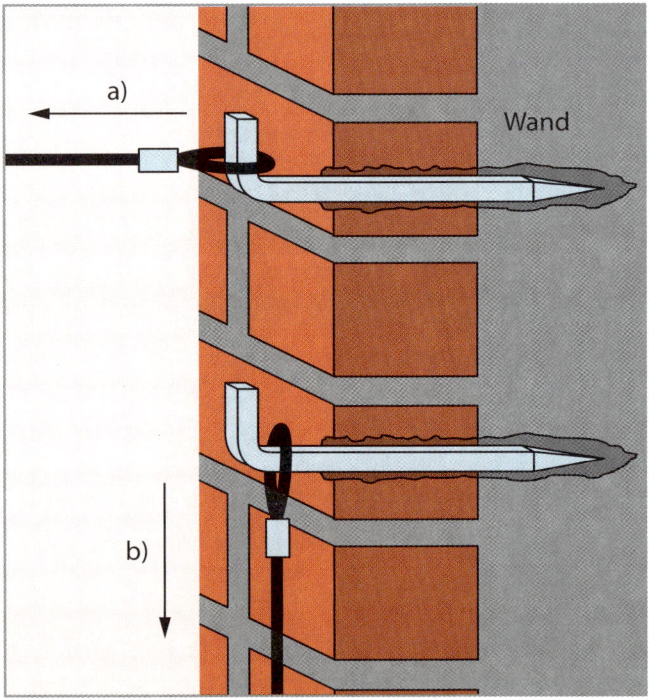

Abb. 1: Nagel in der Wand: a) waagerechte Krafteinwirkung b) senkrechte Krafteinwirkung

werden, wobei diese Pfeile sich über der jeweiligen Größe befinden:

$\vec{F}$ (F = Kraft)

Ein Vektor wird mit einem Pfeil über der Buchstabengröße gekennzeichnet.

Der Betrag des Vektors kommt in der grafischen Darstellung des Vektorpfeils in seiner Länge zum Ausdruck. Damit man alle möglichen Zahlenwerte durch Pfeile gewisser Länge darstellen kann, wählt man einen für den jeweiligen Fall zweckmäßigen Maßstab (Abb. 2). Im Vergleich zur Kraft gibt es in der Physik auch Größen, die keine Richtungsabhängigkeit besitzen, wie beispielsweise die Masse und die Temperatur.

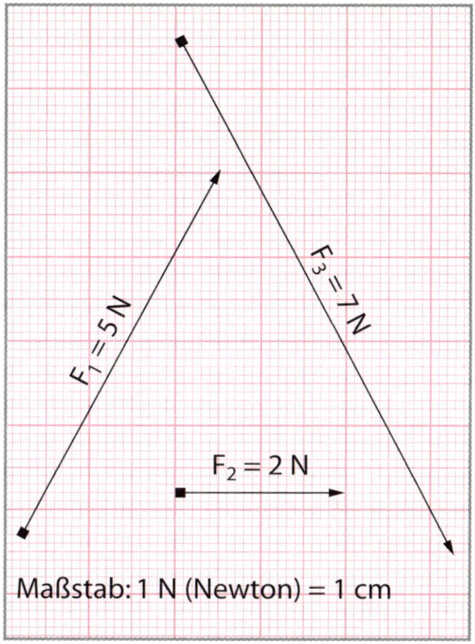

Abb. 2: Die Länge des Vektorpfeils ist proportional zum Betrag des Vektors. Der Betrag wird auch als Skalar bezeichnet

Wechselwirkungsprinzip

Bei der Beschreibung der Kraft konzentriert man sich in erster Linie auf den Körper, der durch die Kraft eine Verformung oder Bewegungsarbeit erfährt. Diese oberflächliche Betrachtung berücksichtigt aber nicht, dass jede Wirkung mit einer Gegenwirkung gekoppelt ist. Zieht man am Nagel, der in der Wand steckt, wirkt der Zugkraft eine zweite Kraft entgegen, die den Nagel zurückhält. Verschwindet die Gegenkraft und der Nagel löst sich aus der Wand, verschwindet gleichzeitig die Zugkraft. Dieses Beispiel verdeutlicht, dass hier die Zugkraft ohne Gegenkraft nicht existieren kann. Die gesamte Physik ist auf dieser Gesetzmäßigkeit – Kraft und Gegenkraft – aufgebaut. So kommt beispielsweise die Gewichtskraft eines Körpers durch die Anziehung von Erde und Körper zustande. Aber auch bei magnetischen Kräften handelt es sich immer um die Wechselwirkung zweier Magnete. Befestigt man beispielsweise zwei Magnete getrennt auf zwei gleichen Wagen, dann bewegen sich die Wagen aufeinander zu. Hält man mit einem Kraftmesser die beiden Wagen mit den Magneten von ihrer Bewegung ab, dann zeigen die Kraftmesser gleich große, entgegengesetzt gerichtete Kräfte an (Abb. 3).

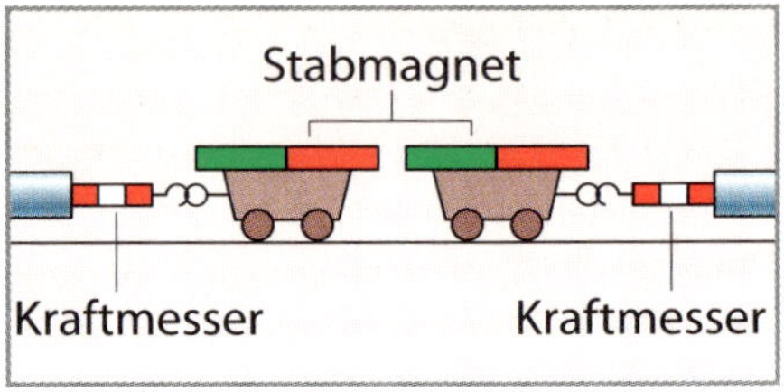

Abb. 3: Stabmagnete, auf Wagen befestigt, ziehen sich gegenseitig an. Auf beide Wagen wirkt die gleiche Kraft

Wird ein Magnet entfernt, werden von beiden Kraftmessern der Wagen keine Kraftwirkungen angezeigt. Diese Beobachtung zeigt, dass es keine Einzelkräfte in der Natur gibt. Diese Feststellung wurde bereits vom englischen Physiker Isaac Newton (1643-1727) endeckt, und er formulierte das berühmte Wechselwirkungsgesetz – actio gleich reactio:

Kräftegleichgewicht und Bewegung

> Wirkt eine Kraft F_1 von einem Körper A auf einen Körper B, übt gleichzeitig der Körper B auf den Körper A eine gleich große aber genau entgegengesetzte Kraft F_2 aus.

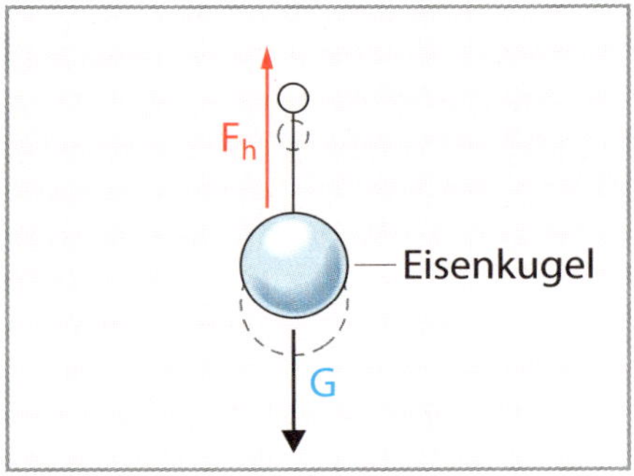

Abb. 4: Eine Eisenkugel wird hochgehoben. Die Kraft F_h, mit der die Kugel gehoben wird, ist so groß wie die Gravitationskraft G. Beide Kräfte sind genau entgegengesetzt gerichtet

Wirken mehrere Kräfte auf einen ruhenden Körper, stellt sich die Frage, unter welcher Bedingung der Körper in der ruhenden Position bleibt. Für den Sonderfall, dass zwei Kräfte auf den Körper einwirken können, stellt man fest, dass der Körper nur dann in der ruhenden Position bleibt, wenn sie genau entgegengesetzt wirken und dabei gleich groß sind. Die beiden Kraftvektoren befinden sich auf einer Geraden, und ihre Richtungen sind gegeneinander orientiert. Der Betrag bzw. Skalar beider Vektoren ist genau entgegengesetzt gerichtet.

Der Körper gerät in Bewegung, wenn kein Kräftegleichgewicht vorhanden ist. Ist ein Körper in Bewegung, so genügt es, die Gewichtskraft G zu kompensieren. Dieser Fall kann beobachtet werden, wenn man mit seiner Mukelkraft in gleichmäßiger Bewegung einen Gegenstand in die Luft hebt. Die Gravitationskraft, die eine Kraftwirkung auf den Gegenstand zum Erdboden hin ausübt, ist so groß wie die Kraft, mit der der Gegenstand

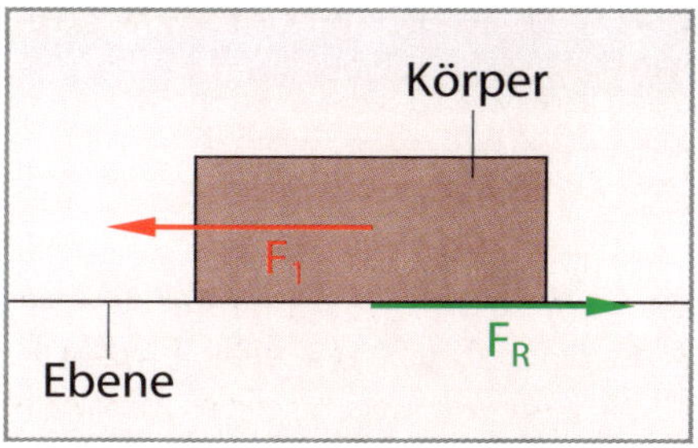

Abb. 5: Die Reibungskraft F_R verhindert, dass sich der Körper bei Anwendung der Zugkraft F_1 fortbewegt. F_R und F_1 sind im Betrag gleich, aber in der Richtung genau entgegengesetzt gerichtet

in die Luft gehoben wird (Abb. 4). Die Kraftwirkungen liegen auch in diesem Fall wieder auf einer Geraden und sind genau entgegengesetzt orientiert. Der Betrag der Kraftwirkung der hebenden Hand ist so groß wie der Betrag der Gravitationskraft, die auf den Gegenstand wirkt. Aus diesem Grund geht der Körper aus der ruhenden Position in einen bewegten Zustand über. Die Bewegung ergibt sich also aus dem Ungleichgewicht zwischen den wechselwirkenden Kräften.

Liegen also Vektoren entgegengesetzt gerichtet genau auf einer Geraden, dann lassen sich die Vektoren voneinander abziehen, d. h., die zwei entgegengesetzt gerichteten Kräfte F_1 und F_2 lassen sich durch eine resultierende Kraft mit der Richtung der größeren Kraft F_1 und mit dem Betrag $F = F_1 – F_2$ ersetzen. Liegen die beiden Vektoren in gleicher Richtung auf der Geraden, werden die Beträge der einzelnen Vektoren addiert, so dass zwei gleichgerichtete Kräfte F1 und F_2 sich durch eine resultierende Kraft mit der gleichen Richtung und dem Betrag $F = F_1 + F_2$ darstellen lassen. Bewegungskonstanz des Körpers tritt also ein, wenn zwei entgegengesetzte Kräfte, die am gleichen Körper längs einer Geraden angreifen, den gleichen Betrag $F_1 = F_2$ aufweisen. Der Körper steht im Kräftegleichgewicht, und für die resultierende Kraft gilt F = 0 N (Newton).

Abb. 6: Die Reibungskräfte sind bei der Eisenbahn denkbar gering

Reibung

Damit ein Körper, der sich mit gleich bleibender Geschwindigkeit auf einer horizontalen Ebene bewegt, zum Stillstand gebracht werden kann, muss diesem Körper eine Kraftwirkung entgegenwirken. In der Realität aber beobachtet man, dass ein bewegter Körper bereits ohne sichtbare Kraft-einwirkung zum Stillstand kommt. Bei genauerer Betrachtung liegt die unsichtbare Ursache in der Reibungskraft, die eine bremsende, der Bewegung entgegengesetzte Wirkung ausübt. Die Reibungskraft kann ebenfalls verhindern, dass sich der Körper bei Anwendung einer Zugkraft bewegen lässt. Zugkraft und Reibungskraft stehen hier im Gleichgewicht (Abb. 5). Die Gegenkraft der Reibung wird größtenteils durch Unebenheiten der aufeinander gleitenden Oberflächen verursacht. Die Reibungskraft spielt in der Technik eine entscheidende Rolle. Bremsen beispielsweise können nur funktionieren, wenn

Materialien als Bremsbeläge benutzt werden, die beim Aufeinandergleiten sehr starke Reibungskräfte verursachen. Hohe Reibungskräfte sind für ein effizientes Bremsen erforderlich. Weniger erwünscht sind Reibungskräfte z. B. im Motor. Das Motorenöl hat hier die Aufgabe, die Reibung zwischen Kolben und Motorengehäuse so stark wie möglich zu reduzieren.

Am Beispiel Eisenbahn lässt sich sehen, wie Reibungskräfte gering gehalten werden können. Die Reibung zwischen den Schienen und den Rädern der einzelnen Wagons ist so niedrig, dass die Lokomotive auf ebener Strecke nur wenig Kraft aufbringen muss, um den Zug in Fahrt zu halten (Abb. 6), denn Stahl auf Stahl reibt sich kaum!

Zum Weiterlesen:

- Sie wirken überall: Die Kräfte, S. 180
- Das Zusammenwirken von Kräften, S. 198
- Der Hebel, S. 204
- Das Wellrad, S. 210

Das Zusammenwirken von Kräften

Ein Hochseilartist balanciert auf einem Stahlseil, das durch die Gewichtskraft des Artisten einen „Knick" bekommt. Ist das Seil für solche Kräfte ausgelegt? Wäre das Seil nur bis auf das Dreifache der Gewichtskräfte belastbar, wäre der Artist in arger Not. Die im Seil wirksamen Kräfte sind in Wirklichkeit um ein Vielfaches höher. Woran das liegt, zeigt folgender Versuch.

Dieselbe Masse m hängt jeweils an zwei Federwaagen und wirkt mit der gleichen Gewichtskraft senkrecht nach unten (Abb. 1). Die Federwaagen sind an einer Magnettafel befestigt und schließen jeweils einen anderen Winkel ein. Die Federwaagen zeigen eine unterschiedliche Kraft an. Es ist offensichtlich, dass die Wirkung von Kräften davon abhängt, in welche Richtung sie wirken. Kräfte

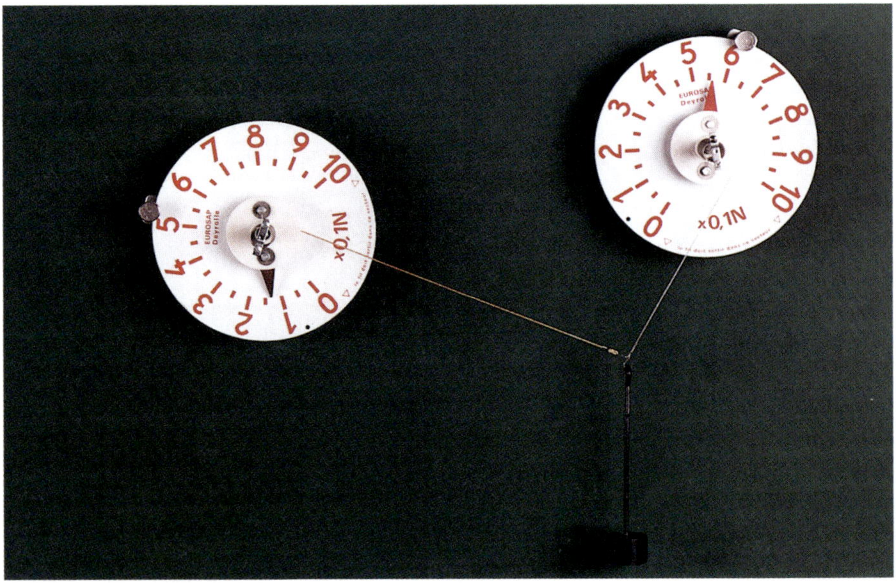

Abb. 1: Die Kraftwirkung hängt vom Winkel ab

sind nämlich Vektoren. Die Gewichtskraft verursacht in den Zugseilen unterschiedliche Kräfte, die durch Vektoren veranschaulicht werden können. Vektoren haben Betrag und Richtung. Sie werden durch Pfeile veranschaulicht, die über der jeweiligen Größe auftauchen. Die Richtung der Pfeile ist die der Kraftrichtung, die Länge des Pfeils symbolisiert den Betrag (Stärke) der Kraft.

Kräfteaddition

Wie wirken Kräfte nun zusammen? Sind die Kräfte durch Betrag und Richtung festgelegt, so kann man durch Vektoraddition die Wirkung der Kräfte erfassen. Für den Betrag der Kraft sollte man einen sinnvollen Maßstab wählen, damit die Zeichnung eine angemessene Größe erhält. Hier ist der Maßstab so gewählt, dass 1 cm 20 N entspricht. Man addiert Kräfte, indem man den Anfangspunkt der Kraft F_2 an den Endpunkt der Kraft F_1 legt. Dazu ist es im Allgemeinen erforderlich, dass man den Vektor F_2 parallel verschiebt. Das geschieht am besten mit einem Geodreieck. In der oben stehenden Abbildung 2 ist diese Parallelverschiebung durch rote gestrichelte Linien angedeutet, die natürlich nicht zur eigentlichen Kräftezeichnung gehören. Nun verbindet man den Anfangspunkt der Kraft F_1 mit dem Endpunkt der Kraft F_2.

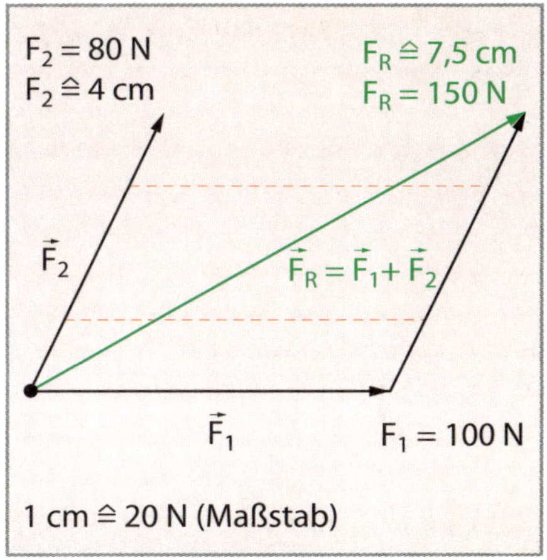

Abb. 2: Vektoraddition

Der sich nun neu ergebende Vektorpfeil symbolisiert die Gesamtwirkung der beiden Vektoren F_1 und F_2. Man nennt ihn den „resultierenden Vektor F_R“ (Abb. 2). Er beginnt am Anfangspunkt des Vektors F_1 und endet am Endpunkt des Vektors F_2. Der resultierende Vektor hat die Länge 7,5 cm. Die resultierende Kraft hat also den Betrag 150 N. Es wird deutlich, dass die vektorielle Addition nicht der herkömmlichen Addition von Zahlen entspricht. Das Ergebnis der Kräfteaddition hängt entscheidend vom Winkel zwischen den beiden Kräften ab. Nur zwei Fälle der Vektoraddition entsprechen unserer normalen Vorstellung von Addition (Abb. 3).

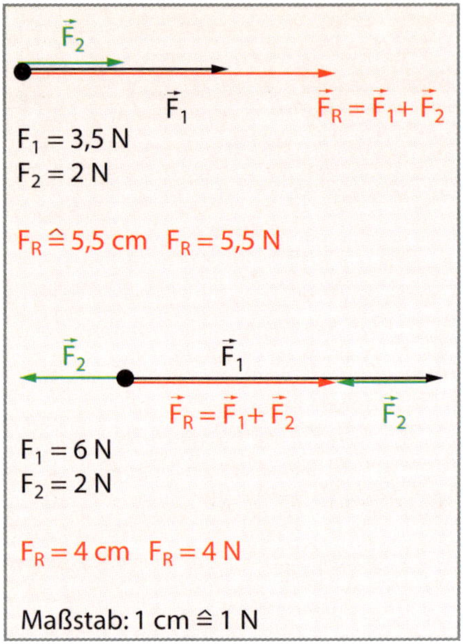

Abb. 3: Die Vektoraddition

1. Fall: Wirken zwei Kräfte in die gleiche Richtung, so addieren sich die Vektoren quasi wie Zahlen. Dazu ist es erforderlich, den Vektor F_2 so lange zu verschieben, bis der Anfangspunkt des Vektors der Kraft F_2 am Endpunkt des Vektors F_1 liegt. Der resultierende Vektor F_2 hat nun eine Länge, die der algebraischen Summe der Beträge der beiden Vektoren entspricht, nämlich 5,5 cm, was einer Kraft von 5,5 N gleichkommt.

2. Fall: Die beiden Vektoren wirken genau in entgegengesetzter Richtung. Auch hier verschiebt man die Vektoren wie im 1. Fall. Der Anfangspunkt des Vektors F_2 liegt nun am Endpunkt des Vektors F_1. Der resultierende Vektor beginnt am Anfangspunkt von F_1 und endet am Endpunkt von F_2. Er hat nur noch eine Länge von 4 cm, was einer Kraft von 4 N entspricht. Dieser Fall steht für unsere Vorstellung einer normalen Subtraktion, denn F_2 hat ja eine entgegengesetzte Richtung zur Kraft F_1.

Kräftezerlegung

Kommt man zum Anfangsbeispiel zurück, wo eine bekannte Kraft, nämlich die Gewichtskraft $G = m \cdot g$ wirkt, so stellt man sich

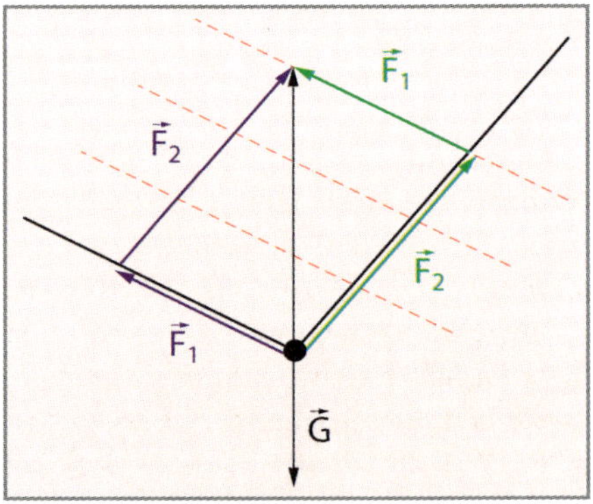

Abb. 4: Kräftezerlegung-Kräfteparallelogramm

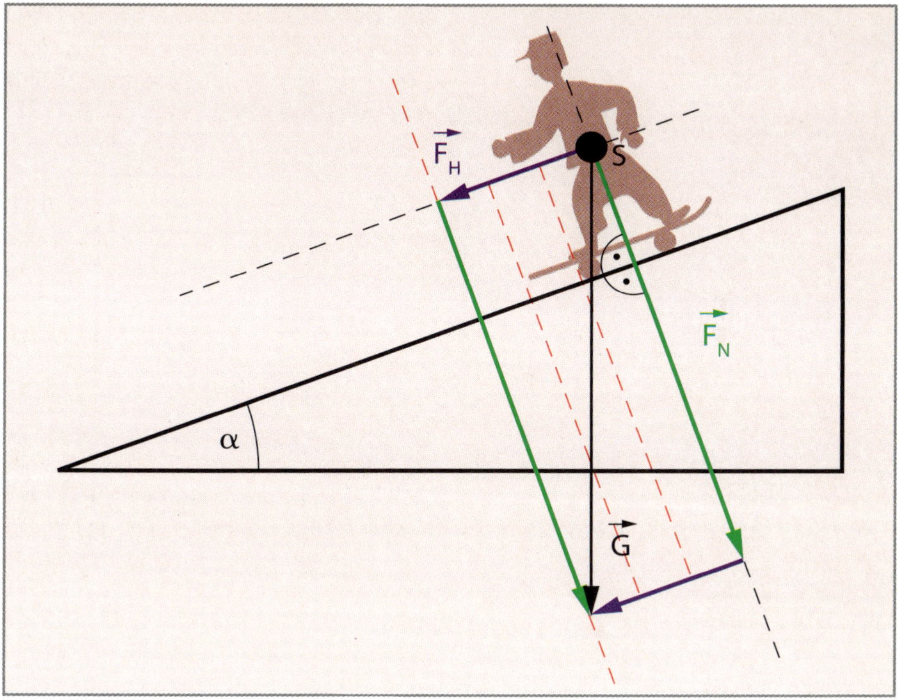

Abb. 5: Kräftezerlegung an der schiefen Ebene

die Frage, wie die Wirkung dieser Kraft in den Zugseilen zu ermitteln ist. Der Vorgang der Kräfteaddition läuft umgekehrt ab (Abb. 4). Man zeichnet zunächst die Gegenkraft zur Gewichtskraft G, denn die beiden Zugseilkräfte bilden nach dem Wechselwirkungsprinzip in ihrer vektoriellen Summe die Gegenkraft zur Gewichtskraft G. Die Gegenkraft zu G hat die gleiche Länge wie G, jedoch die entgegengesetzte Richtung. Nun verschiebt man, vom gemeinsamen Anfangspunkt aller Kräfte beginnend, eine Wirkungslinie einer beliebigen Seilkraft mit einem Geodreieck so lange parallel, bis man zum Endpunkt der Gewichtskraft G gelangt. Man erhält so den Endpunkt der Kraft F_2.

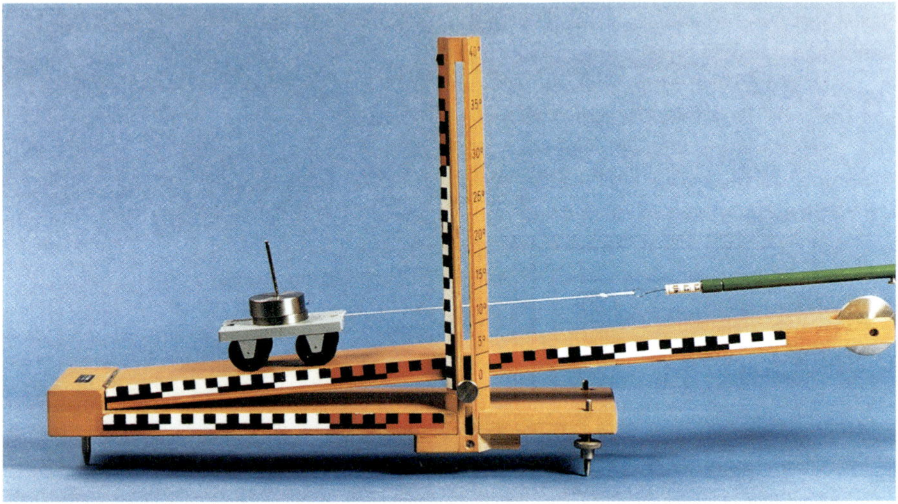

Abb. 6: Geringe Hangabtriebskräfte bei schwacher Hangneigung

Die Summe der Vektoren F_1 und F_2 muss die Gegenkraft von G ergeben. Natürlich kann die gleiche Konstruktion auch von der linken Seite beginnen. Es stellt sich in der Gesamtheit ein Parallelogramm dar, das so genannte Kräfteparallelogramm. Das Kräfteparallelogramm zeigt die Wirkung der Gewichtskraft in beiden Zugseilen.

Kräftezerlegung an der schiefen Ebene

Eine Skaterbahn, die man auf Spielplätzen neuerdings häufig findet, ist eine schiefe Ebene. Auf dieser schiefen Ebene kann man Anlauf nehmen, um dann mit dem Skateboard Kunststücke vorzunehmen. Welche Kräfte wirken auf eine Person, die sich auf einer solchen schiefen Ebene befindet (Abb. 5)?

Die Erdanziehungskraft G wirkt zunächst senkrecht nach unten. Diese kann aber wegen der „Anordnung schiefe Ebene“ nicht wirksam werden, sondern es kommt zu einer Zerlegung dieser Kraft in zwei Teile (Komponenten). Diese Kraftanteile werden auch Kraftkomponenten genannt. Eine Komponente zieht den Skater hangabwärts. Sie wird Hangabtriebstriebskraft F_H genannt. Die andere Komponente steht senkrecht zum Hang und drückt den Fahrer auf die Fahrbahn. Man nennt sie Normalkraft F_N. Zur Konstruktion der Kraftkomponenten zeichnet man zunächst, jeweils vom Schwerpunkt S des Skaters beginnend, eine Parallele zum Hang und dann eine Gerade, die senkrecht zum Hang steht. So hat man die Wirkungslinien der beiden Komponenten gefunden. Zur Bestimmung der Beträge verschiebt man die auf dem Hang senkrecht stehende Wirkungslinie so lange parallel, bis sie durch die Pfeilspitze des Kraftvektors G läuft. Damit ist sowohl die Länge des Vektors der Hangabtriebskraft F_H, als auch die Länge der Normalkraft F_N festgelegt. Hat man den Kraftvektor G in einem bestimmten Maßstab gezeichnet, so gilt jetzt der gleiche Maßstab für die Komponenten. Durch die Längenangabe kann man nun auf die Kraftbeträge zurückschließen.

Schon die alten Ägypter machten sich die schiefe Ebene zunutze, um ihre schweren Gegenstände nach oben zu ziehen. Wie Abbildung 6 zeigt, ist die Hangabtriebskraft des auf der schiefen Ebene liegenden Körpers sehr klein, verglichen mit seiner Gewichtskraft.

Eine Person, die diesen Körper eine schiefe Ebene hochziehen muss, muss abgesehen von der Reibungskraft gerade diese Kraft aufwenden, um den Körper diesen schwach geneigten Hang hochzuziehen. Der Nachteil ist natürlich, dass der Zugweg relativ lang ist.

Zum Weiterlesen:

- Kraft als Vektor, S. 192
- Der Hebel, S. 204
- Das Wellrad, S. 210
- Lageenergie und Hubarbeit, S. 270

Der Hebel

Ein Bauarbeiter versucht, eine schwere Kiste anzuheben und sie auf eine Kranplattform zu befördern. Er beugt sich zu Boden, bringt seine Hände unter den vorstehenden Kistenrand und strengt sich mächtig an. Seine Kräfte sind nicht groß genug. Die schwere Kiste bewegt sich nicht. Sein Kollege kommt auf eine Idee. Er legt ein dickes Holzstück vor die Kiste, nimmt eine Eisenstange, die er unter die Kiste klemmt, und hebelt mit dem Holzstück als Auflage die Kiste auf die Plattform.

Auf einem nahe gelegenen Spielplatz befinden sich 3 Kinder, die auf einer Wippe sitzen und den Vorgang beobachten. Zwei sitzen auf den Wippenenden, ein anderes steht

Abb. 1: Ein zweiseitiger Hebel: Die Angriffspunkte liegen rechts bzw. links vom ortsfesten Drehpunkt

auf einem Wippenarm und bewegt sich langsam hin und her. In einer Position ist die Wippe im Gleichgewicht. Bewegt sich das stehende Kind von dieser Position in die eine oder andere Richtung, so gerät die Wippe aus dem Gleichgewicht.

Das Gleichgewicht am Hebel

Beide vorangegangenen Beispiele behandeln das Phänomen Hebel. Was genau ist ein Hebel?

> Als einen Hebel bezeichnet man eine Anordnung aus einem starren Körper und einer festen, ortsgebundenen Drehachse, um die der starre Körper drehbar gelagert ist.

Man unterscheidet einseitige und zweiseitige Hebel. Bei einem zweiseitigen Hebel (Abb. 1) liegen die Angriffspunkte der jeweils angreifenden Kräfte rechts und links vom möglichen ortsfesten Drehpunkt. Ein Nussknacker der abgebildeten Form ist ein einseitiger Hebel, eine Zange ein zweiseitiger. In der Abbildung sind auch die Reaktionskräfte von Nuss und Nagel eingezeichnet, ohne die die Wirkung der Hebel nicht verständlich wird (Abb. 2a/b).

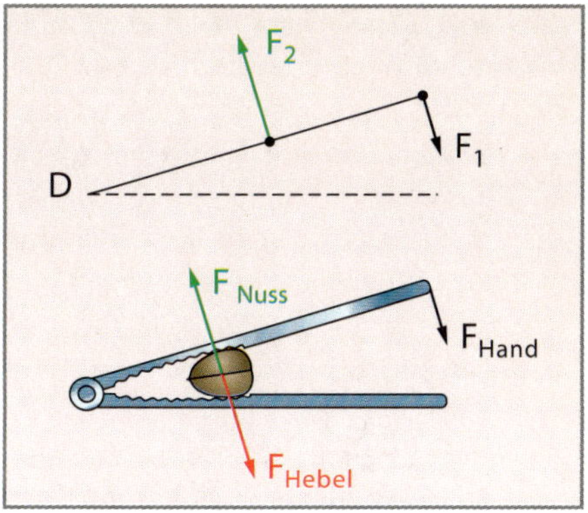

Abb. 2a: Der einseitige Hebel

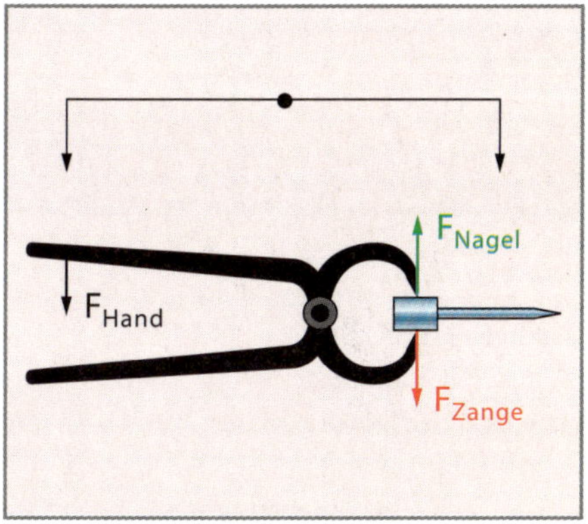

Abb. 2b: Der zweiseitige Hebel

Um herauszufinden, welche Bedingungen gelten müssen, damit an einem Hebel Gleichgewicht herrscht, belasten wir in einem Versuch einen zweiseitigen Hebel mit unterschiedlichen Gewichtskräften (Abb. 3). Dazu sind Massen an verschiedenen Aufhängpunkten angebracht. Die Abstände dieser Aufhängpunkte vom Dreharm und die Größe der Gewichtskräfte werden im Versuchsverlauf variiert. Die Hebelvorrichtung selber steht fest auf dem Versuchstisch.

An diesem Hebel herrscht momentan Gleichgewicht. Tabelle 1 gibt wieder, in welchen unterschiedlichen Postionen an einem Hebel Gleichgewicht herrscht (Tabelle 1).

Aus der Tabelle entnimmt man, dass an einem Hebel dann Gleichgewicht herrscht, wenn die jeweiligen Produkte aus Kraft und Hebelarm gleich groß sind. Das Produkt aus Kraft F und Hebelarm r heißt Drehmoment M. Die Einheit des Drehmoments ist das Nm (lies: Newton-Meter).

Ein Beispiel

Es wirkt eine Kraft F von 3 N an einem Hebelarm der Länge l. In der Technik ist der Begriff „Drehmoment“ auch vom so genannten Drehmomentschlüssel bekannt. Dieser bewirkt, dass beim Anziehen von Schrauben nur ganz bestimmte Drehmomente wirksam werden. Dieser Drehmomentschlüssel bietet Schutz und Sicherheit, einerseits, dass die Schrauben nicht abbrechen, und andererseits, dass sie fest angezogen werden. Es ist eine Vereinbarung, dass linksdrehende Momente positiv und rechtsdrehende Momente negativ gezählt werden. Damit kann man nun die Gleichgewichtsbedingung anders formulieren.

An einem zweiseitigen Hebel herrscht Gleichgewicht, wenn die Summe der Drehmomente null ist:

$$M_L + M_R = 0$$

Beispielrechnung:

$$M_L + M_R = O$$

$$F_{L1} \cdot r_1 + F_{L2} \cdot r_2 + F_R \cdot r_3 = O$$

$$2\,N \cdot 0{,}2\,m + F_{L2} \cdot 0{,}1\,m - 4\,N \cdot 0{,}5\,m = O$$

$$0{,}4\,Nm + F_{L2} \cdot 0{,}1\,m - 2\,Nm = O$$

$$F_{L2} \cdot 0{,}1\,m = 2\,Nm - 0{,}4\,Nm$$

$$F_{L2} = \frac{1{,}6\,Nm}{0{,}1\,m}$$

$$F_{L2} = 16\,N$$

$\frac{F_1}{N}$	$\frac{r_1}{m}$	$\frac{M_1 = F_1 \cdot r_1}{Nm}$	$\frac{F_2}{N}$	$\frac{r_2}{m}$	$\frac{M_2 = F_2 \cdot r_2}{Nm}$
0,5	0,1	0,05	0,2	0,25	0,05
0,2	0,4	0,08	0,4	0,2	0,08
0,4	0,6	0,24	1,2	0,2	0,24

Tabelle 1

Die Beispielrechnung soll das erläutern. An einem zweiseitigen Hebel greift rechts eine Kraft F der Größe 4 N in einem Abstand von 0,5 m an. Auf der linken Seite sollen zwei Kräfte wirksam werden. Die erste Kraft hat den Betrag 2 N und greift im Abstand von 0,2 m an. Die zweite Kraft greift in 0,1 m Abstand an. Ihre Größe ist jedoch nicht bekannt. Zur Berechnung der 2. linksdrehenden Kraft stellt man die Momentengleichung auf und löst nach FL_2 auf (siehe S. 206).

Abb. 3: Hebelversuch

Der Hebel als Kraftwandler

Aus den bisherigen Beispielen wird deutlich, dass an einem kurzen Hebelarm eine große Kraft wirkt, wenn am langen Hebelarm eine relativ kleine Kraft wirksam wird. Eine kleine Kraft wird durch den Hebel in eine große Kraft gewandelt.

> Der Hebel ist ein Kraftwandler.

Dieses Prinzip der Kraftwandlung nutzen wir im täglichen Leben sehr oft, ob wir nun Nüsse knacken, eine Zange benutzen, mit einer Schubkarre Erde transportieren oder Schlösser mit Schlüsseln öffnen. Immer wenden wir das Prinzip der Kraftwandlung an. Es gibt aber auch einen gewissen Nachteil bei diesen Vorgängen. Es liegt auf der Hand, dass der Weg, auf dem die kleine Kraft wirksam wird, länger ist. Das aber stört nicht sehr, und der Kraftgewinn ist enorm. Physikalisch gesehen bedeutet das nichts anderes, als dass keine Arbeit eingespart werden kann. Was ist Arbeit?

> Die Arbeit ist das Produkt von Kraft und Weg, wenn die Kraft in Richtung des Weges wirkt.

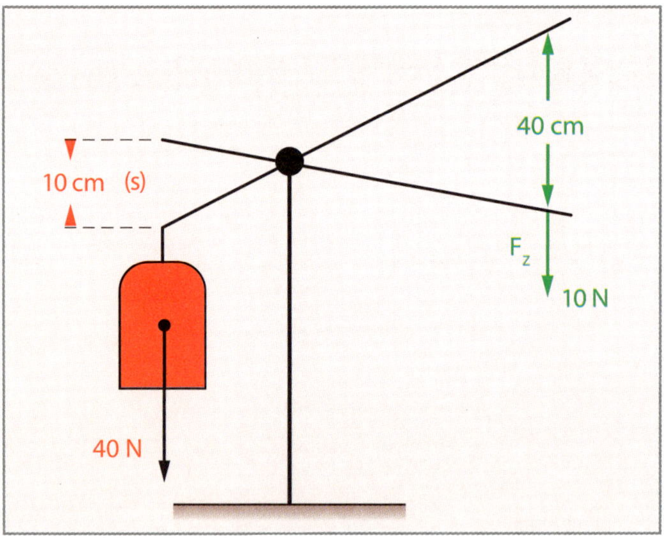

Abb. 4: Das Produkt aus Kraft F und Hubweg s bleibt gleich

Das Produkt von Kraft und Weg bleibt auf beiden Hebelseiten dasselbe. Eine Hebelvorrichtung soll das verdeutlichen (Abb. 4).

Die Drehmomentscheibe

An einer Scheibe, die mit Löchern versehen ist, hängen verschiedene Massen. Die Massen haben unterschiedliche Gewichtskräfte und sind an verschiedenen Punkten der Scheibe aufgehängt. Diese Punkte haben verschiedene Abstände vom Drehpunkt, der in der Scheibenmitte liegt. Eine solche Anordnung nennt man Drehmomentscheibe. Die Verhältnisse an einer Drehmomentscheibe sind auf den ersten Blick leider nicht so übersichtlich wie im oben abgebildeten Hebelversuch, bei dem der Hebel im Gleichgewicht war. Das liegt unter anderem daran, dass die Kräfte im Hebelversuch immer senkrecht auf dem Hebelarm standen. Dies ist hier nicht der Fall. So ergibt hier die Momentengleichung für links- und rechtsdrehende Momente nicht null, falls wir die Kräfte und die jeweiligen Abstände multiplizieren und unter Vorzeichenbeachtung addieren.

Trotzdem herrscht augenscheinlich an der Drehmomentscheibe ein Gleichgewicht. Wie ist das zu erklären? Berücksichtigt man die im Versuch durch Markierstreifen dargestellten senkrechten Projektionen der Dreharmabstände für die jeweiligen Kräfte, so ist die Momentengleichung wieder erfüllt. Das bedeutet, dass die Richtung der Kraft, die am Hebelarm ansetzt, von Bedeutung ist. Ändert sich die Richtung der angreifenden Kraft am Hebelarm, so ändert sich auch das Drehmoment.

Zum Weiterlesen:

- Das Zusammenwirken von Kräften, S. 198
- Kraft als Vektor, S. 192
- Das Wellrad, S. 210
- Lageenergie und Hubarbeit, S. 270

Das Wellrad

Sehr wenige Dinge haben den Menschen nach der Erfindung des Feuers derart beflügelt wie das Rad. Wenn sich das im Computerzeitalter etwas altmodisch anhören mag, so wurde nach der Erfindung des Rades der Mensch buchstäblich mobil. Aber nicht nur in Fahrzeugen findet es Anwendung, sondern in vielen Maschinen, bei denen es um Antrieb geht. Sehr häufig verwenden Menschen das Rad, um sich selber fortzubewegen. Dazu benutzen sie, wie der Name schon sagt, das Rad oder auch Fahrrad genannt (Abb. 1).

Wellrad und Kettenantrieb – Die Kraftübertragung beim Fahrrad

Schaut man sich ein Fahrrad genau an, so sieht man sehr viele Räder. Erstens gibt es die eigentlichen Räder, die gummiummantelt sind und auf der Hinterrad- bzw. Vorderrad-

Abb. 1: Fahrrad mit Kettenantrieb

Abb. 2: Drehmomentgleichheit am Wellrad

felge sitzen. Mit diesen luftgefüllten Gummireifen fahren wir luftgefedert auf der Straße. Am Hinterrad erkennt man ein weiteres Rad, das Zahnrad, auch hinteres Ritzel genannt, über das die Kette läuft. Dieses Ritzel ist über die Speichen mit der hinteren Felge verbunden. Die Kette läuft dann zum vorderen Ritzel, das auch Kettenrad heißt. Dieses Kettenrad ist mit der so genannten Tretkurbel verbunden. Hier wirkt die Antriebskraft der Beine. Heute sehen Fahrräder meist komplizierter aus, da sie eine Gangschaltung besitzen und sehr viele hintereinander angeordnete Zahnräder haben. Grundsätzlich funktioniert der Antrieb über das Prinzip des Wellrades und des Kettenantriebs. Was muss man sich unter einem Wellrad vorstellen? Nichts anderes als eine Welle und ein Rad kombiniert, also ein Rad mit einer dickeren Achse, auf der das Rad befestigt ist. Wie ein Wellrad funktioniert, zeigt folgender Versuch (Abb. 2).

Eine kleine Kraft von x Newton wirkt tangential am großen äußeren Radius des Wellrades. An das innere Teil des Wellrades kann man nun ein großes Gewicht hängen, um einen Gleichgewichtszustand zu erreichen. Die Kombination „kleine Kraft – großer Abstand" und „große Kraft – kleiner Radius" erinnert stark an das Hebelgesetz. Und in der Tat ist das Wellrad nichts anderes als ein Hebel, wie Abbildung 3 zeigt: Das Drehmoment am äußeren Radrand ist ebenso groß wie das am inneren Radius des Wellrades.

> Das Wellrad ist wie der Hebel ein Kraftwandler, das Drehmoment bleibt konstant.

Der Wellradantrieb entspricht dem Antrieb mit der Tretkurbel. Hier kann an den Pedalen eine relativ kleine Kraft ansetzen, um am vorderen Ritzel eine große Kraft wirken zu lassen. Die Kraft wird nun auf die Kette übertragen. Die Kette hat einzelne Kettenglieder. Zwischen ihnen wirkt stets dieselbe Kraft. Ein Kettenantrieb macht nichts anderes als ein Gebilde aus zwei Zahnrädern - Getriebe genannt. Ein einfaches Getriebe ist eine Anordnung aus zwei Zahnrädern unterschiedlicher Radien, die über Zähne übereinander abrollen, wobei eines das Antriebsrad ist (Abb. 4).

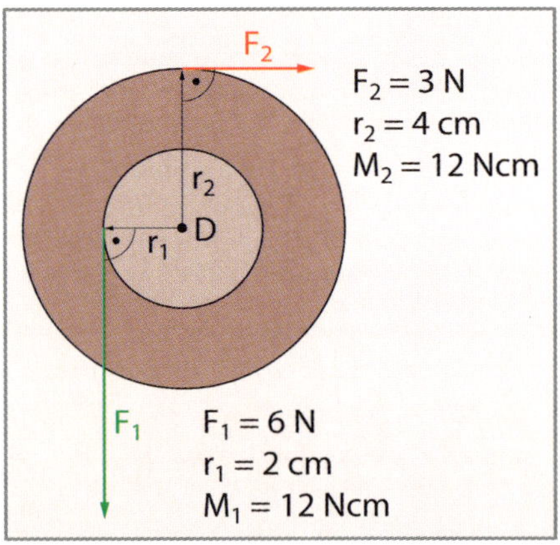

Abb. 3: Schematische Darstellung der Drehmomentgleichheit am Wellrad

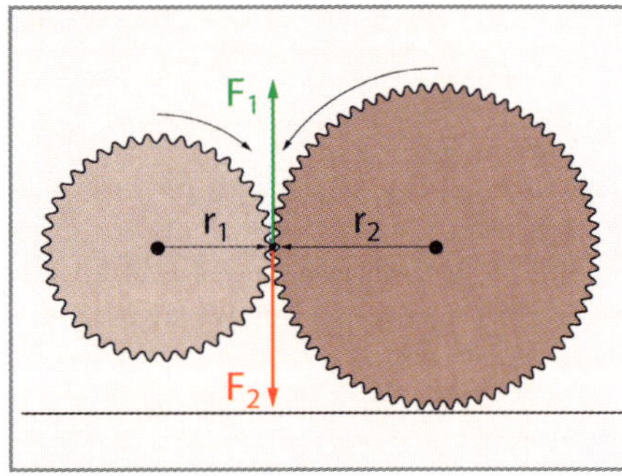

Abb. 4: Das Getriebe als Drehmomentwandler

Hier stellt das große Zahnrad (r_2) das große vordere Ritzel des Fahrrades dar. An den Berührpunkten, den Zähnen, wirkt nach dem Wechselwirkungsprinzip das Antriebsrad mit der Kraft F_2 und das kleinere angetriebene Rad mit der Reaktionskraft F_1. Die wirkenden Kräfte sind also gleich. Aufgrund unterschiedlicher Radien werden durch die gleichen Kräfte unterschiedliche Drehmomente erzeugt. Am kleineren Zahnrad (r_1) wirkt jetzt ein kleineres Drehmoment. Allerdings dreht es mit einer höheren Drehfrequenz als das große Zahnrad, wobei sich die Drehfrequenzen umgekehrt wie die Radien der Räder verhalten:

$$\frac{f_1}{f_2} = \frac{r_2}{r_1}$$

Ein Getriebe wandelt Drehmomente – die Kräfte bleiben konstant.

Nun treibt das „schnell" drehende hintere Ritzel über die Speichen das hintere Rad an. Es liegt wieder ein Wellradantrieb vor. Da sich das Hinterrad genauso schnell dreht wie das Ritzel, läuft das hintere Rad einen enorm großen Weg ab. Der Nachteil ist allerdings, dass die wirkende Kraft am großen Radradius stark verkleinert ist. Unsere relativ große „Tretkraft" wird durch den Gesamtantrieb stark verkleinert. Zwischen Rad und Straßenbelag wirken kleine Antriebskräfte, allerdings haben wir dafür einen Weggewinn. Tabelle 1 soll den gesamten Antriebsverlauf noch einmal verdeutlichen.

Aus der tabellarischen Übersicht wird deutlich, dass es beim Fahrrad zwei Antriebsarten gibt, zwei Wellradantriebe und

Antriebsart	Kraftangriffspunkt	Wirksamer Radius	Wirksame Kraft	Wirksames Drehmoment	Wirksamer Weg
Wellrad	Pedal	16 cm	150 N	2400 Ncm	5 cm
	Vorderes Ritzel	8 cm	300 N	2400 Ncm	2,5 cm
Kettenantrieb	Hinteres Ritzel	4 cm	300 N	1200 Ncm	2,5 cm
Wellrad	Hinterrad	36 cm	33,3 N	1200 Ncm	22,5 cm

Tabelle 1: Antriebsverlauf beim Fahrrad

Abb. 5: Fahrrad mit mehrstufiger Kettenschaltung

dazwischen einen Kettenantrieb, der einem Getriebe gleicht. Die Antriebskraft des Fahrers wird um den Faktor 4,5 verringert. Ein normaler Fahrradantrieb ist also „kraftreduziert". Demgegenüber steht der Vorteil eines hohen „Weggewinns" um den Faktor 4,5, d. h., dreht man das Pedal um ca. 10 cm, so hat man bereits 45 cm, also fast einen halben Meter zurückgelegt. Es versteht sich von selbst, dass ein Fahrrad ein ideales Gefährt ist, um sich auf ebenen Strecken fortzubewegen. Bei Bergfahrten zeigen sich die Nachteile des Geräts. Es sind aufgrund der Hangabtriebskraft zusätzliche Kräfte vom Fahrer aufzubringen, die schnell ermüden. Hier hilft nur eine Gangschaltung. Die Absicht der

Gangschaltung wird klar, wenn man die tabellarische Übersicht verstanden hat. Je nach Bergsteilheit bleibt für den Fahrer eine gewisse Antriebskraft übrig. Die setzt er optimal ein, um noch einen angemessenen Weg zurücklegen zu können. Die Antriebsritzel werden kleiner, und die Hinterradritzel werden größer. Bergfahren heißt, Gangschaltung und Körper aufeinander abzustimmen (Abb. 5).

Bei komplizierteren Maschinen als dem Fahrrad findet man häufig Zahnradantriebe, Kettenantriebe, aber auch Riemenantriebe.

Sämtliche genannten Antriebsarten (Zahnrad-, Ketten- und Riemenantriebe) sind Drehmomentwandler, d. h., das jeweils größere Rad hat das größere Drehmoment, besitzt aber die kleinere Drehfrequenz.

Wellradangetriebene Räder sind Kraftwandler. Am größeren Antriebsrad benötigt man nur kleine Kräfte, dafür aber längere Wege. Die Drehfrequenz und das Drehmoment der über eine Welle verbundenen Räder bleiben gleich.

Zum Weiterlesen:

- Das Zusammenwirken von Kräften, S. 198
- Kraft als Vektor, S. 192
- Der Hebel, S. 204
- Lageenergie und Hubarbeit, S. 270

Stets gegenwärtig: der Druck

An einem Obststand beschwert sich ein junger Mann über den Zustand der frischen Pfirsiche und signalisiert der Verkäuferin, dass die von ihm gewünschte Ware „Druckstellen" hätte. Er kauft die Ware nicht. Sein weiterer Weg führt ihn in ein Museum. Der Parkettboden des Museums hat viele kleine Eindrücke. Diese stammen von Schuhen mit so genannten Pfennigabsätzen. Druckstellen sind eine Folge von Krafteinwirkungen auf einen Körper. Die Phänomene Druck und Kraft sind anscheinend eng miteinander verbunden. Druckstellen werden in Folge größerer Kraft immer ausgeprägter, aber am Beispiel der Damenschuhabdrücke im Parkett erkennt man, dass die Höhe der Kraft allein nicht ausreichend die Druckwirkung beschreibt, denn die Gewichtskraft von Personen mit anderen Schuhen größerer Auftrittsfläche ist mindestens genauso groß.

Der Zustand „Druck"

Versucht man eine Kraft auf Flüssigkeiten oder Gase auszuüben, so muss man diesen Vorgang zunächst ohne Erfolg abbrechen. Die beiden Medien weichen aus, da die Gas- und Flüssigkeitsmoleküle frei beweglich sind. Erst wenn man die Medien quasi einsperrt, z. B. Luft in einen Fahrradschlauch oder eine Flüssigkeit in einen Kolbenprober, kann man eine Kraft ausüben (Abb. 1a/b).

Beim Aufpumpen des Fahrradschlauchs spürt man deutlich, dass man eine Kraft ausüben muss. Sperrt man den Schlauch, so wie es allgemein üblich ist, in einen Mantel, so spürt man deutlich, dass der Druck im Reifen zunimmt. Das Pumpen fällt immer schwerer. Man sagt, der Reifendruck steigt. Das Pumpen hat ein Ende, wenn der zuläs-

Abb. 1a: Aufpumpen eines Fahrradschlauchs. Ventil und Luftpumpe erwärmen sich

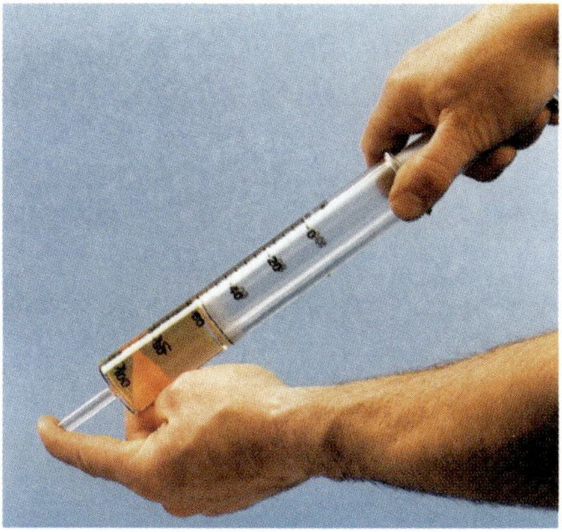

Abb. 1b: Kraftausübung auf eine Flüssigkeit im Kolbenprober. Diese lässt sich nicht komprimieren

sige Reifenmaximaldruck erreicht ist. Pumpt man immer weiter, so platzt der Reifen.

Gase sind komprimierbar – man kann sie zusammendrücken.

Anders sieht es beim flüssigkeitsgefüllten Kolbenprober aus. Man kann zwar Kräfte ausüben, aber es geschieht scheinbar nichts.

Flüssigkeiten sind nicht komprimierbar – man kann sie nicht zusammendrücken.

Gibt es also keinen Druck in Flüssigkeiten? In eine Spritze saugt man etwas Wasser, danach ein wenig Luft und dann wieder Wasser ein. Man verschließt die Spritze vorne mit dem Finger und übt dann eine Kraft mit der anderen Hand aus und beobachtet die Spritze. Das in die Flüssigkeit eingesperrte Gasvolumen verkleinert sich, ohne direkt mit der beweglichen Kolbenfläche, die die Kraft ausübt, in Berührung zu sein. Die Flüssigkeit gibt den Druckzustand weiter. In der Flüssigkeit herrscht also ein bestimmter Druck.

In Flüssigkeiten gibt es also sehr wohl einen Druck, auch wenn sie nicht komprimierbar sind (Abb. 2).

Der Druck und seine bestimmenden Größen

Drei Kolben unterschiedlichen Querschnitts werden mit Flüssigkeit gefüllt, untereinander mit Gummischläuchen verbunden und mit Gewichten beschwert.

Die Leitungen zum Kolben 2 und Kolben 3 sind durch Feststellschrauben verschließbar, so dass sich bei fest verschlossenen Schrauben eine Druckänderung nicht auswirken kann. Es werden verschiedene Gewichte auf den Kolben 1 gelegt und jeweils getestet, ab welchem Gewicht die beiden an-

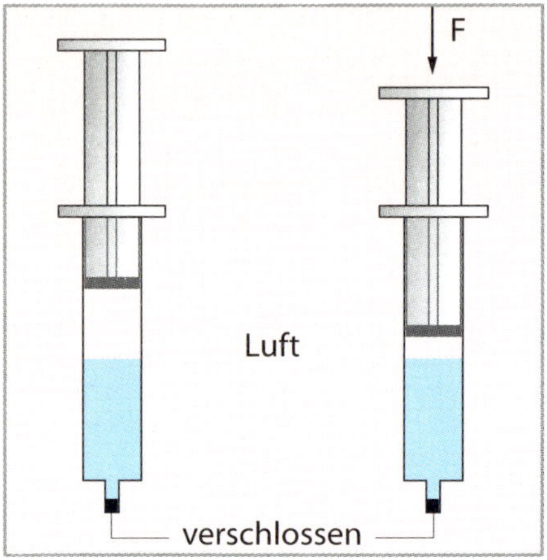

Abb. 2: Druckwirkung in einer Spritze

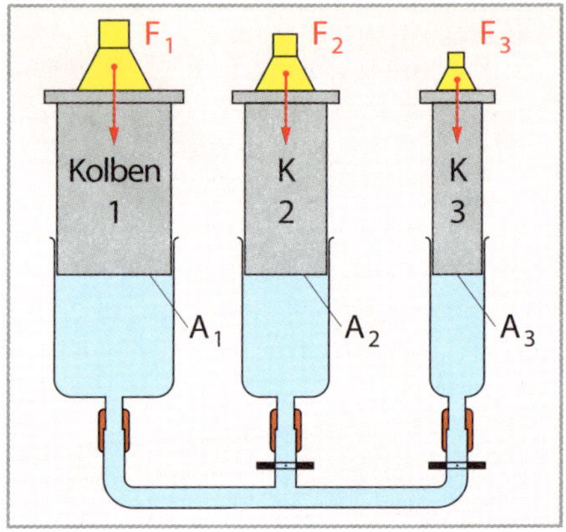

Abb. 3: Verbundene Kolben. Veranschaulichung des Gleichgewichtszustands

deren Kolben sich nicht mehr nach oben bewegen. Dies geschieht durch Änderung der Gewichtsstücke auf den Kolben. Durch Benutzung der Feststellschrauben können Kolben 2 und Kolben 3 jeweils einzeln untersucht werden (Abb. 3).

In der Tabelle 1 erkennt man, dass anscheinend Gleichgewichtszustände immer dann erreicht werden, wenn auf große Flächen große und auf kleine Flächen kleine Kräfte wirken. Man sagt dann, die Drücke in den Kolben sind gleich. Diese Aussage ist berechtigt, denn wären die Drücke nicht gleich, so würde sich ein Kolben langsam nach oben bewegen, da der andere Kolben einen höheren Druck erzeugen würde.

F_1/N	A_1/cm^2	F_2/N	A_2/cm^2	F_3/N	A_3/cm^2	$P_1/\frac{N}{cm^2}$	$P_2/\frac{N}{cm^2}$	$P_3/\frac{N}{cm^2}$
3,3	8,25	1,6	4	0,4	1	0,4	0,4	0,4
4,125	8,25	2	4	0,5	1	0,5	0,5	0,5

Tabelle 1

Drücke in verbundenen Systemen sind dann gleich, wenn sich Gleichgewichtszustände einstellen, d. h. Zustände, die sich nicht ändern.

So benötigt man eine Kraft von 1,6 N, um auf einer Fläche von 4 cm^2 die gleiche Wirkung zu erzeugen wie eine Kraft 0,4 N auf einer Fläche von 1 cm^2. Die Kräfte auf die Kolben sind in den Gleichgewichtszuständen unterschiedlich groß. Die Quotienten aus Kraft- und Flächenwerten sind in den Gleichgewichtszuständen jedoch immer gleich groß. Gleichgewichtszustände erzeugen gleiche Drücke. Es liegt nahe, den Quotienten aus Kraft F und zugehöriger Fläche A als Druck zu bezeichnen. Der Druck wird mit dem Buchstaben p abgekürzt (engl.: pressure):

Der Druck p ist der Quotient aus der wirkenden Kraft F und der zugehörigen Fläche A.

$$\text{Druck} = \frac{\text{Kraft}}{\text{Fläche}}$$

$$p = \frac{F}{A} \qquad [p] = \frac{N}{m^2} \qquad \text{oder}$$

$$[p] = \frac{N}{cm^2}$$

$$1 \frac{N}{m^2} = 1 \text{ Pa (lies: 1 Pascal)}$$

Ein Pascal ist ein sehr kleiner Druck. Er entspricht etwa dem Druck auf eine Fläche von 1 m^2, falls man gleichmäßig 100 g Zucker (Gewichtskraft ca. 1 N) darüber verstreut, deshalb gibt es noch andere Druckeinheiten, die größere Wirkungen erfassen können. Die gebräuchlichste Einheit ist das Bar.

1 bar = 100.000 Pa = 10^5 Pa
1 Pa = 1/100.000 bar = 10^{-5} bar (Bar: lies bar)
1 hPa = 100 Pa = 10^{-3} Bar (hPa: lies Hektopascal)

Den Luftdruck gibt man in Hektopascal (Millibar) an. 1 Millibar ist 1/1000 bar. Große Drücke misst man in Bar. Ein Hochdruckdampfstrahler erzeugt einen Druck von 120 bar. Der Luftdruck beträgt etwa 1000 mbar (Millibar), also ca. 1000 hPa.

Eine Beispielaufgabe illustriert den Umgang mit den neuen Größen und Einheiten: Auf einem Kolben der Querschnittsfläche A = 5 cm^2 lastet ein Gewichtsstück der Masse m = 100 g. Wie groß ist der auf die Kolbenwände ausgeübte Druck p?

Druck in festen, flüssigen und gasförmigen Körpern

Feste Körper sind ähnlich wie ein Gitter aufgebaut (Abb. 4).

$$p = \frac{F}{A} = \frac{m \cdot g}{A} = \frac{100\,g \cdot 9{,}81\frac{N}{kg}}{5\,cm^2} = \frac{0{,}1\,kg \cdot 9{,}81\frac{N}{kg}}{5 \cdot \frac{1}{100}m \cdot \frac{1}{100}m}$$

$$= \frac{0{,}1 \cdot 9{,}81 \cdot N \cdot 100 \cdot 100}{5\,m^2} = 1962\,\frac{N}{m^2} = 1962\,Pa$$

$$= 1962 \cdot 1\,Pa = 1962 \cdot 10^{-5}\,bar = 0{,}01962\,bar$$

$$= 0{,}01962 \cdot 1\,bar = 0{,}01962 \cdot 10^3\,hPa = 19{,}62\,hPa = 19{,}62\,mbar$$

Beispielaufgabe

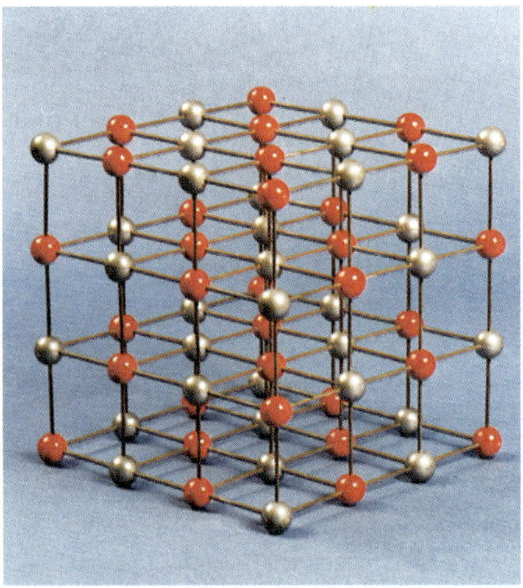

Abb. 4: Gitteraufbau eines Festkörpers. Er kann nicht komprimiert, sondern höchstens zerbrochen werden

Abb. 5: Das Fundament riesiger Hochhäuser muss dem enormen Druck standhalten können

Die Kräfte zwischen den einzelnen Atomen und Molekülen sind sehr stark. Deshalb kann man sie schwer zusammendrücken. Aber auch Festkörper kann man unter Druck setzen. Bei einer maximalen Druckbelastung können sie zerbrechen, deshalb ist es für Festkörper im industriellen Gebrauch üblich, eine maximale Druckfestigkeit anzugeben. Ziegelsteine haben eine Druckfestigkeit von ca. 100 N/mm^2, das entspricht einem Maximaldruck von 10^8 Pa oder 1000 bar (Abb. 5). Bei flüssigen und gasförmigen Körpern ist das anders. Ihre Moleküle, die man sich zunächst als Kugeln vorstellen kann, sind frei beweglich. In Flüssigkeiten liegen sie sehr dicht und geben den Druck in alle Richtungen gleich stark weiter. In Gasen sind diese Kugeln sehr weit auseinander, bewegen sich schnell und stoßen häufig gegeneinander oder gegen die Gefäßwände, dadurch erzeugen sie ihren Innendruck.

Zum Weiterlesen:

- Der Druck in Flüssigkeiten, S. 222
- Der Druck in Gasen, S. 228
- Technische Anwendungen des Drucks, S. 234

Der Druck in Flüssigkeiten

Jeder, der im Schwimmbad schon einmal getaucht ist, kennt das unangenehme Druckgefühl in den Ohren beim Tieftauchen. Je tiefer man taucht, desto stärker verspürt man einen Druck in den Ohren, der ab einer Wassertiefe von 5 Metern für die meisten Menschen nicht mehr ohne Schmerzen toleriert wird. Ein kleiner Trick hilft, diese Schmerzen zu verringern. Hält man sich vor dem Tauchgang die Nase mit Daumen und Zeigefinger zu und schließt zusätzlich den Mund, so kann man einen erhöhten Druck erzeugen, der das Trommelfell der Ohren quasi nach außen drückt. Auch dieses Gefühl ist unangenehm, aber in der Tiefe lindert es den Schmerz.

Der Schweredruck

Offenbar erzeugt eine Flüssigkeitssäule einen Druck. Je tiefer man in eine Flüssigkeit eintaucht, desto größer ist der Druck. Doppelte Eintauchtiefe erzeugt doppelt so große Drücke. Diesen Sachverhalt zeigt ein Digitalmanometer in einem Versuch an, indem

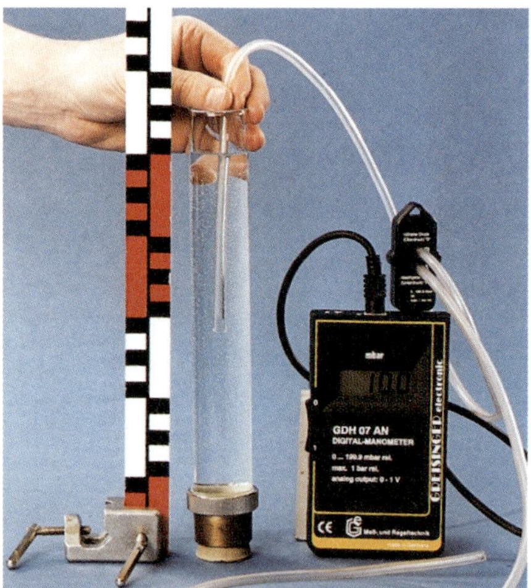

Abb. 1a: Druck in 10 cm Wassertiefe

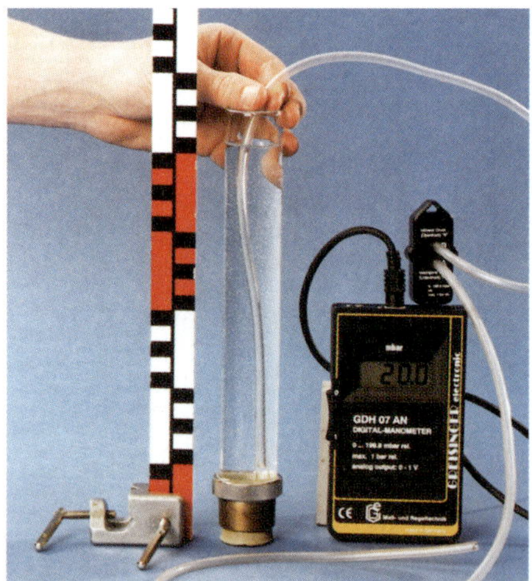

Abb. 1b: Druck in 20 cm Wassertiefe

man es zunächst in verschiedene Wassertiefen eintaucht. Ein Manometer ist ein Messgerät, das den Druck messen kann. Die Eintauchtiefe beträgt 10 cm bzw. 20 cm. Die zugehörigen Drücke verhalten sich wie die Eintauchtiefen (Abb. 1a, b). Die Tauchtiefe h und der Druck p, der in der Wassersäule herrscht, verhalten sich offensichtlich proportional zueinander.

Der Druck p ist proportional zur Tauchtiefe h:
$p \sim h$

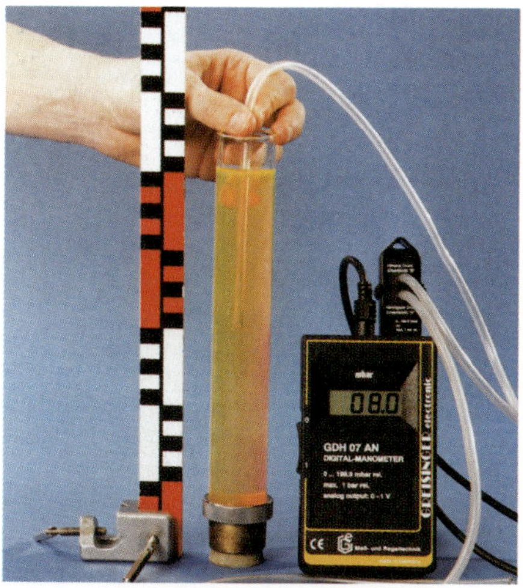

Abb. 1c: Druck in 10 cm tiefer Alkoholsäule

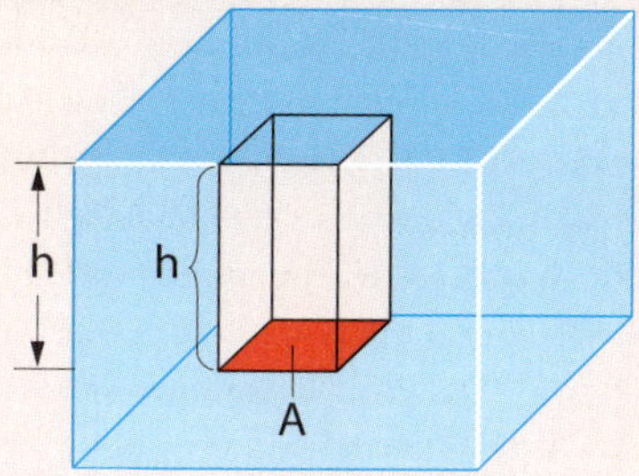

$$p = \frac{F}{A} = \frac{m \cdot g}{A}$$

$$p = \frac{\rho \cdot V \cdot g}{A}$$

$$p = \rho \cdot g \cdot h$$

Abb. 2: Der Schweredruck p in einer Flüssigkeit

Ein weiterer Versuch zeigt, dass bei gleicher Wassertiefe der Druck von der Dichte der Flüssigkeit abhängt. Man taucht das Digitalmanometer einmal in Wasser und ein anderes Mal bei gleicher Tauchtiefe in Alkohol (Abb. 1c). Die Dichte ρ von Wasser beträgt 1 g/cm^3, die von Alkohol etwa 0,8 g/cm^3. Man sieht, dass sich die Drücke ebenso verhalten. Der Druck p in einer Flüssigkeitssäule verhält sich proportional zur Dichte der jeweiligen Flüssigkeit:

$p \sim \rho$

Wie kann man sich nun die Druckentstehung in einer Flüssigkeitssäule vorstellen? Drücke entstehen durch Kräfte, die auf Flächen einwirken. Es ist nahe liegend, die Gewichtskraft der betreffenden Flüssigkeitssäule für die Druckentstehung verantwortlich zu machen, denn diese lastet quasi als „Flüssigkeitsblock" über einer bestimmten Fläche A (Abb. 2). Die Gewichtskraft einer Flüssigkeitssäule ist das Produkt von Masse und Ortsfaktor:

$$G = m \cdot g$$
$$m = \rho \cdot V$$
$$G = \rho \cdot g \cdot V$$
$$V = A \cdot h$$

V = Volumen ρ = Dichte
A = Fläche G = Gewicht
h = Höhe

Somit ergibt sich für den Druck p:

$$p = \frac{F}{A} = \frac{G}{A} = \rho \cdot g \cdot \frac{V}{A}$$

$$p = \rho \cdot g \cdot h$$

Eine Vergrößerung der einbezogenen Flüssigkeitssäule würde zwar die auf der zugehörigen Fläche A lastende Kraft erhöhen, aber man kann sich leicht überlegen, dass die Fläche dazu im gleichen Verhältnis zunimmt. Der Flüssigkeitsdruck, Schweredruck oder auch hydrostatische Druck einer Flüssigkeitssäule hängt also nicht von der Ausdehnung des Wasserbehälters ab, sondern nur von der Eintauchtiefe h und der Flüssigkeitsdichte. Die folgende Beispielrechnung bestätigt das Versuchsergebnis, das man der Abbildung 1 entnehmen kann. Die Eintauchtiefe des Manometers beträgt 0,1 m, die Dichte des Wassers beträgt 1 g/cm^3 und die Erdbeschleunigung g = 9,81 N/kg (siehe Beispielrechnung).

$$p = \rho \cdot g \cdot h$$

$$= 1 \frac{g}{cm^3} \cdot 9{,}81 \frac{N}{kg} \cdot 0{,}1\ m$$

$$= \frac{1 \frac{1}{1000}\ kg \cdot 9{,}81\ N \cdot 0{,}1\ m}{\frac{1}{100}\ m \cdot \frac{1}{100}\ m \cdot \frac{1}{100}\ m \cdot kg}$$

$$= \frac{\frac{kg}{1000} \cdot 100 \cdot 100 \cdot 100 \cdot 9{,}81\ N \cdot 0{,}1\ m}{m^3 \cdot kg}$$

$$= 981 \frac{N}{m^2}$$

$$= 981\ Pa = 0{,}00981\ bar \approx 10\ mbar$$

Beispielrechnung

Man kann nun verstehen, warum bei extrem tiefen Tauchgängen von bis zu 11.000 m, die die Wissenschaftler unternehmen, um den Meeresboden zu erforschen, spezielle Stahltauchkugeln erforderlich sind. Der hohe Wasserdruck würde sonst alles zusammenpressen. Man kann sich als Grobregel merken, das 10 m Wassertiefe einem Druck von 1 bar entsprechen. Die Tauchkugel muss also einem Druck von ca. 1100 bar standhalten.

Druckmessung

Wie kann man nun die Größe „Druck" messen? Wenn man mit einem Schnorchel taucht, kann es passieren, dass sich Wasser im U-förmig gebogenen Schnorchelstück befindet. Durch Pusten befördert man diese Wassersäule aus dem Schnorchel, um wieder frei atmen zu können. Dies geschieht durch Druckerhöhung im Lungenraum. Druckerhöhung kann also Flüssigkeiten in U-Rohren anheben. Mit diesem Prinzip kann man ein einfaches Messgerät bauen, das den Druck in Flüssigkeiten messen kann. Man nennt es Druckdosenmanometer (Abb. 3). Es besteht aus einer kleinen Metalldose, die mit einer Gummimembran überzogen ist. Im seitlichen Dosenteil befindet sich eine Öffnung, über die ein Gummischlauch gestülpt ist. Dieser führt zu einem flüssigkeitsgefüllten U-Rohr aus Glas. Drückt man wie in un-

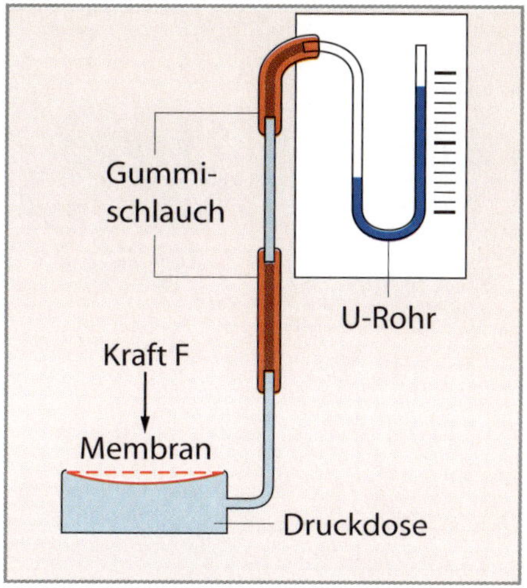

Abb. 3: Druckdosenmanometer

serem Schnorchel auf die Dosenmembran, so steigt die Flüssigkeit im U-Rohr dem Druck entsprechend an. Taucht man die eigentliche Dose nun in eine Flüssigkeit, so drückt die über der Membran stehende Flüssigkeitssäule auf die Membranfläche und erzeugt einen Druck, der im U-Rohr abgelesen wird. Benutzt man eine solche Druckdose mit langem Gummischlauch bei einem Tauchgang, so stellt man etwas Eigentümliches fest. Dreht man die Druckdose in einer bestimmten Tauchtiefe in alle möglichen Raumebenen oder kippt sogar die Membran nach unten, so ändert sich der Druck nicht. Der Druck wirkt demnach in alle Richtungen

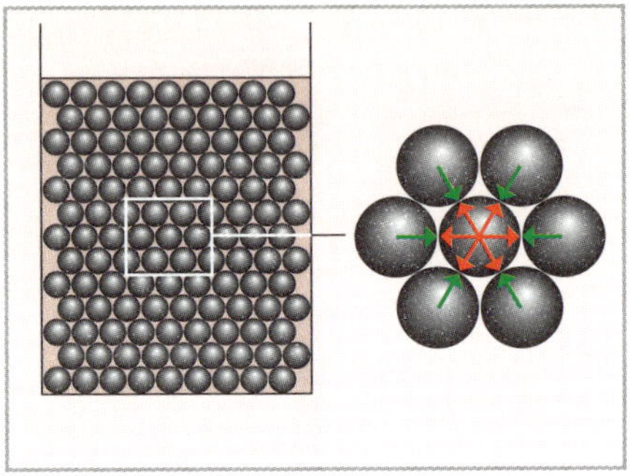

Abb. 4: Druckausbreitung in Flüssigkeiten

gleich. Das ist einfach zu erklären, wenn man sich einen Behälter mit Wasserkugeln gefüllt vorstellt (Abb. 4). Auf eine in der Wassersäule befindliche Kugel wirken aus allen möglichen Raumrichtungen Kräfte durch die Nachbarkugeln. Nach dem Wechselwirkungsprinzip drückt diese Kugel mit ihren Kräften in entgegengesetzter Richtung zurück.

> Der Druck in einer Flüssigkeitssäule wirkt in einer bestimmten Tiefe in alle Richtungen gleich.

Verbundene Gefäße

Ein weiteres, zunächst eigentümliches Verhalten zeigen so genannte verbundene Gefäße (Abb. 5a).

Abb. 5a: Verbundene Gefäße

Die Gefäße haben alle eine unterschiedliche Form, aber in allen steigt die Flüssigkeitssäule unabhängig von der Gefäßform auf dieselbe Höhe. Wenn man bedenkt, dass der Wasserdruck nur von der Höhe der Wassersäule abhängt, ist der Effekt leicht verständlich, da in allen Gefäßböden derselbe Druck herrscht. Diesen Sachverhalt nutzt man u. a. für unser Wasserversorgungssystem. In Wassertürmen wird das Wasser auf eine bestimmte Höhe gepumpt, und zu Hause steigt

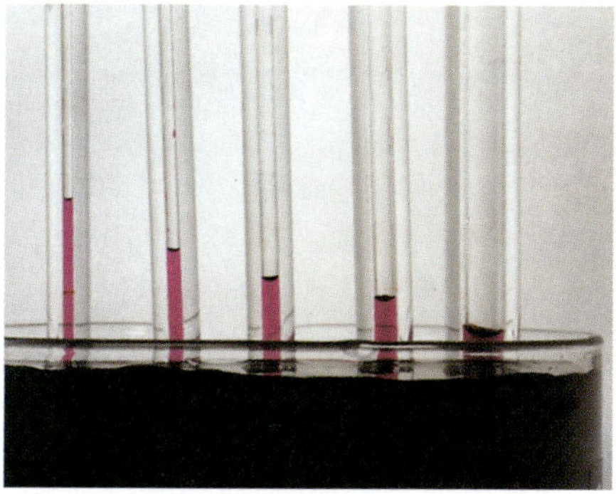

Abb. 5b: Kapillareffekt

das Wasser scheinbar von allein nach oben. Wie können jedoch Bäume ihre hoch in den Baumkronen gelegenen Blätter mit Wasser versorgen? Eigentlich dürfte das Wasser nicht bis in die Kronen gelangen, wenn es nicht den Kapillareffekt geben würde. Kapillaren sind sehr dünne, haarfeine Röhren (Abb. 5b).

Werden die Röhren, die verbunden sind, dünner, so steigt die Flüssigkeit in der dünnsten Röhre am höchsten. Erklärbar wird das durch molekulare Anziehungskräfte zwischen Gefäßwand und Flüssigkeit. Dort, wo die Wände wie in den Kapillaren sehr nahe beieinander liegen, sind diese Kräfte sehr hoch und ziehen das Wasser quasi nach oben. Diesen Effekt nutzen Pflanzen zur Wasserversorgung.

Zum Weiterlesen:

- Stets gegenwärtig: Der Druck, S. 216
- Der Druck in Gasen, S. 228
- Technische Anwendungen des Drucks, S. 234
- Der Auftrieb in Flüssigkeiten, S. 246

Der Druck in Gasen

Ein großer, leerer Blechkanister wird mit ein wenig Wasser gefüllt, dann auf eine Herdplatte gesetzt und stark erhitzt, so dass das Wasser siedet (kocht). Jetzt wird der Kanister von der Herdplatte entfernt und mit einem Stopfen verschlossen. Nach einer gewissen Zeit nimmt man beim Abkühlen knackende Geräusche wahr. Der Kanister wird scheinbar von allein stark eingebeult (Abb. 1). Irgendwer muss den Kanister zusammengedrückt haben. Die Antwort gibt die Luft. Gase erzeugen nämlich, ähnlich wie Flüssigkeiten, einen Druck. Da die Erde von einer Atmosphäre umgeben ist, leben wir quasi auf

Abb. 1: Durch den Luftdruck zusammengepresster Blechkanister

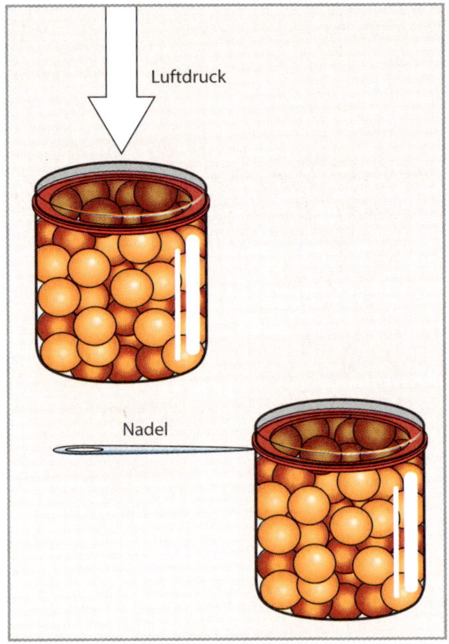

Abb. 2: Das verschlossene Einmachglas lässt sich durch Anstechen des Dichtungsringes leicht öffnen

dem Grund eines Luftmeeres. Tagtäglich spürt man unweigerlich die Auswirkungen der auf uns lastenden Luftmassen, nämlich den Luftdruck. Nachrichtensendungen schließen im Allgemeinen mit Meldungen

Abb. 3a: Modell der Magdeburger Halbkugeln

ter verdrängt. Kühlt sich nach dem Verschließen der Wasserdampf ab und wird er zu Wasser, so fehlt ein Teil der Luft, die sich normalerweise im Kanister befindet. Ebenso fehlt der Druck des Wasserdampfes, da sich der Dampf wieder in Wasser verwandelt hat. So kann der von außen wirkende Luftdruck den Kanister zusammenpressen. Dieses Prinzip nutzt man zum „Einkochen" von Lebensmitteln. Obst und Gemüse werden in Gläsern in einem Wasserbad erhitzt. Beim Abkühlen drückt sich der Glasdeckel auf den Gummidichtungsring, und das Glas ist verschlossen (Abb. 2).

Versucht man, mit den Händen den Deckel des Glases abzuziehen, scheitert man direkt. Der Luftdruck presst den Deckel fest auf. Natürlich kann man an der Lasche des Dichtrings ziehen und das Glas öffnen. Eine andere Öffnungsmethode ist aber aufschluss-

über das Wetter. Satellitenfotos geben Aufschluss über nahende Luftmassen, die als so genannte Hoch- und Tiefdruckgebiete das Wetter bestimmen.

Der Luftdruck

Warum genau ist nun der Blechkanister eingedrückt worden? Normalerweise behalten Kanister ihre Form, wenn sie verschlossen werden. Durch das Erwärmen ist wie beim Kochen Wasserdampf im Innenraum entstanden, der einen Teil der Luft im Kanis-

reicher und hilft, Gläser zu öffnen, deren spröde Dichtringlaschen abgerissen sind. Mit einer Nadel sticht man ein kleines Loch in den Dichtring. Man hört, wie die Luft in das Glas hineingesogen wird. Besser sollte man sagen, „hineingedrückt" wird. Wenn so viel Luft in das Glas geflossen ist, dass der Innendruck gleich dem äußeren Luftdruck ist, lässt sich der Deckel ganz einfach abheben. Dieses Experiment verrät auch, warum man nichts vom Luftdruck spüren kann. Der Innendruck in unserem Körper entspricht dem äußeren Luftdruck. Nur wenn man sehr schnell mit Aufzügen oder Fahrzeugen große Höhen überwindet, spürt man Druckwirkungen auf unser Trommelfell im Ohr. Der Luftdruck nimmt nämlich mit der Höhe ab. Der Innendruck im Körper hat sich noch nicht angepasst und drückt das Trommelfell nach außen. Das unangenehme Gefühl lässt sich durch Lufteinsaugen oder Kaugummikauen verringern, da der Ausgleich der Drücke schneller vonstatten geht. Da die Auswirkungen des Luftdrucks den Menschen lange Zeit unbekannt waren, ist das Experiment von Otto von Guericke (1602-1686) berühmt geworden.

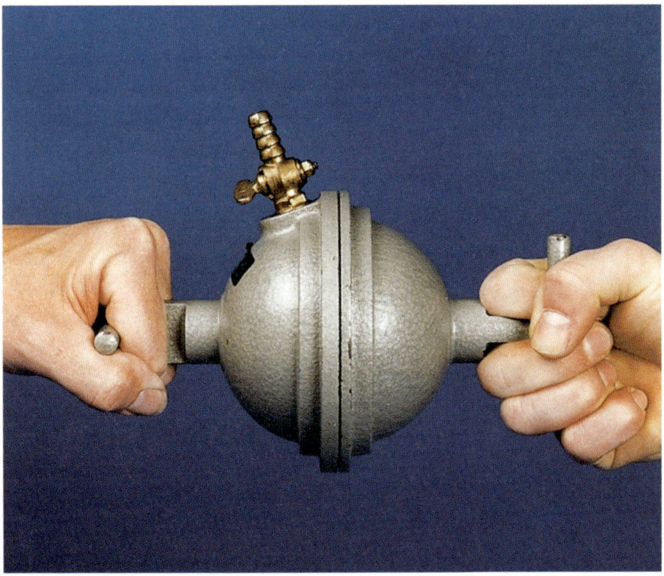

Abb. 3b: Luftleere Halbkugeln haften zusammen

Er fügte, ähnlich wie in Abbildung 3a/b ersichtlich, zwei große Eisenhalbkugeln zusammen und pumpte sie anschließend luftleer. Erst ein Gespann von zweimal acht Pferden konnte die Kugeln auseinander ziehen. Da in den Kugeln nahezu ein Vakuum entstanden war, presste die Luft mit großer

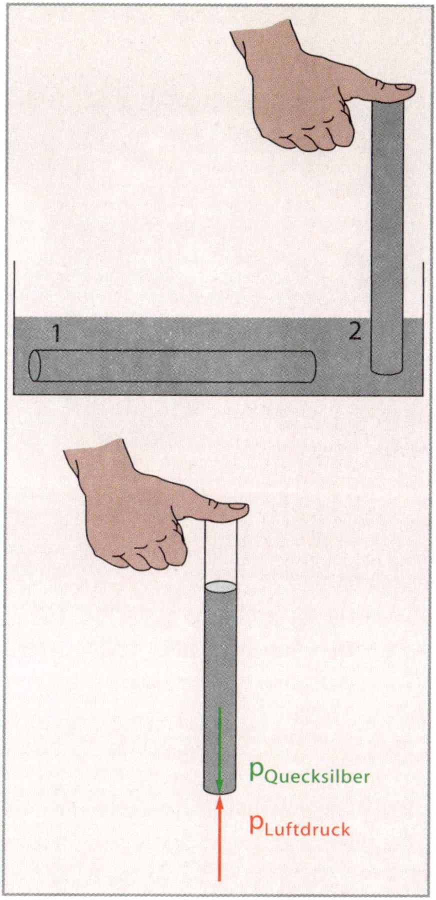

Abb. 4: Versuch von Torricelli. Die Röhre lief stets bis auf eine Höhe von 760 mm aus

Kraft von außen auf die Kugelflächen. Wir nehmen einmal an, dass an diesem Tag ein Luftdruck von 1 bar herrschte. Dies entspricht etwa dem normalen Luftdruck. Die Kugel hatte einen Durchmesser von ca. 1 m. Die Querschnittsfläche war damit ca. 3,14 m^2 groß. Welche Kraft drückte die Halbkugeln zusammen?

Beispielrechnung

Auf jede Kugelhälfte wirkten also nur 150.000 N. Natürlich war im historischen Versuch die Kraft auf die Halbkugel nicht so groß wie hier berechnet. Denn in der Rechnung wird vorausgesetzt, dass von innen kein Druck auf die Halbkugeln ausgeübt wird. Die Kugel dürfte also keine Luft beinhalten. Dieser Zustand wird mit Vakuum bezeichnet. Otto von Guericke konnte damals noch kein absolutes Vakuum erzeugen. Deshalb muss man in der Rechnung immer noch einen gewissen Druck, den Innendruck, subtrahieren, um an die wirkliche Kraft zu gelangen, die sich damit reduziert:

$$P = P_A - P_I$$

P : wirksamer Druck
P_A : Außendruck
P_I : Innendruck

Damit hatten die 16 Pferde eine Chance, die Kugeln vor der staunenden Menge auseinander zu ziehen. Die Vakuumtechnik hat sich allerdings im Laufe der Geschichte stark entwickelt, und so kann heute extremes Vakuum (Ultrahochvakuum 10^{-14} bar) erreicht werden.

Der Luftdruck wird durch die über uns liegende Atmosphäre erzeugt und nimmt beim Aufsteigen in große Höhen ab. Am Erdboden beträgt er ca. 1 bar.

Barometer

Wenn man den Luftdruck messen will, braucht man entsprechende Messgeräte. Das einfachste Luftdruckmessgerät ist ein Quecksilberbarometer, das E. Torricelli (1608-1647) erfunden hat (Abb. 4). Er tauchte dazu eine Glasröhre in ein Quecksilberbad, verschloss ein Ende mit der Hand und hob die Röhre aus der Flüssigkeit. Er stellte fest, dass die Röhre immer bis auf eine Höhe von 760 mm auslief. Wie ist das zu erklären? Genauso wie der Druck in Flüssigkeiten nach allen Seiten wirkt, so wirkt auch der Luftdruck in alle Richtungen und damit auch nach oben. Er drückt genauso stark nach oben, wie der Flüssigkeitsdruck einer 760 mm hohen Quecksilbersäule nach unten drückt.

Abb. 5: Reifendruckmessung; das Messgerät subtrahiert automatisch den Luftdruck (1 bar)

Der Luftdruck wirkt in alle Richtungen gleich.

Verringert sich durch das Wettergeschehen der Luftdruck, so läuft ein Teil des Quecksilbers aus und man liest, dem gefallenen Druck entsprechend, eine geringere Quecksilbersäulenhöhe ab.

> Die Höhe einer Quecksilbersäule verhält sich proportional zum Luftdruck.

Damit kann man, mit einer Skala versehen, leicht ein Messgerät für den Luftdruck – ein so genanntes Quecksilberbarometer – bauen. Normale Flüssigkeiten wie Wasser eignen sich wegen ihrer geringen Dichte nicht zum Barometerbau, da die entsprechenden Flüssigkeitssäulen viel zu hoch wären. Quecksilber gerät wegen seiner Giftigkeit zunehmend in die Umweltdiskussion, daher baut man mechanische Barometer, Dosenbarometer, die die durch den Luftdruck verursachte Biegung einer Membran mechanisch in einen Zeigerausschlag verwandeln. Manche Barometer sind so gebaut, dass sie den über den normalen Luftdruck hinauswirkenden Druck anzeigen (Abb. 5).

Das geschieht beim Messen des Reifendrucks an einer Tankstelle. Die Angabe 2,3 bar bedeutet, dass im Reifen 3,3 bar und außen 1 bar Luftdruck herrschen. Der Unterschied wird für den Benutzer automatisch ausgerechnet. Er beträgt 2,3 bar.

Zum Weiterlesen:

- Stets gegenwärtig: Der Druck, S. 216
- Das boyle-mariottsche Gesetz, S. 240
- Der Auftrieb in Flüssigkeiten, S. 246
- Der Auftrieb in Gasen, S. 252

Technische Anwendungen des Drucks

Auch wenn man es nicht direkt bemerkt, bestimmen technische Anwendungen des Drucks das gesamte Leben. Ob man nun in einem Fahrzeug ein Bremspedal betätigt, einem Bagger bei der Arbeit zusieht oder in einer Flugzeugfertigungshalle einer Presse beim Herstellen von Flugzeugblechen zuschaut: Überall begegnet man hydraulischer Technikanwendung, wobei Flüssigkeiten unter Druck gesetzt werden, die diesen weitergeben und an gewünschter Stelle eine genau bemessene Kraftwirkung erzeugen.

Die hydraulische Presse

Die hydraulische Presse ist ein technisches Gerät, mit dem man mit geringen eigenen Kräften große Kraftwirkungen erzielen kann. In einem Versuch soll durch die

Abb. 1: Hydraulische Presse zertrümmert einen Stein

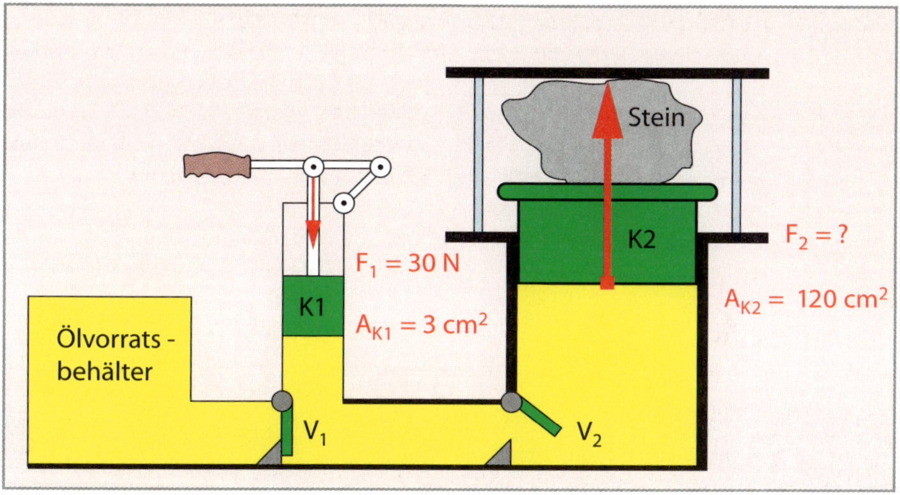

Abb. 2: Schematischer Aufbau einer hydraulischen Presse

Kraftwirkung einer Hand ein Stein zertrümmert werden (Abb. 1). Dazu wird der kleine Kolben mehrfach auf und ab bewegt, etwa so, wie man einen Wagenheber betätigt. Die Folge ist, dass sich auf der anderen Seite der größere Kolben langsam hebt und schließlich mit großer Gewalt den Stein zertrümmert. Wie kann eine solch kleine Kraft eine so große Wirkung entfalten? Der prinzipielle Aufbau einer hydraulischen Presse gibt Aufschluss darüber (Abb. 2).

Die hydraulische Presse ist mit einer Hydraulikflüssigkeit, einer Art Öl, gefüllt. Diese ist wie alle Flüssigkeiten nicht kompressibel, kann aber den Druck weitergeben. Pumpt man am Kolben K1, so öffnet sich das Ventil V_2, und Öl wird in den Kolbenraum des Kolbens K2 gepumpt. Der Kolben K2 hebt sich. Beim Zurückziehen des Pumphebels schließt sich V_2, und das Ventil V_1 öffnet sich, so dass weiteres Öl aus dem Vorratsbehälter zum Pumpen zur Verfügung steht. Der Vorgang wiederholt sich, bis der Stein eingeklemmt ist. Wird mittels einer Hand eine Kraft von 30 N auf den 3 cm^2 großen Pumpzylinderkolben K1 ausgeübt, so wirkt ein Druck p von:

$$p = \frac{30\ \text{N}}{3\ \text{cm}^2} = 10\ \frac{\text{N}}{\text{cm}^2} = 1\ \text{bar}$$

Da nun die Drücke in einer Flüssigkeit überall gleich sind, herrscht auch im Presskolben derselbe Druck. Allerdings verursacht er dort eine viel größere Kraft F_2:

$$\begin{aligned} F_2 &= p \cdot A = 1\ \text{bar} \cdot 120\ \text{cm}^2 \\ &= 10\ \frac{\text{N}}{\text{cm}^2} \cdot 120\ \text{cm}^2 \\ &= 1200\ \text{N} \end{aligned}$$

Der Stein zerbricht. Ursache ist die größere Fläche des Kolbens K2. Damit der Ölrückfluss nach der Arbeit gewährleistet ist, gibt es noch eine hier nicht gezeichnete Ölrückflussleitung, die das Öl aus dem Kolben K2 in das Vorratsgefäß ableitet.

An kleinen Pumpkolben wirkende kleine Kräfte verursachen an großflächigen Presskolben große Kräfte.

Natürlich steht dem Kraftgewinn ein häufiges Pumpen gegenüber. Außerdem kann man sich klarmachen, dass man mit

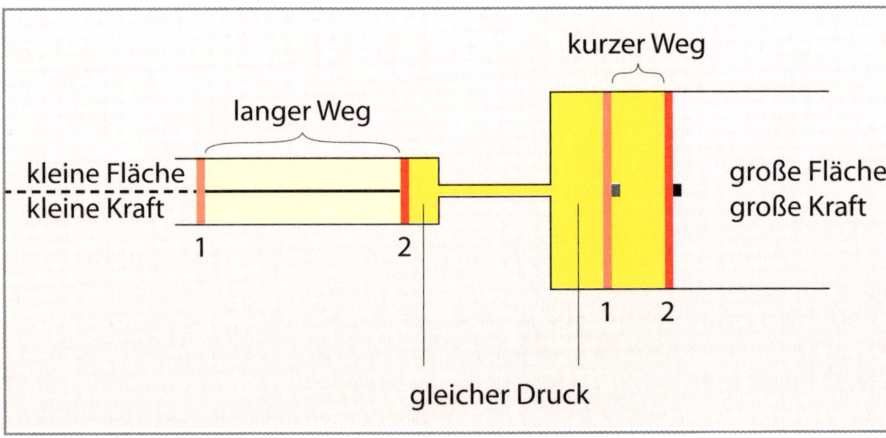

Abb. 3: Einfaches Hydraulikprinzip

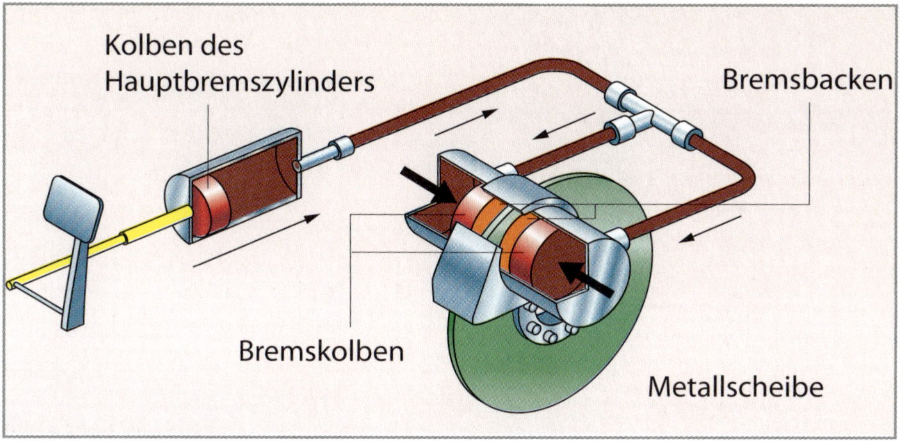

Abb. 4: Funktionsweise der Scheibenbremse

einer hydraulischen Presse keine Arbeit einsparen kann. Die Arbeit ist das Produkt von Kraft F und Weg s, wenn die Kraft in Richtung des Weges wirkt. Eine kleine Kraft verrichtet auf einem langen Weg (mehrmaliges Pumpen) die gleiche Arbeit wie eine große Kraft auf einem sehr kleinen Weg. Der pressende Kolben bewegt sich nämlich nur sehr wenig im Vergleich zum häufig auf und ab bewegten Pumpkolben. Mit solchen Pressen werden Flugzeug- und Autoteile industriell gefertigt. Natürlich haben sie ein anderes Aussehen. Aber die Funktionsweise ist ähnlich, wenn auch dort Maschinen die Handkraft durch maschinelle Kraft ersetzen. Hebebühnen und hydraulische Wagenheber arbeiten nach dem gleichen Prinzip (Abb. 3).

Die Scheibenbremse

Die meisten Autos besitzen heute eine Scheibenbremsanlage. Die ursprünglichen Trommelbremsen werden langsam verdrängt. Sie besitzen zu viele Nachteile (Erhitzung bei Bergabfahrten/ungleiche Bremswirkung) und sind nicht so zuverlässig. Auch eine Scheibenbremse arbeitet hydraulisch (Abb. 4). Drückt der Autofahrer aufs Bremspedal, so drückt der Kolben des Hauptbremszylinders auf die Bremskolben der Metallscheibe (Bremsscheibe). Die Folge ist, dass die Bremsbacken fest auf die

Metallscheibe gedrückt werden und somit das Auto abgebremst wird. Zu bedenken ist, dass der Pedalweg im Verhältnis zum Weg, den die Bremsbacken zurücklegen, sehr groß ist.

Die Bremsbacken legen nur einen Weg zurück, der im Millimeterbereich liegt.

Eine fiktive Beispielrechnung veranschaulicht die große Bremswirkung, die in Wirklichkeit auch noch durch so genannte Bremskraftverstärker erhöht wird.

Die stark vereinfachte Rechnung schätzt die Wirkung einer Scheibenbremse ab. Die am Bremspedal vom Fahrer verrichtete Arbeit soll so groß sein wie die von der Bremsanlage verrichtete Bremsarbeit, siehe Beispiel rechts.

$$W_F = F_p \cdot s_p$$

W_F = Bremsarbeit des Fahrers
s_p = Pedalweg (9 cm)
F_p = Pedalkraft = 1N

$$W_B = F_B \cdot s_B$$

W_B = Bremsarbeit der Backen
s_B = Backenweg (1,5 mm)

$$W_B = W_F \Rightarrow F_B \cdot s_B = F_p \cdot s_p$$

$$F_B = F_p \cdot \frac{s_p}{s_B}$$

$$F_B \approx F_p \cdot \frac{9\ \text{cm}}{1{,}5\ \text{mm}} \approx 60\text{N}$$

Vakuumtechnik

Gefriergetrocknete Lebensmittel werden unter Luftausschluss getrocknet. Glühbirnen, Halbleiterkristalle, Kabel und Transformatoren werden unter Vakuumbedingungen hergestellt. Die Gebiete der industriellen Anwendung der Vakuumtechnik wachsen unaufhörlich. Eingesetzt werden Strahlpumpen, Diffusionspumpen und u. a. so genannte Drehschieberpumpen. Beispielhaft wird die Funktionsweise einer Drehschieberpumpe erklärt (Abb. 5). Eine Glasglocke, die über einen Absperrhahn verschließbar ist, soll zu Versuchszwecken evakuiert werden. Sie ist über einen Schlauch mit einer Drehschieberpumpe verbunden.

Ein exzentrisch rotierender Metallzylinder schiebt die durch den Lufteinlass einströmende Luft mit Hilfe eines Schiebers so lange vor sich her, bis der Luftauslass erreicht ist.

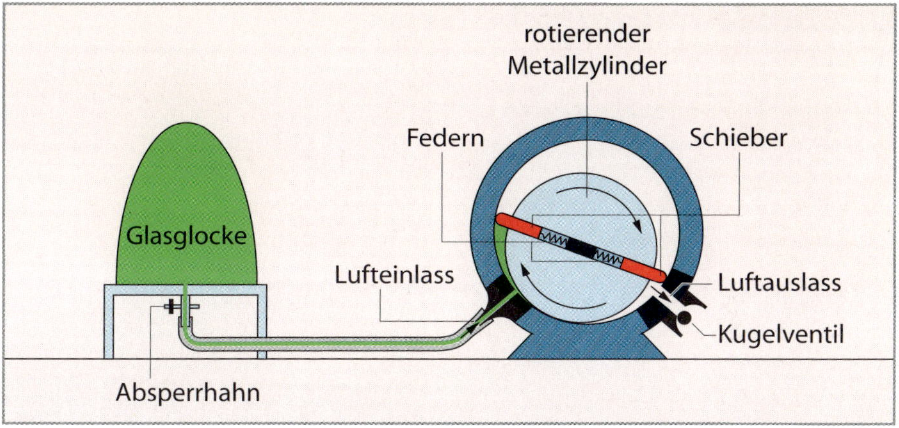

Abb. 5: Drehschieberpumpe erzeugt ein Vakuum in einer Glasglocke

Dort befindet sich ein Kugelventil, das die Luft nur in eine Richtung ausströmen lässt. Die Federn des Schiebers pressen diesen fest an die hochpolierte Innenwand der Pumpe an und drücken bei jeder Umdrehung einen Teil der Luft aus der Glasglocke heraus.

Zum Weiterlesen:

- Stets gegenwärtig: Der Druck, S. 216
- Der Auftrieb in Flüssigkeiten, S. 246
- Der Auftrieb in Gasen, S. 252

Das boyle-mariottsche Gesetz

Taucher benutzen für ihre Tauchgänge Pressluftflaschen. Taucht man in größere Tiefen ohne technisches Tauchgerät ab, so wird das Volumen des menschlichen Brustkorbs durch den hydrostatischen Druck stark zusammengepresst. Das ist abgesehen von Schmerzen im Brustbereich nicht direkt gefährlich, falls man 20 m Tauchtiefe nicht überschreitet. Jedoch ist die Tauchzeit auf wenige Minuten begrenzt. In einer Pressluft-

Abb. 1: Die Verkleinerung des Brustkorbs wird verhindert, indem Druckluft in die Lungen gepresst wird

flasche (Druck bis 300 bar) kann man Atemluft mitnehmen, länger unter Wasser bleiben und größere Tiefen erreichen. Der Körper erzeugt einen Gegendruck beim Tauchen, so dass der Brustkorb seine normale Größe beibehält (Abb. 1). Ein ventilgesteuerter Druckregler passt den Druck der eingeatmeten Luft dem jeweiligen hydrostatischen Druck an. So erreicht man mit viel Übung bis zu 70 m Tiefe. Für noch größere Tiefen benötigt der Mensch dann allerdings einen Schutz für den gesamten Körper, da der Druck sonst auch auf die anderen Körperteile negativen Einfluss hätte (Abb. 2).

Abb. 2: Tieftaucheranzug

Kann man nun berechnen, wie tief man gefahrlos ohne Atemhilfe tauchen kann? Gibt es einen gesetzmäßigen Zusammenhang zwischen dem Volumen des Brustkorbs und dem Druck in der betreffenden Tiefe?

Das Gesetz von Boyle und Mariotte

Ein Versuch soll über den Zusammenhang von Volumen V und Druck p einer abgeschlossenen Gasmenge Aufschluss geben (Abb. 3). Ein Gasvolumen ist durch eine frei bewegliche Metallkugel in einer Glasröhre eingeschlossen. Die Metallkugel ist oberflächenpoliert und hat nahezu denselben Durchmesser wie die Glasröhre: Die Kugel schließt dadurch dicht mit dem Röhreninneren ab. Auf der Glasröhre ist eine Skala angebracht, die ein Ablesen des eingeschlossenen Gasvolumens ermöglicht. Die Glasröhre ist mit einem Manometer verbunden, das den herrschenden Druck anzeigt. Mittels einer umgekehrt laufenden Vakuumpumpe wird über einen Schlauch Luft gegen die Glaskugel gedrückt. Ein Umschalter an der Pumpe ermöglicht es, Unterdrücke zu erzeugen, falls die Pumpe evakuierend arbeitet. Gemessen werden der Druck und

Abb. 3: Druck und Volumen einer abgeschlossenen Gasmenge

das Volumen der durch die Kugel eingesperrten Gasmenge. Im eingeschlossenen Volumen herrscht derselbe Druck wie außen, ansonsten würde sich die Kugel bei einem bestimmten äußeren Druck so lange bewegen, bis Innendruck und Außendruck gleich sind.

Die Ergebnisse des Versuchs sind in einer Messtabelle festgehalten und grafisch dargestellt (Abb. 4). Druck p und Volumen V einer Gasmenge verhalten sich offensichtlich nicht proportional. Vielmehr erkennt man, dass bei zunehmendem Druck sich das Gasvolumen verkleinert. Eine solche Beziehung bezeichnet man als umgekehrte Proportionalität. Kennzeichen einer umgekehrten Proportionalität ist die Produktgleichheit der betreffenden Größen.

Die Produktgleichheit erkennt man in der letzten Tabellenzeile, in der sich nur konstante Werte ergeben. Den Graph einer umgekehrt proportionalen Beziehung nennt man Hyperbel. Zugehörige Punkte auf der Hyperbel zeigen, dass das Produkt des Drucks p und des Volumens V einer eingeschlossenen Gasmenge eine Konstante ist. Diesen Zusammenhang fanden der Engländer Robert Boyle (1627-1691) und Jahre später der Franzose Edme Mariotte (1620 - 1684) unabhängig vonei-

$\frac{p}{bar}$	0,5	0,8	1	1,25	1,6	2,0
$\frac{V}{cm^3}$	16	10	8	6,4	5	4
$\frac{p \cdot V}{bar \cdot cm^3}$	8	8	8	8	8	8

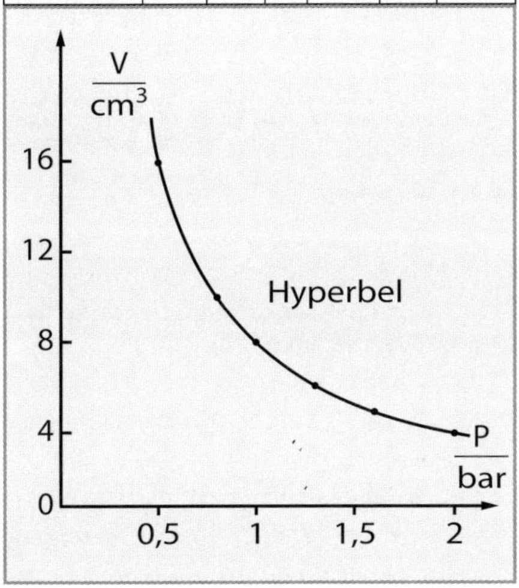

Abb. 4: Druck p und Volumen V verhalten sich in einer Gasmenge umgekehrt proportional zueinander

nander. Deshalb wird das Gesetz boyle-mariottsches Gesetz genannt. Man setzt allerdings voraus, dass beim Versuch die Temperatur konstant ist. Jeder, der schon einmal einen Fahrradreifen aufgepumpt hat, weiß, dass sich das Ventil und die Pumpenöffnung stark erwärmen. Möchte man die Temperatur konstant halten, muss man entweder vorsichtiger pumpen oder so lange warten, bis sich die Gasmenge wieder an die Umgebungstemperatur angeglichen hat. Im vorgestellten Versuch ist die Temperaturkonstanz gut gewährleistet.

Das boyle-mariottsche Gesetz:

Das Produkt aus Druck p und Volumen V einer abgeschlossenen Gasmenge erweist sich bei gleichbleibender Temperatur als konstant:

$p \cdot V = \text{konstant}$

Eine Beispielrechnung soll die Anwendung dieses wichtigen Gasgesetzes illustrieren:

Ein Taucher habe ein Lungenvolumen von 8000 cm3. Er wagt einen Tauchgang bis

Abb. 5: Das Verhalten von Gasteilchen, dargestellt mit Hilfe von Glaskugeln (Modellaufbau)

auf 40 m Tiefe (ohne Pressluftflasche). Wie stark wird sein Lungenvolumen zusammengepresst?

$V_1 = 8000\ cm^3$
$V_2 = ?$

$p_1 = 1\ bar$
$p_2 = (4\ bar + 1\ bar) = 5\ bar$

Der Wasserdruck in 40 m Tiefe beträgt 4 bar; der Atmosphärendruck muss addiert werden.

$$p_2V_2 = p_1V_1 = \text{konst.}$$

$$V_2 = \frac{p_1V_1}{p_2} = \frac{1\ bar \cdot 8000\ cm^3}{5\ bar} = 1600\ cm^3$$

Der Druck in Gasen

Im Allgemeinen verändern sich Gasdruck, Volumen und Temperatur einer Gasmenge gleichzeitig, so zum Beispiel bei einem Luftballon, der im Sommer im Auto auf der Rückbank liegt. Die Sonnenstrahlen lassen die Temperatur und den Druck ansteigen, und der Ballon dehnt sich aus. Steigt die Temperatur weiter, so platzt er letztlich. Wie kann man sich das Zustandekommen eines Gasdrucks erklären? Man stellt sich ein Gasvolumen wie eine Menge eingesperrter Kugeln vor, die sich aufgrund ihrer Wärmeenergie stark bewegen. Die Kugeln fliegen ungeordnet durcheinander, stoßen mit anderen Kugeln zusammen und prallen gegen die Gefäßwand. Ein Versuch zeigt diesen Zustand (Abb. 5). In einer Art Rüttelmaschine werden durch Vibrationen Glaskugeln in heftige Bewegung gesetzt. Sie befinden sich in einer senkrecht stehenden Glasröhre und stellen ein Modellgas dar, dass das Verhalten von Gasteilchen darstellen soll. Das „Modellgasvolumen" ist oben durch ein Pappstück begrenzt. Die gegen den oben aufgelegten Pappkarton stoßenden Glaskugeln erzeugen beispielhaft den Gasdruck. Drückt man von außen auf den Karton, so verkleinert sich das Volumen, das den Glaskugeln zur Verfügung steht. Die Stöße werden häufiger – ihr Druck nimmt damit zu. Das boyle-mariottsche Gesetz wird dadurch verständlich. Eine Verkleinerung des Volumens hat automatisch eine Vergrößerung des Drucks zur Folge. Eine Erhöhung des Rüttelns der Maschine ist nichts anderes als eine Temperaturerhöhung des Gases, was ein Anheben des Pappkartons zur Folge hat. Dies entspricht dem Ausdehnen unseres Ballons im heißen Auto.

Atmen

Mit der Kenntnis des boyle-mariottschen Gesetzes wird auch klar, wie der Atemmechanismus funktioniert. Atmet man bewusst ein, so hebt man den Brustkorb und vergrößert sein Volumen. Der Innendruck fällt, und der äußere Luftdruck pumpt Luft in die Lungen. Beim Ausatmen senkt man den Brustkorb und verkleinert sein Volumen. Der Innendruck steigt. Die Luft wird vom Mund ausgeatmet.

Zum Weiterlesen:

- ➜ Stets gegenwärtig: Der Druck, S. 216
- ➜ Der Druck in Gasen, S. 228
- ➜ Der Auftrieb in Flüssigkeiten, S. 246
- ➜ Der Auftrieb in Gasen, S. 252

Der Auftrieb in Flüssigkeiten

Ein Strandspaziergang ist immer abwechslungsreich, da interessante Dinge zu beobachten sind. Der Blick fällt dabei auf ein Schiff, das im Meer schwimmt. Das Schiff ist aus Metall. Metall ist schwerer als Wasser. Wieso kann es sich über Wasser halten und ist zudem noch beladen? Menschen tummeln sich gerne im Wasser. Fast jeder kann schwimmen. Beim Spielen im Wasser geht man unter, wenn man ausatmet. Atmet man stark ein, so kann man sich auf das Wasser legen, ohne unterzugehen. Das ist auf den ersten Blick widersinnig. Man scheint schwimmen zu können, wenn man geringe Mengen eines Stoffs (Luft) zu sich nimmt, also minimal schwerer wird, und geht unter, wenn das Gewicht kleiner wird. Es muss andere wichtige Einflussfaktoren geben, die bestimmen, ob ein Körper schwimmt oder sinkt.

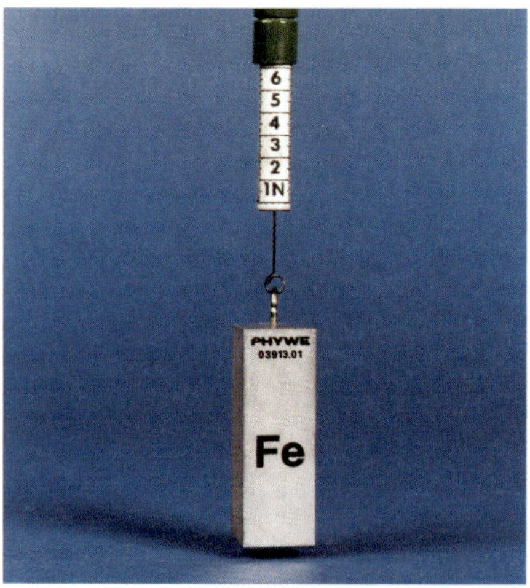

Abb. 1a: Gewichtskraft des Eisenkörpers

Abb. 1b: Gewichtskraft des Eisenkörpers in Wasser

Der Auftrieb

Man hängt einen Eisenkörper an eine Federwaage und bestimmt seine Gewichtskraft. Denselben Körper hängt man nun ins Was-

Abb. 1c: Gewichtskraft des Eisenkörpers in Spiritus

ser (Abb. 1a/b). Die Gewichtskraft des Körpers hat sich geändert. Der Körper ist leichter geworden. Wir hängen einen gleich großen Aluminiumkörper ins Wasser, auch er verliert an Gewicht, und zwar ist der Gewichtsverlust genauso groß wie beim gleich großen Eisenkörper. Obwohl also Eisenkörper und Aluminiumkörper ein unterschiedliches Gewicht haben, erfahren sie in Wasser denselben Gewichtsverlust. Man sagt, beide Körper erfahren eine Auftriebskraft F_A, die der senkrecht nach unten wirkenden Gewichtskraft entgegengesetzt ist. Das Einzige, was den Körpern gemeinsam ist, ist ihr Volumen. Das Volumen scheint eine maßgebende Größe für den Auftrieb zu sein. Hängt man einen Eisenkörper doppelten Volumens ins Wasser, so erfährt er eine doppelt so hohe Auftriebskraft.

> Die Auftriebskraft F_A, die ein vollständig in eine Flüssigkeit eingetauchter Körper erfährt, erweist sich als proportional zu seinem Volumen: $F_A \sim V_K$

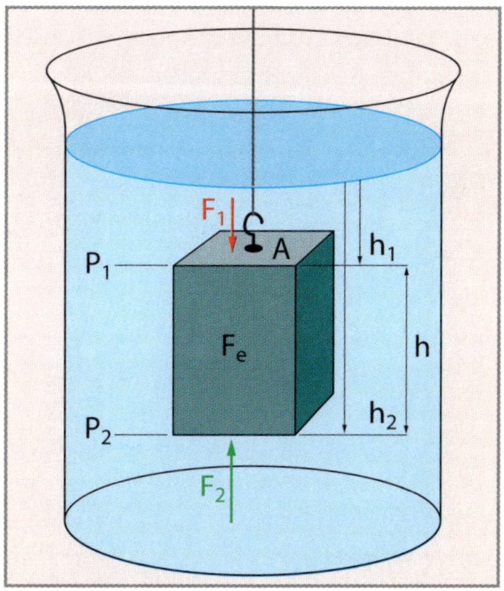

Abb. 2: Druckverhältnisse am eingetauchten Körper

Wir hängen denselben Eisenkörper wie in Versuch 1a in eine andere Flüssigkeit, und zwar in Spiritus (Abb. 1c). Auch jetzt wird der Körper leichter, aber nicht in dem gleichen Ausmaß wie beim Eintauchen ins Wasser. Die Auftriebskraft scheint also auch von der Flüssigkeitsart abzuhängen. Wir vergleichen die Auftriebskräfte genauer durch einen weiteren Versuch. Ein beliebiger Körper wird in Wasser und danach in Alkohol getaucht. Die Auftriebskräfte werden verglichen. Die Auftriebskraft in Wasser beträgt 1 N, die Auftriebskraft in Spiritus 0,8 N. Die Dichte ρ_w des Wassers beträgt 1 g/cm^3, die Dichte von Spiritus ρ_{SP} liegt bei 0,8 g/cm^3. Diese auffällige Ähnlichkeit führt zu der Vermutung, dass die Auftriebskraft, die ein Körper erfährt, der Dichte der Flüssigkeit ρ_{FL} proportional ist: $F_A \sim \rho_{FL}$. Die anschließende Deduktion (Ableitung) wird diese Feststellungen bestätigen und die endgültige Formel für die Auftriebskraft erbringen.

Die Auftriebskraft

Wir betrachten einen Metallkörper, der in eine Flüssigkeit eintaucht (Abb. 2). Aufgrund des hydrostatischen Drucks wirkt in der Tiefe h_2 eine Kraft auf den Körper, die das Produkt aus p_2 und der Körperfläche ist: $F_2 = p_2 \cdot A$. Diese Kraft zeigt senkrecht nach oben. Gleiche Überlegungen führen dazu, dass in der Wassertiefe h_1 ebenso eine Kraft F_1 auf den Körper wirkt: $F_1 = p_1 \cdot A$.

Diese Kraft zeigt nach unten. Die Differenz dieser Kräfte verursacht die Auftriebskraft. Die Auftriebskraft ergibt sich durch folgende Rechnung:

$F_A = F_2 - F_1$	F_A = Auftriebsart
$F_1 = P_1 \cdot A$	F_1 = Kraft auf die obere Fläche
$F_2 = P_2 \cdot A$	F_2 = Kraft auf die untere Fläche
$p = \rho \cdot g \cdot h$	ρ = Dichte der Flüssigkeit
$F_A = \rho\, g \cdot h \cdot A$	g = Erdbeschleunigung
$F_A = \rho \cdot g \cdot V$	V = Volumen

Man erkennt, dass sich die Auftriebskraft, wie im oberen Versuch vermutet, sowohl proportional zum Volumen des eingetauchten Körpers als auch proportional zur Dichte der verwendeten Flüssigkeit verhält. Der Faktor g ist verständlich, da wir uns auf der Erde befinden und dieser den hydrostatischen Druck mitbestimmt. Die Auftriebskraft wurde schon im Altertum vom Griechen Archimedes (287-212 v. Chr.) entdeckt und formelmäßig im so genannten archimedischen Prinzip festgehalten:

> Ein vollständig in eine Flüssigkeit eingetauchter Körper erfährt eine Auftriebskraft F_A, die seiner Gewichtskraft entgegenwirkt:
>
> $$F_A = \rho_{FL} \cdot g \cdot V_K$$
>
> Die Auftriebskraft entspricht demnach der Gewichtskraft des verdrängten Flüssigkeitsvolumens.

Abb. 3a: Holzquader taucht in Wasser ein

Abb. 3b: Gewichtsbestimmung des Quaders

Abb. 4: Dank der Luftmassen im Inneren des Schiffes ragen die Aufbauten aus Stahl mehrere Stockwerke über die Wasseroberfläche hinaus

Nun wird auch klar, warum man beim Einatmen im Wasser schwimmen kann. Zwar nimmt man eine geringe Luftmenge zu sich und wird nachweislich um einiges schwerer, aber durch die Brustkorbvergrößerung wird das Volumen des Körpers vergrößert. Man erfährt nun eine seinem vergrößerten Volumen entsprechend erhöhte Auftriebskraft und schwimmt. Beim Ausatmen ist die Sachlage umgekehrt. Die Dichte des menschlichen Körpers liegt knapp über der Dichte von Wasser. Geringe Volumenänderungen des Körpers bestimmen Schwimmen und Sinken.

Wieso schwimmt ein Schiff?

Ein Holzquader schwimmt im Wasser und taucht nur bis zu einer gewissen Tiefe ein (Abb. 3a). Man markiert die Eintauchlinie und berechnet über die Volumenformel eines Quaders das eingetauchte Volumen. Das eingetauchte Volumen beträgt 390 cm^3. Anschließend wird das Gewicht des Holzquaders auf einer Waage bestimmt (Abb. 3b). Es beträgt 390 g. Gibt es auch hier einen Zusammenhang zwischen dem Gewicht der verdrängten Flüssigkeit und dem Auftrieb des Körpers? Die Waage bestätigt diese Vermutung. Der Holzquader hat anscheinend so viel Flüssigkeit verdrängt, bis die Gewichtskraft der verdrängten Flüssigkeit seinem Eigengewicht entspricht.

Schwimmen: Ein Körper taucht so tief in eine Flüssigkeit ein, bis seine Gewichtskraft der Gewichtskraft des durch ihn verdrängten Flüssigkeitsvolumens entspricht.

Wir bestimmen in einer Beispielrechnung die Eintauchtiefe einer Schwimmkerze. Eine zylinderförmige Wachskerze hat die Dichte $\rho = 0{,}9\ g/cm^3$. Sie hat einen Radius von 2 cm und eine Höhe von 3 cm. Wie tief taucht sie ins Wasser ein?

h_B = Höhe des Wasserblocks

$$h_B = \frac{\rho_{Wachs}}{\rho_{Wasser}} \cdot h = \frac{0{,}9\ g/cm^3}{1{,}0\ g/cm^3} \cdot 3\ cm$$

$$= 2{,}7\ cm$$

In der Beispielrechnung erkennen wir auch das Prinzip des Schwimmens, Schwebens und Sinkens. Jetzt ist auch klar, warum Schiffe aus Metall schwimmen können; sie müssen hohl sein, damit ihre mittlere Dichte kleiner als die von Wasser ist (Abb. 4).

Zum Weiterlesen:

- Stets gegenwärtig: Der Druck, S. 216
- Der Druck in Gasen, S. 228
- Das boyle-mariottsche Gesetz, S. 240
- Der Auftrieb in Gasen, S. 252

Der Auftrieb in Gasen

Ein großer Heißluftballon schwebt majestätisch am Himmel (Abb. 1). Eine Hügelkuppe naht. Von weitem hört man das Anspringen des Gasbrenners und sieht Flammen auflodern. Die Ballonhülle muss der Hitze standhalten können. Der Ballon darf nicht mit einem explosiven Gasgemisch gefüllt sein, da wegen des Feuers eine Explosion droht. Er ist nur mit Luft gefüllt. Der Ballon überwindet den Hügelkamm und schwebt weiter in Richtung des sanft wehenden Windes. Ballons kann man kaum steuern. In der Geschichte der Luftfahrt baute man nach der Erfindung der Ballons steuerbare Luftschiffe, auch Zeppeline genannt. Einer der Erfinder dieser zigarrenförmigen Luftschiffe war Graf Zeppelin. Nach größeren Brandkatastrophen und mangelnder Einsatztauglichkeit im Krieg stellte man den Bau von Zeppelinen ein. Möchte man heute gezielt schnell einen weit entfernten Ort erreichen, so benutzt man Flugzeuge. Düsenflugzeuge lösten in der Geschichte der Luftfahrt Propellermaschinen im Bereich großer Flugzeuge weitgehend ab. Die Tatsache, dass beide fliegen können, beruht jedoch auf denselben physikalischen Gesetzen. Warum muss man Ballons mit heißem Gas füllen? Wieso fliegen Flugzeuge, die doch recht schwer sind?

Abb. 1: Schwebender Ballon

Warum schwebt ein Heliumluftballon?

Auf Jahrmärkten kann man mit Helium gefüllte Luftballons kaufen. Man muss aufpassen, wenn man sie loslässt, fliegen sie weg. Ein Versuch gibt den Grund für dieses Verhalten an. Unter einer Glasglocke wird eine Weihnachtskugel mit einer empfindlichen Waage gewogen. Auf der einen

Abb. 2: Wegfall von Auftriebskräften im Vakuum

Seite hängt die Kugel, auf der anderen Seite ein kleiner Behälter, der mit Metallkugeln gefüllt ist. Man kann so lange Metallkugeln ergänzen, bis die Waage im Gleichgewicht ist. Pumpt man nun den Raum unter der Glasglocke luftleer, so stellt sich das in der Abbildung 2 ersichtliche Ungleichgewicht ein.

Ist die Kugel schwerer oder der Behälter leichter geworden? Das kann eigentlich beides nicht sein. Ähnlich wie in Flüssigkeiten erfahren Körper jedoch einen Auftrieb. Die Auftriebskraft hängt entscheidend vom Volumen des betreffenden Körpers ab. Damit ist die Sachlage klar. Die Weihnachtskugel ist wirklich schwerer als der kleine Metallbehälter. In der Luft erfährt die Kugel allerdings aufgrund ihres größeren Volumens eine größere Auftriebskraft und wird dadurch in größerem Maße leichter als der kleine Metallkörper. Die beiden Körper scheinen dadurch in der Luft gleich schwer zu sein. Wird die Luft entfernt, zeigt sich die wahre Natur der Weihnachtskugel. Sie ist schwerer.

Körper erfahren in Gasen einen Auftrieb. Die Formel für den Auftrieb in Gasen entspricht der für den Auftrieb in Flüssigkeiten. Jetzt ist allerdings die Dichte der Gase zu benutzen:

$$F_A = \rho_{GAS} \cdot g \cdot V_K$$

F_A = Auftriebskraft
ρ_{GAS} = Dichte der Luft
g = Erdbeschleunigung
V_K = Volumen des Körpers

Wieso fliegt eine Person dann nicht hoch oder schwebt in der Luft? Eine Beispielrechnung zeigt die Größe der Auftriebskraft eines Menschen mit einer Gewichtskraft von 600 N und einem Volumen von ca. 60 l:

$$F_A = \rho_{Luft} \cdot g \cdot V_K$$
$$= 1{,}3\frac{g}{l} \cdot 9{,}81\,\frac{N}{kg} \cdot 60\,l = 0{,}8\,N$$

Die Gewichtskraft wird durch den Auftrieb in Luft nur unmerklich gemindert. Möchte man also Körper fliegen lassen, so braucht man recht große Volumina, um hohe Auftriebskräfte erzeugen zu können, und außerdem ein Füllgas, das leichter ist als Luft. Darum sind Ballonhüllen so groß. Wieso erhitzt man die Luft im Ballon? Die Dichte von heißer Luft ist geringer als die von kalter Luft. So kann man den Auftrieb regulieren. Außerdem ist das sehr viel billiger als Helium. Am besten fliegt ein Ballon mit dem leichtesten Element „Wasserstoff". Doch Wasserstoff ist hochexplosiv und wird nur bei speziellen Anwendungen verwandt, z. B. bei hoch fliegenden Wetterballons.

Ein Körper, der sich in einem Gas befindet, erfährt eine Auftriebskraft. Die Auftriebskraft ist dem Volumen V_K des Körpers und der Dichte ρ_{Gas} des ihn umgebenden Gases proportional. Die Formel für den Auftrieb in Gasen ist ähnlich der Formel für den Auftrieb in Flüssigkeiten:
$F_A = \rho_{Gas} \cdot g \cdot V_K$

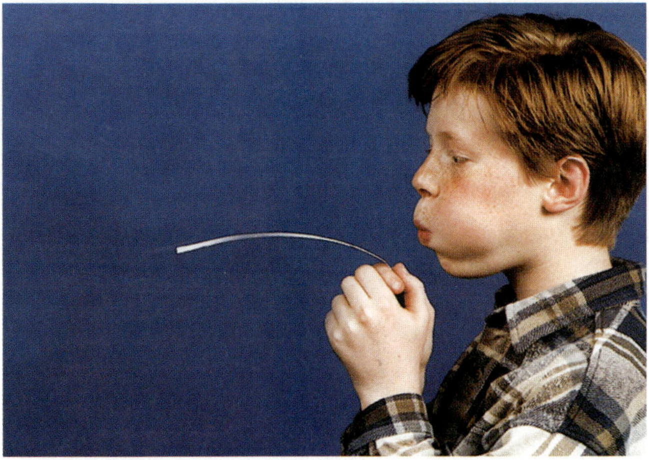

Abb. 3: Schwebender Papierstreifen

Warum fliegen Flugzeuge?

Aus den bisher aufgezeigten Zusammenhängen wird klar, dass die Erläuterungen zum Auftrieb nicht ausreichen, um zu erklären, warum ein Flugzeug fliegt. Die Auftriebskräfte reichen bei weitem nicht aus, um ein Flugzeug anzuheben. Den bisher betrachteten Auftrieb bezeichnet man auch als statischen Auftrieb. Damit sich ein Flugzeug in die Lüfte bewegt, muss es sich zunächst selbst bewegen. Luft muss sich über die Tragflächen bewegen. Ein Handexperiment zeigt grundsätzlich auf, warum ein Flugzeug fliegen kann (Abb. 3).

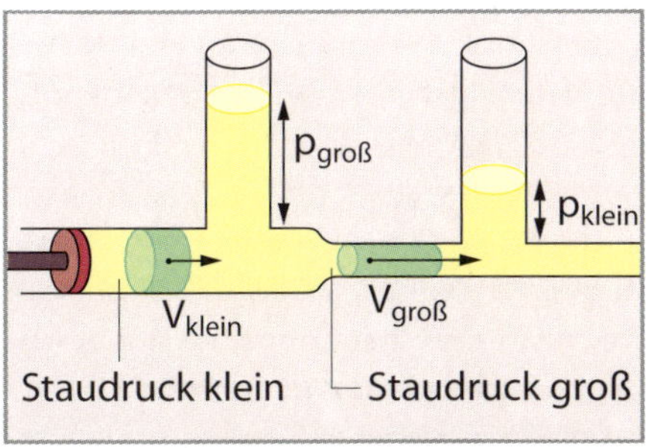

Abb. 4: Statischer Druck und Staudruck

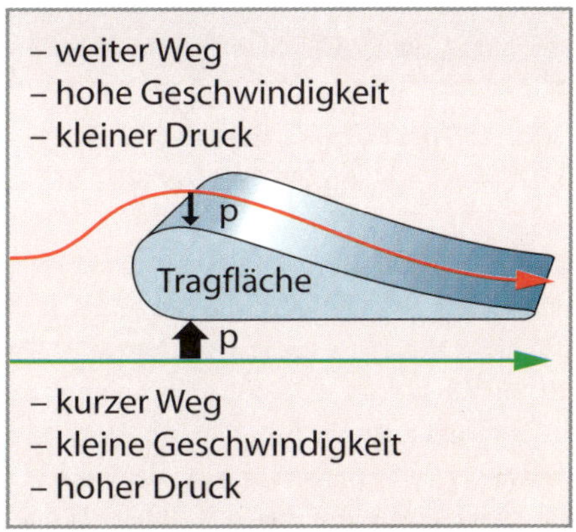

Abb. 5: Vereinfachte Druckverhältnisse an einer Tragfläche

Abb. 6: Die Wölbung der Tragfläche ist deutlich zu erkennen. Die vorbeiströmende Luft muss auf der Flügeloberseite einen längeren Weg zurücklegen

Ein Kind hält einen Papierstreifen in der Hand, der an der Hand lose herunterhängt. Es pustet von oben über diesen Streifen. Der Streifen hebt sich. Das scheint zunächst paradox (widersinnig), es hat jedoch seinen Grund. Der Papierstreifen muss durch die Tatsache, dass sich Luftteilchen über ihn bewegen, angehoben werden. Das bedeutet, dass es von unten einen Druck auf die Papierstreifenfläche geben muss, der größer ist als der Druck von oben.

Genau das ist der Fall. Doch woher kommt dieser höhere Druck? Es muss neben dem statischen Druck oder auch Schweredruck noch einen Druck geben, der bei dynamischen Sachverhalten, also bei Bewegung, wirksam wird. Die grundsätzliche

Sachlage zu diesem Problem kann man mit einem Röhrensystem darstellen, durch das eine Flüssigkeit gepumpt wird (Abb. 4).

Fließt eine Flüssigkeit durch das Röhrensystem, so muss sie sich im dünneren Teil der Röhre schneller bewegen, damit die Strömung nicht abreißt und ein kontinuierlicher Durchfluss gewährleistet ist. In den senkrecht über dem Röhrensystem befindlichen Flüssigkeitsstutzen steht das Wasser aufgrund verschiedener hydrostatischer Drücke unterschiedlich hoch. Im kleineren Rohrquerschnitt bewegt sich die Flüssigkeit mit hoher Geschwindigkeit, dort herrscht aber ein kleiner statischer Druck. Umgekehrt ist es im großen Rohrquerschnitt. Hier liegt eine kleine Geschwindigkeit, jedoch ein hoher Druck vor. Man hat nämlich festgestellt, dass die Summe von statischem Druck und der Druckerscheinung, die durch die Geschwindigkeit verursacht wird, immer gleich groß ist (Staudruck). Diesen Zusammenhang hat der Schweizer Daniel Bernoulli (1700–1782) festgestellt. Dort also, wo die Geschwindigkeit am größten ist, existiert ein kleiner statischer Druck, und dort, wo die Geschwindigkeit klein ist, gibt es einen hohen statischen Druck. Nun versteht man auch das Verhalten des Papierstreifens. Oben über dem Streifen bewegt sich die Luft schnell. Der zugehörige statische Druck ist kleiner als der Druck unter dem Streifen, da dort die Geschwindigkeit der Teilchen kleiner ist. Der Streifen bewegt sich nach oben. Ähnlich ist es bei den Tragflächen der Flugzeuge. Die Tragflächen haben die in Abb. 5 abgebildete Form. Damit die Strömung nicht abreißt, müssen die Luftteilchen oben schneller sein als unten. Die Folge ist, dass der statische Druck unten größer ist und das Flugzeug abhebt (Abb. 6).

Zum Weiterlesen:

- Stets gegenwärtig: Der Druck, S. 216
- Der Druck in Gasen, S. 228
- Das boyle-mariottsche Gesetz, S. 240
- Der Auftrieb in Flüssigkeiten, S. 246

Die Geschwindigkeit

In der heutigen modernen Zivilisation ist die Geschwindigkeit eine wichtige physikalische Größe, die ganz entscheidend das alltägliche Leben bestimmt. Güter und Menschen werden tagtäglich mit modernen, schnellen Verkehrsmitteln von einem Ort zum anderen transportiert. Ferne Reiseziele können mit dem Flugzeug in Tagesreisen erreicht werden (Abb. 1), die in früheren Zeiten erst nach wochenlangen, abenteuerlichen Schiffsreisen (Abb. 2) erreicht werden konnten. Informationen können heutzutage problemlos in Bruchteilen von Sekunden mit dem Einsatz von Nachrichtensatelliten von einem Punkt der Erde zum anderen gesendet werden (Abb. 3). Hohe Geschwindigkeiten begeistern stets den Menschen, und er ist immer bestrebt, die Geschwindigkeiten in unterschiedlichen Bereichen der Technik zu erhöhen. Die grundlegende Frage, was die physikalische Größe Geschwindigkeit nun eigentlich genau bedeutet, soll zunächst mit dem direkten Vergleich von fahrenden Fahrzeugen veranschaulicht werden. Steht man beispielsweise an der Autobahn, kann man bei den vorbeifahrenden Fahrzeugen sofort erkennen, welche Fahrzeuge eine höhere bzw. geringere Geschwindigkeit aufweisen (Abb. 4). Entfällt der direkte Vergleich, da beispielsweise die Fahrzeuge nur einzeln hintereinander vorbeifahren, dann wird es schwieriger für den Beobachter, die Fahrzeuge in ihrer Geschwindigkeit zu beurteilen, denn der Mensch kann Geschwindigkeiten mit seinen zur Verfügung stehenden Sinnesorganen nicht objektiv abschätzen. Für den genauen Vergleich der Geschwindigkeiten misst man des-

Abb. 1: Düsenflugzeug: schnell und bequem

halb im folgenden Versuch die Zeitspanne, in der die Fahrzeuge einen bestimmten Streckenabschnitt zurücklegen. Für diesen Versuch werden dabei zunächst nur zwei Fahrzeuge verglichen. Das Fahrzeug, das im Vergleich zum zweiten Fahrzeug in der geringeren Zeit den Streckenabschnitt abfährt, hat somit die höhere Geschwindigkeit. Der Zeitaufwand für das Abfahren des Streckenabschnittes ist umgekehrt proportional zur Geschwindigkeit v:

$$v \sim \frac{1}{t}$$

v = Geschwindigkeit
t = Zeit

Abb. 2: Segelschiff: langsam und arbeitsintensiv

Zur Überprüfung der Messergebnisse nehmen weitere Beobachter mit ihren Messungen an dem Versuch teil. Für dieselben Fahrzeuge haben erstaunlicherweise aber alle Beobachter unterschiedliche Zeiten gemessen. Das Missverständnis wird geklärt, da man feststellte, dass alle Beobachter eine unterschiedlich lange Messstrecke für ihre Zeitmessung genutzt haben. Zum richtigen Vergleich der Geschwindigkeiten müssen deshalb die unterschiedlichen Messstrecken ausgemessen werden (Abb. 5).

In der Tabelle 1 tragen die Beobachter die Wertepaare Fahrstrecke/Zeit für die beiden Fahrzeuge ein.

Die einzelnen Wertepaare Fahrstrecke/Zeit der beiden Fahrzeuge werden dann in ein Weg-Zeit-Diagramm eingetragen (Abb. 6). Aus dem Diagramm wird ersichtlich, dass sich die Messwerte von den jeweiligen Fahrzeugen genau auf einer Geraden befinden. Mit dieser Geraden wird die Proportionalität zwischen

Fahrstrecke und Fahrzeit erkennbar, d. h., dass bei doppelter zurückgelegter Strecke auch die doppelte Zeit benötigt wird bzw. bei n-facher Strecke die n-fache Zeit:

$s \sim t$	Weg ~ Zeit

Sind die Fahrstrecke und die Fahrzeit proportional zueinander, dann bewegt sich der Körper gleichförmig und im Weg-Zeit-Diagramm ergeben die Messwerte eine Ursprungsgerade, d. h. eine Gerade, die den Nullpunkt durchläuft. Der Quotient aus dem Weg s und der Zeit t bleibt dabei immer konstant. Der konstante Quotient wird als Geschwindigkeit v einer gleichförmigen Bewegung definiert:

$$v = \frac{s}{t} \qquad \text{Geschwindigkeit} = \frac{\text{Weg}}{\text{Zeit}}$$

Da nun alle Wertepaare, gemessen von den einzelnen Beobachtern, auf den beiden Geraden liegen, haben alle Beobachter die gleichen Quotienten und damit die gleichen Geschwindigkeiten der beiden Fahrzeuge gemessen. Die Beobachter haben also die Geschwindigkeiten der Fahrzeuge, die sich gleichförmig auf der Messstrecke bewegten, mit der Weg-Zeit-Messung festgestellt.

Abb. 3: Satellit: Datenübertragung mit Lichtgeschwindigkeit

Die Messergebnisse wurden in dem Versuch in m/s angegeben. Auf der Tachoanzeige im Auto wird aber die Geschwindigkeit in km/h (km = Kilometer, h = Stunde) angegeben.

Abb. 4: An Straßen lassen sich die Geschwindigkeiten leicht vergleichen

Bei der Umrechnung von der ersten Einheit m/s in die zweite Einheit km/h muss beachtet werden, dass 1 Kilometer (km) 1000 m entspricht und eine Stunde (h) aus 3600 Sekunden besteht:

$$\text{Umrechnung:} \quad \frac{1\ \text{m}}{\text{sec}} = 3{,}60\ \frac{\text{km}}{\text{h}}$$

$$\frac{1\ \text{km}}{\text{h}} = 0{,}278\ \frac{\text{m}}{\text{sec}}$$

Aus der Geschwindigkeitsdefinition lässt sich also bei Kenntnis der zurückgelegten

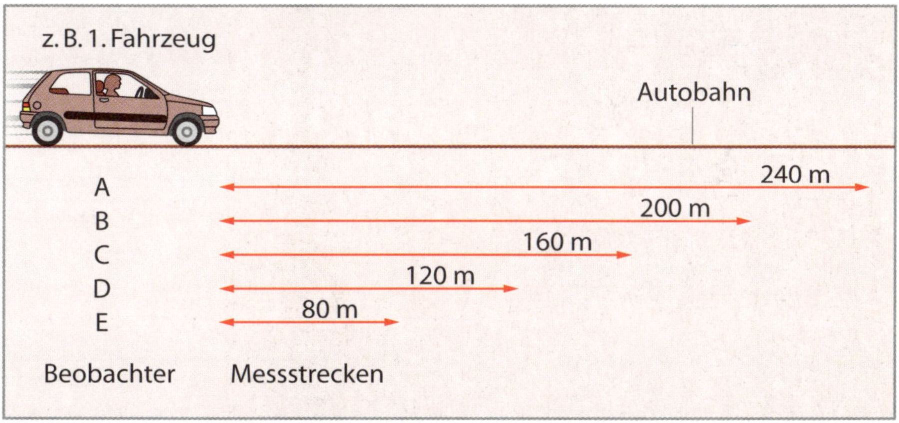

Abb. 5: Für die Geschwindigkeitsmessung sind die Messstrecken der Beobachter A, B, C, D und E unterschiedlich lang

Beobachter	E	D	C	B	A
Messstrecke	80 m	120 m	160 m	200 m	240 m
1. Fahrzeug	2,6 s	3,9 s	5,2 s	6,5 s	7,8 s
2. Fahrzeug	2,0 s	3 s	4 s	5 s	6 s

Tabelle 1: Zeitdauer der beiden Fahrzeuge bei unterschiedlichen Messstrecken; s = Sekunden

Strecke und der dabei benötigten Zeit die Geschwindigkeit berechnen:

$s = 120\ m \qquad t = 3{,}9\ s$

$$v = \frac{120\ m}{3{,}9\ s} = 30{,}76\ \frac{m}{s} = 110{,}7\ \frac{km}{h}$$

Genauso lässt sich bei Umstellung der Formel bei Kenntnis der Geschwindigkeit und der benötigten Zeit die Wegstrecke berechnen:

$v = 40\ \frac{m}{s} \qquad t = 10\ s$

$s = v \cdot t \qquad s = 40\ \frac{m}{s} \cdot 10\ s$

$s = 400\ m$

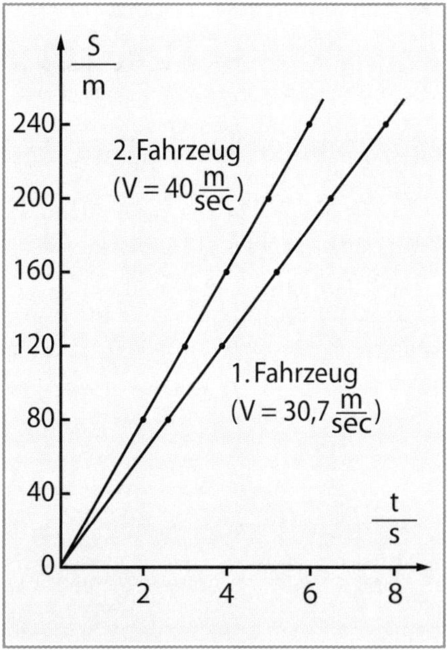

Abb. 6: Weg-Zeit-Diagramm

Auch die benötigte Zeit lässt sich aus der Geschwindigkeit und der Wegstrecke berechnen:

$$v = 40\ \frac{m}{s} \quad s = 50\ m$$

$$t = \frac{s}{v} = \frac{50\ m}{40 \frac{m}{s}} = 1{,}25\ s\ (\text{Sekunden})$$

In der folgenden Tabelle sind im Vergleich typische Geschwindigkeiten aufgelistet:

Fortbewegung	Wert	Einheit
Fußgänger	1,5	m/s
Sprinter	10	m/s
Fallschirmspringer	4	m/s
Regentropfen	9	m/s
Schall in der Luft	340	m/s
Rennpferd	90	km/h
normales Auto	180	km/h
Schnellzug	280	km/h
Gewehrgeschoss	2900	km/h
Düsenflugzeug	3000	km/h
Licht, Radiowellen	300000	km/s

Zum Weiterlesen:

- Die Beschleunigung, S. 264
- Lageenergie und Hubarbeit, S. 270
- Bewegungsenergie und Beschleunigungsarbeit, S. 276
- Die Energieerhaltung als Postulat, S. 282

Die Beschleunigung

Wird ein Körper nicht beschleunigt, befindet sich dieser Körper entweder im Stillstand oder er bewegt sich gleichförmig schnell, d. h. ohne Zuwachs oder Abnahme der Geschwindigkeit. Die gleichförmige Bewegung ist prinzipiell dadurch gekennzeichnet, dass der Körper sich zu jeder Zeit mit der gleichen Geschwindigkeit v bewegt. Die gleichförmige Bewegung spielt bei der Konzeption von vielen technischen Geräten eine entscheidende Rolle. Ohne gleichförmige Bewegung würde sich beispielsweise ständig die Bandgeschwindigkeit im Kassettenrekorder ändern, und der Ton bzw. die Musik wären somit verzerrt. Rolltreppen oder Skiliftanlagen müssen für den sicheren Transport der Kunden bzw. Skiläufer zu jeder Zeit die gleiche Geschwindigkeit aufweisen. Im Gegensatz dazu weiß man aus eigener Erfahrung,

Abb. 1: Die größte Beschleunigung, der der Mensch überhaupt ausgesetzt werden kann: der Raketenstart

dass alle Verkehrsmittel wie beispielsweise Autos, Züge oder Flugzeuge während des Transportes aus unterschiedlichen Gründen Geschwindigkeitsänderungen vornehmen (Abb. 1). Der Geschwindigkeitswert, den man beispielsweise während der Autofahrt auf dem Tachometer erkennt, gibt nur die Momentangeschwindigkeit an. Behinderungen während der Fahrt durch Staus oder Baustellen zwingen den Autofahrer, die Geschwindigkeit zu verändern. Die Durchschnittsgeschwindigkeit für die gesamte Strecke lässt sich errechnen, indem der vollständig zurückgelegte Weg durch die dafür benötigte Zeit geteilt wird:

$$\overline{v} = \frac{\Delta s}{\Delta t} = \frac{s_2 - s_1}{t_2 - t_1}$$

$\overline{v}$ = Durchschnittsgeschwindigkeit
Δs = Streckenabschnitt
Δt = Zeitspanne
(Δ = Delta)

Die Durchschnittsgeschwindigkeit liefert dabei keine Information über die Geschwindigkeitswerte, die sich während der Fahrzeit ergeben. Die Geschwindigkeit unterliegt Schwankungen, d. h., sie wird erhöht oder verringert, wobei beide Formen der Geschwindigkeitsänderung durch Beschleunigungen erreicht werden. Wird z. B. die Geschwindigkeit erhöht, spricht man von einer positiven Beschleunigung, und der Körper wird dadurch in seiner Bewegung schneller. Wird im Gegensatz dazu das Fahrzeug abgebremst, nennt man das eine negative Beschleunigung, und die Geschwindigkeit des Körpers nimmt dementsprechend ab.

Die alltägliche Beobachtung, dass der Fahrer beim Losfahren, d. h. bei der positiven Beschleunigung, in den Fahrersitz gepresst wird, ist ein wesentlicher Effekt beim Beschleunigungsvorgang. Je schneller das Fahrzeug beschleunigt, desto stärker wird der Fahrer in den Sitz gepresst. Beim Abbremsen spürt der Fahrer genau den entgegengesetzten Effekt, so dass er sich beim noch stärkeren Abbremsen des Fahrzeuges noch stärker vom Fahrersitz löst und dadurch in den Fahrergurt gepresst wird. In beiden Fällen hat der Fahrer den Eindruck, dass der Körper der Geschwindigkeitsänderung nicht so schnell nachkommt. Dieses Phänomen wird in der Physik als Trägheit der Masse bezeichnet. Die Trägheit der Körper nimmt proportional mit der Masse zu, und der Bewegungszustand eines Körpers lässt sich nur mit dem Einsatz von Kräften ändern. Je größer die Masse des Körpers ist, desto mehr Kraft muss für die Beschleunigung aufgewendet werden, um der

Trägheit der Masse entsprechend entgegenzuwirken.

Befindet sich beispielsweise ein Fahrzeug in Bewegung, lässt sich die Momentangeschwindigkeit am Tachometer ablesen. Nach dem Losfahren beobachtet man beim Beschleunigungsvorgang ein Ansteigen der Geschwindigkeit. Die dabei auf dem Tachometer beobachtete Geschwindigkeitsänderung wird physikalisch als Beschleunigung bezeichnet, die die Änderung der Geschwindigkeit innerhalb einer bestimmten Zeitspanne angibt.

Im folgenden Versuch werden bei zwei unterschiedlichen Fahrzeugen die Geschwindigkeiten in Abhängigkeit von der Zeit gemessen und in der Tabelle 1 dargestellt:

Aus der Tabelle ist ersichtlich, dass das Fahrzeug A seine Geschwindigkeit in der Anfangsphase schneller ändert. Nach einer Zeitspanne von 30 Sekunden wird festgestellt, dass sich der Geschwindigkeitszuwachs verringert. Das Fahrzeug B hat von Anfang bis zum Ende der Beschleunigungsphase immer den gleichen Geschwindigkeitszuwachs. Die Messwerte der Tabelle 1, in einem Geschwindigkeits-Zeit-Diagramm dargestellt, veranschaulicht, dass sich der Geschwindigkeitszuwachs des zweiten Fahrzeuges als eine durchgehende Gerade darstellt (Abb. 2). Beim Verbinden der Wertepaare Geschwindigkeit / Zeit vom Fahrzeug B wird ersichtlich, dass hier der Beschleunigungsvorgang durch 2 Teilbeschleunigungen besteht, so dass dieser Beschleunigungsvorgang im Diagramm durch zwei Geraden mit unterschiedlicher Steigung dargestellt wird.

$\frac{t}{s}$	10	20	30	40	50	60
Fahrzeug A $\frac{V}{m/s}$	10	20	30	45	40	45
Fahrzeug B $\frac{V}{m/s}$	9	18	27	36	45	54

Tabelle 1

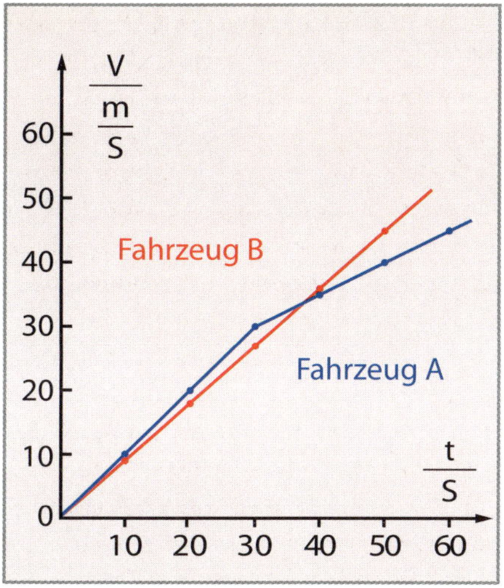

Abb. 2: Geschwindigkeits-Zeit-Diagramm

Die Beschleunigung wird definiert als der Quotient der Geschwindigkeitsänderung und der dazu benötigten Zeit:

$$a = \frac{\Delta v}{\Delta t} = \frac{v_2 - v_1}{t_2 - t_1}$$

$$[a] = \frac{\frac{m}{s}}{s} = \frac{m}{s^2}$$

a = Beschleunigung
$\Delta\vartheta$ = Geschwindigkeitsänderung

Die Steigung der Geraden spiegelt die Beschleunigung wieder, d. h., je steiler die Gerade, desto höher ist die Beschleunigung.

Für das Fahrzeug B ergibt sich für die gesamte Beschleunigungsphase eine Beschleunigung von:

$$a = \frac{v}{t} = \frac{54\,\frac{m}{s}}{60\ s} = 0{,}9\,\frac{m}{s^2}$$

Für das Fahrzeug A ergibt sich für den ersten Teilabschnitt eine Beschleunigung von:

$$a = \frac{v_2 - v_1}{t_2 - t_1} = \frac{(30-0)\,\frac{m}{s}}{(30-0)\ s} = 1\,\frac{m}{s^2}$$

und für den zweiten Teilabschnitt errechnet sich eine Beschleunigung von:

$$a = \frac{v_2 - v_1}{t_2 - t_1} = \frac{(45-30)\,\frac{m}{s}}{(60-30)\ s} = 0{,}5\,\frac{m}{s^2}$$

Aus der Wertetabelle bzw. aus dem Diagramm wird ersichtlich, dass die resultierende Endgeschwindigkeit von Fahrzeug A im Vergleich zu Fahrzeug B geringer ist. Obgleich die Anfangsbeschleunigung von Fahrzeug A höher ist, ist die Endgeschwindigkeit geringer:

Abb. 3: Paraglider: Fliegen dank Luftwiderstand und Auftrieb

Fahrzeug A	$v = 45 \frac{m}{s}$
Fahrzeug B	$v = 54 \frac{m}{s}$

Ergibt sich im Diagramm beim Auftragen der Geschwindigkeitsmesswerte in Abhängigkeit von der Zeit eine Gerade, dann spricht man von einer gleichförmigen Beschleunigung, denn der Zuwachs der Geschwindigkeit verhält sich gleich bleibend zur Zeit.

Ist beispielsweise die Beschleunigung vorgegeben und die Zeit, in welcher der Körper beschleunigt wird, lässt sich die Endgeschwindigkeit folgendermaßen bestimmen:

$v = a \cdot t$ Fahrzeug B:

$v = 0{,}9\,\frac{m}{s^2} \cdot 60\,s = 54\,\frac{m}{s}$

da $1\,\frac{m}{s} = 3{,}6\,\frac{km}{h}$

ergibt $54\,\frac{m}{s} = 194{,}4\,\frac{km}{h}$

Genauso lässt sich bei der Vorgabe der Beschleunigung und der Endgeschwindigkeit die Zeit berechnen, die erforderlich ist, um die Geschwindigkeit zu erreichen:

$t = \frac{v}{a}$

Fahrzeug B $\frac{v}{a} = \frac{54\,\frac{m}{s}}{0{,}9\,\frac{m}{s^2}} = 60\,s$

Damit ein Körper beschleunigt wird, muss eine Kraft auf den Körper wirken. Eine zentrale Kraftwirkung üben z. B. die Gravitationskräfte aus. Alle Gegenstände fallen aufgrund dieser Kraftwirkung mit der Beschleunigung g zu Boden:

$g = 9{,}81\,\frac{m}{s^2}$

Bei genauerer Beobachtung stellt man aber fest, dass z. B. beim Paraglider, wie auch beim herkömmlichen Fallschirm, die Fallgeschwindigkeit durch den Schirm verringert wird (Abb. 3), denn der Luftwiderstand bremst den Fallschirm ab.

Im Vakuum fallen alle Gegenstände mit der gleichen Fallgeschwindigkeit zu Boden, egal ob es sich dabei um ein Stück Blei oder eine leichte Feder handelt.

Zum Weiterlesen:

- Die Geschwindigkeit, S. 258
- Lageenergie und Hubarbeit, S. 270
- Bewegungsenergie und Beschleunigungsarbeit, S. 276
- Die Energieerhaltung als Postulat, S. 282

Lageenergie und Hubarbeit

Abb. 1: Ein Kran verrichtet Arbeit

Ein mit Dieselkraftstoff betriebener Kran verrichtet seine Arbeit. Schwere Eisenstreben, Betonfertigteile und anderes Baumaterial werden von seinem Motor nach oben gezogen. Das Knarren der Stahlseile, die das Material senkrecht nach oben ziehen, um dann ein Stück waagerecht über die Baustelle zu schwenken, ist stundenlang zu hören. Plötzlich versagt der Kran. Ein Baufacharbeiter erkennt die Situation und tankt nach. Dabei wärmt er sich die fröstelnden Hände an der Motorwand.

Wo ist die Energie des Treibstoffs geblieben? Sicherlich, ein Teil der Energie hat den Motor und seine

Umgebung erwärmt, aber das kann nicht alles sein. Intuitiv erwartet man, dass sich die Energie des Treibstoffs nicht in Luft aufgelöst haben kann. Der Blick fällt auf die hochgelegten Baumaterialien. Dort muss die Energie stecken. Höher gelegte Körper müssen also eine Form von Energie besitzen. Das wird auch klar, wenn man einen Vorgang betrachtet, der ähnlich abläuft. In einer Talsperre eines Bergsees lagert Wasser. Die Sonne hat das Wasser auf dem Meer verdunsten lassen, und Wolken haben diesen Wasserdampf an die Berghänge gebracht. Beim Aufsteigen der Luft kühlt sich diese etwas ab, und es beginnt zu regnen. Die Talsperre staut dieses Regenwasser hoch in den Bergen.

Bei Bedarf öffnet die Talsperre ihre Abflüsse und treibt mit dem nach unten stürzenden Wasser Turbinen an, um elektrische Energie aus diesem Prozess zu gewinnen. Je höher die Talsperre liegt, desto mehr Energie kann sie gewinnen. Je mehr Wassermassen sie speichern kann, desto größer ist die zu erwartende elektrische Energie. Sie wurde aus Wasser gewonnen, das um eine bestimmte Höhe h angehoben wurde. Diese Energie bezeichnet man mit Höhenenergie, Lageenergie oder auch potentieller Energie (E_L: lies: Lageenergie)

Aus den bisherigen Betrachtungen wird plausibel, dass die Lageenergie proportional zur Hubhöhe h sein muss:

$$E_L \sim h$$

Eine weitere Proportionalität muss die Lageenergie zur angehobenen Masse besitzen:

$$E_L \sim m$$

Die Lageenergie hängt jedoch noch von einer weiteren Größe ab. Eine genaue Kenntnis der Formel für die Lageenergie erhält man erst durch die Betrachtung des Vorgangs, der zur eigentlichen Erhöhung der Lageenergie führt.

Der Kran muss beim Anheben auf der Hubstrecke h eine Kraft F aufwenden. Sehen wir vom kurzen Anrucken beim Anheben vom Boden ab, so ist diese Kraft immer konstant und nichts anderes als die Gewichtskraft der jeweiligen Masse m, die angehoben wurde. Der Kran arbeitet für uns (Abb. 1). Die Bezeichnung „Arbeit“ übernimmt man auch in der Physik für einen Vorgang, bei dem auf einem Weg s eine Kraft F aufgewendet wird. Der Weg s entspricht hier dem Hubweg h. Die Arbeit wird mit dem Buchstaben W (engl.: work) abgekürzt. Die spezielle Form dieser Arbeit nennt man hier Hubarbeit, sie wird mit W_H bezeichnet.

Je höher der Kran die Last heben muss, desto größer wird seine zu verrichtende Arbeit:

$$W_H \sim h$$

Ebenso gilt: Je größer die Gewichtskraft der anzuhebenden Masse, desto größer wird die vom Kran verrichtete Arbeit:

$$W_H \sim G \text{ also } W_H \sim m \cdot g$$

Wenn eine Größe in der Physik zu mehreren Größen proportional ist, dann ist sie auch zum Produkt dieser Größen proportional. Man gewinnt aus diesen Betrachtungen die Formel für die Hubarbeit W_H:

$$W_H = m \cdot g \cdot h$$

Die Hubarbeit des Krans führt dazu, dass die angehobenen Baumaterialien eine höhere Lageenergie bekommen (Abb. 2). Es ist nahe liegend, die Arbeit des Krans als den Vorgang zu bezeichnen, der zur Änderung des Lageenergiezustandes des Baumaterials führt. Die vorangegangenen Betrachtungen verweisen auch durch die Proportionalitäten auf eine starke Ähnlichkeit

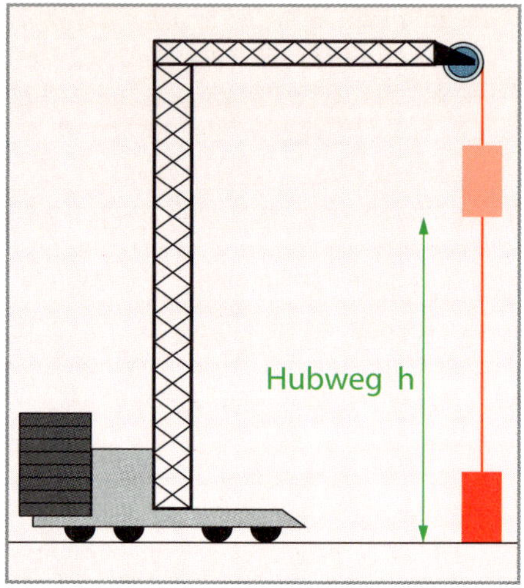

Abb. 2: Kran mit Hubweg h

zwischen der Änderung der Lageenergie und der geleisteten Hubarbeit. Die in der Formel zur Lageenergie fehlende Größe ist nichts anderes als die Erdbeschleunigung oder der Ortsfaktor g.

Die Betrachtungen legen eine Formelgleichheit für die verrichtete Hubarbeit und die dadurch erreichte Lageenergie nahe:

$$W_H = E_L = m \cdot g \cdot h$$

Welche Einheiten haben nun diese beiden Größen?

Die Einheit der Arbeit W ergibt sich allgemein aus dem Produkt von Kraft F und Weg s. Die Arbeit hat also die Einheit Nm (lies: Newton-Meter).

Formal gesehen enthält die Energie E auch dieses Einheitenprodukt. Man nennt jedoch 1 Nm 1 J (lies: Joule). Die Energie hat also im Gegensatz zur Arbeit die Einheit Joule. So kann man Energie und Arbeit einheitsmäßig auseinander halten.

Beispiel: Ein Kran soll 5 t Baumaterial in den 3. Stock einer Baustelle (h = 7 m) befördern. Wie groß ist die dabei zu verrichtende Arbeit?

Gegeben:

$g \approx 10 \frac{N}{kg}$; $m = 5000$ kg; $h = 7$ m

Gesucht:

W_H bzw. E_L

Lösung:

$$W_H = m \cdot g \cdot h$$
$$= 5000\text{ kg} \cdot 10 \frac{N}{kg} \cdot 7\text{ m}$$
$$= 350.000\text{ Nm} = 0{,}35\text{ MNm}$$
$$E_L = W_H = 0{,}35\text{ MNm} = 0{,}35\text{ MJ}$$

Diese Energie entspricht der Treibstoffenergie.

Wie groß ist die entsprechende Treibstoffenergie, die durch die Arbeit des Krans in Lageenergie der Baumaterialien verwandelt wird?

Ein nicht einfaches Problem ergibt sich, wenn man den Teilvorgang betrachtet, der den Kran steuert, wenn er die Baumaterialien waagerecht kurz über dem Endniveau bewegt. Physikalisch gesehen wird hier keine Hubarbeit verrichtet, da der zugehörige Wert der Hubhöhe auf einer Waagerechten den Wert null hat. Trotzdem setzt der Kran während dieses Vorgangs gewisse Teiltreibstoffmengen um. Sind die bisherigen Betrachtungen nicht gründlich genug gewesen? Prinzipiell schon, doch leider tritt bei allen mechanischen Vorgängen unvermeidlich der Effekt der Reibung auf. Die beweglichen Rollen des Krans reiben auf der unbeweglichen Schiene. Es ist eine Reibungskraft wirksam. Sie ist umso größer, je mehr Masse bzw. Gewichtskraft der zu transportierende Körper hat.

Wovon hängt die Reibungskraft ab und wo wird sie wirksam?

Die Reibungskraft ist zwischen dem Körper und der Unterlage wirksam (Abb. 3a). Man definiert die Reibungskraft F_R über einen Vorgang, bei dem man einen Körper geradlinig mit konstanter Geschwindigkeit

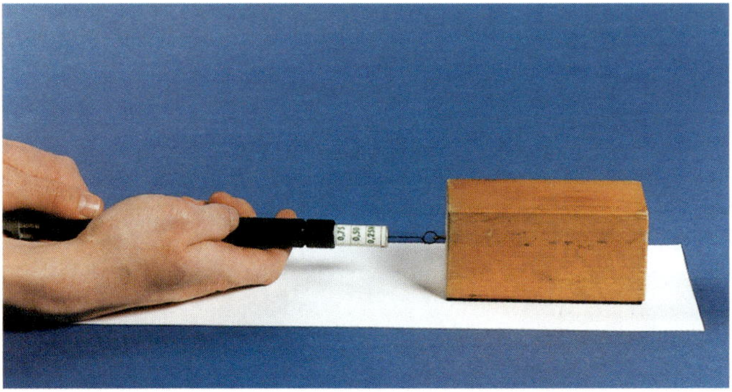

Abb. 3a: glatte Unterlage

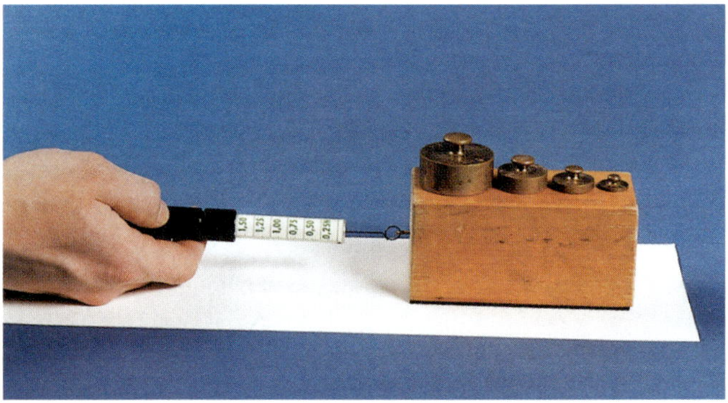

Abb. 3b: glatte Unterlage mit doppelter Masse

zieht. Die dazu erforderliche Zugkraft Fz setzt man mit der tatsächlich wirkenden Reibungskraft F_R gleich.

Zieht man einen doppelt so schweren Körper (Abb. 3b), so muss man, wie in der Abbildung ersichtlich, eine doppelt so große Zugkraft aufwenden, was einer doppelt so großen Reibungskraft entspricht. F_R verhält sich proportional zur Gewichtskraft des Körpers.

Ebenso erweist sich die Reibungskraft als abhängig von der Unterlage (Abb. 3c) und damit von einem Reibungsfaktor m, der je nach Unterlagenbeschaffenheit die Reibung beeinflusst. Die Formel dafür lautet:

$F_R = \mu \cdot G = \mu \cdot m \cdot g$.

Genau diese Reibungskraft muss auf dem Transportweg s vom Kran aufgebracht werden. Auch hier ist also eine Arbeit – man nennt sie Reibungsarbeit – zu verrichten. Die Reibungsarbeit ist das Produkt von Reibungskraft F_R und Transportweg s.

$$W_R = F_R \cdot s = \mu \cdot m \cdot g \cdot s$$

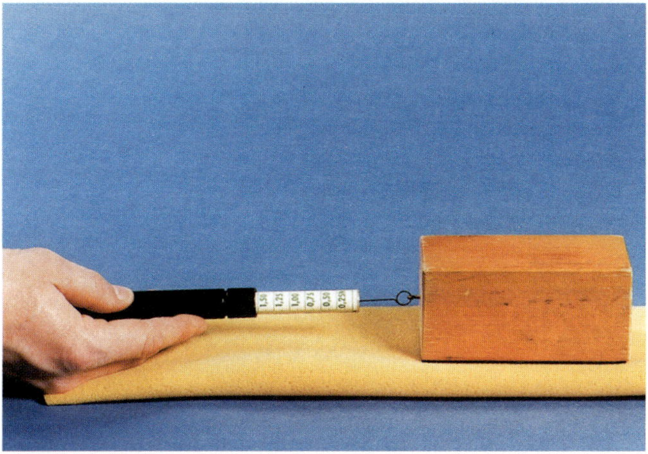

Abb. 3c: raue Unterlage

Das Ergebnis einer Reibungsarbeit ist bekannt:

Reibung erzeugt Wärme, womit auch das Problem der Treibstoffenergie des Krans gelöst wäre. Auf dem waagerechten Wegstück wird zwar keine Hubarbeit verrichtet, jedoch wird Wärmeenergie, die als reiner Verlust gewertet werden muss, an die Umgebung abgegeben.

Zum Weiterlesen:

- Die Beschleunigung, S. 256
- Die Energieerhaltung als Postulat, S. 282
- Die mechanische Leistung, S. 288

Bewegungsenergie und Beschleunigungsarbeit

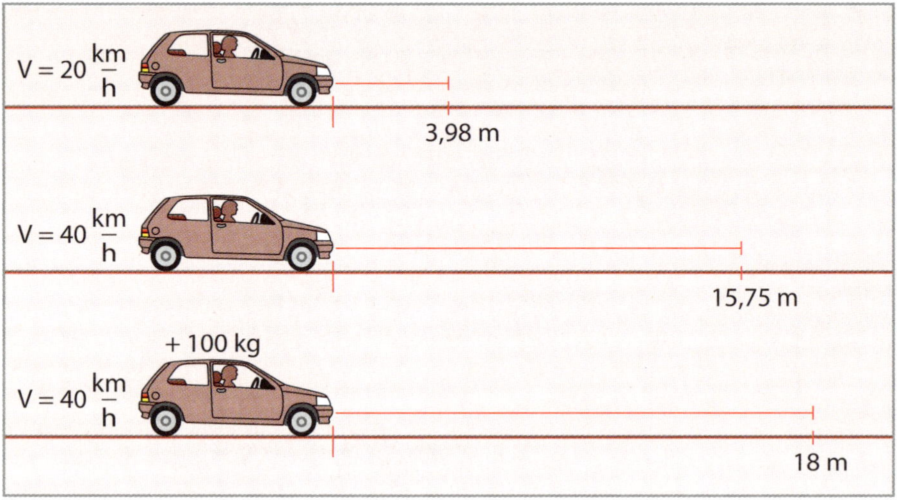

Abb. 1: Bremswegmessung bei einem Auto

Im Straßenverkehr sterben jährlich sehr viele Menschen. Haben die Zahlen durch die Einführung der Gurt- und Helmpflicht sowie durch die Erfindung des Airbags und des ABS (Antiblockiersystem) deutlich abgenommen, so bleibt neben dem Faktor „Alkohol am Steuer" das zu schnelle Fahren die Hauptursache für die immer noch zu hohe Zahl an Verkehrsunfällen. Zu gering sind die Fähigkeiten von Kraftfahrern, die Auswirkungen der Fahrzeuggeschwindigkeit einzuschätzen. Die Länge von Bremswegen wird häufig verkannt.

Bremsversuche

Ein Fahrzeug bremst bei einer Geschwindigkeit von 20 km/h und von 40 km/h ab (Abb. 1). Anders als im Straßenverkehr weiß der Fahrer in diesem Versuch, wann er zu bremsen hat. Die Länge des Bremswegs und die zugehörige Geschwindigkeit werden untersucht. Der Bremsweg beträgt im ersten

Fall 3,98 m, also rund 4 m, und im zweiten Fall 15,75 m, also rund 16 m. Einer Verdopplung der Fahrgeschwindigkeit steht eine Vervierfachung des Bremswegs gegenüber. Das Fahrzeug wird mit 100 kg Zusatzgewicht beladen und der Bremsweg erneut getestet. Er verlängert sich. Dieses Phänomen kennen wir auch von schwer beladenen LKWs, die trotz eines aufwendigen Bremssystems enorm lange Bremswege haben. Der Bremsweg verhält sich in gewissen Grenzen annähernd proportional zur Masse des abzubremsenden Körpers. In der Praxis können die genannten Werte weit differieren, da das Bremspedal vom Fahrer nicht dem Straßenbelag entsprechend maximal betätigt wird, was in mo-

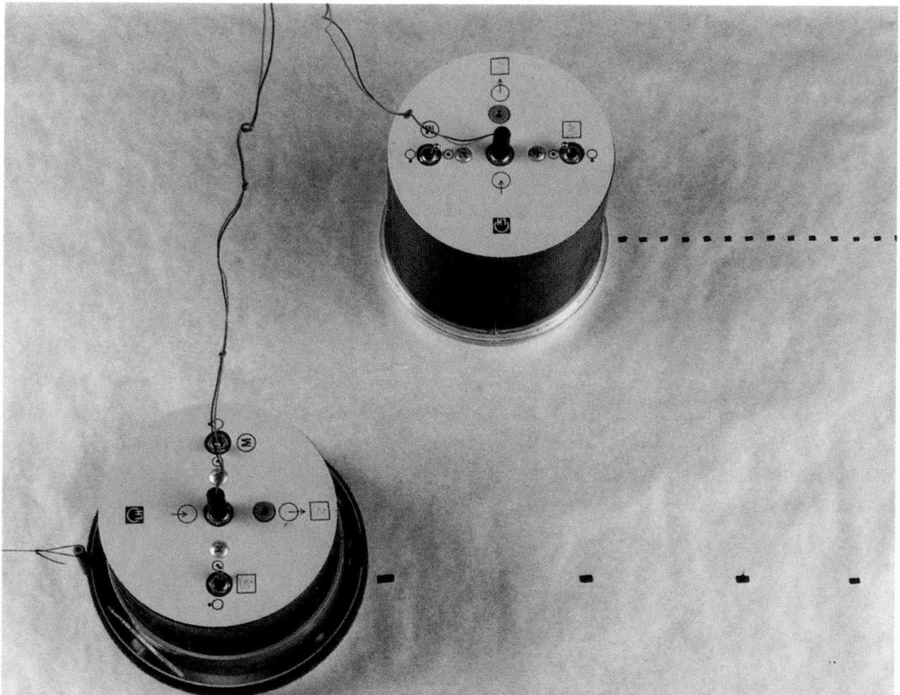

Abb. 2a: Beschleunigung eines Gleiters auf einem Luftkissentisch

Abb. 2b: Luftgleiter auf dem Wasser: der Hovercraft

Bewegungsenergie

Woher stammt die Energie, die beim Bremsmanöver in Wärme umgewandelt und entwertet wird? Sie kann nur aus dem System „Auto“ selber stammen. Fahrende Autos besitzen Energie, auch Bewegungsenergie genannt. Wenn wir vereinfacht davon ausgehen, dass diese Energie dem Wärmeenergieverlust beim Bremsen entspricht, dann können wir annehmen, dass sich die Bewegungsenergie eines Körpers proportional zu dem Quadrat seiner Geschwindigkeit (v^2) und proportional zu seiner Masse m verhält, denn beide Energien sind gleich groß. Doch woher stammt die Bewegungsenergie des Fahrzeugs? Der Motor ist die treibende Kraft im Auto. Seine Kolben bewegen sich auf und ab und verrichten Arbeit, die über Nockenwellen in die Fortbewegung der Räder umgesetzt wird. Der Motor erhält für diese Arbeit, die das Fahrzeug aus der Ruhe heraus oder beim Fahren beschleunigt, Energie aus dem Treibstofftank. Denn zum Arbeiten benötigt der Motor Energie. Die Arbeit, die

dernen Fahrzeugen das Antiblockiersystem übernimmt. Der Zustand der Reifen und die Witterung sind, wie jeder weiß, von großem Einfluss. Außerdem sind diese Werte im täglichen Leben nicht aussagekräftig, da die Reaktionszeit des Fahrers den Bremsweg erheblich verlängert. Trotzdem kann man aus beiden Bremsversuchen leicht erkennen, was beim Bremsen eigentlich passiert. Ein Handdruck auf die Reifen nach einem Bremsmanöver verrät das Geschehene. Die Reifen sind heiß. Die Umgebung der Reifen, die Straße, hat sich ebenso erwärmt. Vervielfacht sich der Bremsweg, so vervielfacht sich die Wärmeenergie.

der Motor verrichtet, heißt Beschleunigungsarbeit. Diese Arbeit steigert die Geschwindigkeit des Autos. Leider sind in Wirklichkeit die Verhältnisse u. a. durch die Luftreibung überdeckt. Wir spüren sie, wenn man die Hände aus dem fahrenden Auto hält. Dummerweise wird für diesen Anteil ein großes Maß an Energie aufgewendet. Es ist sogar so absurd, dass man das meiste Geld beim Tanken für diese Reibungsenergie und die Motorwärme ausgibt. Ein Auto ist aus energetischen Gründen also nichts anderes als eine „schnell fahrende Heizung", die Reibung verursacht. Die insgesamt durch den Straßenverkehr entwertete Energie ist enorm. Die für uns wichtige Bewegungsenergie spielt dabei nur eine untergeordnete Rolle. Wäre die Reibung nicht vorhanden, so würde das Fahrzeug einmal beschleunigt und seine erreichte Geschwindigkeit beibehalten.

Die Bewegungsenergie (kinetische Energie) E_{Kin} eines Körpers verhält sich proportional zur Masse m des bewegten Körpers und proportional zum Quadrat seiner Bewegungsgeschwindigkeit.

$E_{Kin} \sim m \qquad E_{Kin} \sim v^2$

Die endgültigen Formeln zur Bewegungsenergie werden über Beschleunigungsversuche ermittelt.

$\frac{t}{s}$	0	1,0	2,0	3,0	4,0	5,0
$\frac{s}{cm}$	0	1,5	6	13,5	24	37,5

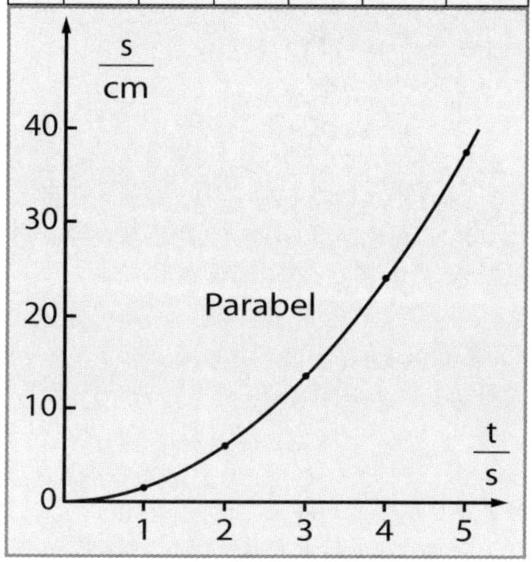

Abb. 3: Versuchstabelle mit zugehörigem Weg-Zeit-Diagramm einer beschleunigten Bewegung

Die Beschleunigungsarbeit

Mit der folgenden Versuchsanordnung soll die Beschleunigungsarbeit berechnet werden, die die Gewichtskraft eines Massestücks für uns verrichtet. Störende Reibung wird weitgehend ausgeschlossen. Wir betrachten einen Gleiter, der auf einer ebenen Fläche steht (Abb. 2a/b). Unter dem Gleiter strömt Luft aus, so dass der Gleiter wie ein Luftkissenboot auf der glatten Unterlage schwebt. Der störende Faktor Reibung ist so gut wie ausgeschlossen. Der Gleiter soll beschleunigt werden. Wir verbinden den Gleiter mit einer Schnur, die wiederum über eine Rolle geführt wird, an der das Massestück hängt. Das Gewicht übt eine Kraft aus. Lässt man den Gleiter los, so wird er immer schneller. Er wird beschleunigt. Die Ursache ist eine ständig wirkende Kraft, nämlich die Gewichtskraft des Massestücks. (Anmerkung: Für genauere Betrachtungen muss man bedenken, dass auch das Gewichtsstück selber beschleunigt wird.) Ursache für eine Beschleunigung a (engl.: acceleration) ist also eine Kraft. Die Erfahrung lässt leicht folgende Schlüsse zu: Je größer die beschleunigende Kraft F ist, desto größer ist die sich einstellende Beschleunigung a. Je größer die Masse des zu beschleunigenden Körpers ist, desto größer ist die erforderliche Kraft F, die den Gleiter auf dieselbe Beschleunigung bringen soll. Damit lässt sich der Sachverhalt plausibel machen, dass sich die Kraft F, die beschleunigend auf einen Körper wirkt, als das Produkt von Masse m und Beschleunigung a darstellen lässt, wenngleich dies in keinster Weise exakt hergeleitet wurde.

$$F = m \cdot a$$

Wenn man nun die Arbeit berechnen will, die man verrichten muss, um einen Körper aus dem Stillstand auf die Geschwindigkeit v zu bringen, ist dieser Zusammenhang sehr nützlich. Die Arbeit ist das Produkt von Kraft F und Weg s, das in Wegrichtung wirkt. Damit ist die Beschleunigungsarbeit $W_B = m \cdot a \cdot s$.

Die Wirkung einer Beschleunigung zeigt das folgende Weg-Zeit-Diagramm. Zugrunde liegt die beschleunigte Bewegung, die der Gleiter ausgeführt hat (Abb. 3). Das zugehörige Diagramm ergibt eine Parabel. Die Weg-Zeit-Funktion zeigt folgende Abhängigkeit:

$$s = {}^{1}/_{2} \cdot a \cdot t^2$$

Der Weg s einer beschleunigten Bewegung nimmt quadratisch mit der Zeit zu. Der Weg s verhält sich proportional zum Quadrat der Zeit t. Damit ergibt sich für die Beschleunigungsarbeit folgender Zusammenhang.

$$W_B = F \cdot s = m \cdot a \cdot s$$
$$= m \cdot \frac{v}{t} \cdot \frac{1}{2} \cdot at^2$$
$$= m \cdot \frac{v}{t} \cdot \frac{1}{2} \cdot \frac{v}{t} \cdot t^2$$
$$= \frac{1}{2} \cdot m \cdot v^2$$

Die Formel für die Beschleunigungsarbeit lautet:

$$W_B = \frac{1}{2} \cdot m \cdot v^2$$

Die Beispielrechnung zeigt folgenden Sachverhalt auf: Die Beschleuigungsarbeit verhält sich proportional zur Masse des bewegten Körpers. Die Beschleunigungsarbeit ist auch proportional zum Quadrat der Geschwindigkeit des beschleunigten Körpers. Beschleunigungsarbeit W_B und Bewegungsenergie (kinetische Energie) E_{Kin} eines Körper besitzen demnach dieselben Abhängigkeiten. Die Betrachtungen legen eine Formelgleichheit für die verrichtete Beschleunigungsarbeit und die dadurch erreichte Bewegungsenergie nahe:

$$W_B = E_{Kin} = {}^1/_2 \cdot m \cdot v^2$$

Zum Weiterlesen:

- Die Geschwindigkeit, S. 258
- Lageenergie und Hubarbeit, S. 270
- Die Energieerhaltung als Postulat, S. 282

Die Energieerhaltung als Postulat

Energie ist eine entscheidende Größe im Leben moderner Industriegesellschaften geworden. Einerseits benötigt der Mensch sehr viel Energie in unterschiedlichsten Formen zum Leben. Anderseits bedrohen ihn künftig die Folgen allzu verschwenderischen Umgangs mit den vorhandenen Energieressourcen. Als Beispiel sei der Treibhauseffekt genannt, der in Folge der Verbrennung fossiler Energieträger deutlich zugenommen hat. Das bei der Verbrennung produzierte CO_2 (Kohlendioxid) bewirkt, dass Effekte begünstigt werden, die die Atmosphäre zunehmend aufheizen. Außerdem enden die Energiewandlungketten letztlich immer in der Form von Wärme. Die Definition, dass Energie die Fähigkeit ist, Arbeit zu leisten, hat hohen praktischen Wert, denn immer, wenn Energie vorliegt, hat man Wege gefunden, diese über Arbeit in andere Energieformen umzuwan-

Abb. 1: Ein Expander wird gespannt

deln. Außerdem kann man ganz gut mit ihr rechnen, ähnlich wie mit dem Guthaben auf einem Konto. Wenn man eine Überweisung tätigt, so vermindert sich auf einem Konto das Guthaben, auf einem anderen wächst es. Die Summe des Geldes bleibt dabei erhalten. Ähnlich verhält es sich mit der Größe Energie. Die Summe der Energien bleibt immer erhalten, wenn wir die Wärmeenergie quasi als Guthaben mit hinzuziehen. Beweisen kann man den Energieerhaltungssatz allerdings nicht. Da sich aber noch keine Widersprüche zu diesem Umstand ergeben haben, darf man ihn getrost anwenden.

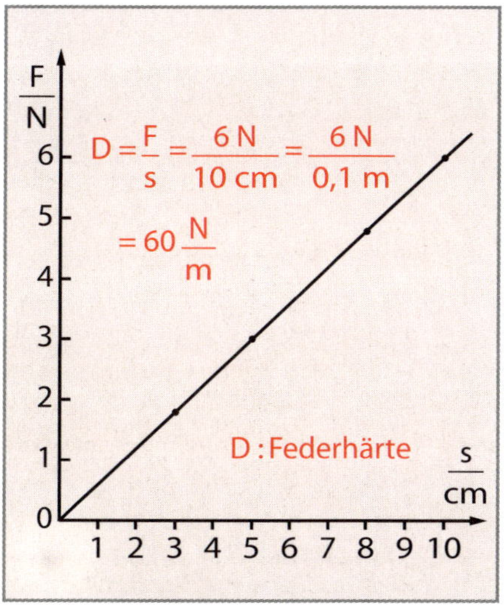

Abb. 2: Kraft-Weg-Diagramm

Erscheinungsformen der Energie

Neben den bisher untersuchten mechanischen Energieformen „ Lageenergie" und „Bewegungsenergie" gibt es noch andere Energieformen. Eine weitere mechanische Energieform ist die Spannenergie. Ein Expander wird gespannt (Abb. 1). Gegen die Zugkräfte der Gummiseile muss auf einem Weg s Arbeit verrichtet werden. Gespannte Federn oder Expander enthalten Energie, wie man leicht merkt, wenn diese zurückschnellen. Dabei ist die Federkraft von besonderer Art. Jeder, der einen Expander einmal gespannt hat, weiß, dass gerade das „letzte Stück" besonders viel Kraft erfordert. Aufschluss über diesen Sachverhalt gibt das Kraft-Weg-Diagramm beim Spannen einer Feder (Abb. 2).

Wie in der Abbildung ersichtlich, wächst die Federkraft F proportional zum Spannweg s an:

$$F \sim s$$
$$F = \text{konst} \cdot s$$
$$F = D \cdot s$$

Dieser Zusammenhang ist auch unter dem Namen „hookesches Gesetz" bekannt. Den zugehörigen Proportionalitätsfaktor nennt man D. Er heißt Federhärte oder Federkonstante. Je größer D ist, desto mehr

Kraft benötigt man, um eine Feder um den gleichen Weg s zu spannen. Die Einheit von D ist N/m: [D] = N/m.

Bei den bisherigen Betrachtungen zur Energie blieb die aufzuwendende Kraft immer konstant, wie zum Beispiel beim Heben einer Last zur Erhöhung der Lageenergie. Damit nimmt die Spannenergie eine Sonderstellung ein und macht die Sache etwas komplizierter, denn die Kraft F erweist sich als abhängig vom Weg s. So soll die Formel für die Spannenergie hier auch nur genannt und nicht hergeleitet werden. Die Formel ähnelt der für die Bewegungsenergie.

> Eine gespannte Feder speichert Energie. Man nennt sie Spannenergie E_S: $E_S = {}^1/_2 \cdot D \cdot s^2$

Wer einen Expander spannen will, benötigt Muskelkraft. Doch Vorsicht, Kraft und Energie sind nicht dasselbe. Leider verwendet man in der Alltagssprache häufig die Ausdrücke Kraft und Energie synonym. So meint das Wort Kraftbrühe, dass viel Energie in Form von Fett in einer Suppe enthalten ist. Ob der Mensch, der die Suppe isst, kräftig ist, entscheidet eher sein körperlicher Zustand als die Brühe an sich.

> In der Physik sind Kraft und Energie gänzlich verschiedene Dinge.

Andererseits gehören sie zusammen, wie man am Beispiel „Expander" sehen kann, denn der Mensch benötigt eben auch Energie in Form von gespeicherten chemischen Substanzen im Muskel, um Kräfte aufwenden zu können. Deshalb nimmt er Nahrung zu sich. In Nahrung ist Energie in chemischer Form enthalten. Muskeln können chemische Energie in mechanische Energien und Wärme umwandeln. Muskeln können Körper heben (Bergsteigen), können Körper beschleunigen (Sprinten) und Federn spannen (Expander). Dabei wird immer zusätzlich Wärme frei.

Energie ist in verschiedensten Erscheinungsformen in der Natur vorhanden. Die Sonne liefert Wärmestrahlung, aber auch Strahlung, die man über die Solarzellen direkt in elektrische Energie umwandeln kann. Langfristig versorgt uns die Sonne mit fossilen Brennstoffen (chemische Energie), da sie Pflanzen wachsen ließ, die Kohlenstoff speicherten, der später als Öl, Kohle oder Gas nutzbar wurde. Kurzfristig versorgt uns die Sonne mit Pflanzenölen, z. B. Rapsöl, und Nahrungsmitteln. Außerdem erzeugt die Sonne über die Verduns-

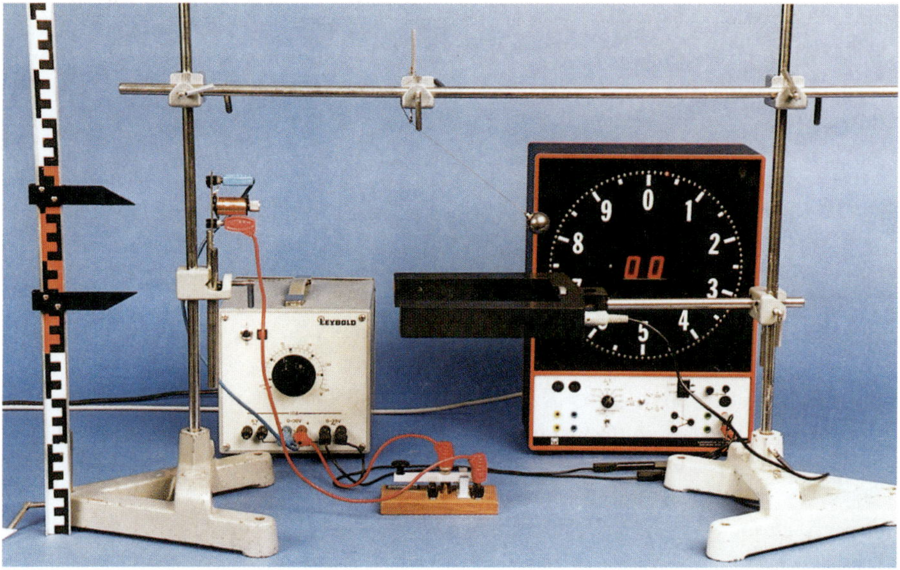

Abb. 3: Energiewandlung beim Pendel

tung von Meerwasser Regenwolken, die wiederum als Wasservorrat zur Energieproduktion in Talsperren gespeichert werden. Die Kernenergie stammt nicht von der Sonne. Sie ist ein „Restbestandteil" der Entstehungsgeschichte unseres Planeten, wie auch die Erdwärme in großen Tiefen. Kernenergie kann ebenso zur Energiewandlung benutzt werden wie andere Energieformen. Aber nicht erst seit dem Atomunfall in Tschernobyl ist sie in die Diskussion geraten, da die bei ihrer Wandlung auftretende Radioaktivität sehr gefährlich ist. Allerdings ist ihre Umwandlung weitgehend CO_2-frei. Energieformen sind wandelbar. Endstation aller Wandlungen bleibt die entwertete Form von Energie – die Wärme. Es gibt drei mechanische Energieformen: Lageenergie, Bewegungsenergie und Spannenergie. Energie kann in weiteren Energieformen wie chemischer Energie, Kernenergie, Licht- oder Strahlungsenergie, elektrischer oder magnetischer Energie und Wärme auftreten. Hinter manchen Bezeichnungen wie Windenergie verbergen sich mechanische Energieformen, wie hier z. B. Bewegungsenergie.

Ein Pendel wird ausgelenkt, indem ein Pendelkörper auf eine bestimmte Höhe h angehoben wird (Zustand 1, Abb. 3). Lässt man den Pendelkörper los, so schwingt er nach vorn unten. Seine Geschwindigkeit nimmt zu. Im untersten Punkt (Zustand 2) bestimmt man mit einer Lichtschranke die Geschwindigkeit der Kugel, indem man die Verdunklungszeit der Lichtschranke bestimmt. Wenn man nun den Kugeldurchmesser kennt, kann über die Formel v = s/t leicht die Geschwindigkeit bestimmt werden. Bildet man die Bilanz der Energien, dann fällt auf, dass die „Energiekontoführung" aufgeht. Die Lageenergie hat sich vollständig in Bewegungsenergie umgewandelt (Abb. 4). Betrachtet man den Zustand 1, in dem die Kugel auf eine Höhe h gebracht wird, so besitzt sie dort nur Lageenergie $E_L = m \cdot g \cdot h$. Im zweiten Zustand hat die Kugel nur noch Bewegungsenergie (kinetische Energie) $E_{Kin} = ½ \cdot m \cdot v^2$. Nun könnte man einwenden, dass die Kugel doch noch eine Höhe h_x über dem Versuchstisch hat und somit Lageenergie besitzt. Wir haben jedoch den Nullpunkt der Höhenmessung beim tiefsten Pendelpunkt festgelegt. Das ist zulässig und außerdem nützlich. Man kann für die Lageenergie jeden beliebigen Nullpunkt wählen, wenn man alle anderen Höhen darauf bezieht. Die Nullpunktswahl ist

Die Verdunklungszeit beträgt in unserem Experiment 0,03 s. Der Kugeldurchmesser beträgt 0,03 m.

$$v = \frac{\Delta s}{\Delta t} = \frac{0{,}03\ \text{m}}{0{,}03\ \text{s}} = 1\ \text{m/s}$$

Anwendung des Energieerhaltungssatzes.

$$E_{Kin2} = E_{L1}$$

$$\tfrac{1}{2}\, mv^2 = m \cdot g \cdot h$$
$$v^2 = 2g \cdot h$$
$$v = \sqrt{2g \cdot h}$$

Die Kugel wurde anfangs um 5 cm angehoben.

$$v = \sqrt{2 \cdot 9{,}81 \frac{\text{N}}{\text{kg}} \cdot 0{,}05\ \text{m}}$$

$$v = \sqrt{0{,}981 \frac{\text{kg}\ \frac{\text{m}}{\text{s}^2}}{\text{kg}} \cdot \text{m}}$$

$$= 0{,}99 \frac{\text{m}}{\text{s}} \approx 1 \frac{\text{m}}{\text{s}}$$

Fazit: Die Lageenergie wurde vollständig in Bewegungsenergie umgewandelt.

Abb. 4: Beispielrechnung

so vorzunehmen, dass die Rechnung möglichst einfach wird, wie die Beispielrechnung zeigt.

Die Beispielrechnung macht deutlich, dass die Lageenergie vollständig in Bewegungsenergie umgesetzt wird. Für die Umwandlung mechanischer Energieformen gilt der Energieerhaltungssatz:

> Die Summe aller Energieformen bleibt konstant.
>
> $$E_{L1} + E_{Kin1} + E_{S1}$$
> $$= E_{L2} + E_{Kin2} + E_{S2} = \text{konst.}$$

Damit ermöglicht der Energieerhaltungssatz Voraussagen über andere Zustände.

Bei diesen Überlegungen schließen wir Reibung ganz aus. In Wirklichkeit entsteht bei jedem Schwingen des Pendels Reibung. Die Folge ist, dass der Pendelkörper seine Ursprungshöhe nicht mehr erreicht und immer langsamer wird, bis er im untersten Punkt stehen bleibt. Das Schicksal aller mechanischer Energiewandlungen ist die Endstation „Wärme". Physikalisch ist dies zwar kein Verlust, in der Praxis allerdings sehr wohl.

Zum Weiterlesen:

- Lageenergie und Hubarbeit, S. 270
- Bewegungsenergie und Beschleunigungsarbeit, S. 276
- Die mechanische Leistung, S. 288

Die mechanische Leistung

Abb. 1: Leistungsunterschied zwischen einem Oldtimer und einem Sportwagen

Stellt man sich eine Wettfahrt zwischen einem Oldtimer und einem Sportwagen auf einer Bergstraße vor, dann ist das Ergebnis nicht überraschend, wenn das Sportauto nach der Überwindung von z. B. 1000 Höhenmetern zuerst am Ziel ankommt (Abb. 1). Unter der Annahme, dass beide Fahrzeuge mit Fahrer gleich viel Masse aufbringen, ist die verrichtete Arbeit der beiden Fahrzeuge dennoch bei unterschiedlicher Geschwindigkeit gleich groß. Die verrichtete physikalische Arbeit berechnet sich aus dem Produkt der Gewichtskraft und der überwundenen Höhendifferenz:

$$W = F \cdot s$$

$[W] = \text{Nm}$	Arbeit
$[F] = \text{N} = \text{kg}\,\frac{\text{m}}{\text{s}^2}$	Kraft
$[s] = \text{m}$	Weg bzw. Höhendifferenz

Da beide Fahrzeuge die gleiche Masse besitzen und die gleiche Bergstrecke mit der gleichen Höhendifferenz abgefahren sind, haben somit beide Fahrzeuge die gleiche Arbeit verrichtet und aus diesem Grund hat kein Fahrzeug die Wettfahrt gewonnen. Der Sportwagenfahrer ist aber mit der Bewertung der Wettfahrt nicht zufrieden, denn er argumentiert, dass sich die Aufwärtsfahrt seines Sportwagens dennoch von der des Oldtimers unterscheidet, da die Bergfahrt bzw. Arbeit des Sportwagens im Vergleich zum Oldtimer in einer wesentlich kürzeren Zeit verrichtet wurde. Um das Geleistete beider Fahrzeuge zu unterscheiden, müsste man deshalb zusätzlich angeben, dass der Sportwagen seine Arbeit in kürzerer Zeit verrichtet hat, damit die vollbrachte Leistung des Sportwagens höherwertiger eingeschätzt werden kann. Um die Leistungsdifferenz der beiden Fahrzeuge direkt zum Ausdruck zu bringen, benutzt man deshalb die physikalische Größe der Leistung P, welche die Arbeit und die dafür benötigte Zeit genau aus den oben angeführten Gründen ins richtige Verhältnis setzt. Die physikalische Leistung P wird deshalb aus dem Quotienten der verrichteten Arbeit W und der benötigten Zeit t gebildet:

$$P = \frac{W}{t} \qquad [P] = \frac{J}{s} = W \quad \text{Leistung}$$

P = Power
J = Joule
W = Watt
s = Sekunde
t = Zeit

Mit dieser Definition ergibt sich für den Sportwagen bei einer Fahrzeit von 30 Minuten eine Leistung von:

1 kg entspricht einer Gewichtskraft von 9,81 N ≈ 10 N, damit haben 1400 kg eine Gewichtskraft von 14.000 N.

$$P = \frac{14.000\ \text{N} \cdot 1000\ \text{m}}{30\ \text{min}}$$

$$= \frac{14.000\ \text{N} \cdot 1000\ \text{m}}{1800\ \text{s}}$$

$$= 7777\ \frac{J}{s} = 7777\ \text{W}$$

Für den Oldtimer erhält man eine Leistung bei einer Fahrzeit von 70 Minuten:

$$P = \frac{14.000\ \text{N} \cdot 1000\ \text{m}}{70\ \text{min}}$$

$$= \frac{14.000\ \text{N} \cdot 1000\ \text{m}}{4200\ \text{s}}$$

$$= 3333\ \frac{J}{s} = 3333\ \text{W}$$

Die Ergebnisse zeigen, dass die Leistung unterschiedlich hoch sein kann, obgleich die verrichtete Arbeit gleich hoch ist. Der Sportwagenfahrer ist mit dieser Bewertung zufrieden. Die Leistung verhält sich umgekehrt proportional zur Zeit, d. h., je kürzer der Zeitaufwand ist, um eine bestimmte Arbeit zu verrichten, desto höher ist die Leistung. Die physikalische Leistung wird dementsprechend geringer, wenn für die gleiche Arbeit mehr Zeit beansprucht wird.

Ebenso kann man die mechanische Leistung auch vergleichen, wenn für zwei Vorgänge die gleiche Zeit benötigt wird, dabei aber unterschiedliche Arbeiten verrichtet werden.

Zwei Motoren sind an einem Versuchstisch angebracht. Über eine Schnur sind zwei gleich schwere Gewichte mit den Motorwellen verbunden (Abb. 2). Eine Stoppuhr misst die Zeit, die für das Anheben der Gewichte auf die jeweilig abgebildete Höhe erforderlich ist. Die Hubdauer beträgt in beiden Fällen 3,5 Sekunden. Der leistungsfähigere Motor M_1 hebt in derselben Zeit den gleichen Körper ein gutes Stück höher als der andere Motor M_2. Deshalb ist seine Hubarbeit W_1 größer als die Arbeit W_2, die der andere Motor in der gleichen Zeit verrichtet. Da die mechanische Leistung der Quotient aus der verrichteten Arbeit W und der dazu benötigten Zeit t ist, $P = W/t$, ist auch die Leistung P_1 des stärkeren Motors größer, denn der Quotient enthält im

Abb. 2: Leistungsunterschied zweier Motoren im Versuchsaufbau

Zähler einen größeren Arbeitsbetrag. Im Allgemeinen unterscheiden sich bei Leistungsvergleichen die verrichtete Arbeit und die dazu aufgewandte Zeit. Die Größe des Quotienten W/t entscheidet darüber, wer die höhere Leistung erbringt. Häufig wird bei Bewegungsabläufen auch die momentane Leistung berechnet. Dafür muss die Augenblicksleistung für eine kleine Zeitspanne Δt (lies: Delta t) berechnet werden: $P = W/\Delta t = F \cdot v$.

Ein Beispiel soll die Tragweite der momentanen Leistung verdeutlichen. Ein Fahrzeug der Masse 1500 kg wird in 4 Sekunden auf die Geschwindigkeit von 36 km/h (10 m/s) gebracht. Dabei wirkt die konstante Kraft von 3750 N. Die momentane Leistung am Ende des Beschleunigungsvorgangs beträgt:

$$P = F \cdot v = 3750\ \text{N} \cdot 10\ \text{m/s}$$
$$= 37.500\ \text{Nm/s} = 37{,}5\ \text{kJ/s}$$
$$= 37{,}5\ \text{kW}$$

Das Fahrzeug hat aber erst am Ende des Beschleunigungsvorganges die Geschwindigkeit von 10 m/s erreicht. Da bei einer konstanten Kraft die Geschwindigkeit kontinuierlich ansteigt, ist die durchschnittliche Leistung während des Beschleunigungsvorgangs nur halb so groß. Man muss also deutlich zwischen der momentanen Leistung und der Durchschnittsleistung unterscheiden. So entspricht die Höchstleistung eines Menschen in der folgenden Tabelle nur einer momentanen Leistung. In der folgenden Tabelle sind unterschiedliche Leistungen aufgeführt.

Mensch:	
Dauerleistung	50-100 W (Watt)
Höchstleistung	2 kW (Kilowatt)
Kaffeemaschine	800 W
Bohrmaschine	1000 W
Automotor	20-100 kW
Diesellok	3 MW
Dampfkraftwerk	1000 MW
Fahrradlicht	3 W

Hebt z. B. ein Kran (Abb. 3) ein Gewicht von 5 t (t = Tonne; 1 Tonne = 1000 kg) in 10 s (s = Sekunde) 20 m (m = Meter) hoch, dann ergibt sich also folgende Leistung:

5000 kg entspricht 50.000 N

$$P = \frac{50.000\ \text{N} \cdot 20\ \text{m}}{10\ \text{s}}$$

$$= 100.000\ \frac{\text{Nm}}{\text{s}}$$

$$= 100.000\ \frac{\text{J}}{\text{s}} = 100\ \frac{\text{kJ}}{\text{s}} = 100\ \text{kW}$$

Benötigt der Kran für die Übertragung der gleichen Energie (Arbeit) die doppelte Zeit, dann ergibt sich eine Leistung P von:

$$P = \frac{50.000\ \mathrm{N} \cdot 20\ \mathrm{m}}{20\ \mathrm{s}}$$

$$= 50.000\ \frac{\mathrm{Nm}}{\mathrm{s}} =$$

$$= 50.000 \frac{\mathrm{J}}{\mathrm{s}} = 50 \frac{\mathrm{kJ}}{\mathrm{s}} = 50\ \mathrm{kW}$$

Abb. 3: Die mechanische Leistung des Baukrans

Benötigt also der Kran zum Verrichten seiner Arbeit die doppelte Zeit, dann ist seine Leistung nur halb so hoch.

Die Leistung des Krans kann auch direkt ausgerechnet werden, indem neben der Gewichtsangabe die Geschwindigkeit des Krans angegeben wird, mit der er die Masse anhebt. Mit einer Hubgeschwindigkeit von 0,5 m/s ergibt sich für die gleiche Last eine Leistung von:

$$P = 50.000\ \mathrm{N} \cdot \frac{0{,}5\ \mathrm{m}}{\mathrm{s}} = 25.000\ \frac{\mathrm{Nm}}{\mathrm{s}}$$

$$= 25.000 \frac{\mathrm{J}}{\mathrm{s}} = 25000\ \mathrm{W} = 25\ \mathrm{kW}$$

Die physikalische Leistung P ist also auch das Produkt aus der Kraft F und der Geschwindigkeit v. Die Leistung P ist insbesondere auf jedem Typenschild von Haushaltsgeräten wieder zu finden. Auf dem Typenschild einer Waschmaschine ist z. B. eine Nennleistung von 2,5 kW angegeben. Für den Waschvorgang benötigt die Waschmaschine eine Zeit von 90 Minuten. Während des Waschvorganges wird eine Energie übertragen bzw. Arbeit verrichtet von:

$$90\ \text{min} = 1{,}5\ \text{Stunden}$$
$$E = 2{,}5\ \text{kW} \cdot 1{,}5\ \text{h} = 3{,}75\ \text{kWh}$$
$$E = 3{,}75\ \text{kWh} = 3{,}75\ \text{kW} \cdot 1\ \text{h}$$
$$E = 3{,}75\ \text{kW} \cdot 3600\ \text{s} = 13.500\ \text{kWs}$$

Die elektrische Arbeit (übertragene Energie) ist also das Produkt aus elektrischer Leistung P und Zeit t.

Der Wirkungsgrad ist eine wichtige Kenngröße, welche die Effizienz von verschiedenen Motoren charakterisiert. Der Wirkungsgrad wird definiert als:

η = Wirkungsgrad $\quad \eta$ = Eta

$$\eta = \frac{\text{genutzte Energie}}{\text{eingesetzte Energie}} \cdot 100\ \%$$

Der Wirkungsgrad von Dampfturbinen liegt bei 40 %, von Dieselmotoren bei 38 % und von Solarzellen bei etwa 12 %. Liefert beispielsweise ein Solarmodul, das aus einzelnen Solarzellen besteht, eine elektrische Leistung von 100 W, liegt also die eingestrahlte Sonnenenergie, die auf das Solarmodul trifft, bei 1200 W. Ein Ottomotor verbraucht ungefähr 250 g Benzin, um Energie von 1 Kilowattstunde zu erzeugen. Benzin hat aber einen spezifischen Heizwert von 46 MJ/kg. Für den Ottomotor ergibt sich ein Wirkungsgrad von 31,3%:

$$\eta = \frac{3{,}6\ \text{MJ}}{11{,}5\ \text{MJ}} \cdot 100\% = 31{,}3\%$$

Zum Weiterlesen:

- → Die Geschwindigkeit, S. 258
- → Die Beschleunigung, S. 264
- → Lageenergie und Hubarbeit, S. 270
- → Die Energieerhaltung als Postulat, S. 282

Innere Energie

Der Engländer James Watt hat mit der Erfindung der Dampfmaschine im Jahre 1769 die Grundlage der industriellen Revolution geschaffen. Damit gelang es dem Menschen zum ersten Mal, die gespeicherte Energie aus fossilen Brennstoffen wie Kohle, Holz oder später Öl zum Antrieb von Maschinen zu nutzen. Die Wechselwirkung zwischen Wärme, Wasser und Wasserdampf wurde für die Funktion der Dampfmaschine ausgenutzt. Seitdem sind die unterschiedlichsten Maschinen erfunden worden und eine wesentliche Aufgabe der heutigen Wissenschaft und Technik besteht nun darin, die Leistungsfähigkeit der Maschinen weiter zu steigern. Neue Erkenntnisse über die Zusammenhänge zwischen Arbeit, Wärme und Energie sind dabei die Grundvoraussetzung für weitere Verbesserungen. Die Steigerung der Leistung besteht z. B. darin, den Wirkungsgrad der Maschinen zu erhöhen. Eine Maschine ist dann optimal, wenn die gesamte Energiezufuhr vollständig ausgenutzt wird, d. h., ein Auto wäre energetisch optimal, wenn die gesamte chemische Energie des Benzins in Bewegung umgesetzt werden würde. In der Praxis wird aber ein Großteil der Energie in nutzlose Wärmeenergie umgewandelt und geht damit für den Bewegungsprozess verloren. Aus Erfahrung weiß jeder, dass sich beispielsweise Automotoren während der Fahrt erwärmen. Der Wirkungsgrad, d. h. das Verhältnis zwischen genutzter und aufgewandter Energie, gibt dabei an, wie viel der getankten chemischen Energie, in Form von Benzin, wirklich in Bewegung umgesetzt wird. Der Dieselmotor hat beispielsweise einen Wirkungsgrad von 38 % und der Ottomotor von 32 %, und der somit überwiegende Anteil der Energie wird beim Verbrennungsmotor an den Motorblock und das Abgas in Form von Wärme abgeben. Die Wärmeenergie kann für den Bewegungsprozess nicht mehr genutzt werden, und man spricht in diesem Fall von entwerteter Energie. Der Kühler im Auto sorgt dafür, dass der Motor durch die Wärmeenergie nicht zu heiß wird. Mit dem Kühlsystem wird die Energie vom gusseisernen Motorblock auf das Kühlwasser übertragen. Das geschieht, indem Wasser durch Kühlleitungen durch den Motorblock fließt. Das Wasser nimmt beim Kühlen die Temperatur des Motorblocks an, d. h., die Wärmeenergie wird vom Gusseisen auf das Kühlwasser übertragen. Das Wasser nimmt also die Wärmeenergie auf und erhöht dabei seine innere Energie. Als innere Energie wird dabei der mikrosko-

Abb. 1a: Erwärmte Luft breitet sich aus und dehnt den Ballon

Abb. 1b: Kalte Luft lässt den Ballon schrumpfen

pische Zustand des Stoffs angesehen. Wenn beispielsweise Wasser seine innere Energie erhöht, was sich durch Temperaturerhöhung bemerkbar macht, dann beginnen sich die Wassermoleküle stärker zu bewegen. Je höher der Temperaturanstieg bzw. die Zunahme der inneren Energie ist, desto stärker bewegen sich die Moleküle, bis sie sich so stark bewegen, dass Wasserdampf aufsteigt. Hat der Wasserdampf keine Möglichkeiten zu entweichen, wie beispielsweise im Kühlsystem des Motorblocks, dann steigt der Druck in den Leitungen. Im Eisen des Motorblocks findet mikroskopisch prinzipiell genau der gleiche Prozess wie im Wasser statt. Durch den Verbrennungsprozess im Motor wird Energie in Form von Wärme auf den Motorblock übertragen. Das Gusseisen des Motorblocks erhöht dadurch seine innere Energie, und mikroskopisch wird diese Energie durch erhöhte Atomschwingungen zum Ausdruck gebracht. Je höher die Temperatur des Gusseisens, desto stärker sind die Atomschwingungen. Bei weiterer Temperaturerhöhung fängt das Eisen an zu glühen. Die Atombewegungen sind hierbei so heftig, dass selbst sichtbares Licht ausgestrahlt (emittiert) wird. Diese Energieform ist eine Veränderung des inneren Zustandes der Materie auf mikroskopischer, d. h. auf molekularer bzw. atomarer Ebene. Die innere Energie des Körpers ist von seiner Bewegungs-

bzw. Lageenergie zu unterscheiden, die als makroskopische Energiegrößen bezeichnet werden können. Eine heiße Eisenkugel fällt genauso schnell auf den Boden wie eine kalte Kugel, d.h. die innere Energie hat keinen Einfluss auf die äußeren Energieformen. Kinetische Energie (Bewegungsenergie) kann aber in innere Energie umgewandelt werden. Dieser Effekt wird beispielsweise beim Abbremsen von Fahrzeugen deutlich ausgenutzt. Durch die Reibungskraft der Bremsbeläge auf den Bremsscheiben wird die Geschwindigkeit reduziert, d. h. die Bewegungsenergie des Fahrzeuges wird umgewandelt in Wärme. Arbeit wird in diesem Fall in Wärme bzw. innere Energie umgewandelt.

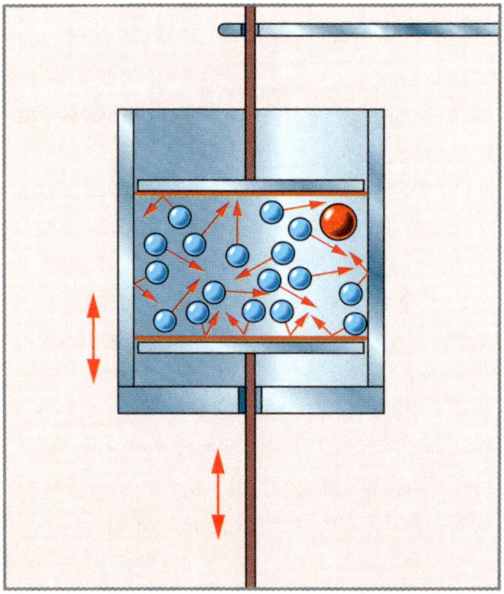

Abb. 2: Modellversuch – Darstellung der Teilchenbewegung mit Glaskügelchen

Neben Flüssigkeiten und Festkörpern können auch Gase ihre innere Energie verändern. Vergleichbar wie im Festkörper oder in der Flüssigkeit erhöht sich die innere Energie bei Gasen durch Wärmezufuhr mit einer Volumenausdehnung. Wird ein gefüllter Luftballon in die Sonne gelegt, dann vergrößert er sich. Die Luft im Luftballon dehnt sich durch die wärmenden Sonnenstrahlen aus (Abb. 1a). Mikroskopisch bedeutet das, dass die Bewegung der einzelnen Atome bzw. Gasmoleküle durch die Zunahme der inneren Energie steigt. Die Gasmoleküle stoßen vermehrt aneinander bzw. an die äußere Haut des Luftballons. Durch diese Stöße vergrößert sich der Ballon. Wird derselbe Luftballon zwischenzeitlich in den kühlen Schatten gelegt, dann nimmt die Bewegung der Gasmoleküle ab, das Gas braucht deshalb weniger Platz, und folglich wird der Ballon kleiner (Abb. 1b). Der umgekehrte Prozess ist beim Luftpumpen zu beobachten, dort wird durch das Zusammenpressen der Luft Wärme an die Pumpe abgegeben. Wie sich die Gasmoleküle in den Gasen bewegen, kann mit einem Modellversuch (Abb. 2) veranschaulicht werden. Der Versuch besteht im Wesentlichen aus einem Gefäß mit einem schnell beweg-

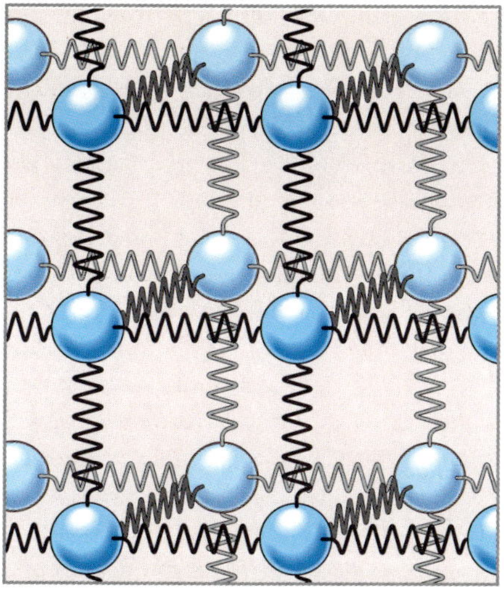

Abb. 3a: Teilchenbewegung im Festkörper

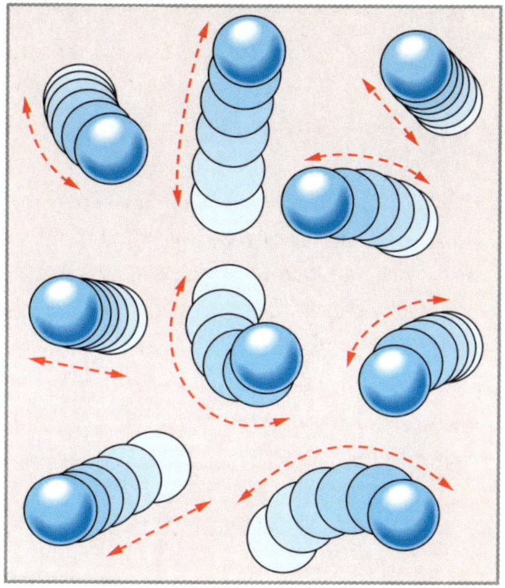

Abb. 3b: Teilchenbewegung in Flüssigkeit

lichen Unterboden, der, von einem Motor angetrieben, sich sehr schnell auf und ab bewegt. Im Gefäß befinden sich Glaskügelchen, die durch die Bodenerschütterung im Gefäß hüpfen. Das Hüpfen der Glaskügelchen ist dabei mit den Gasmolekülen zu vergleichen, die sich ungeordnet im abgeschlossenen Raum wie die Gasmoleküle im Luftballon bewegen und sich gegenseitig und an der Außenwand stoßen. Wird die Temperatur des Gases erhöht, dann kann man es mit einer Erhöhung der Geschwindigkeit der Glaskügelchen vergleichen. Geht der Boden des Gefäßes schneller auf und ab, fliegen die Glaskügelchen schneller im Gefäß hin und her. Ist der obere Deckel des Versuchsgefäßes noch zusätzlich beweglich montiert, dann stoßen die Glaskügelchen den Deckel weiter nach oben. Dieser Effekt wird bei den Gasteilchen im Luftballon beobachtet, nämlich dass die schnelleren Gasteilchen den Ballon durch ihre Stöße an der Außenhaut ausdehnen. In Flüssigkeiten ist die erhöhte Beweglichkeit der Moleküle daran erkennbar, dass bei erhöhter Temperatur die Löslichkeit von Stoffen erhöht wird. Aus diesem Grund beispielsweise löst sich der Zucker im heißen Tee wesentlich schneller auf als im kalten Tee.

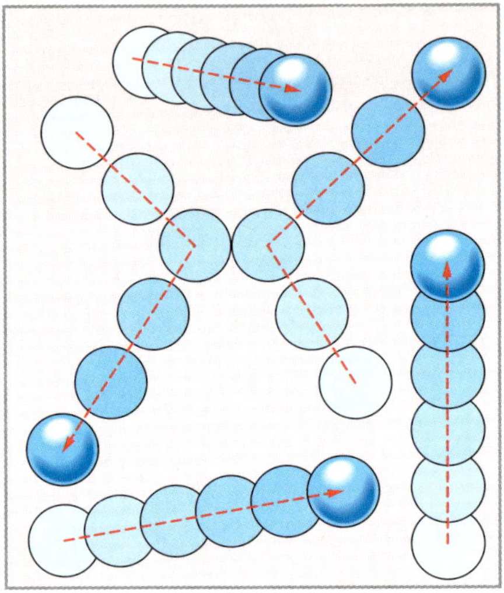

Abb. 3c: Teilchenbewegung in Gas

Die Aufnahme von Energie in Form von Wärme erhöht die innere Energie in Festkörpern, in Flüssigkeiten und in Gasen. Die zusätzliche innere Energie erhöht die Bewegungen der Atome bzw. Moleküle. Der Bewegungsspielraum der Atome im Festkörper ist bei der Temperaturerhöhung am stärksten eingeschränkt. In Metallen erhöhen sich die Schwingungen der Atome, die im Metallgitter verankert sind. In Flüssigkeiten sind die Moleküle bereits beweglicher, und im Gaszustand sind die Gasteilchen frei beweglich und der Temperaturanstieg erhöht die kinetische Energie der Gasteilchen (Abb. 3a, b, c).

Alle Materialien unterscheiden sich nun darin, dass sie in Abhängigkeit zum Temperaturanstieg unterschiedliche Energiemengen in Form von Wärme aufnehmen können. Diese Eigenschaft wird mit einer Materialkonstante beschrieben, die als spezifische Wärme bzw. spezifische Wärmekapazität bezeichnet wird und folgende Einheit besitzt:

$$[c] = 1\ \frac{J}{g \cdot K} = 1\ \frac{kJ}{kg \cdot K}$$

c = spezifische Wärme

Die spezifische Wärme (Wärmekapazität) gibt an, wie viel Energie (Joule) man braucht, um die Temperatur von 1 g des betreffenden Stoffes um 1 K zu erhöhen.

Erhöht ein Körper der Masse m seine Temperatur um den Betrag $\Delta\vartheta$, dann wird seine innere Energie um die Wärmemenge W erhöht:

$$W = c \cdot m \cdot \Delta\vartheta$$

W = Wärmemenge (J)
m = Masse (kg)
$\Delta\vartheta$ = Temperaturdifferenz (K)
c = spezif. Wärme $\left(\frac{J}{g \cdot K}\right)$

Bei den meisten Kühlprozessen wird Wasser benutzt, da Wasser die höchste spezifische Wärmekapazität von c = 4,2 J/g K besitzt. Für 1 kg Wasser bei einer Temperaturerhöhung von 5 K ergibt sich eine Erhöhung der inneren Energie von:

$$W = 4{,}2\ \frac{\text{kJ}}{\text{kg} \cdot \text{K}} \cdot 1\ \text{kg} \cdot 5\ \text{K} = 21\ \text{kJ}$$

Für 1 kg Luft ergibt sich bei der gleichen Temperaturerhöhung folgender Wert:

$$W = 1{,}005\ \frac{\text{kJ}}{\text{kg} \cdot \text{K}} \cdot 1\ \text{kg} \cdot 5\ \text{K} = 5{,}025\ \text{kJ}$$

Im Vergleich ist zu erkennen, dass es sich mit Wasser wesentlich effektiver kühlen lässt. In der folgenden Tabelle sind im Vergleich einige Stoffe mit ihrer spez. Wärme aufgelistet:

Substanz	c gemessen bei 20° C in kJ/(kg · K)
Quecksilber	0,13
Eisen	0,45
Glas	0,84
Beton	2,9
Luft	1,005
Wasser	4,2
Helium	$5{,}23 \cdot 10^{-3}$
Wasserstoff	$14{,}21 \cdot 10^{-3}$

Zum Weiterlesen:

- Die Schmelzwärme, S. 300
- Die Verdampfungswärme, S. 306
- Die Wärmepumpe, S. 312
- Wärmekraftmaschinen, S. 318

Die Schmelzwärme

Alle Stoffe können im festen, flüssigen oder gasförmigen Zustand vorkommen. Diese drei makroskopischen Erscheinungsformen der Materie werden als Aggregatzustände bezeichnet, wobei der Wechsel von einem Zustand zum anderen hauptsächlich von der Temperatur abhängt. Generell kann man sagen, dass die meisten Stoffe bei tiefen Temperaturen in festem Zustand, bei mittleren Temperaturen in flüssigem und bei hohen Temperaturen in gasförmigem Zustand vorliegen. Die Änderung vom festen Aggregatzustand in den flüssigen Zustand wird bekanntlich durch Schmelzen des Stoffes erreicht. Der umgekehrte Vorgang, der vom flüssigen zum festen Zustand führt, erfolgt durch Erstarren der Materie (Abb. 1). Werden flüssige Körper durch Erhitzen verdampft, befindet sich die Materie im gasförmigen Zustand. Den umgekehrten Prozess, wo also das Gas in flüssige Materie umgewandelt wird, bezeichnet man als Kondensation (Verflüssigung). Die Zustandsänderung durch das Schmelzen erfolgt bei den meisten Stoffen unter Volumenzunahme, d. h. bei-

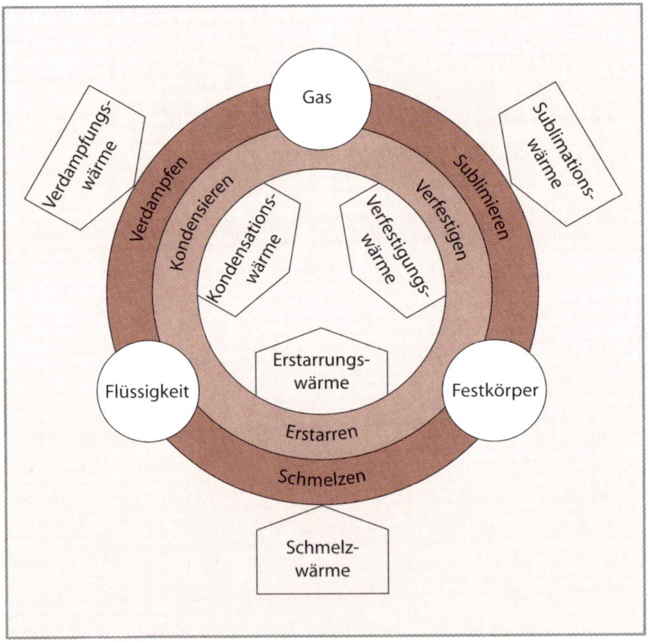

Abb. 1: Aggregatzustände und ihre Änderungen

spielsweise, Wachs (Paraffin) benötigt im festen Zustand weniger Volumen als im flüssigen. Diese Zustandsänderung wird als normal bezeichnet, da die meisten Stoffe sich so verhalten und beim Erstarren an Volumen abnehmen bzw. an Dichte zunehmen. Das Wasser zeigt beim Schmelzvorgang genau konträre Eigenschaften, d. h., das Wasser des geschmolzenen Eises hat ein kleineres Volumen als das Eis selbst. Diese Eigenschaft bei der Zustandsänderung vom Festkörper zur Flüssigkeit wird als anormal bezeichnet und ist der Grund dafür, dass das leichtere Eis auf dem Wasser schwimmt. Diese besondere Eigenschaft des Wassers wird von der Natur ausgenutzt, da sie ermöglicht, dass beispielsweise Fische in Seen unter der Eisschicht überwintern können, da das leichtere Eis auf dem dichteren Wasser schwimmt (Abb. 2). Der Festkörper Eis hat eine geringere Dichte als das Wasser, so dass es beim Gefrieren nicht auf den Boden absinkt und erlaubt, dass das Gewässer von oben zufriert und dabei der Natur hilft. Es ist aber auch bekannt, dass schwimmendes Eis insbesondere für die Schifffahrt sehr gefährlich sein kann, das zeigt beispielsweise die tragische Katastrophe des als unsinkbar geltenden britischen Luxusschiffs Titanic im Jahre 1912. Durch den Zusammenstoß mit einem Eisberg hatte die Jungfernfahrt der Titanic ein grausames Ende gefunden. Eisberge schmelzen im

Abb. 2: Eis schwimmt oben und ist im festen Zustand sehr belastungsfähig

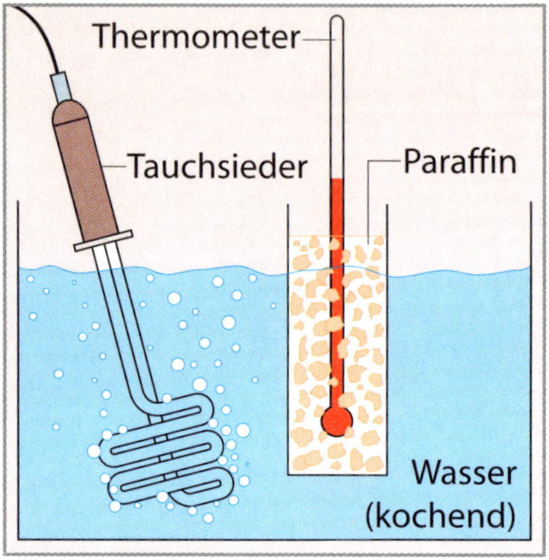

Abb. 3: Versuchsaufbau: Schmelzvorgang bei Paraffin

Wasser sehr langsam, da der Schmelzprozess sehr viel Energie erfordert. Beim Schmelzen von Stoffen wird zusätzliche Energie benötigt, die der Umgebung entnommen wird, so dass durch diese Energieaufnahme die innere Energie des Körpers erhöht wird. Die Erhöhung der inneren Energie erfolgt normalerweise parallel zur Temperaturerhöhung des Körpers. Legt man beispielsweise ein Eisenstück in erwärmtes Wasser, dann erhöht sich kontinuierlich mit der Aufnahme der Wärmeenergie die Temperatur des Eisenstücks. Beim Eis im Wasser beispielsweise verhält es sich anders, denn trotz Zunahme der inneren Energie des Eisblocks bleibt die Temperatur des Eiskörpers konstant. Die Erhöhung der inneren Energie wird nur für den Schmelzprozess benötigt, so dass die Zunahme der inneren Energie im Schmelzprozess zu keiner Temperaturerhöhung führt. Die Energie für den Prozess wird aus der Umgebung geliefert, so dass man einen Temperaturabfall im Wasserbad misst. Der genaue Schmelzvorgang soll nun im folgenden Versuch mit Paraffin (Kerzenwachs) verdeutlicht werden. Sehr fein geraspeltes Kerzenwachs (Paraffin) wird in ein schmales Gefäß gegeben, in das zur Temperaturüberprüfung ein Thermometer hineingestellt wird. Das Gefäß wird mit Paraffin in ein Wasserbad gegeben, wobei das Wasser des Wasserbades mit einem Tauchsieder erhitzt wird (Abb. 3). Das Thermometer zeigt zu Versuchsbeginn einen kontinuierlichen Anstieg der Temperatur an. Bei einer Temperatur von etwa 53 °C stagniert der Temperaturanstieg, bis alles Paraffin geschmolzen ist. Dann steigt die Temperatur des flüssigen Paraffins wieder kontinuierlich an. Der Versuch zeigt, dass die Schmelztemperatur vom Paraffin 53 °C beträgt. Außerdem wird festgestellt, dass beim Schmelzvorgang die Temperatur nicht ansteigt, obgleich weiterhin Energie von der Umgebung aufgenommen wird. Die innere Energie von Paraffin erhöht sich also auch beim Schmelzvorgang, obwohl die Temperatur nicht steigt. Wie man den genauen Energiewert erfährt, der für den Schmelzvorgang erforderlich ist, soll der folgende Versuch demonstrieren. Für diesen Versuch werden 400 g Wasser mit einer Temperatur von 50 °C in einen Styroporbecher gefüllt (Abb. 4). In dieses Wasser werden 100 g Eiswürfel, die eine Temperatur von 0 °C haben, gegeben. Nachdem das Eis geschmolzen ist, wird eine Temperatur der gesamten Flüssigkeit von 24 °C gemessen. Für das Abkühlen der 400 g Wasser von 50 °C auf 24 °C, um den Betrag von 26 K, errechnet sich folgende Energiemenge:

W_{ab} = vom Wasser abgegebene innere Energie

$$W_{ab} = c \cdot m \cdot \Delta\vartheta$$

$$W_{ab} = 4{,}2 \frac{\text{J}}{\text{g} \cdot \text{K}} \cdot 400\ \text{g} \cdot 26\ \text{K}$$

$$= 43.680\ \text{J}$$

Das Aufwärmen der aus dem Eis gewonnenen Wassermenge von 0 °C auf 24 °C erfordert eine Energiemenge von:

W_{auf} = vom Wasser aufgenommene innere Energie

$$W_{auf} = 4{,}2 \frac{\text{J}}{\text{g} \cdot \text{K}} \cdot 100\ \text{g} \cdot 24\ \text{K}$$

$$= 10.080\ \text{J}$$

Da der Energieerhaltungssatz gilt, ergibt der Differenzbetrag der beiden oben aufgeführten Energien die Energie, die allein für den Schmelzprozess erforderlich ist:

$W_{Schmelz}$ = Schmelzwärme von 100 g Eis

$$W_{Schmelz} = W_{ab} - W_{auf}$$

$$W_{Schmelz} = 43.680\ \text{J} - 10.080\ \text{J} = 33.600\ \text{J}$$

Diese Energie wird als Schmelzwärme bezeichnet. Verschiedene Stoffe benötigen unterschiedliche Energien für den Schmelzprozess. Jeder Stoff wird somit durch seine spezifische Schmelzwärme charakterisiert. Die spezifische Schmelzwärme gibt die benötigte Energiemenge an, die zum Schmelzen von einem Gramm einer Substanz benötigt wird. Für Eis ergibt sich aus der oberen Rechnung für die spezifische Schmelzwärme folgender Wert:

$$s = \frac{W_{Schmelz}}{m} = \frac{33.600\ \text{J}}{100\ \text{g}} = 336\ \frac{\text{J}}{\text{g}}$$

s = spezifische Schmelzwärme $[s] = \frac{\text{J}}{\text{g}}$

In folgender Tabelle sind die spezifischen Schmelzwärmen von unterschiedlichen Substanzen aufgeführt:

Stoff	Schmelzwärme in J/g
Kochsalz	500
Aluminium	400
Wasser	335
Eisen	270
Paraffin	147
Benzol	140
Ethanol	120
Platin	111
Methanol	109
Wasserstoff	63
Stickstoff	28
Sauerstoff	17

Die spezifische Schmelzwärme von Wasser ist im Vergleich zu anderen Substanzen recht hoch, deshalb lassen sich beispielsweise Getränke sehr gut mit Eiswürfeln kühlen.

Der Schmelzvorgang lässt sich mikroskopisch bzw. molekular so verstehen, dass die Teilchen (Atome) eines kristallinen Körpers um ihre festen Plätze Schwingungen ausüben. Die Heftigkeit der Schwingungen nimmt mit steigender Temperatur des Körpers zu. Bei genügender Energiezufuhr können die Teilchen die Festkörperstruktur verlassen und bilden die ersten Tropfen einer Flüssigkeit auf der Oberfläche des Festkörpers. Die weiter erhöhte innere Energie wird beim Schmelzvorgang nicht genutzt, um die Geschwindigkeit der Schwingungen weiter zu erhöhen, sondern um Arbeit gegen die Bindungskräfte zu verrichten, so dass sich die Teilchen vom Festkörperverband lösen können. Aus diesem Grund wird beim Schmelzvorgang keine weitere Temperaturerhöhung gemessen. Erst nach Abschluss des Schmelzvorgangs können die Teilchen in der Flüssigkeit die Schwingungen weiter erhöhen

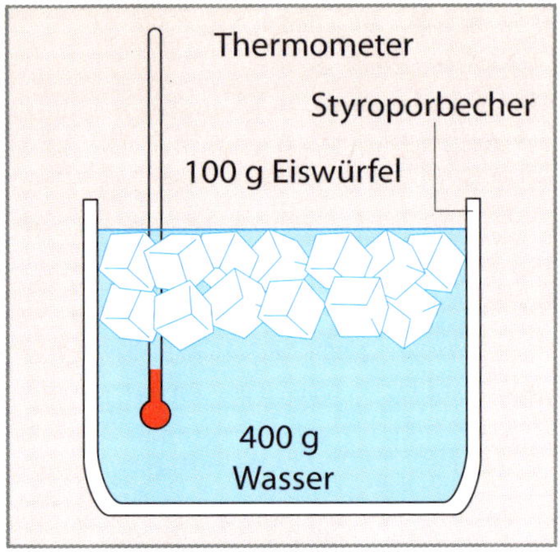

Abb. 4: Versuchsaufbau – Bestimmen der spezifischen Schmelzwärme von Eis

und parallel dazu die Temperatur der Flüssigkeit steigen lassen.

Vergleichbar mit dem Schmelzprozess ist das Auflösen von Zucker oder Salz im Wasser. Damit beispielsweise das Salz in seiner Kristallstruktur zerfällt, müssen Moleküle aus dem Kristallverband gelöst werden. Für diesen Vorgang benötigt das Salz aber Energie, die dem Wasser entzogen wird. Da das Wasser nicht aufgewärmt wird, gibt es für das Aufbrechen der Salzmoleküle Energie von seiner inneren Energie ab. Durch die Energieabgabe kühlt das Wasser ab, bis das Salz vollständig aufgelöst ist. Wird Salz direkt mit Eis zusammengebracht, dann wird folgende Beobachtung gemacht: Das Eis-Salz-Gemisch wird sehr breiartig, und die Temperatur der Mischung nimmt extrem ab. Beide Komponenten benötigen für die Auflösung der Bindungen sehr viel Energie. Diese Energie wird von der inneren Energie des Wassers bereitgestellt. Durch die Abnahme der Energie sinkt automatisch die Temperatur des Gemischs. Das breiartige Gemisch kann dabei Temperaturen bis –18 °C erreichen und wird deshalb als Kältemischung bezeichnet.

Zum Weiterlesen:

- Energie und Wärme, S. 12
- Innere Energie, S. 294
- Die Wärmepumpe, S. 312
- Wärmekraftmaschinen, S. 318

Die Verdampfungswärme

Befindet sich durch das Heizen im Winter eine sehr trockene Luft in den Wohnräumen, dann wird die Luftfeuchtigkeit mit Hilfe von Verdunstern erhöht. Verdunster sind dabei nichts anderes als wassergefüllte, offene Gefäße, die an den Heizkörpern befestigt sind. Nach einer gewissen Zeit müssen diese Gefäße wieder mit Wasser aufgefüllt werden, da dass Wasser vollständig verschwunden ist (Abb. 1). Je wärmer die Heizkörper sind, desto schneller verdunstet das Wasser. Das Wasser in der Luft ist für den Beobachter unsichtbar geworden. Der Raumbewohner merkt nur, dass die Luft durch den Anstieg der Luftfeuchtigkeit angenehmer ist. Das Wasser ändert also seinen Aggregatzustand von flüssig zu gasförmig. Die gleichen Erfahrungen mit dem Verschwinden der Feuchtigkeit wird tagtäglich beim Trocknen der Wäsche gemacht, denn durch Verdunsten der Feuchtigkeit wird der Stoff getrocknet. Die Feuchtigkeit in der Wäsche verdunstet besonders schnell, wenn sie idealerweise dem Wind und der Sonne ausgesetzt ist. Im Vergleich dazu verdampft das Wasser noch schneller, wenn es in einem Gefäß direkt auf einer Kochplatte zum Sieden gebracht wird. Es steigen dabei sogar dampfgefüllte Blässchen im Wasser auf und

Abb. 1: Heizkörper mit Verdunster

das Wasser entweicht somit sehr schnell in die Umgebung.

Das Verdampfen ist dabei im Prinzip nichts anderes als ein sehr intensives Verdunsten. Der Unterschied besteht eigentlich nur darin, dass sich beim Verdunsten der

Dampf nur an der Oberfläche der Flüssigkeit bildet. Beim Sieden entsteht auch im Inneren der Flüssigkeit Dampf, deshalb steigen im kochenden Wasser Dampfbläschen auf. Das Besondere am Sieden ist, dass sich beim Verdampfen die Temperatur nicht ändert. Jede Flüssigkeit hat ihre charakteristische Temperatur, bei der sie zu sieden anfängt.

Mit dem Teilchenmodell kann man sich vorstellen, was beim Verdunsten bzw. Verdampfen in der Flüssigkeit vor sich geht. Zu jeder Temperatur der Flüssigkeit gehört eine mittlere Teilchengeschwindigkeit, wobei es unter den Teilchen immer welche gibt, die sich schneller bzw. langsamer bewegen als der Durchschnitt. Beim Verdunsten können sich die schnelleren Teilchen aus dem Anziehungsbereich der Flüssigkeit entziehen und entweichen in die Umgebung als Bestandteile des Dampfes. Die mittlere Teilchengeschwindigkeit der verbleibenden Moleküle sinkt dabei ab, so dass sich die Flüssigkeit entsprechend abkühlt. Beim Verdunsten entweichen also nur die schnellen Teilchen, die sich direkt in der Nähe der Wasseroberfläche befinden (Abb. 2). Wird das Wasser bis zum Sieden erhitzt, dann erhöht sich die durchschnittliche Teilchengeschwindigkeit der gesamten Flüssigkeit. Ist dabei die Geschwindigkeit der Teilchen so groß, dass sie sich auch im Inneren der Flüs-

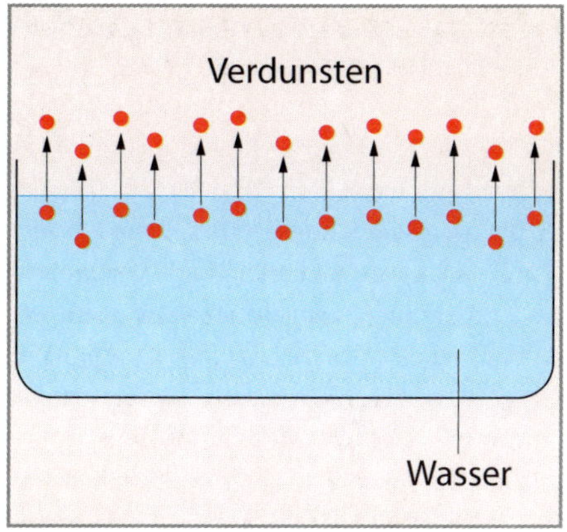

Abb. 2: Natürlicher Verdunstungsvorgang ohne Energiezufuhr

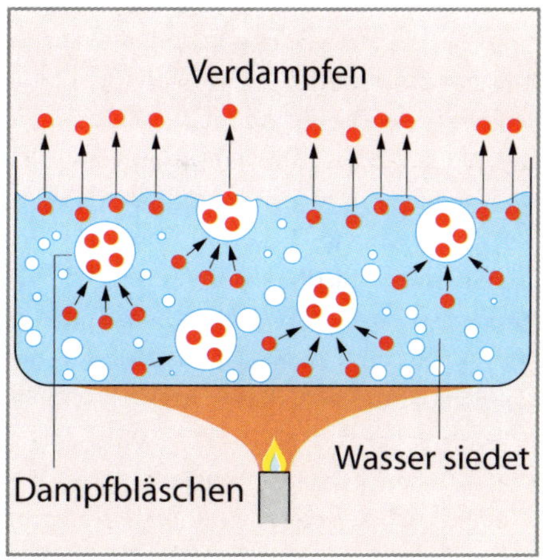

Abb. 3: Verdampfen mit zusätzlicher Energiezufuhr

sigkeit aus den Anziehungskräften lösen können, entstehen Dampfbläschen und die Flüssigkeitsmenge verringert sich (Abb. 3).

Die Geschwindigkeit, in der das Wasser verdampft, ist abhängig von der Temperatur der Flüssigkeit. Mit steigender Temperatur steigt auch die Geschwindigkeit der Teilchenbewegung, so dass die Flüssigkeit schneller verdunstet bzw. verdampft. Ein Maß für die Geschwindigkeit, in der die Flüssigkeit verdampft und damit Teilchen die Flüssigkeit verlassen, liefert der Dampfdruck. Der Dampfdruck wird in einem vollständig evakuierten Gefäß (Vakuum) gemessen, das nur zum Teil mit der zu untersuchenden Flüssigkeit aufgefüllt ist. Über der Flüssigkeit stellt sich durch das Entweichen der schnellen Teilchen ein für den Stoff charakteristischer Druck ein, der als Dampfdruck bezeichnet wird. Verändert sich das Volumen über der Flüssigkeit, dann bleibt der Dampfdruck trotz alledem konstant. Bei der Verringerung des Volumens geht beispielsweise ein Teil des Dampfes wieder in den flüssigen Zustand über. Wird andererseits das Volumen vergrößert, dann entweicht mehr Flüssigkeit in den gasförmigen Zustand. Der Dampfdruck ist also prinzipiell nicht vom Volumen abhängig. Der Dampfdruck fällt erst dann, wenn die Flüssigkeit vollständig verschwunden ist. Er verändert sich außerdem nicht nur mit der Temperatur der Flüssigkeit, sondern ist auch von Substanz zu Substanz unterschiedlich. Der Dampfdruck einer bestimmten Temperatur zeigt nichts anderes an, als dass sich der Austausch von Teilchen der Flüssigkeit mit den Teilchen des Dampfes im Gleichgewicht befindet, d. h., die Zahl der austretenden Teilchen aus der Flüssigkeit ist gleich der Zahl der eintretenden Teilchen. Wird die Temperatur erhöht, dann steigt ihre Beweglichkeit und damit der Dampfdruck, d. h., dass zunächst mehr Teilchen aus der Flüssigkeit austreten, bis sich wieder ein Gleichgewicht zwischen Flüssigkeit und Dampf eingestellt hat. Kommt die Flüssigkeit zum Sieden, dann entspricht der Dampfdruck dem äußeren Luftdruck. Aus diesem Grund entstehen Dampfbläschen im siedenden Wasser.

In der folgenden Tabelle sind einige Dampfdruckwerte (bei normalem Luftdruck p = 1013 mbar) von Wasser in Abhängigkeit von der Temperatur angegeben:

Temperatur / °C	**Druck / mbar**
0	6,1
20	23,3
40	73,7
50	123
100	1013
150	4760
350	165.330

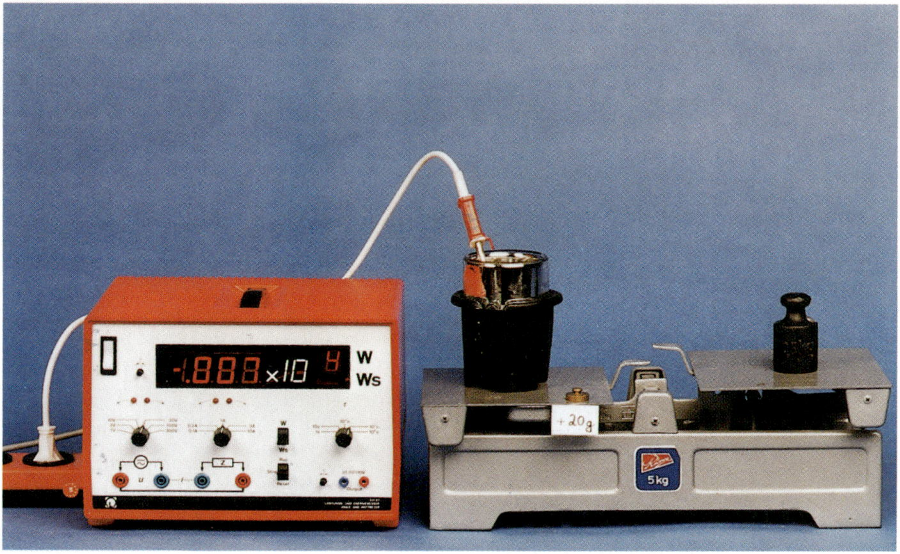

Abb. 4: Versuchsaufbau zur Berechnung der Verdampfungsenergie

Mit dem folgenden Versuch soll untersucht werden, wie viel Energie benötigt wird, um beispielsweise 1 Gramm Wasser zu verdampfen. Für diesen Versuch wird ein Tauchsieder mit einer Leistung von 400 W in ein mit 500 g (0,5 Liter) Wasser gefülltes Gefäß gehalten (Abb. 4).

Der Tauchsieder gibt jede Sekunde eine Energiemenge von 400 J an das Wasser ab. In einer relativ kurzen Zeit kocht das Wasser:

Benötigte Energiemenge, um Wasser von 20°C auf 100°C zu erhitzen:

$$E = \frac{4{,}2\ \mathrm{J}}{\mathrm{g} \cdot {}^\circ\mathrm{C}} \cdot 500\ \mathrm{g} \cdot 80^\circ\mathrm{C} = 168.000\ \mathrm{J}$$

$$= 168.000\ \mathrm{Ws}$$

Der Tauchsieder hat eine Leitung von 400 W, also ergibt sich eine Zeitdauer von:

$$\frac{168.000\ \mathrm{Ws}}{400\ \mathrm{W}} = 420\ \mathrm{s} = 7 \cdot 60\ \mathrm{s}$$

$$= 7\ \mathrm{min}$$

Das Wassergefäß mit dem Tauchsieder steht auf einer Waage. Mit der Waage soll festgestellt werden, wann 20 g von der Flüssigkeitsmenge verdampft sind. Aus der Zeitdauer der Verdampfung und der Energiezufuhr des Tauchsieders lässt sich die Verdampfungsenergie von Wasser feststellen:

> Der Tauchsieder hat in 1 min 55 s 20 g Wasser verdampft.
> 1 min 55 s = 115 s
>
> $$115\ \text{s} \cdot 400\ \text{W} = 115\ \text{s} \cdot 400\,\frac{\text{J}}{\text{s}}$$
>
> $$= 46.000\ \text{J}$$
>
> 46.000 J für 20 g Wasser;
> für 1 g Wasser ergibt sich:
>
> $$\frac{46.000\ \text{J}}{20\ \text{g}} = 2300\,\frac{\text{J}}{\text{g}} = 2{,}3\,\frac{\text{kJ}}{\text{g}}$$
>
> genauer Wert: $2{,}26\ \frac{\text{kJ}}{\text{g}}$

Die gesamte Energie, die vom Tauchsieder geliefert wird, ist nur für die Änderung des Aggregatzustandes von flüssig zu gasförmig vorgesehen. Die Temperatur des Wassers bleibt beim Sieden konstant. Wird von außen keine Wärmeenergie zugeführt, dann kühlt sich die Flüssigkeit beim Verdampfen ab. Auch beim Verdunsten ohne Energiezufuhr wird die gleiche Energiemenge benötigt. Der Vorgang verläuft natürlich wesentlich langsamer. Im Vergleich zum Wasser lässt sich beim Äther der Verdunstungsvorgang einfacher beobachten. Füllt man beispielsweise Äther in eine offene Schale und stellt diese auf eine Waage, dann stellt man fest, dass die Flüssigkeit relativ schnell verdunstet, bis kein Äther mehr in der Schale vorhanden ist. Mit dem Thermometer stellt man gleichzeitig beim Verdunsten fest, dass sich der Äther während des Vorganges abkühlt.

Die Verdampfungswärme wird von der unmittelbaren Umgebung, d. h. hier von der Flüssigkeit aufgenommen. Schwitzt beispielsweise der Mensch, wird die Verdampfungsenergie der Haut entzogen. Der Schweiß wirkt aus diesem Grund kühlend.

Terracottakrüge funktionieren auf gleiche Weise, d. h., durch die Krugwand dringt (diffundiert) Flüssigkeit, die an der Außenwand verdunstet. Beim Verdunsten entzieht die Flüssigkeit dem Krug die erforderliche Verdampfungsenergie, so dass sich der Krug ebenfalls abkühlt. Die Verdunstungskühlung wird großtechnisch in Kraftwerken bzw. Industrieanlagen eingesetzt. In Kühltürmen fließt das Wasser über eine große

Oberfläche, wobei ein geringer Teil der Flüssigkeitsmenge verdunstet. Die verdunsteten Wassermoleküle entziehen der Flüssigkeit die nötige Verdampfungswärme, so dass das Wasser sehr schnell abkühlt. Das Verdampfen wird beschleunigt, wenn durch schnellen Luftaustausch, durch Wind oder Gebläse der Dampf von der Umgebung der Flüssigkeitsoberfläche entfernt wird.

Der umgekehrte Vorgang des Verdampfens wird als Kondensation bezeichnet. Bei der Kondensation verändert der Dampf seinen gasförmigen Zustand und wird flüssig. Die Kondensationstemperatur entspricht der Siedetemperatur. Aus diesem Grund beobachtet man Wassertröpfchen am Deckel des Kochtopfes, die sich aus dem aufsteigenden Wasserdampf bilden. Kondensationsenergie wird frei, wenn der Dampf in den flüssigen Zustand übergeht. Der Betrag der Kondensationsenergie stimmt mit der Verdampfungsenergie überein.

Zum Weiterlesen:

- → Innere Energie, S. 294
- → Die Schmelzwärme, S. 300
- → Die Wärmepumpe, S. 312
- → Wärmekraftmaschinen, S. 318

Die Wärmepumpe

Unterschiedliche Energieformen lassen sich in Wärme umwandeln. Durch die Reibung beispielsweise kann mechanische Energie in Wärmeenergie umgewandelt werden, über den ohmschen Widerstand kann elektrische Energie und über den Verbrennungsprozess kann chemische Energie in Wärmeenergie transformiert werden. Bei der Wärmeübertragung fließt Wärmeenergie vom wärmeren zum kälteren Körper. Die Temperaturdifferenz und das Material beeinflussen, wie schnell eine bestimmte Wärmemenge von dem wärmeren zum kälteren Medium übertragen wird. Sind also Materialien mit unterschiedlicher Temperatur in Kontakt, dann wird so lange Wärmeenergie ausgetauscht, bis ein Gleichgewicht vorhanden ist, d. h. bis beide Körper die gleiche Temperatur vorweisen. Durch die Übertragung der Wärme wird die innere Energie des kälteren Körpers erhöht, und die innere Energie des wärmeren Körpers nimmt ab.

Es stellt sich nun die Frage, ob der umgekehrte Weg möglich ist, d. h., den kälteren Körper noch kälter und den wärmeren Körper noch wärmer zu machen. Dabei soll die vorhandene innere Energie des kälteren Körpers weiter abgeschöpft werden, um diese entnommene innere Energie dem wärmeren Körper zuzufügen, damit er sich noch weiter erwärmt.

Diese Forderung wirkt auf den ersten Blick paradox, denn es erscheint als un-

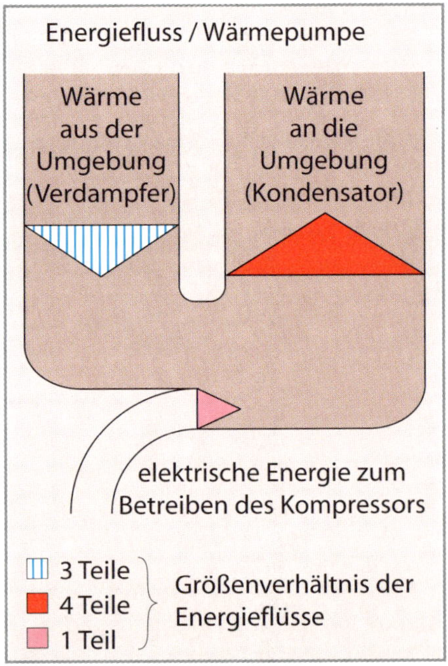

Abb. 1: Wärmepumpe im Kühlschrank: Die Wärme wird aus dem Kühlfach in die Kühlrippen transportiert

wahrscheinlich, mit kaltem Wasser beispielsweise einen heißen Tee noch weiter erwärmen zu können.

Die Wärmepumpe bietet aber dennoch für diese paradoxe Forderung eine technische Lösung. Der Nutzen dieser Pumpe ist in allen Haushalten, durch die Präsenz der Kühlschränke, allgegenwärtig. Die Kälte im Kühlschrank wird mit Hilfe einer Wärmepumpe erzeugt, d. h., die Wärmeenergie wird dem Kühlfach im Kühlschrank entzogen und nach außen abgegeben (Abb. 1). Auf der Rückseite des Kühlschrankes befinden sich Kühlrippen, die die aufgenommene Wärmemenge an die Luft abgeben. Stellt man beispielsweise eine handwarme Milch in das Gefrierfach, wird die innere Energie der Milch bis zum Gefrieren entzogen, und die Kühlrippen an der Außenwand des Kühlschranks werden erwärmt und geben diese Energie an die Umgebung ab.

Um innere Energie vom kühlen zum warmen Medium übertragen zu können, werden die Umwandlungsenergien einer Kühlflüssigkeit beim Verdampfen und Kondensieren technisch eingesetzt.

Das Verdampfen und Kondensieren

Wenn man z. B. nach dem Schwimmen aus dem Wasser kommt, ist die Verdunstungskälte auf der Haut zu spüren. Das Wasser verdunstet, aber es entzieht für den Wechsel vom flüssigen zum gasförmigen Aggregatzustand der Umgebung sehr viel Wärme. Die Haut bzw. der Körper kühlt sich dabei sehr schnell ab. Je schneller das Verdunsten vor sich geht, desto schneller wird Energie aus der Umgebung entnommen. Alkohol beispielsweise verdampft wesentlich schneller als Wasser. Bei der Desinfektion kennt jeder den kühlenden Effekt von Desinfektionsmitteln. Beim Verdunsten auf der Haut wird dem Körper kurzfristig sehr viel Energie in Form von Wärme entnommen, und die Körperstelle kühlt stark ab. Füllt man beispielsweise Äther in eine Schüssel, dann kann man den Temperaturfall beim Verdunsten nachmessen. Die Wärmeenergie wird für den Wechsel vom flüssigen zum gasförmigen Aggregatzustand dem restlichen Äther entzogen. Im Vergleich zu Wasser gibt es neben dem Äther auch noch andere Stoffe, die sehr schnell verdunsten:

Stoff	J/g	°C
Kohlendioxid	595	-56,6
Sauerstoff	213	-183
Äther	376	35
Alkohol	850	78
Wasser	2260	100

Die Stoffe verdunsten bzw. verdampfen um so schneller, je dichter sie sich am jeweiligen stoffabhängigen Siedepunkt befinden. Beim Sieden entspricht der Verdampfungsdruck dem äußeren Luftdruck, so dass z. B. Wasser bei einer Siedetemperatur bei 100 °C einen Dampfdruck von 1013 mbar vorweist. Wird der äußere Druck verringert, kann Wasser bei einer wesentlich geringeren Temperatur sieden (Abb. 2). Erhöht sich aber der äußere Druck, dann erhöht sich auch die Siedetemperatur.

Das Teilchenmodell liefert die mikroskopische Vorstellung zu diesem Phänomen. Bei einer bestimmten Temperatur bewegen sich die Teilchen mit einer bestimmten Durchschnittsgeschwindigkeit. Da sich einige Teilchen schneller bewegen, haben sie somit die nötige Energie, um die Flüssigkeit als Dampf zu verlassen. Nimmt der äußere Luftdruck ab, ist weniger Energie erforderlich, um gegen den äußeren Druck anzugehen, und es bildet sich mehr Dampf, und bei weiterer Druckverringerung beginnt die Flüssigkeit zu sieden. In diesem Fall ist der äußere Druck so

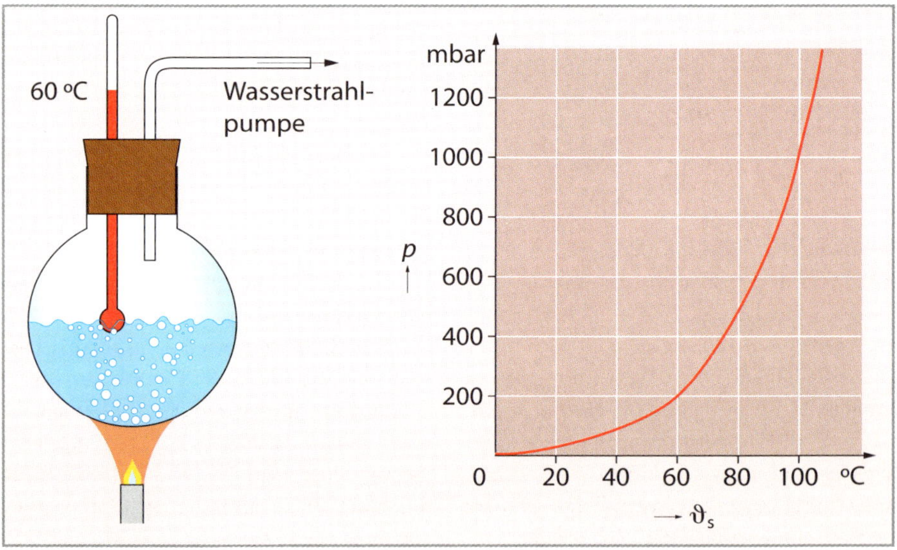

Abb. 2: Äußerer Druck verändert die Siedetemperatur (Beispiel Wasser)

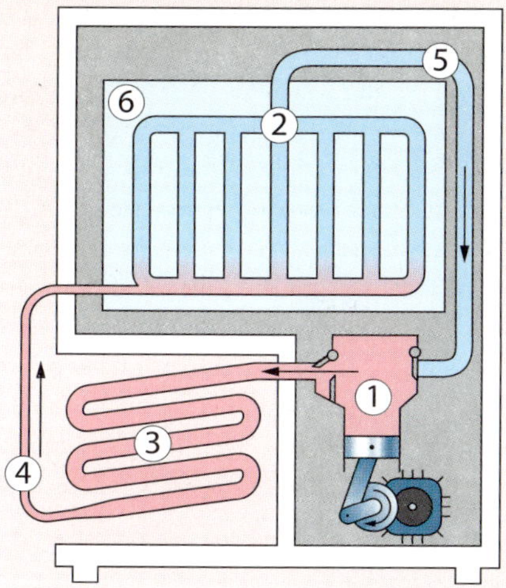

Abb. 3: Kompressorkühlschrank

gering, dass sich selbst Teilchen im inneren Flüssigkeitsvolumen verflüchtigen und als Dampfbläschen aufsteigen. Wird andererseits der äußere Druck erhöht, werden die Teilchen wieder in die Flüssigkeit zurückgedrängt, und erst bei höheren Temperaturen sind sie mobil genug, um die Flüssigkeit verlassen zu können.

Der Schnellkochtopf nutzt beispielsweise dieses Phänomen aus. Im Gegensatz zum normalen Kochtopf ist der Schnellkochtopf fest verschlossen, so dass beim Kochen der Dampf nicht entweichen kann. Mit steigendem Druck siedet das Wasser bei Temperaturen oberhalb der normalen Siedetemperatur von 100 °C. Die Speise wird somit schneller und schonender bei einer höheren Temperatur gegart.

Im Gegensatz zum Verdampfen geht beim Kondensieren der Stoff vom gasförmigen in den flüssigen Aggregatzustand über. Bei diesem Prozess wird genau die Wärmeenergie frei, die vorher beim Verdampfen der Umgebung entzogen wurde. Die Kondensationstemperatur ist gleich der Siedetemperatur. Wird der äußere Druck erhöht, setzt auch dementsprechend früher die Kondensation bei der Flüssigkeit ein.

Wärmepumpe: Anwendung Kühlschrank

Der Kühlschrank besteht im Wesentlichen aus einem geschlossenen Röhrensystem und einem Kältemittel, dass die Eigenschaft hat, schon bei sehr niedriger Temperatur zu sieden. Dieses Kältemittel durchläuft ein Röhrensystem, in dem es beim Umlauf zyklisch verdampft und wieder siedet. Das Röhrensystem durchläuft dabei ein isoliertes Kühlfach und die außen am Kühlschrank angebrachten Kühlrippen (Abb. 3). Die Verdampfung des

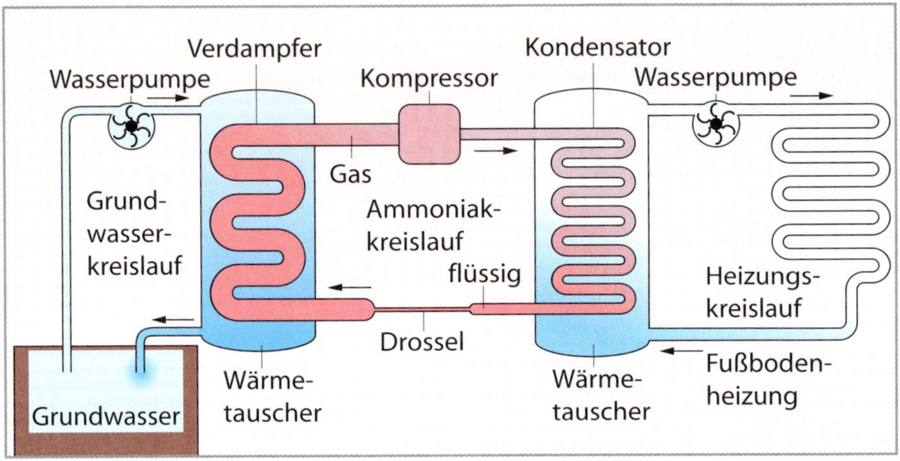

Abb. 4: Die Wärmepumpe liefert Energie zum Beheizen von Wohnungen

Kühlmittels findet in dem isolierten Kühlfach statt, wo es der Umgebung bzw. dem Kühlmittel Verdampfungsenergie entzieht. Das Kühlfach kühlt die zu kühlenden Lebensmittel ab. Ein Kompressor pumpt nach dem Durchlaufen des Kühlfachs den Dampf aus dem Verdampfer in den Verflüssiger, wo der Dampf unter dem erhöhten Druck verflüssigt wird. Beim Kondensieren wird hier Kompressionswärme über Kühlrippen an die Umgebung abgeführt.

Als Kühlmittel wurde bisher das FCKW-haltige (Fluorkohlenwasserstoff) Frigen eingesetzt. Aufgrund der Gefährdung der Ozonschicht durch chlorhaltige Kältemittel kommen in Zukunft nur noch Flüssigkeiten zur Anwendung, die nicht die Ozonschicht abbauen und nur sehr gering den Treibhauseffekt unterstützen. Ein Ersatzstoff beispielsweise ist R134a (teilhalogenierter Kohlenwasserstoff). Teilweise werden bereits auch Wärmepumpen mit dem klimaunschädlichen Propan hergestellt, und für große Wärmepumpen kommt auch Ammoniak zum Einsatz.

Wärmepumpe: Heizung

Der Kühlschrank kann bereits als Wärmepumpe bezeichnet werden, da er dem

Kühlgut entzogene Wärme nach außen transportiert und die durch den Kompressor erzeugte Kompressionswärme an die Umgebung abgibt. Wird der „Kühlraum" der Wärmepumpe in einen See, ins Grundwasser oder einfach ins Freie verlegt und der Kondensator in geeigneter Form im Haus installiert, dann kann die Wärmepumpe als Heizung genutzt werden (Abb. 4). Der See oder das Grundwasser kühlen durch die Verdampfungswärme weiter ab, und die Kompressionswärme des Kühlmittels erwärmt das Haus. So kann auf Kosten z. B. der inneren Energie des Grundwassers ein Haus beheizt werden. Mit den Wärmepumpen lässt sich bei günstigen Bedingungen eine thermische Energie ausbeuten, die dreimal so hoch ist wie die zugeführte elektrische Energie. Es kann nach der Definition (Festlegung) des Wirkungsgrades ein Wirkungsgrad von 400 % erreicht werden.

Der extrem gute Wirkungsgrad der Wärmepumpe täuscht allerdings darüber hinweg, dass die elektrische Energie von der Erzeugung bis zur Endnutzung erheblichen Verlusten unterliegt. Diese Verluste müssen bei korrekter Einschätzung des Wirkungsgrades mit berücksichtigt werden.

$$\text{Wirkungsgrad } \eta = \frac{E_{nutz}}{E_{zu}}$$

$$\eta = \frac{\text{Nutzenergie}}{\text{zugeführte Energie}}$$

Zum Weiterlesen:

- Innere Energie, S. 294
- Die Schmelzwärme, S. 300
- Die Verdampfungswärme, S. 306
- Wärmekraftmaschinen, S. 318

Wärmekraftmaschinen

Für das moderne Leben ist es selbstverständlich, dass Maschinen einen Großteil der Arbeit übernehmen und damit zu einer Erhöhung der Lebensqualität beitragen, denn bis vor 150 Jahren gab es keine andere Möglichkeit, als die Kraft von Mensch und Tier und auch die des Wassers einzusetzen. Erst im Jahre 1707 veröffentlichte der Marburger Physik- und Mathematikprofessor Denis Papin das Prinzip der ersten Dampfmaschine. In dieser Maschine wird die Eigenschaft von Wasserdampf ausgenutzt, um damit Arbeit zu verrichten, denn wenn Wasser verdampft, nimmt der Dampf 1700-mal so viel Raum ein wie das Wasser selbst und erzeugt damit einen enormen Druck. Wird z. B. Wasser in einem Reagenzglas zum Sieden gebracht, dann entsteht im Röhrchen ein hoher Dampfdruck. Je länger das siedende Wasser über der Flamme gehalten wird, desto mehr Dampf entwickelt sich im Röhrchen, und gleichzeitig steigt der Druck an (Abb. 1). Der Druck im Reagenzglas steigt so lange an, bis der Korken dem wachsenden Druck im Röhrchen nicht mehr standhalten kann. Der Korken löst sich vom Reagenzglas und fliegt davon. Der Dampfdruck hat somit Arbeit verrichtet. Genauso wird beispielsweise der Dampfdruck beim Pfeifkessel ausgenutzt. Der Dampf zischt durch die Pfeife und gibt einen Signalton ab.

Hat der Dampf keine Möglichkeiten, sich auszubreiten, dann entsteht im eingeschlossenen Gefäß ein enormer Druck, der auf die Gefäßwände wirkt. Ist aber eine Gefäßwand beweglich, versucht der Dampf, sich mehr Platz zu verschaffen, indem er die bewegliche Wand bzw. den beweglichen Kolben weg-

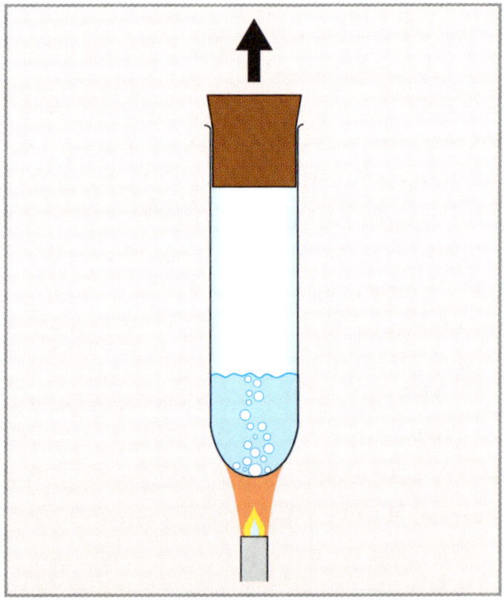

Abb. 1: Der Druck vom Wasserdampf schießt den Korken heraus

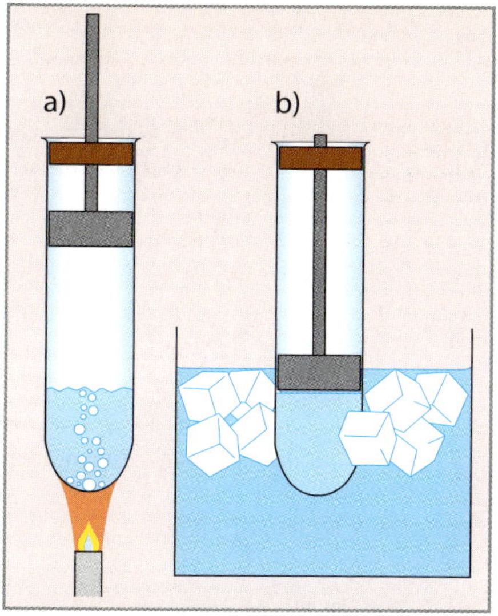

Abb. 2: Modell einer thermodynamischen Wärmekraftmaschine: a) Der Dampf schiebt den Kolben nach oben; b) Im kühlen Wasserbad entspannt sich der Dampfdruck und der Kolben geht wieder in seine Ausgangsposition zurück

schiebt und damit Arbeit verrichtet. Die wesentliche Aufgabe der Dampfmaschine besteht also darin, den erzeugten Dampfdruck in mechanische Arbeit zu verwandeln.

Die erste Dampfmaschine, die einen Kolben antrieb, wurde im Jahre 1712 vom Engländer Thomas Newcomen erfunden und später von James Watt weiterentwickelt. Diese Dampfmaschine lässt sich einfach nachbauen. Ein Korken, von einer dünnen Stricknadel aufgespießt, befindet sich in einem Reagenzglas (Abb. 2). Das Reagenzglas ist mit einem weiteren Stopfen verschlossen, wobei die Stricknadel durch eine Öffnung durch diesen Stopfen hindurchführt. Wird das Wasser erhitzt, dann entsteht ein Dampfdruck, der den Korken mit der Stricknadel nach oben drückt. Damit der Korken wieder in seine Ausgangslage zurückkehrt, wird das Reagenzglas in ein kaltes Wasserbad gestellt. Der Dampf kondensiert, und der Druck fällt im unteren Teil des Reagenzglases ab. Der Korken wandert wieder zurück und führt damit eine Kolbenbewegung einer thermodynamischen Wärmekraftmaschine durch.

Die richtigen Dampfmaschinen bestehen im Wesentlichen aus einem Dampfkessel, der mit dem Zylinder verbunden ist. Mit einer Schiebersteuerung gelangt der Dampf abwechselnd auf die obere bzw. untere Seite des Kolbens. In Abbildung 3/1 öffnet der Schieber die obere Zylinderseite des Kolbens. In Abbildung 3/2 ist zu erkennen, dass der Schieber die obere Kammer schließt. Das Gas hat nun die Möglichkeit, sich auszudehnen und den Kolben nach unten zu schieben. Ist der Kolben unten angekommen, öff-

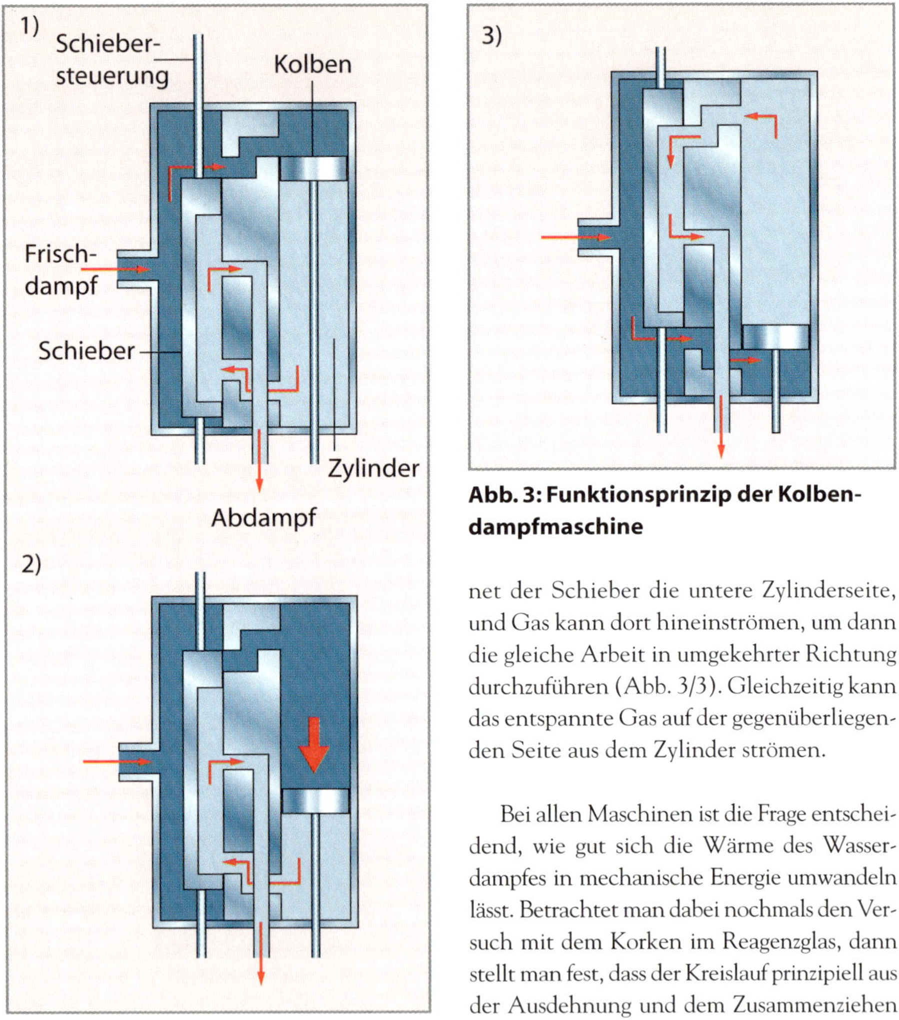

Abb. 3: Funktionsprinzip der Kolbendampfmaschine

net der Schieber die untere Zylinderseite, und Gas kann dort hineinströmen, um dann die gleiche Arbeit in umgekehrter Richtung durchzuführen (Abb. 3/3). Gleichzeitig kann das entspannte Gas auf der gegenüberliegenden Seite aus dem Zylinder strömen.

Bei allen Maschinen ist die Frage entscheidend, wie gut sich die Wärme des Wasserdampfes in mechanische Energie umwandeln lässt. Betrachtet man dabei nochmals den Versuch mit dem Korken im Reagenzglas, dann stellt man fest, dass der Kreislauf prinzipiell aus der Ausdehnung und dem Zusammenziehen der Luft im Kolben besteht. Das Reagenzglas wird erhitzt, und der Kolben wird durch den Dampfdruck verschoben. Um den Arbeitszyklus zu schließen, wäre es unsinnig, den Kolben wieder zurückzuschieben, denn es müsste quasi die gleiche mechanische Arbeit aufgewandt werden, die gerade aus der Wärme gewonnen wurde. Um den Korken aber wieder zurückzubekommen, wird das Reagenzglas in kaltes Wasser gestellt. Der Wasserdampf kondensiert, und der Korken fällt in seine Ausgangsposition zurück. Beim Abkühlen im Wasserbad geht aber Wärmeenergie verloren.

Um genau diesen Verlust zu untersuchen, ist zur Darstellung das pV-Diagramm besonders hilfreich. Im pV-Diagramm kann direkt die Arbeit abgelesen werden, die der Dampf durch Volumenausdehnung erbringt, denn mit dem Produkt aus Druck und Volumenänderung errechnet sich die Arbeit, die ein normales Gas verrichten kann. Wird beispielsweise zur Vereinfachung der Darstellung vorausgesetzt, dass der Druck des Gases bei der Volumenänderung konstant bleibt, dann ergibt sich im Volumendiagramm eine Gerade parallel zur V-Achse (Abb. 4). Die Fläche unterhalb Geraden ergibt die Arbeit, die durch das Gas verrichtet wird. Aus der Zustandsgleichung für Gase ist ersichtlich, dass die Druckänderung mit der Temperaturänderung direkt proportional ist:

$$p \cdot V = \frac{m}{M} \cdot R \cdot T$$

p = Druck
V = Volumen
m = Masse des Gases
M = Molmasse des Gases
R = allgemeine Gaskonstante
T = absolute Temperatur (K)

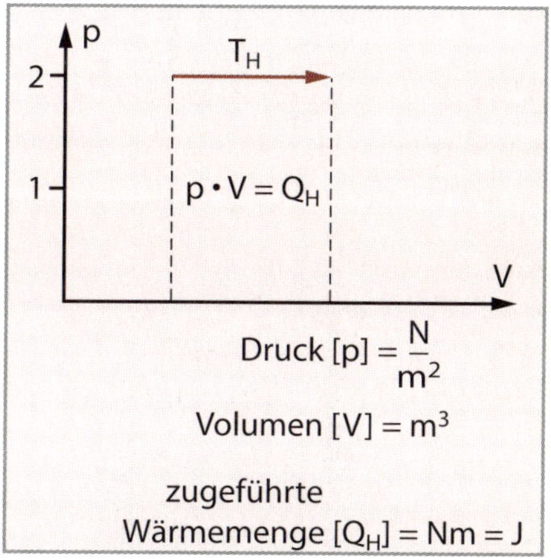

Abb. 4: pV-Diagramm: Volumenausdehnung (Expansion) bei hohem Druck

Man kann direkt daraus schließen, dass mit der Erhöhung der Dampftemperatur der Druck des Dampfes ansteigt. Ist also die Temperatur des Gases niedriger, dann ist gleichzeitig der Druck niedriger, und aus dem pV-Diagramm (Abb. 5) ist ersichtlich, dass beispielsweise bei halbem Druck sich die Fläche in dieser Darstellung ebenfalls halbiert, d. h. in diesem Fall nur die halbe mechanische Arbeit geleistet wird. Im Vergleich zu diesem Modell wird in einer realen Maschine ein abgerundeter Zyklus durchlaufen. Im geschlossenen Arbeitszyklus wird ein Vorgang mit der Pfeilrichtung angegeben. Verrichtet das Gas Arbeit, dann dehnt sich das Volumen aus. Dieser Vorgang wird z. B. mit einem Pfeil nach rechts gekennzeichnet. In einer realen thermodynamischen Maschine muss für den geschlossenen Zyklus auch Arbeit am Gas verrichtet werden, damit der Kolben wieder zurück in seine Ausgangsposition geschoben wird und der Arbeitszyklus wieder von vorn beginnen kann. Es ist verständlich, dass die

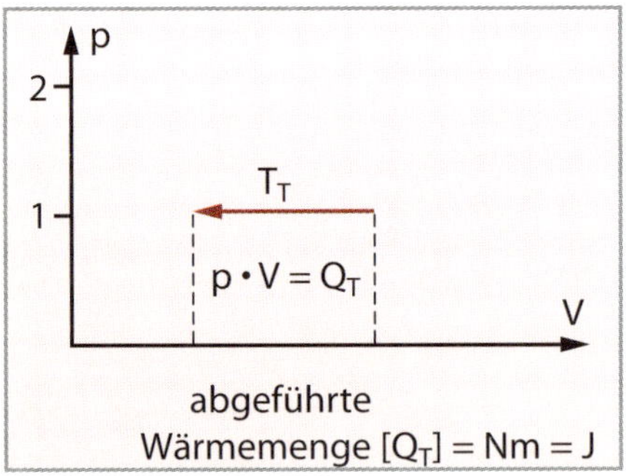

Abb. 5: pV-Diagramm: Volumenverringerung (Kontraktion) bei niedrigem Druck

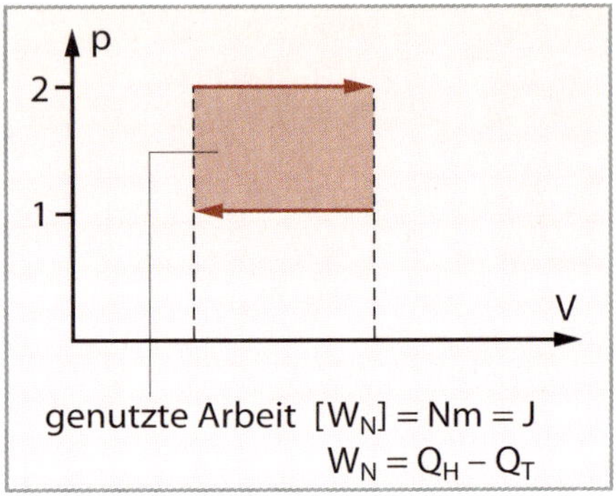

Abb. 6: pV-Diagramm: einfacher Kreisprozess

Arbeit, die der Maschine wieder zugeführt wird, nicht genutzt werden kann. Als Nutzarbeit bleibt bei jedem Zyklus genau die Differenz der beiden Energien, die genau die Fläche innerhalb des geschlossenen Kurvenzuges darstellt (Abb. 6). Das Verhältnis der Nutzenergie W_N zur zugeführten Wärmeenergie Q_H ist der Wirkungsgrad, der im Verhältnis günstiger wird, wenn der Druck für die Volumenarbeit des Gases zunimmt und der Druck bei der Zurückführung des Gases sehr gering ist. Da der Druck der Temperatur direkt proportional ist, wird der Wirkungsgrad erhöht, wenn die Temperatur T_H des Arbeit verrichtenden Wasserdampfes sehr hoch ist und die Temperatur T_T des Gases beim Zurückschieben des Kolbens sehr niedrig ist. Der Wirkungsgrad ist also gegeben durch:

$$\eta = \frac{W_N}{Q_H}$$

η = Eta = Wirkungsgrad
W_N = Nutzenergie
Q_H = zugeführte Wärmemenge (H = Hoch)
Q_T = abgegebene Wärmemenge (T = Tief)

da $W_N = Q_H - Q_T$

ergibt $\eta = \frac{Q_H - Q_T}{Q_H} = \frac{Q_H}{Q_H} - \frac{Q_T}{Q_H}$

$= 1 - \frac{Q_T}{Q_H}$

T_T = Temperatur des abgekühlten Wasserdampfs
T_H = Temperatur des aufgeheizten Wasserdampfs

da $Q_T \sim T_T$ und $Q_H \sim T_H$

ergibt $\eta = 1 - \frac{T_T}{T_H}$

Der Unterschied zwischen dem oben vorgestellten Modell einer idealisierten thermodynamischen Wärmekraftmaschine und der Realität besteht im Wesentlichen darin, dass neben der Volumenänderung sich auch beispielsweise der Druck verändert. Im pV-Diagramm ergeben sich mehr abgerundete, weniger anschauliche Zyklen, da mehrere Parameter sich gleichzeitig ändern. Im Prinzip wird aber auch hier nichts anderes dargestellt als die nutzbare Arbeit, die als Fläche der geschlossenen Kurve erscheint.

Zum Weiterlesen:

- ➔ Innere Energie, S. 294
- ➔ Die Schmelzwärme, S. 300
- ➔ Die Verdampfungswärme, S. 306
- ➔ Die Wärmepumpe, S. 312

Der Kondensator

Der Kondensator stellt ein wichtiges Element in der Elektrotechnik bzw. Elektronik dar, denn in einer Vielzahl von elektronischen Schaltungen wird er genauso benötigt wie z. B. der Transistor und der Widerstand. Entsprechend der Funktion und Leistungsstärke gibt es Kondensatoren in unterschiedlichen Ausführungen und Größen. Das Besondere am Kondensator ist, dass er Ladung aufnehmen und wieder abgeben kann. Das Fassungsvermögen (Kapazität) an Ladungen ist ein wesentliches Merkmal, wonach der Kondensator bemessen wird.

Ein Kondensator ist im Prinzip nichts anderes als eine Anordnung von zwei isolierten Leitern, wobei der Plattenkondensator die einfachste und gebräuchlichste Form darstellt (Abb. 1). Der Plattenkondensator besteht aus einem Paar voneinander isolierter Metallplatten, die mit je einem Pol einer Spannungsquelle verbunden sind.

Die angelegte Spannung am Kondensator hat einen direkten Einfluss auf die aufgenommene Ladungsmenge. Folgender Versuch soll verdeutlichen, was ein Kondensator an Ladungen in Abhängigkeit zur angelegten Spannung aufnehmen kann: Ein Kondensator wird an eine variable Spannungsquelle angeschlossen. Zwischen Spannungsquelle und dem Kondensator befindet sich zur Strommessung in Reihe ein Amperemeter geschaltet (Abb. 2). In Abhängigkeit zur eingestellten Spannung wird am Amperemeter der Maximalausschlag des Stromflus-

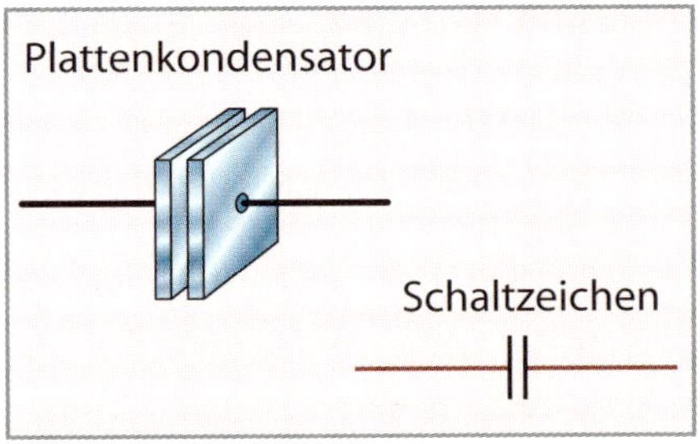

Abb. 1: Plattenkondensator

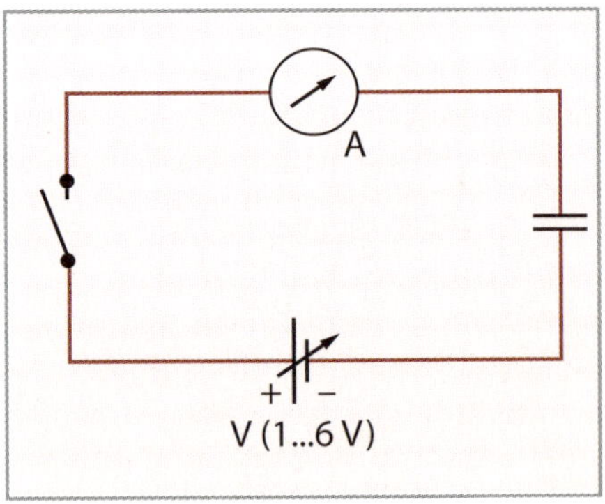

Abb. 2: Versuchsaufbau

ses abgelesen. Der maximale Stromfluss ist proportional zu der Ladungsmenge, die der Kondensator aufnimmt:

$$Q = I \cdot t$$

Die Spannung wird in diesem Versuch kontinuierlich erhöht und mit zwei unterschiedlichen Kondensatoren durchgeführt. Setzt man die gemessenen Skalenwerte der maximalen Stromstärke ins Verhältnis zu der angelegten Spannung, dann erkennt man eine Proportionalität zwischen der Ladung Q und der angelegten Spannung U:

$$Q \sim U$$

Die Proportionalitätskonstante zwischen der Ladungsmenge und der angelegten Spannung U wird mit C bezeichnet:

$$Q = C \cdot U$$

Wird die Gleichung nach C umgestellt, dann ergibt sich:

$$C = \frac{Q}{U}$$

Daraus erkennt man, dass C angibt, wie viel Ladung der Kondensator pro 1 V (Volt) angelegter Spannung aufnehmen kann. Die Proportionalitätskonstante spiegelt das Fassungsvermögen des Kondensators wider und wird deshalb als Kapazität bezeichnet.

Nimmt z. B. der Kondensator die Ladungsmenge von 1 As bei einer Spannung von 1 V auf, dann hat der Kondensator die Kapazität von 1 Farad. Diese Einheit ist benannt nach dem englischen Physiker Faraday:

$$\frac{1\ \text{As}}{1\ \text{V}} = 1\ \text{F (Farad)}$$

In der technischen Anwendung sind meistens wesentlich geringere Kapazitäten erforderlich, und es werden deshalb folgende Maßeinheiten genutzt:

1 Millifarad = 1 mF = 10^{-3} F
= 0,001 F

1 Mikrofarad = 1 µF = 10^{-6} F
= 0,000001 F

1 Nanofarad = 1 nF = 10^{-9} F
= 0,000000001 F

Je mehr Ladung ein Kondensator bei einer festgelegten Spannung aufnehmen kann, desto höher ist seine Kapazität. Erhöht man die angelegte Spannung am Kondensator, dann wird auch entsprechend mehr Ladung aufgenommen. Es stellt sich die Frage, welche Faktoren die Kapazität des Kondensators bestimmen. Es werden zur Untersuchung dieser Fragestellung zwei Plattenkondensatoren mit einem exakt identischen Aufbau, aber mit unterschiedlicher Flächengröße verglichen. Dieser Versuch zeigt, dass bei einer Verdoppelung des Radius des Plattenkondensators (vierfache Fläche) bei identischer Spannung das Vierfache an Ladung aufgenommen wird, d. h., die Kapazität ist um das Vierfache größer. Die Kapazität C ist also proportional zu der Fläche A des Kondensators.

Die Veränderung der Kapazität in Abhängigkeit zur Fläche wird technisch in Drehkondensatoren ausgenutzt. Je mehr Fläche sich im Drehkondensator gegenübersteht, desto höher ist die Kapazität.

Mit dem Abstand zwischen den Platten eines Plattenkondensators lässt sich ebenfalls die Kapazität verändern. Wird z. B. der Abstand zwischen den Platten verringert, dann erhöht sich die Kapazität. Die Kapazität ist umgekehrt proportional zur Distanz zwischen den Platten.

Der Plattenabstand hat somit einen direkten Einfluss auf das Spannungsverhalten des Kondensators. Wird ein Kondensator bei einer bestimmten Spannung aufgeladen, dann zeigt er beim Abschalten der Spannungsquelle eine bestimmte Spannung an. Wird der Abstand zwischen den Platten verringert, dann zeigt der Kondensator eine geringere Spannung an. Diese Beobachtung zeigt, dass in der zweiten Plattenposition noch mehr Ladung vom Kondensator aufgenommen werden kann, so dass beim erneuten Anlegen der Spannungsquelle der Kondensator weiter aufgeladen wird. Durch das Zusammenschieben der Platten hat sich also die Kapazität erhöht.

Der Grund für diese Erscheinung ist der, dass sich auf den Innenseiten der Platten Ladungen entgegengesetzter Polarität genau gegenüberstehen und sich wegen den vorhandenen Feldkräften (Influenz) gegenseitig festhalten. Ist der Abstand zwischen den Platten sehr gering, dann ist die Influenz entsprechend hoch, und es können mehr Ladungen auf den Platteninnenseiten aufgrund der höheren Feldkräfte gebunden werden. Je enger die Platten des Kondensators aneinander stehen, desto stärker ist die Influenz (Feldkraft) und entsprechend mehr Ladungen sind gebunden. Wird der Abstand zwischen den Kondensatorplatten vergrößert, nehmen dementsprechend die Feldkräfte bzw. die Influenz ab, und weniger Ladung kann somit vom Kondensator aufgenommen werden.

Neben der Veränderung des Plattenabstandes und der Plattengröße gibt es noch eine weitere Möglichkeit, die Kapazität von Kondensatoren zu erhöhen. Wird zwischen die Platten Papier, Kunststoff oder Glas gelegt, erhöht sich ebenfalls die Kapazität. Das isolierende Material wird als Dielektrikum bezeichnet. Durch die Feldkräfte wird das Dielektrikum polarisiert, und es wirken somit zusätzliche Feldkräfte, die noch mehr Ladungen binden und somit die Kapazität erhöhen. Die einzelnen Stoffe werden mit der Dielektrizitätszahl ϵ_r charakterisiert. In folgender Tabelle sind einige Stoffe mit ihren Dielektrizitätszahlen aufgeführt:

Stoff	**Dielektrizitätszahl ε_r**
Vakuum, Luft	1
Teflon	2
Weichgummi	2,5
Hartgummi	4
Glas	5
Marmor	8

Die Dielektrizitätszahl gibt das Verhältnis an, um welchen Faktor die Kapazität erhöht wird, wenn im Kondensator die Luft bzw. das Vakuum durch das entsprechende Material ersetzt wird:

$$\frac{C_d}{C_0} = \varepsilon_r$$

C_d = Kapazität mit Dielektrikum
C_0 = Kapazität mit Vakuum

Glas beispielsweise mit einer Dielektrizitätszahl Er gleich 5 erhöht also die Kapazität um den Faktor 5. Für den Plattenkondensator ist also folgende Beziehung gültig:

$$C \sim \varepsilon_r \cdot \frac{A}{d}$$

Ein geladener Kondensator besitzt mit der aufgenommenen Ladung die Fähigkeit, seine elektrische Energie in Arbeit umzuwandeln und kann somit als Strom- bzw. Energiequelle eingesetzt werden. Die Menge der gespeicherten Energie ist zum einen proportional der aufgenommen Ladung Q und zum anderen proportional zur Spannung. Der Spannungswert kann nur zur Hälfte berücksichtigt werden, da der Ladevorgang mit der ungeladenen Kapazität, also mit der Spannung 0 beginnt und mit dem vollen Spannungswert endet. Aus diesem Grund wird nur der Mittelwert genommen. Aus den Proportionalitätsbeziehungen ergibt sich:

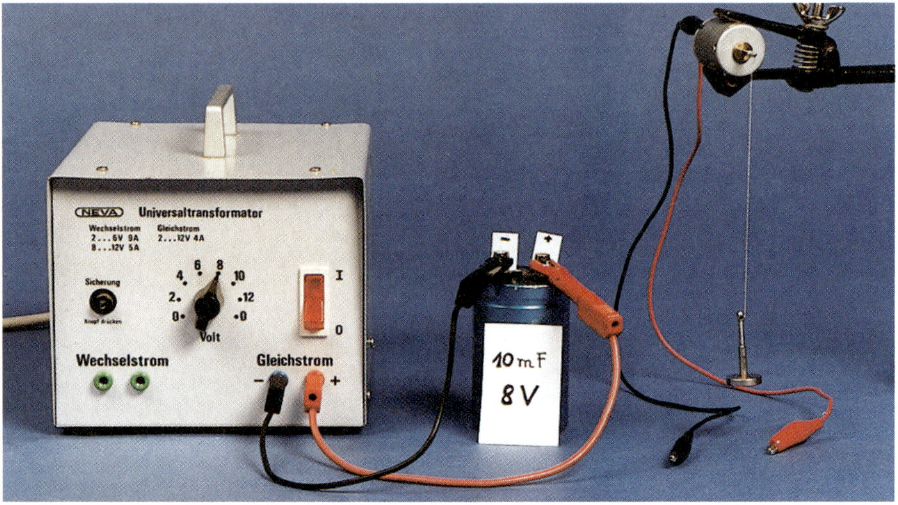

Abb. 3a: Der Kondensator wird von einer Spannungsquelle geladen

$$W = \frac{1}{2} C \cdot U^2$$

Angenommen, ein Motor kann idealerweise verlustfrei die elektrische Energie vom Kondensator in mechanische Energie umsetzen, dann lässt sich beispielsweise das 10-g-Gewicht mit der Ladungsmenge des vorgegebenen Kondensators um die folgende Höhendifferenz heben (Abb. 3a/b):

In der Praxis bestehen Kondensatoren aus Metallfolien, die durch Isolierpapier voneinander getrennt sind.

$$W = \frac{1}{2} C U^2$$

$$C = 10\ \text{mF} = 10\ \text{m}\,\frac{\text{As}}{\text{V}} = 0{,}01\,\frac{\text{As}}{\text{V}}$$

$$U = 10\ \text{V}$$
$$U^2 = 100\ \text{V}^2$$

$$W = \frac{1}{2} \cdot 0{,}01\frac{\text{As}}{\text{V}} \cdot 100\ \text{V}^2$$

$$= \frac{1}{2} \cdot 1\ \text{AsV} = \frac{1}{2}\ \text{AVs}$$

$$= 0{,}5\ \text{AVs} = 0{,}5\ \text{Ws} = 0{,}5\ \text{Nm}$$

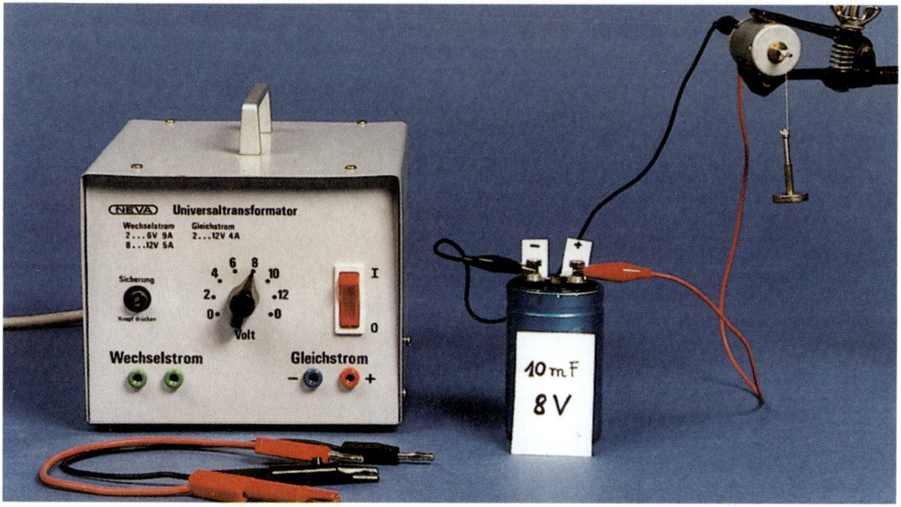

Abb. 3b: Die elektrische Energie des Kondensators wird in mechanische umgewandelt

Zum Weiterlesen:

- Die elektrische Spannung, S. 330
- Die elektrische Leistung, S. 336
- Elektromotor und Generator, S. 348
- Der Transformator, S. 354

Die elektrische Spannung

Wenn man ein elektrisches Gerät betreibt, z. B. eine Taschenlampe oder einen Walkman, so weiß man eigentlich direkt, welche Batterien man benutzen muss. Wenn nicht, so kann man leicht auf dem Gerät die erforderliche Nennspannung, also die Spannung, die man an die Klemmen des Geräts anlegen muss, erfahren. Auf dem Typenschild oder in dem Batteriefach des Geräts stehen die notwendigen Angaben, z. B. 3 V (Volt) bei einem Taschenrechner oder 9 V (Volt) bei einem Walkman. Die Geräte, die man zu Hause am Hausleitungsnetz betreibt, tragen die Aufschrift 220 V. Damit ist klar, die Einheit der Spannung ist „V" (Volt), wie man sie aus dem täglichen Leben kennt. Ihren Namen hat sie von dem italienischen Physiker A. Volta (1745-1827). Die Größe

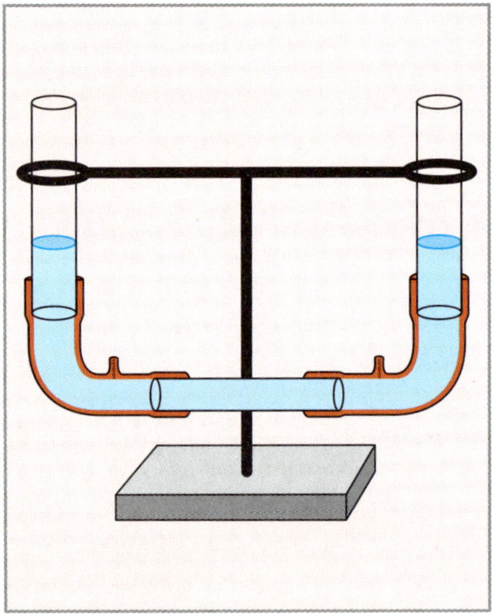

Abb. 1: Rohrsystem ohne Wasserfluss (im Gleichgewicht)

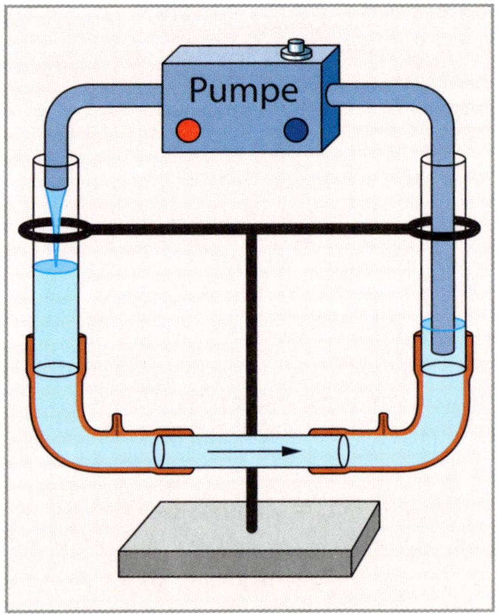

Abb. 2: Rohrsystem mit Pumpe und Wasserfluss

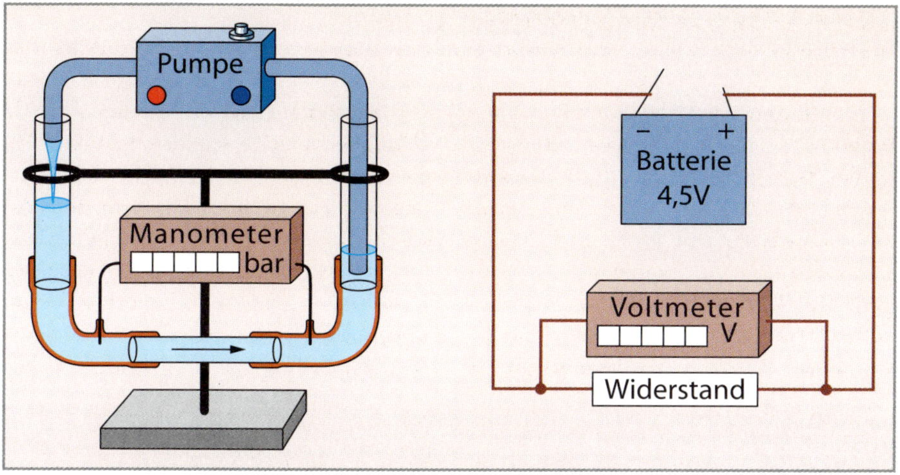

Abb. 3: Wasserkreislauf und Stromkreislauf im Vergleich

„Spannung“ wird mit dem Buchstaben U abgekürzt. Doch was muss man sich unter Spannung vorstellen?

Den Begriff der Spannung kann man sich mit Hilfe des Wasserkreislaufes verdeutlichen, der in vielen Sachverhalten Ähnlichkeit zum Stromkreislauf aufweist.

Ein elektrisches Gerät kann nur dann funktionieren, wenn Stromfluss vorhanden ist, der quasi von einer elektrischen Pumpe betrieben wird. Wenn man einen Wasserfluss in einem Wasserkreislauf erzeugen will, so benötigt man ebenfalls eine Pumpe. In dem in Abbildung 1 dargestellten Rohrsystem wird zunächst kein Wasser durch das eingebaute Verbindungsstück fließen, da eine Wasserpumpe fehlt. Zudem steht in beiden Seiten des U-Rohrs das Wasser gleich hoch, so dass kein Ausgleich von Wassermengen erfolgen kann. Das Verbindungsstück soll einen elektrischen Widerstand darstellen. Es kann eine Lampe sein oder ein anderes elektrisch betriebenes Gerät. Damit nun Wasser durch das Verbindungsstück fließen kann, muss man eine Pumpe in das U-Rohr bringen, welche unter Energieaufwand ständig Wasser von der einen Seite auf die andere schafft (Abb. 2). Die Ursache für das Fließen des Wassers ist ein Druckunterschied zwischen der linken und der rechten Rohrseite.

Die Spannung in einem Stromkreis kann man sich nun als diese Druckdifferenz vorstellen. Die Druckdifferenz ist die Ursache für das Fließen des Wasserstromes, die Spannung ist die Ursache für das Fließen des elektrischen Stromes. Druckdifferenz und Spannung bewirken Ähnliches. Spannung kann man sich demnach als Druckdifferenz vorstellen. Die Druckdifferenz messen wir im Wasserkreislauf mit einem Manometer (Druckmessgerät) an zwei Stellen des Verbindungsstücks. Die Spannung misst man vor und hinter dem Widerstand mit einem Voltmeter. Die Druckdifferenz kann nur dann ständig vorhanden sein, wenn die Pumpe ständig unter Energieaufwand Wasser von der einen Seite pumpt. Ähnlich verhält es sich im elektrischen Stromkreis. Unter Energieaufwand pumpt eine Spannungsquelle ständig innerhalb der Spannungsquelle Ladung vom Minuspol zum

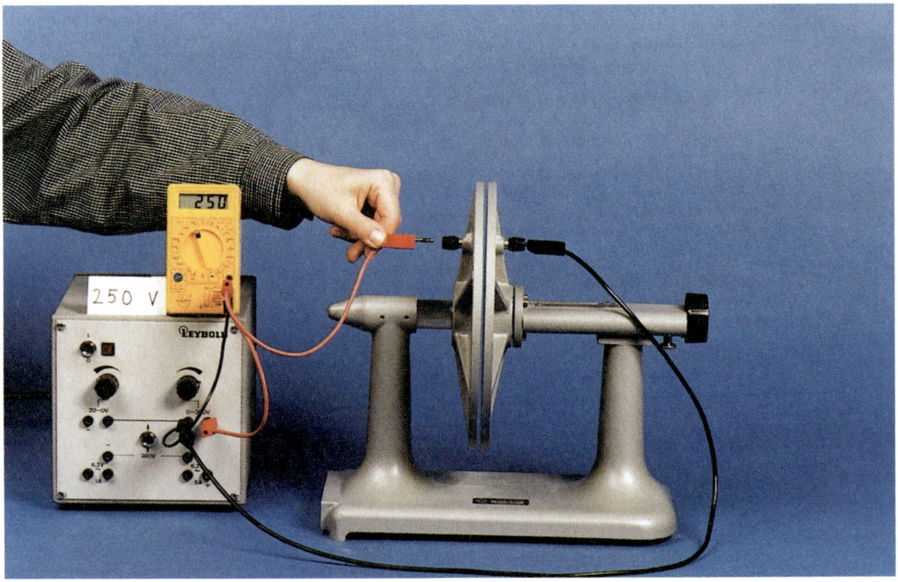

Abb. 4a: Laden des Kondensators

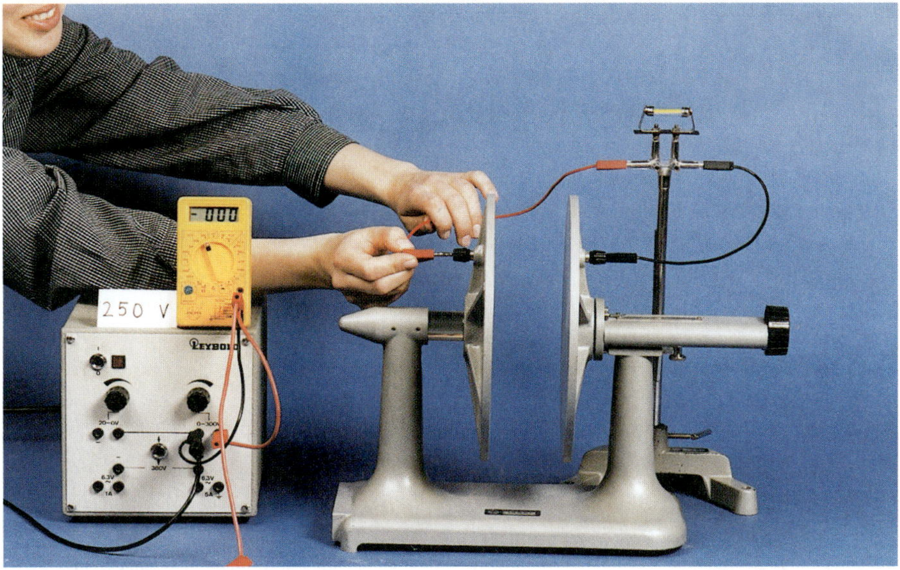

Abb. 4b: Entladen des Kondensators nach vorherigem Auseinanderziehen

Pluspol (Abb. 3). Die vereinbarte technische Stromrichtung verläuft genau entgegengesetzt. Die Größe des Druckunterschiedes regelt bei einem festen Verbindungsrohrquerschnitt die Höhe des Wasserdurchflusses. Die Größe der Spannung bestimmt die Höhe des elektrischen Stromes. Zunächst muss ein Druckunterschied da sein, damit Wasser fließen kann; Spannung muss vorhanden sein, damit elektrischer Strom fließt. Der Druckunterschied wird nur von der Pumpe und ihrem Energieaufwand bestimmt – das Verbindungsstück hat keinen Einfluss. Die Spannung ist unabhängig vom eingebauten Widerstand – nur der Energieaufwand der Spannungsquelle ist entscheidend. Eine weitere Vorstellung für den Begriff der Spannung ist wichtig. Man lädt dazu in einem Versuch (Abb. 4a) einen Kondensator durch eine Spannungsquelle auf. Dabei passiert Folgendes: Unter Energieaufwand pumpt die Spannungsquelle Ladung von der einen Kondensatorplatte auf die andere. Hierbei wird die eine Platte negativ, die andere Platte positiv aufgeladen. Die Spannungsquelle liefert eine Spannung von 250 V. Ein statisches Voltmeter zeigt auch für den Kondensator nach dem Aufladen und dem Trennen des Kondensators von der Spannungsquelle 250 V an. Der Kondensator wird nun über eine Glimmlampe entladen, die kurz schwach aufleuchtet (Abb. 4b).

Bisher ist eigentlich nichts Ungewöhnliches passiert. Doch nun wird der gleiche Versuch wiederholt. Nach dem Trennen des Kondensators von der Spannungsquelle zieht man die Platten des Kondensators ein gutes Stück auseinander. Dazu muss man eine Kraft aufwenden. Beim anschließenden Entladen des Kondensators passiert etwas Unerwartetes: Die Glimmlampe leuchtet nun sehr hell auf. Den gleichen Effekt kennt man von einer Lampe, an der die Spannung erhöht wurde. Auch diese Lampe leuchtet heller. Wie kann man sich nun erklären, dass sich die Spannung an der Lampe erhöht hat? Es ist zu vermuten, dass das Auseinanderziehen die Ursache für die Spannungserhöhung darstellt. Überprüft wird dies durch die Wiederholung des gesamten Vorgangs; jedoch schließt man vor dem Auseinanderziehen das statische Voltmeter an. Die Spannung erhöht sich kontinuierlich beim Auseinanderziehen der Platten.

Eine genaue Erklärung bringt Aufschluss über den Vorgang: Die Kondensatorplatten sind nach dem Aufladevorgang unterschiedlich geladen. Zwischen der positiv und der negativ geladenen Platte herrschen elektrische Anziehungskräfte, wie sie bei unterschiedlich elektrisch geladenen Körpern üblich sind. Gegen diese Anziehungskräfte muss man eine Kraft längs des Zugweges aufwenden. Man steckt Energie in das System „Kondensator". Je mehr Energie man in das System hineinsteckt, desto größer ist später die Energie pro Ladungsportion auf der Kondensatorplatte; man kann auch sagen, desto größer ist die Spannung, unter der die Ladungen stehen. Damit hat man eine neue Sichtweise für den Begriff Spannung erhalten:

Spannung ist „Energie pro Ladung". Da diese Energie unter Arbeitsaufwand in das System hineingesteckt wurde, kann man auch sagen: Spannung ist Arbeit pro Ladung.

$$U = \frac{W\ (\text{Arbeit})}{Q\ (\text{Ladung})}$$

$$[U] = \frac{J\ (\text{Joule})}{C\ (\text{Coulomb})}$$

$$1\,V = \frac{1\,J}{1\,C}$$

Bei Bandgeneratorversuchen entstehen auch sehr hohe Spannungen von mehreren 10.000 Volt. Wieso ist diese Spannung nicht gefährlich für den Menschen, wo doch überall vor Hochspannung gewarnt wird? Nun, vor Hochspannung sollte man sich in jedem Fall in Acht nehmen. Beim Bandgenerator ist es so, dass nicht genügend große Ladungsmengen nachgeliefert werden können, sonst wäre auch diese Spannung gefährlich. Es ist ähnlich wie bei einem Regentropfen, der hoch vom Himmel fällt. Er tut einem nichts. Würden 200 Liter Wasser aus derselben großen Höhe auf eine Person herunterfallen, gäbe es einen bösen Unfall. Vor Hochspannung in elektrischen Geräten sollte man sich in jedem Fall schützen. Bei Schulversuchen werden deshalb häufig Schutzwiderstände von 1 MΩ oder mehr verwendet.

Zum Weiterlesen:

- Die elektrische Leistung, S. 336
- Die elektromagnetische Induktion, S. 342
- Elektromotor und Generator, S. 348

Die elektrische Leistung

Elektrische Energie ist im modernen Leben für viele Menschen die favorisierte Energieform. Sie hat im Vergleich zu vielen anderen Energieformen den Vorzug, dass sie am Ort der Nutzumwandlung sehr sauber, leise und auf Knopfdruck verfügbar und universell einsetzbar ist. Für industrielle wie persönliche Nutzung kann der „Strom" in fast allen Gebieten seine Anwendung finden.

Im Haushalt garen und erhitzen Kochplatten das Essen, Lampen strahlen Licht ab, Computer und Fernsehbildschirme senden Informationen, Gartengeräte leisten mechanische Arbeit, aber auch große Elektromotoren können Fahrstühle und selbst Seilbahnen in Bewegung setzen. Die elektrische Energie steht dem Menschen sofort zur Verfügung, da an anderer Stelle, in Kraftwerken, aus fossilen wie nuklearen Energieträgern, wie Kohle, Gas oder Erdöl bzw. Kernenergie, zur selben Zeit elektrische Energie erzeugt wird.

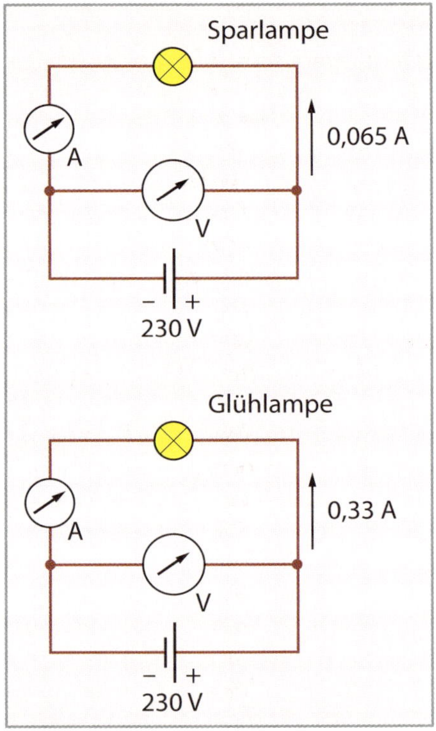

Abb. 1: Sparlampe und Glühlampe im geschlossenen Stromkreis

Die elektrische Leistung ist ein zentraler Begriff im Umgang mit der elektrischen Energie und den damit verbundenen elektrischen Energiewandlern. Die mechanische Leistung wurde mit dem Quotienten Arbeit durch Zeit also W/t definiert. Es ist nun zweckmäßig zu fragen, welche Faktoren die elektrische Leistung bestimmen.

Im Rahmen der Diskussion, dass Energie eingespart werden soll, da zum einen die Energieressourcen begrenzt sind und zum anderen das Verbrennen von fossilen Energieträgern zur Erzeugung von Strom die Umwelt durch den CO_2-Ausstoß sehr stark belastet, werden heutzutage Elektroartikel angeboten, die weniger elektrische Energie für gleiche „Dienstleistungen" erfordern. Sehr aktuell sind zur Zeit insbesondere Sparlampen, denn sie benötigen wesentlich weniger elektrische Energie als die herkömmlichen Glühlampen.

Im folgenden Versuch wird eine moderne Sparlampe mit einer herkömmlichen Glühlampe verglichen. Werden beide Lampen an eine Spannungsquelle angeschlossen, dann stellt man zunächst fest, dass bei beiden Lampen die Lichtleistung identisch ist (Abb. 1/2). Um zu untersuchen, welche elektrische Energie für das Betreiben der jeweiligen Lampe erforderlich ist, wird ein Strommesser in Reihe und ein Spannungsmesser parallel zu den beiden Energiewandlern (Lampen) geschaltet. Der Versuch zeigt, dass die Energiesparlampe bei einer Spannung U von 230 V einen Stromfluss von 0,065 A aufweist. Im Parallelversuch mit der normalen Glühlampe wird bei gleicher Spannung U von 230 V ein Strom von 0,33 A gemessen. Bildet man für die jeweilige Lampe das Produkt aus dem Spannungs- und Stromwert, dann erhält man genau den Wert der elektrischen Leistung, der auf den Lampen angegeben ist. Die elektrische Leistung wird also definiert als das Produkt aus der Spannung U und dem Strom I:

$$P = U \cdot I$$

$$[P] = 1\,V \cdot 1\,A = 1\,W$$

$$\text{Glühlampe } P = 230\,V \cdot 0{,}33\,A = 75{,}9\,W \approx 75\,W$$

$$\text{Sparlampe } P = 230\,V \cdot 0{,}065\,A = 14{,}95\,W \approx 15\,W$$

Da der Strom I die Ladungsmenge Q darstellt, die in einer bestimmten Zeit im Stromkreis fließt, kann die elektrische Leistung auch folgendermaßen dargestellt werden:

$$P = U \cdot I = U \cdot \frac{Q}{t}$$

Die mechanische Arbeit unterscheidet sich von der mechanischen Leistung durch den Faktor Zeit, d. h., die mechanische Leistung ist gleich dem Quotienten aus mechanischer Arbeit und Zeit. Genauso verhält sich die elektrische Leistung zur elektrischen Arbeit:

$$W = P \cdot t = U \cdot I \cdot t$$
$$= U \cdot \frac{Q}{t} \cdot t = U \cdot Q$$
$$[W] = 1\ \mathrm{VAs} = 1\ \mathrm{Ws}$$

Mit dieser Formel lässt sich bestimmen, wie lange man die beiden Lampen mit einer Energie von 1 kWh leuchten lassen kann:

$$W = P \cdot t \qquad t = \frac{W}{P}$$

$$\text{Glühlampe: } t = \frac{1\ \mathrm{kWh}}{75\ \mathrm{W}} = \frac{1000\ \mathrm{Wh}}{75\ \mathrm{W}}$$
$$= 13{,}33\ \mathrm{h}$$
$$= 13\ \text{Stunden } 20\ \text{min.}$$

$$\text{Sparlampe: } t = \frac{1\ \mathrm{kWh}}{15\ \mathrm{W}} = \frac{1000\ \mathrm{Wh}}{15\ \mathrm{W}}$$
$$= 66{,}66\ \mathrm{h}$$
$$= 66\ \text{Stunden } 40\ \text{min.}$$

Die Sparlampe kann also fünfmal länger leuchten als die normale Glühlampe. Es stellt sich nun die Frage, warum bei gleicher Lichtausbeute ein unterschiedlicher Strom fließt bzw. sich die Leistungen unterscheiden. Berührt man mit der Hand die beiden Lampen, dann bekommt man eine Antwort auf diese Frage. Die Glühlampe hat sich viel stärker erwärmt. Ein Großteil der elektrischen Energie wird bei der Glühlampe also in Wärme umgewandelt, d. h., der Wirkungsgrad der Glühlampe ist deutlich geringer als bei der Sparlampe.

Damit das Elektrizitätswerk für die gelieferte elektrische Energie bezahlt werden kann, wird der Strom mit Stromzählern registriert, und der Stromverbrauch in Haushalten wird dann in Kilowattstunden abgerechnet. Der Durchschnittshaushalt zahlt ungefähr 40 Pfennig für eine kWh (Kilowattstunde). Eine kWh kann im Vergleich zu den Einheiten der mechanischen Arbeit dargestellt werden:

$$W = P \cdot t$$
$$[W] = 1\ \mathrm{kW} \cdot 1\ \mathrm{h} = 1\ \mathrm{kWh}$$
$$= 1000\ \mathrm{W} \cdot 3600\ \mathrm{s}$$
$$= 3.600.000\ \mathrm{Ws} = 3.600.000\ \frac{\mathrm{J}}{\mathrm{s}} \cdot \mathrm{s}$$
$$= 3.600.000\ \mathrm{J}$$
$$= 3600\ \mathrm{kJ} = 3600\ \mathrm{kNm}$$

Um die Arbeit von einer kWh an mechanischer Arbeit zu erbringen, müsste ein Bauarbeiter folgende Menge an 50-kg-Paketen an Steinmaterial beispielsweise in den 3. Stock (10 Meter Höhendifferenz) eines Gebäudes tragen:

> 50 kg entspricht 500 N
>
> Arbeit pro Steinpaket
> $500\ \text{N} \cdot 10\ \text{m} = 5000\ \text{Nm}$
>
> $1\ \text{kWh} = 3600\ \text{kNm} = 3.600.000\ \text{Nm}$
>
> Anzahl der Steinpakete
>
> $$= \frac{3.600.000\ \text{Nm}}{5000\ \text{Nm}} = 720$$
>
> Der Bauarbeiter muss für eine Kilowattstunde 720-mal 50-kg-Steinpakete die Treppe hochtragen.

Um die elektrische Arbeit im Haushalt abschätzen zu können, benötigt man die Leistungsangaben der elektrischen Geräte. Die elektrische Leistung ist auf den Typenschildern der Geräte markiert. Hat beispielsweise ein Heizlüfter eine elektrische Leistung von 3000 W, dann nimmt er also jede Sekunde eine elektrische Energie von 3000 Ws auf und wandelt sie größtenteils in Wärmeenergie um. Nur ein geringer Teil wird beim Heizlüfter in mechanische Energie verwandelt. Soll nun die verrichtete elektrische Arbeit des Gerätes bestimmt werden, dann genügt es, die Leistung auf dem Typenschild abzulesen und die Zeit zu messen, in der das Gerät eingeschaltet ist. Ist der Heizlüfter z. B. 12 Minuten in Betrieb, dann ergibt sich mit der Angabe der elektrischen Leistung von 3000 W eine elektrische Arbeit von:

$$\begin{aligned} W &= P \cdot t \\ W &= 3000\ \text{W} \cdot 12\ \text{min} \\ &= 3000\ \text{W} \cdot 720\ \text{s} \\ &= 2.160.000\ \text{Ws} = 600\ \text{Wh} \\ &= 0{,}6\ \text{kWh} \end{aligned}$$

Beim Tauchsieder wird die elektrische Energie vollständig in Wärmeenergie umgewandelt. Um das zu überprüfen, wird im folgenden Versuch ein Tauchsieder mit einer elektrischen Leistung von 1000 W benutzt, um eine Wassermenge von 0,5 l (Liter) von 20 °C auf 100 °C zu erhitzen. Das Erhitzen mit dem Tauchsieder dauert genau 2 min und 48 s. Daraus ergibt sich eine elektrische Arbeit von:

$$\begin{aligned} W &= P \cdot t \qquad \text{(aufgewandte Energie)} \\ W &= 1000\ \text{W} \cdot 168\ \text{s} \cdot 168.000\ \text{Ws} \end{aligned}$$

Bei der Berechnung der Wärmemenge, die als innere Energie an das Wasser abgeben wird, errechnet sich folgender Energiewert:

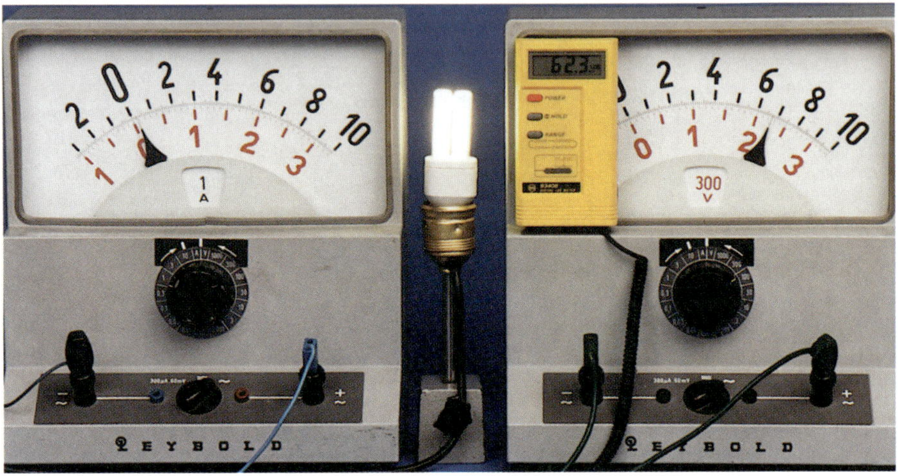

Abb. 2a: Sparlampe im geschlossenen Stromkreis

$$W = c_w \cdot m_w \cdot \Delta\vartheta \text{ (genutzte Energie)}$$

$$= 4{,}2 \frac{J}{g \cdot K} \cdot 500\,g \cdot 80\,K$$

$$= 168.000\,J = 168.000\,Ws$$

Mit dem Tauchsieder wird also die gesamte elektrische Energie in Wärmeenergie umgewandelt. Der Tauchsieder nutzt vollständig die elektrische Energie aus, denn der Wirkungsgrad, der die genutzte zur aufgewandten Energie ins Verhältnis setzt, beträgt hier 100 %:

$$\eta = \frac{\text{genutzte Energie}}{\text{aufgewandte Energie}} \cdot 100\,\%$$

$$\eta = \frac{168.000\,Ws}{168.000\,Ws} \cdot 100\,\% = 100\,\%$$

Die Umwandlung der elektrischen Energie in Wärmeenergie verläuft also in der Regel mit einem sehr hohen Wirkungsgrad. Wie das Beispiel mit der Glühlampe verdeutlicht, ist bei der Umwandlung der elektrischen Energie in Licht der Wirkungsgrad schon wesentlich ungünstiger (Abb. 2b). Neuentwicklungen wie die Sparlampe haben den Wirkungsgrad im Vergleich zur Glüh-

Abb. 2b: Glühlampe im geschlossenen Stromkreis

lampe um den Faktor 5 verbessert (Abb. 2a). Die alleinige Betrachtung des Wirkungsgrads in Bezug auf die Umwandlung von elektrischem Strom zur Nutzenergie täuscht darüber hinweg, dass der Strom selbst mit einem bestimmten Wirkungsgrad erzeugt werden muss, bevor er in den Haushalten für die Nutzung bereitsteht. Dampfturbinen, die generell zur Stromerzeugung eingesetzt werden, haben einen Wirkungsgrad von 40 %. Bei der Gesamtberechnung des Energieverbrauchs muss berücksichtigt werden, dass der Strom über weite Strecken transportiert werden muss, wo Leistungsverluste auftreten.

Zum Weiterlesen:

- Der Kondensator, S. 324
- Die elektrische Spannung, S. 330
- Elektrizitätserzeugung, S. 360

Die elektromagnetische Induktion

Im Jahre 1820 hatte Oersted herausgefunden, dass stromdurchflossene Leiter Magnetnadeln in Drehung versetzen. Aus dieser Erkenntnis schloss Oersted, dass Stromführende Leiter ebenfalls Magnetfelder besitzen. Diese Magnetfeldlinien umhüllen dabei ringförmig den Leiter. Aus dieser fundamentalen Beobachtung stellte sich nun die Frage, ob nicht der umgekehrte Weg, d. h. mit einem Magnetfeld Strom zu erzeugen, möglich sei. Diese Frage untersuchte zur damaligen Zeit der englische Physiker Faraday und entdeckte 1831 die elektromagnetische Induktion, d. h., dass durch Bewegen eines Leiters in einem Magnetfeld Strom erzeugt wird.

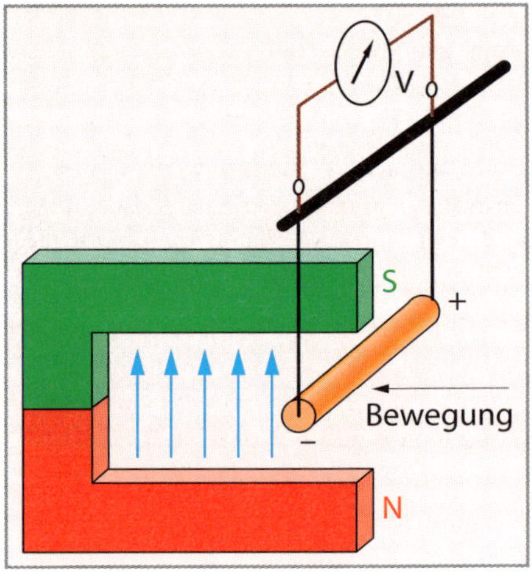

Abb. 1: Die Leiterschaukel

Um die elektromagnetische Induktion zu untersuchen, ist folgender Versuchsaufbau erforderlich: Ein elektrischer Leiter ist an stromleitenden Drähten befestigt und bildet damit eine Leiterschaukel (Abb. 1). Die Leiterschaukel wird im magnetischen Feld bewegt. Ein Spannungsmessgerät ist an den beiden Enden der flexiblen Drähte befestigt. Wird die Leiterschleife in das Magnetfeld geführt, erfährt das Spannungsmessgerät einen Ausschlag und zeigt somit eine Spannung an. Der Ausschlag erhöht sich, wenn gleichzeitig die Bewegung verstärkt wird, d. h., je schneller der Leiter bewegt wird, desto höher schlägt das Messgerät aus. Wird der Leiter in entgegengesetzter Bewegungsrichtung durch das Magnetfeld geführt, dann schlägt das Messgerät in die genau entgegengesetzte Richtung. Man stellt also fest, dass die Bewegungsrichtung und die Geschwindigkeit für eine Veränderung des Ausschlages sorgen. Der Grund für den Ausschlag am Spannungsmessgerät liegt darin, dass das magnetische Feld die Ladungen im elektrischen Leiter trennt.

Wenn ein Leiter in einem Magnetfeld quer zu den Feldlinien bewegt wird, dann entsteht an den Enden des Leiters eine Induktionsspannung. Besteht der Leiter aus einer gebogenen Leiterschleife und wird diese Leiterschleife im Magnetfeld so bewegt, dass der gebogene Draht bei der Drehbewegung die Magnetfeldlinien schneidet, dann misst man an den Enden der Leiterschleife eine Wechselspannung (Abb. 2). Das Abwechseln der Spannungsrichtung lässt sich damit begründen, dass bei einer vollständigen Drehbewegung die Leiterschleife die Feldlinien in zwei entgegengesetzte Richtungen schneidet. Da aber die induzierte Spannung von der Bewegungsrichtung abhängt, verändert sich damit periodisch die Spannungsrichtung. Nach diesem Prinzip arbeitet der Generator. Der Generator besteht dabei aus einer großen Anzahl von Leiterschleifen, die um einen Läufer gewickelt sind. Als Läufer wird die Spule bezeichnet, die beim Generator beispielsweise mit der Drehachse der antreibenden Turbine verbunden ist. Die Induktionsspannung im Leiter wird durch eine Kraft erzeugt, die als Lorentzkraft bezeichnet wird, und der Minuspol der induzierten Spannung wird durch die sogenannte Linke-Hand-Regel bestimmt (Abb. 3). Zeigt der Daumen in Bewegungsrichtung des Leiters, der Zeigefinger in Richtung der Feldlinien, dann gibt der Mittelfinger den Minuspol an.

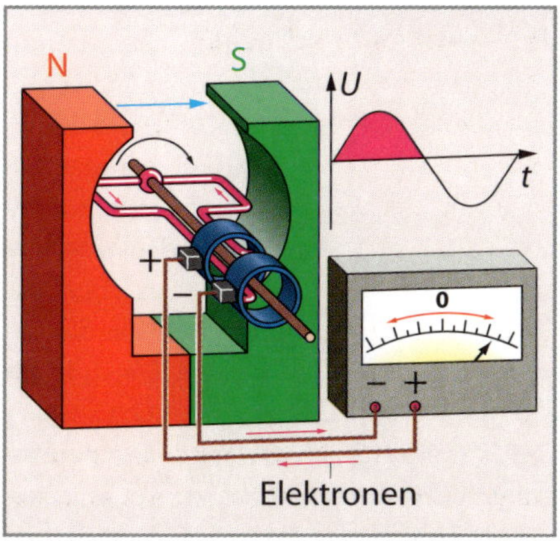

Abb. 2: Rotation einer Leiterschleife

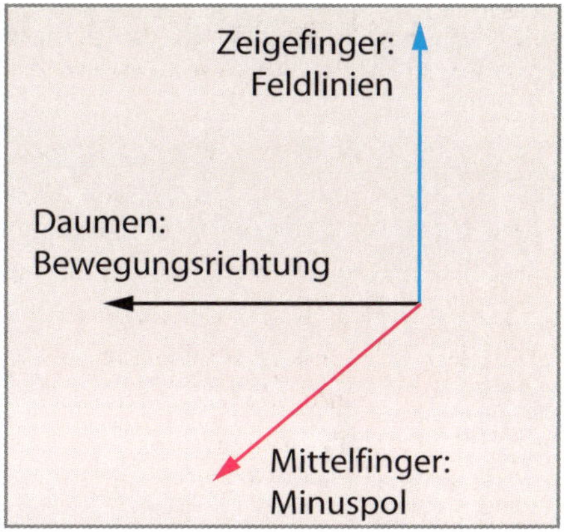

Abb. 3: Linke-Hand-Regel

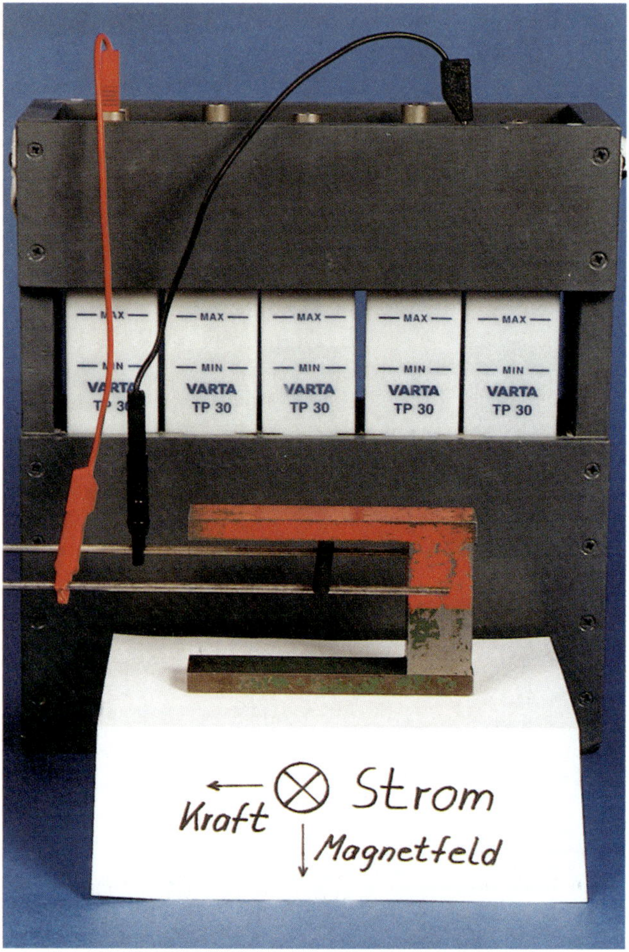

Abb. 4: Ein Strom führender Leiter befindet sich in einem Magnetfeld

Bei dem bisherigen Versuch wurde die induzierte Spannung des Leiters in Abhängigkeit zur Bewegungsrichtung und Geschwindigkeit gemessen.

Beim folgenden Versuch soll untersucht werden, was passiert, wenn ein Strom führender Leiter sich in einem Magnetfeld befindet. Für diesen Versuch eignet sich insbesondere ein Kohlestab, der auf zwei Metallstäben liegt (Abb. 4). Wird eine Spannung an den beiden Metallblöcken angelegt, dann ist der Stromkreis über den Kohlestab geschlossen, und es fließt ein Strom. Für diese Versuchsanordnung wurde ein Kohlestab ausgewählt, da Kohle kein ferromagnetischer Stoff ist und deshalb nicht automatisch wie Eisen ohne Stromfluss in das Magnetfeld hinein-

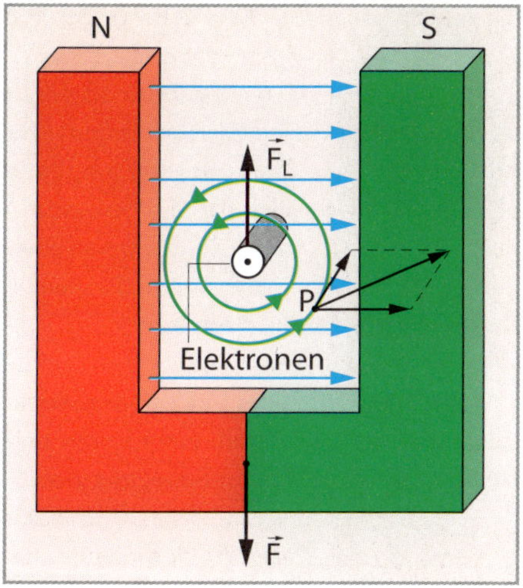

Abb. 5: Magnetfeldlinien des Permanentmagneten und des stromdurchflossenen Leiters überlagern sich

gezogen wird. Ist der Stromkreis über dem Kohlestab geschlossen, dann wird auf den Kohlestab die Lorentzkraft ausgeübt, und er setzt sich gemäß der Linke-Hand-Regel in Bewegung: Der Daumen der linken Hand zeigt dabei in Richtung des Stromes, der gespreizte Zeigefinger in Richtung der Feldlinien und der abgespreizte Mittelfinger in Richtung der Kraftwirkung (Lorentzkraft).

Die Lorentzkraft ist die Kraftwirkung, die durch die Überlagerung der Feldlinien entsteht. In Abbildung 5 ist ein stromdurchflossener Leiter im Querschnitt in einem Hufeisenmagnet abgebildet. Nach der Linke-Faust-Regel zeigt der Daumen in Richtung des Stromflusses, und die Feldlinien zeigen in Richtung der Fingerkuppen. Wird der Leiter mit einem Punkt in der Mitte markiert, dann fließt der Strom aus der Bildebene heraus auf den Beobachter zu (Abb. 6). Da nun die Feldlinien die Tendenz haben, sich zu überlagern, werden auf der einen Seite die Feldlinien verstärkt, und auf der anderen Seite werden die Feldlinien geschwächt (Abb. 7). Der Leiter hat nun das Bestreben, sich in Richtung des geschwächten Feldes zu bewegen. Die Feldveränderung übt eine Kraftwirkung auf den Leiter aus. Ist die

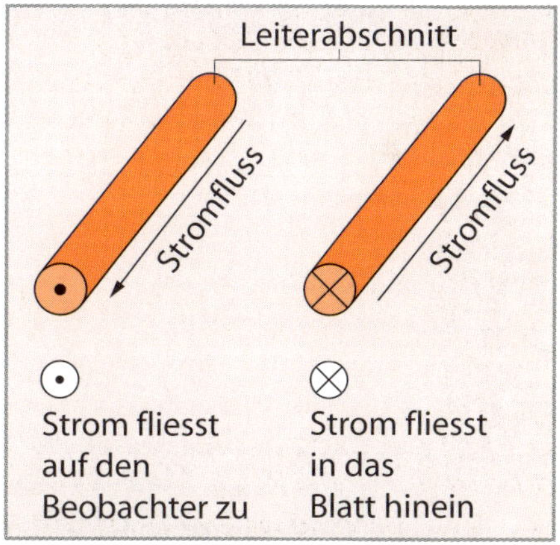

Abb. 6: Richtungen des Stromflusses

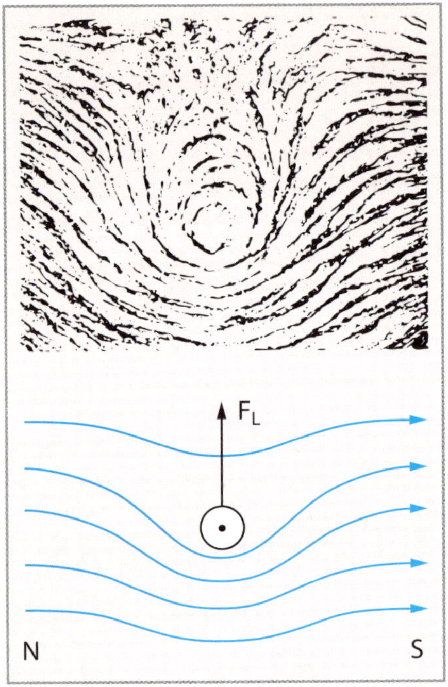

Abb. 7: Das zusammengesetzte Feld erzeugt die Lorentzkraft

Stromrichtung so orientiert, dass der Strom in die Bildebene hineinfließt (mit einem Kreuz gekennzeichnet), dann ist das Feld genau auf der entgegengesetzten Seite geschwächt, und die Lorentzkraft wirkt in die entgegengesetzte Richtung. Wird nun hier genauso wie beim Generator eine Leiterschleife in das Magnetfeld gehalten, durch die ein Strom fließt, dann bewegt sich die Leiterschleife. So funktioniert der Elektromotor, denn die Leiterschleife wird durch die Lorentzkraft in Bewegung versetzt. Um nun einen Elektromotor zu erhalten, ist es prinzipiell notwendig, dass die Stromrichtung wechselt, damit die Leiterschleife immer das Bestreben hat, sich in die gleiche Richtung zu bewegen.

Ist in einem weiteren Versuch der Stromkreis über den Kohlestab geschlossen und wird nun der Kohlestab in Bewegung gesetzt, dann fließt ein Induktionsstrom. Gleichzeitig bemerkt man, dass der Kohlestab bzw. die Bewegung des Kohlestabes durch das Magnetfeld abgebremst wird. Diese Beobachtung stimmt mit der lenzschen Regel überein, die besagt, dass ein durch die Bewegung in einem Leiter ausgelöster Induktionsstrom stets so gerichtet ist, dass er die Strom erzeugende Bewegung hemmt.

Am eindeutigsten ist die Lorentzkraft als Wechselwirkung zwischen elektrischer Ladung und Magnetfeld bei einzelnen Elektronen zu beobachten, wenn sie sich durch ein magnetisches Feld bewegen. Mit der braunschen Röhre lässt sich diese Erscheinung sehr anschaulich verdeutlichen. Die braunsche Röhre ist ein Glasgehäuse, das unter Vakuum steht und am Hals mit einer

Elektronenkanone ausgestattet ist. Die Elektronenkanone besteht im Wesentlichen aus einer Glühkathode und einer Anode, die in der Mitte ein Loch enthält. Von der Glühkathode werden Elektronen emittiert (ausgesandt), und diese werden durch das elektrische Feld zwischen der Kathode und der Anode beschleunigt. Die Elektronen fliegen bei ihrer Beschleunigungsphase nicht gegen die Anode, sondern schießen durch das Loch der Anode hindurch dem Bildschirm entgegen. Auf dem Bildschirm der braunschen Röhre wird der Elektronenstrahl beim Auftreffen mit einem Leuchtstoff sichtbar gemacht. Wird nun ein äußeres magnetisches Feld an der braunschen Röhre angebracht, das mit seinen Feldlinien senkrecht zu der Bewegungsrichtung der Elektronen steht, dann wirkt die Lorentzkraft auf die Elektronen, und sie werden somit abgelenkt. Die Ablenkung erfolgt wieder nach der Linke-Hand-Regel, d. h., der Daumen zeigt in die Flugrichtung der Elektronen, der gespreizte Zeigefinger in Richtung der magnetischen Feldlinien und der Mittelfinger in Richtung der Lorentzkraft. Die braunsche Röhre hat ihre Hauptanwendung in der Bilderzeugung beim Fernsehgerät, dort wandert der Elektronenstrahl mit einer extrem hohen Geschwindigkeit über den Bildschirm und erzeugt damit ein Bild.

Zum Weiterlesen:

- → Die elektrische Spannung, S. 330
- → Die elektrische Leistung, S. 336
- → Elektromotor und Generator, S. 348

Elektromotor und Generator

Der wachsende Einsatz der Elektrotechnik in der Produktion verlief parallel zu der industriellen Entwicklung des 20. Jahrhunderts. Die Elektromotoren bzw. Generatoren veränderten schlagartig das Erscheinungsbild in den Werkstätten der Industrie. In den Anfängen der industriellen Revolution wurden die Arbeitsmaschinen noch über lange Riemen (Transmissionen) von einer zentralen Antriebsmaschine bewegt. Die langen Riemen als Energieübertrager wurden mit der Einführung von Elektromotoren durch Strom führende Kabel ersetzt. Mit dem Elektromotor war es ab dann möglich, vor Ort, angepasst an die jeweiligen Anforderungen, die Elektrizität in mechanische Arbeit zu verwandeln.

Um die elektrische in mechanische Energie in Form einer Drehbewegung umwandeln zu können, muss der fließende Strom in mechanische Kraft verwandelt werden. Befindet sich ein Strom führender Leiter in einem Magnetfeld, dann wirkt auf diesen Leiter die Lorentzkraft, die den Leiter in Bewegung versetzt. Der Elektromotor muss so aufgebaut sein, dass durch die Lorentzkraft eine mechanische Energie in Form einer Drehbewegung entsteht. Der Elektromotor besteht im Wesentlichen aus einem Magneten, der so geformt ist, dass sich zwischen den beiden Polen Strom führende Leiterschleifen befinden (Abb. 1). Die Lorentzkraft entsteht durch die Überlagerung der Magnetfeldlinien mit dem Magnetfeld der Strom führenden Leitung, d. h., auf der einen Seite des Leiters verstärken sich die Feldlinien und auf der anderen Seite heben sich die Feldlinien gegenseitig auf. Der Leiter verspürt den Drang, sich in Richtung Feldschwächung zu bewegen, wobei sich die Richtung der Lo-

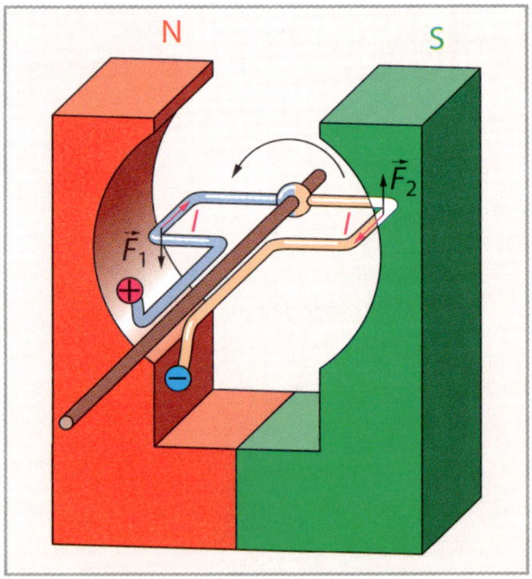

Abb. 1: Prinzip des Elektromotors

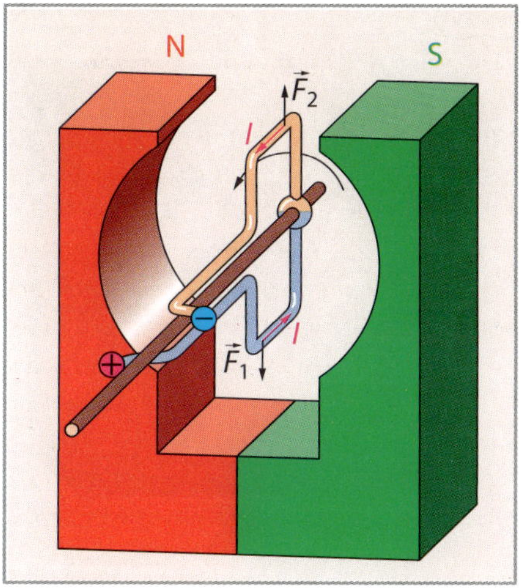

Abb. 2: Totpunkt der Leiterschleife

rentzkraft nach der Linke-Hand-Regel bestimmen lässt. Die ausgeübte Kraft auf beiden Seiten der Leiterschleifen erzeugt über den Hebelarm zur Drehachse eine Drehbewegung. Befindet sich dann die Leiterschleife in der um 90° verdrehten Position (Abb. 2), dann erbringt die Lorentzkraft keinen weiteren Beitrag für die Drehbewegung, da hier kein Hebelarm vorhanden ist. Hat die Leiterschleife genug Schwung und überwindet diesen Totpunkt, dann können die Lorentzkräfte wieder ihre Wirkung auf die Leiterschleife ausüben. Da mit dieser Halbdrehung der Leiterschleife sich gleichzeitig die Stromrichtung vor den Polen ändert, wird die Leiterschleife abgebremst und in die genau entgegengesetzte Drehrichtung bewegt, d. h., durch die scheinbare Stromrichtungsänderung wirkt auch die Lorentzkraft in die genau entgegengesetzte Richtung (Abb. 3). Die Leiterschleife kommt letztendlich zum Stillstand. Damit aber die anfängliche Drehbewegung bestehen bleibt, muss die Stromrichtung des Leiters vor dem jeweiligen Pol immer die gleiche Richtung vorweisen. Werden also die Leiter in eine bestimmte Richtung durch die Lorentzkraft in Bewegung versetzt, dann muss zu diesem

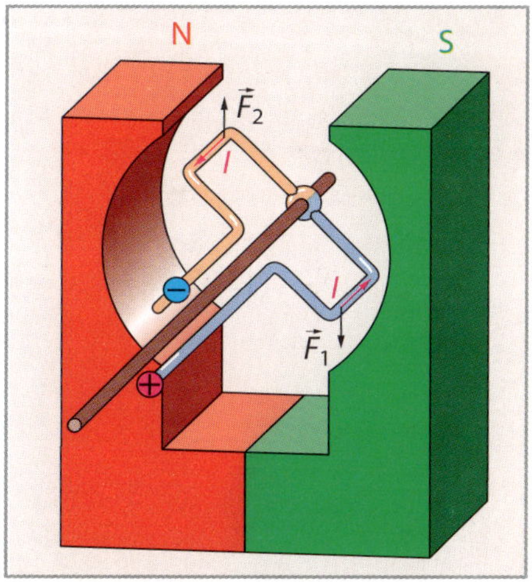

Abb. 3: Richtungsänderung der Lorentzkraft

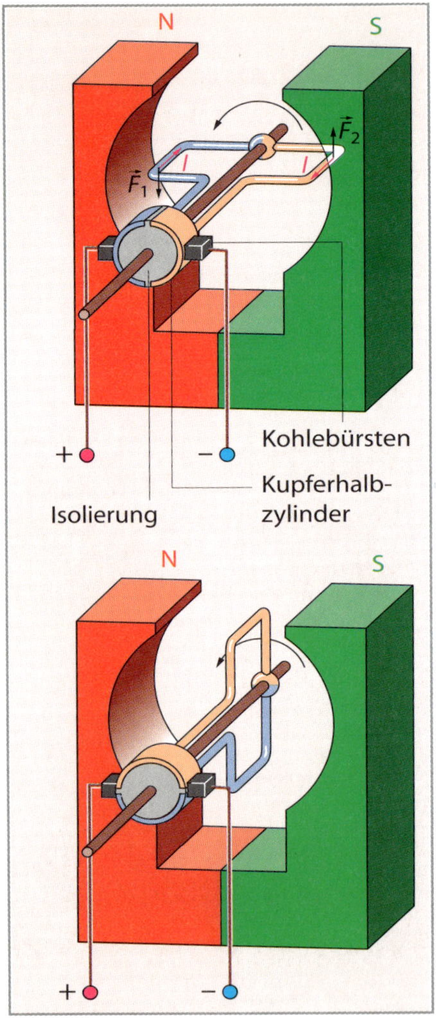

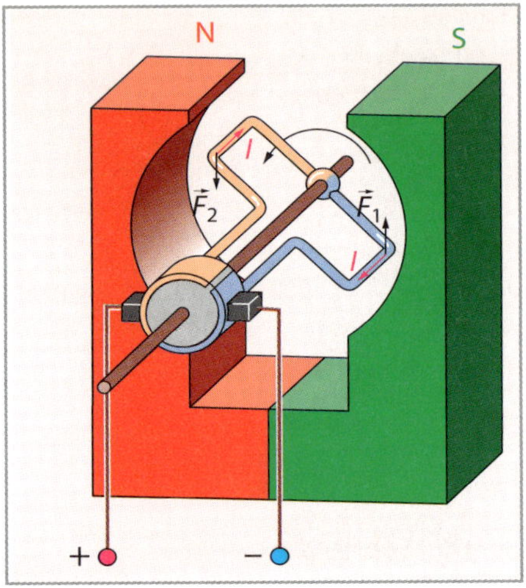

Abb. 4: Kommutator im Einsatz

Zweck, vor dem Erreichen des nächsten Magnetpols, die Gesamtstromrichtung geändert werden. Die Stromrichtungsänderung erfolgt mit dem Stromwender, der auch als Kommutator bezeichnet wird. Der Kommutator besteht aus zwei Halbringen, die über Kohlebürsten mit dem Plus- bzw. Minuspol verbunden sind (Abb. 4). Mit dem Kommutator wird automatisch zum richtigen Zeitpunkt die Stromrichtung geändert. Um die Antriebskräfte zu erhöhen, besteht der Elektromotor in der Praxis nicht nur aus einer Leiterschleife, sondern aus einer drehbaren Spule. Zur weiteren Verstärkung des

Magnetfeldes ist die Spule auf einen Eisenkern gewickelt. Die Spule mit Eisenkern und Kommutator wird als Anker bezeichnet.

In den üblichen Elektromotoren wird das magnetische Feld durch Spulen erzeugt, die über einen Eisenkern mit den Polschuhen verbunden sind. Um die Drehrichtung des Ankers zu verändern, muss die Polarität am Anker oder an den Spulen geändert werden. Werden beide Stromrichtungen gleichzeitig vertauscht, dann bleibt die Drehrichtung erhalten. Aus diesem Grund ist es möglich, den Elektromotor mit einer Wechselspannung zu betreiben. Wichtig dabei ist, dass die Stromrichtungsänderung in der Ankerspule gleichzeitig mit der Stromrichtungsänderung in der Erregerspule erfolgt. Die Ankerspule und die Feldspulen können entweder in Reihe oder parallel geschaltet sein. In Reihe geschaltete Motoren werden als Hauptschlussmotoren bezeichnet, d. h., hier ist die Ankerspule in Reihe zu den Magnetspulen geschaltet. Beim Nebenschlussmotor befinden sich die Ankerspulen parallel zu den Feldspulen.

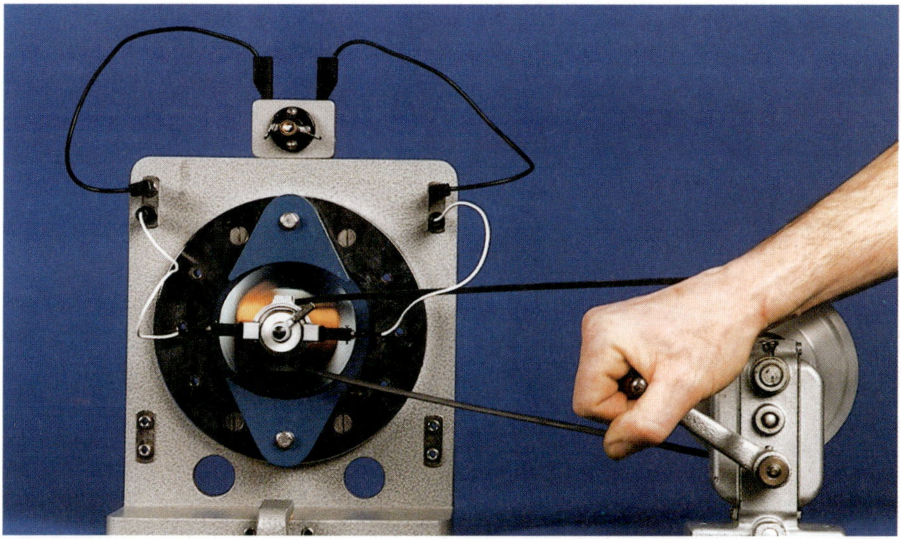

Abb. 5: Mit dem Generator wird mechanische Energie in elektrische umgewandelt

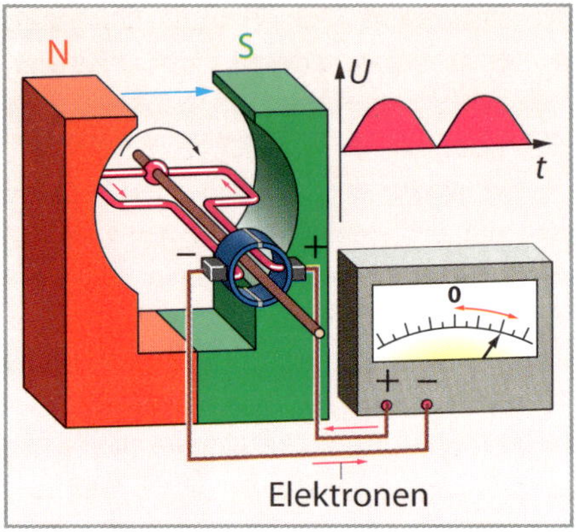

Abb. 6: Pulsierende Gleichspannung

Um die Elektromotoren betreiben zu können, werden Generatoren benötigt, die den erforderlichen Strom liefern. Genauso wie in den Elektromotoren wird auch in den Generatoren die Lorentzkraft ausgenutzt. Der wesentliche Unterschied zwischen einem Generator und einem Elektromotor besteht darin, dass im Generator mechanische Energie in elektrische umgewandelt wird, im Gegensatz zum Elektromotor, wo aus elektrischer Energie mechanische Energie erzeugt wird. Es ist prinzipiell möglich, den Elektromotor auch als Generator zu nutzen. An den Klemmen, wo normalerweise die Stromzuführung angeschlossen ist, um den Motor zu betreiben, ist es möglich, beispielsweise eine Lampe anzuschließen. Wird der Elektromotor (z. B. Spielzeugmotor) mit der Hand gedreht, dann leuchtet die Lampe auf. Der Elektromotor hat nun die mechanische Energie der Drehbewegung in elektrische Energie umgewandelt (Abb. 5).

Wird eine Leiterschleife zwischen den Polschuhen eines Permanentmagneten gedreht, dann ist es möglich, über den Stromwender (Kommutator) eine pulsierende Gleichspannung abzunehmen (Abb. 6). Der Grund, dass die Spannung pulsiert, liegt darin, dass der Leiter während der Drehbewegung unterschiedlich stark die Feldlinien schneidet. Die induzierte Spannung ist proportional zu der Menge der Feldlinien, die innerhalb eines Zeitintervalls geschnitten

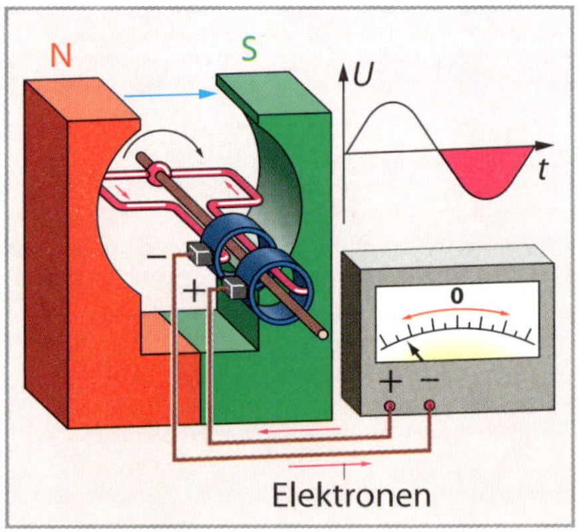

Abb. 7: Wechselspannung

werden. Werden innerhalb einer bestimmten Zeit viele Feldlinien geschnitten, dann ist die induzierte Spannung sehr hoch, werden aber keine Feldlinien geschnitten, dann wird keine Spannung induziert. Aus diesem Grund hat die induzierte Spannung ihr Maximum genau dann, wenn sich die Leiterschleife entlang der Polschuhe bewegt. Außerhalb der Polschuhe bewegt sich die Leiterschleife entlang derselben Feldlinie, bis der nächste Polschuh erreicht ist. Da hier kaum Feldlinien geschnitten werden, wird auch keine Spannung erzeugt. Da bei der Drehbewegung die Anzahl der geschnittenen Feldlinien kontinuierlich anwächst bzw. sich verringert, verändert sich auch die Spannung entsprechend kontinuierlich. Wird der Kommutator gegen zwei Schleifringe ausgetauscht, die fest mit den beiden Enden der Leiterschleifen verbunden sind, dann wird an diesen Schleifringen eine Wechselspannung abgenommen (Abb. 7). Die Strommenge, die über die Leiterschleife fließen kann, hängt von der Menge der Energiewandler ab. Sind sehr viele Energiewandler angeschlossen, fließt ein hoher Strom. Der höhere Strom bremst die Bewegung gemäß der lenzschen Regel ab, so dass mehr Antriebsenergie erforderlich ist. Da beim Generator extrem hohe Ströme fließen und man diese Strommengen nicht über den Kommutator leiten kann, wird beim Generator das Feld im Rotor erzeugt, und die Spannung wird in den Spulenpaketen im Stator induziert. Darin unterscheidet sich im Wesentlichen der Generator vom Elektromotor.

Zum Weiterlesen:

- Die elektrische Spannung, S. 330
- Die elektrische Leistung, S. 336
- Die elektromagnetische Induktion, S. 342
- Elektrizitätserzeugung, S. 360

Der Transformator

Der Transformator ist ein zentrales Bauteil in der Elektrotechnik sowie in der Elektronik. In der Elektrotechnik besteht die Aufgabe des Transformators im Wesentlichen darin, die vom Generator erzeugte Spannung zu verändern, d. h. in seinem Betrag zu erhöhen bzw. zu verringern. In der Energiewirtschaft beispielsweise sind für den Transport der elektrischen Leistung über Fernleitungen Hochspannungen erforderlich. Die Spannungsänderung kann nur mit dem Transformator erreicht werden, da Netzgeneratoren bei vorgegebener Drehzahl für die Stromerzeugung nur die fixen Spannungen von 220 V und 380 V abgeben. Die vom Generator erzeugte Spannung wird dann mit Hilfe des Transformators auf beispielsweise 220.000 V (220 kV) hochtransformiert. Genauso lassen sich Spannungen von 220 V in Kleinspannungen umwandeln. Spielzeugeisenbahnen sind in der Regel mit Trafos (Transformatoren) ausgestattet, die Spannungen zwischen 12 und 48 V liefern. Ein Trafo kann generell so aufgebaut werden, dass sich eine beliebig hohe bzw. niedrige Spannung aus der vorgegebenen Spannung ergibt, allerdings mit der fundamentalen Einschränkung, dass man nur Wechselspannungen transformieren kann, denn nur bei Wechselspannung funktioniert die elektromagnetische Induktion. Dieses physikalische Phänomen macht sich nur be-

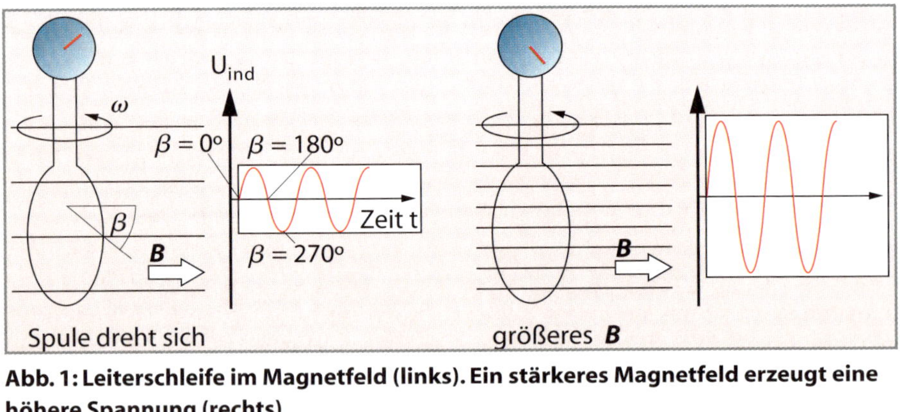

Abb. 1: Leiterschleife im Magnetfeld (links). Ein stärkeres Magnetfeld erzeugt eine höhere Spannung (rechts)

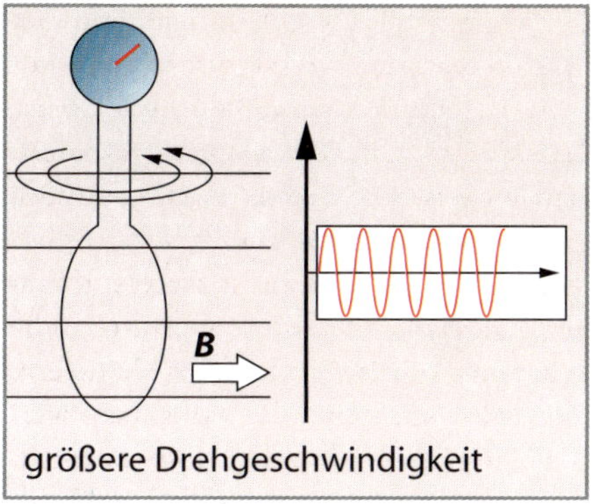

Abb. 2: Wird die Drehgeschwindigkeit der Leiterschleife erhöht, erhöht sich die Frequenz der Wechselspannung

merkbar, wenn Bewegung im Spiel ist, d. h., umfasst also eine Leiterschleife ein bewegtes bzw. sich änderndes Magnetfeld, so wird in ihr eine Spannung induziert. Das ist ein Naturgesetz, das nicht näher erklärt werden kann. Mit der Lorentzkraft beschreibt man aber die Wirkung dieses Phänomens.

Im Generator z. B. erzeugt die Bewegung der Leiterschleifen eine Induktionsspannung, da sie so angeordnet sind, dass sie sich quer zu den magnetischen Feldlinien bewegen. Diese Induktionsspannung wird durch die Lorentzkraft hervorgerufen. Die Lorentzkraft wirkt nur, wenn die Leiterschleifen im Magnetfeld bewegt werden. Beim Generator werden also die Leiterschleifen von Wasser- oder Dampfturbinen angetrieben, und es entsteht durch das Kreuzen der Leiterschleifen mit den Magnetfeldlinien eine Induktionsspannung. Die Richtung der Spannung verändert sich während einer Drehbewegung, und es entsteht daraus eine Wechselspannung. In Abbildung 1 ist stellvertretend für den Generator eine Leiterschleife im Magnetfeld dargestellt. Wird das Magnetfeld verstärkt, dann erhöht sich auch die Spannung. Erhöht sich die Drehbewegung, vergrößert sich die Frequenz der abgegebenen Spannung des Generators (Abb. 2).

Für die Erzeugung der Induktionsspannung ist es gleichbedeutend, ob sich, wie beim Generator, die Leiterschleifen im Magnetfeld bewegen oder aber die Leiterschleifen fest stehen und sich das Magnetfeld bewegt, denn in beiden Fällen tritt Induktion auf. Wird z. B. für das sich ändernde Magnetfeld ein Permanentmagnet in Bewegung gesetzt, dann erzeugt das bewegte Magnetfeld in den Leiterschleifen eine Induktionsspannung (Abb. 3). Die Spannung erhöht sich dabei in Abhängigkeit zur Anzahl der Leiterschleifen der Spule und der Stärke des Magneten. Der Transformator arbeitet nach dem gleichen

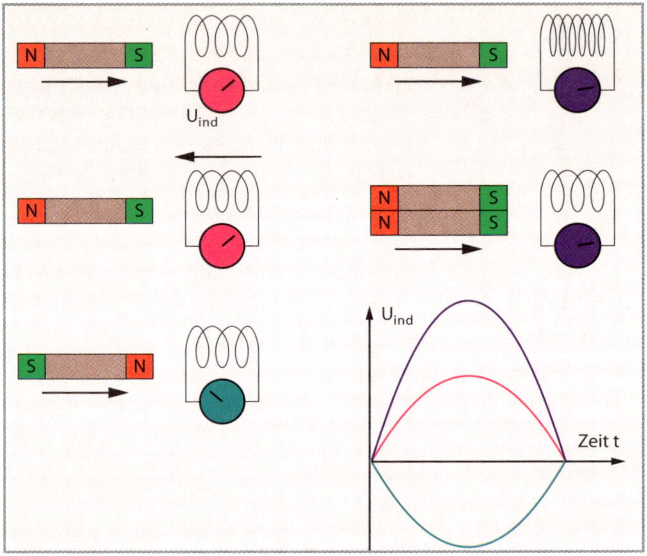

Abb. 3: Der Magnet bewegt sich in der Spule; es wird eine Spannung induziert

d. h., diese Spule wird an Wechselspannung angeschlossen. Das sich ständig ändernde Magnetfeld induziert eine Spannung in der zweiten Spule (Abb. 4).

Der Unterschied zwischen Wechselspannung und Gleichspannung ist der, dass sich permanent die Polarität der Spannung in zeitlichen Intervallen ändert, d. h., der Pluspol wird zum Minuspol und der Minuspol wird zum Pluspol und umgekehrt. Diese Änderung

Prinzip, denn auch hier wird durch ein bewegtes magnetisches Feld Spannung in einer Spule erzeugt. Beim Trafo wird aber das bewegte magnetische Feld, im Unterschied zu den oben angeführten Beispielen, nicht durch einen bewegten Permanentmagneten erzeugt, sondern von einer zweiten Spule. Damit aber diese Spule nicht hin und her bewegt werden muss wie der Permanentmagnet, wird die Stromrichtung in dieser Spule ständig geändert,

erfolgt z. B. in den üblichen Stromnetzen 100-mal in der Sekunde. Man spricht in diesem Fall von einer Frequenz von 50 Hertz. Die Wechselspannung hat einen sinusförmigen Verlauf, d. h., die Polarität ändert sich nicht schlagartig. Die Geschwindigkeit vom Auf und Ab der Spannung hängt direkt mit der Geschwindigkeit des Generators zusammen. Wird die Geschwindigkeit des Generators erhöht, dann erhöht sich proportional dazu die Frequenz (Abb. 5).

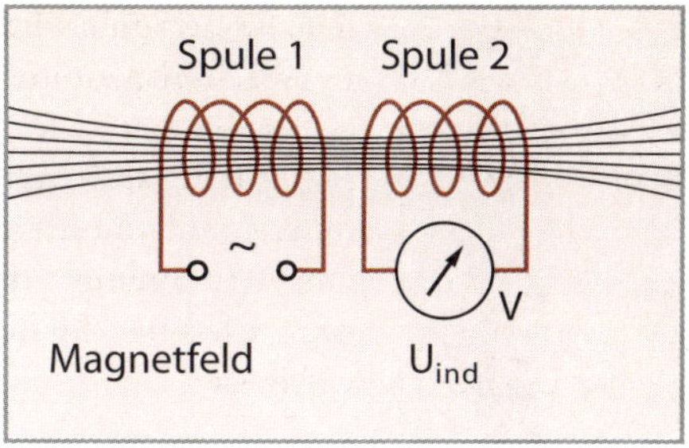

Abb. 4: Induktion einer Spannung in der zweiten Spule durch die erste Spule

Mit der Änderung der Polarität der Spannung in der ersten Spule, d. h. mit der Stromrichtungsänderung, verändert sich dementsprechend das Magnetfeld. Das Magnetfeld baut sich wie die Spannung auf und ab. Die Wechselspannung erzeugt also in der ersten Spule im Transformator ein bewegtes Magnetfeld, das in der zweiten Spule eine Spannung induziert. Im Gegensatz zur Wechselspannung besitzt Gleichspannung keine Feldänderung; deshalb kann sie nicht transformiert werden, denn nur bei Bewegung entsteht eine Induktionsspannung.

Der Transformator ist also aus zwei Spulen aufgebaut, d. h. aus einer Primär- und einer Sekundärspule (Abb. 4). Die beiden Spulen sind mit einem Eisenkern verbunden, und zwischen den beiden Spulen gibt es keine leitende Verbindung. Der Wechselstrom in der Primärspule führt also zu einer Spannung in der Sekundärspule, die auch als Induktionsspule bezeichnet wird. Die Induktionsspannung ist im Wesentlichen abhängig von den Windungszahlen der beiden Spulen. Ist die Windungszahl der Primärspule mit der Windungszahl der Sekundärspule gleich, dann ist kein Unterschied in der Spannung zu erkennen. An der Sekundärspule misst man die gleiche Höhe der Wechselspannung wie an der Feldspule, d. h.

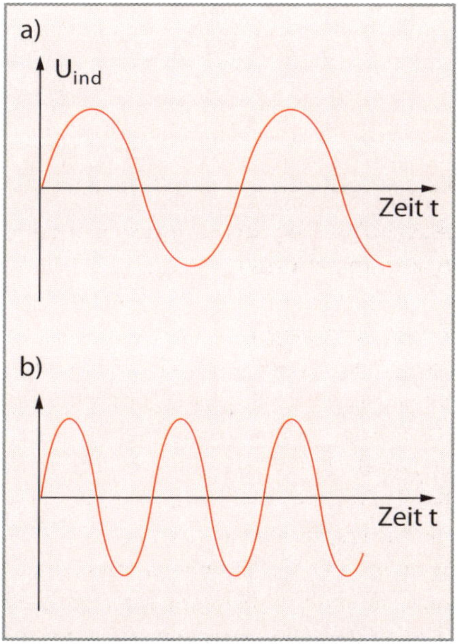

Abb. 5: induzierte Wechselspannung

Primärspule. Wird aber das Verhältnis zwischen der Windungszahl der Sekundärspule verdoppelt, im Verhältnis zur Windungszahl der Primärspule, dann stellt man fest, dass die Spannung sich ebenfalls verdoppelt, wie folgendes Beispiel verdeutlicht:

$$\frac{\text{Primärspule} \quad 500\ \text{Wdg}}{\text{Sekundärspule} \quad 1000\ \text{Wdg}} = \frac{3\ \text{V}}{6\ \text{V}} = \frac{\text{Primärspannung}}{\text{Sekundärspannung}}$$

Bei weiteren Versuchen kann man deshalb feststellen, dass das Spannungsverhältnis sich proportional zum Windungszahlenverhältnis der Spulen verhält:

U_1 = Primärspannung I_1 = Primärstrom
U_2 = Sekundärspannung I_2 = Sekundärstrom
N_1 = Windungen Primärspule
N_2 = Windungen Sekundärspule
ü = Übersetzungverhältnis

$$\frac{U_2}{U_1} = \frac{N_2}{N_1} = ü$$

Das Verhältnis der Windungszahlen zueinander wird als Übersetzungsverhältnis ü bezeichnet. Möchte man beispielsweise für die Spielzeugeisenbahn eine Spannung von 24 V erzeugen, dann muss der Transformator folgendes Verhältnis zwischen Primär- und Sekundärwindungen aufweisen:

$$\frac{U_2}{U_1} = \frac{24\ \text{V}}{240\ \text{V}} = \frac{1}{10} = ü$$

Für die Erzeugung von Hochspannung ist das Verhältnis genau umgekehrt, wie im folgenden Beispiel verdeutlicht wird:

$$\frac{U_2}{U_1} = \frac{220.000\ \text{V}}{220\ \text{V}} = \frac{1000}{1} = ü$$

Transformatoren mit solchen Übersetzungsverhältnissen werden als Hochspannungstransformatoren bezeichnet. Hochspannungstransformatoren werden also eingesetzt, um von niedriger Spannung auf hohe Spannung zu transformieren. Muss die Hochspannung nach der Übertragung der elektrischen Energie über die Fernleitung wieder zurücktransformiert werden, dann benutzt man Hochstromtransformatoren. An dieser Transformatorenseite fließen hohe Ströme, die die vielen angeschlossenen Haushalte mit der erforderlichen Strommenge versorgen. Hochstromtransformatoren benutzt man beispielsweise auch für Induktionsschmelzöfen oder zum elektrischen Schweißen.

Beim idealen Transformator ist die Leistung der Primärspule gleich der Leistung der Sekundärspule:

$$P_1 = U_1 \cdot I_1 = U_2 \cdot I_2 = P_2$$

P_1 = Leistung Primärspule
P_2 = Leistung Sekundärspule

Die Ströme verhalten sich also umgekehrt proportional zu der Spannung.

$$U_1 \cdot I_1 = U_2 \cdot I_2$$

$$\frac{I_1}{I_2} = \frac{U_2}{U_1}$$

Beim realen Transformator (Trafo) treten elektrische Verluste auf. Bei kleinen Trafos können Verluste bis 10 % auftreten, und bei sehr großen Netztransformatoren liegen die Leistungsverluste bei ca. 0,5 %, denn die Transformationsprozesse sollen möglichst wenig Energie in Form von Wärme abgeben. Selbst Verluste von 0,5 % der übertragenen Energie erzeugen enorme Wärmemengen.

Zum Weiterlesen:

- Der Kondensator, S. 324
- Elektromotor und Generator, S. 348
- Elektrizitätserzeugung, S. 360

Elektrizitätserzeugung

Die elektrische Energie ist universell einsetzbar und steht dem Menschen überall zur Verfügung, wo es Steckdosen gibt. Da aber die elektrische Energie nicht nennenswert gespeichert werden kann, muss genau zu dem Augenblick, wo ein Kunde elektrische Energie benötigt, in einem Kraftwerk diese Energie erzeugt werden. Wird beispielsweise im Haushalt ein Staubsauger benutzt, dann wird zur selben Zeit diese Energie an anderer Stelle in einem Kraftwerk erzeugt und über Fernleitung zum Staubsauger transportiert. Die elektrische Energie in den Leitungen wird überwiegend über die Erzeugung von Wärme gewonnen. In Wärmekraftwerken werden Primärenergieträger wie Steinkohle, Braunkohle oder Kernenergie zum Antrieb von Generatoren genutzt. Diese Kraftwerke speisen ihre Energie in das Stromnetz, das flächendeckend ausgebreitet ist. Am Stromnetz sind die Abnehmer, d. h. Haushalte, Betriebe oder Industrien, wie auch die Stromproduzenten angeschlossen. Fällt im Verbundnetz ein Kraftwerk aus, dann ist die Stromversorgung trotzdem gesichert, da die anderen Kraftwerke die zusätzliche Last untereinander aufteilen können. Der Gesamtverbrauch der elektrischen Energie unterliegt einem bestimmten Tagesrhythmus. Am Tag ist der Energieverbrauch wesentlich höher als nachts, wobei es am Tage noch zusätzlich Spitzenzeiten mit sehr hohem Stromverbrauch gibt. Ein besonders hoher Energiebedarf besteht zwischen 8 und 12 Uhr und um 18 Uhr. Die Mehranforderung von elektrischer Energie bremst die Generatoren ab und verringert deren Drehzahl. Die Nachregelung der Turbinen durch Erhöhung des Dampfdrucks ist in Sekunden abgeschlossen. Würde man die Geschwindigkeit der Generatoren nicht erhöhen, dann würden die Generatoren mit der geringeren Drehzahl eine verringerte Spannung an das Netz liefern. Schwankungen von Netzspannung sind trotz alledem gelegentlich zu beobachten. Während der Spitzenlasten sind die Kraftwerke voll ausgelastet. Zur Unterstützung werden die Pumpspeicherkraftwerke dazugeschaltet, die nur zu diesen Stoßzeiten Strom in das Netz liefern. Pumpspeicherkraftwerke sind Wasserkraftwerke, die ihre Wasserturbinen zur Abdeckung der Spitzenlasten einsetzen. Zu den anderen Tageszeiten, wo der Stromverbrauch nicht so hoch ist, wird das Wasser wieder in den höher gelegenen See gepumpt. Das Pumpspeicherkraftwerk ist also eine Art Energiespeicher, in dem die elektrische Energie in

Lageenergie gespeichert wird. Da diese Kraftwerke nur für wenige Stunden am Tag gebraucht werden, sind die Betriebskosten extrem hoch. Am deutschen Energienetz sind insgesamt 34 Kraftwerke für die öffentliche Versorgung zuständig, die ungefähr 86 % des Energiebedarfs abdecken. Der restliche Strom wird von Industrieanlagen (14 %) und von Bundesbahnanlagen (2 %) geliefert (Abb. 1). Die Hälfte der Energieversorgung wird mit Kohlekraftwerken abgedeckt. Kernkraftwerke decken ca. 40 % der Stromversorgung ab. Die restlichen 10 % werden durch gas- und wasserbetriebene Kraftwerke erzeugt.

Das Bereitstellen der elektrischen Energie besteht also zum großen Teil aus der Nutzung von fossilen Energieträgern. Durch den Verbrennungsprozess entstehen Abgase, die die Umwelt stark belasten. Allein an luftgetragenen Stoffen wurden im Jahre 1991 etwa 0,57 Mio. t (Millionen Tonnen) Stickoxide (NO_X), rund 3,32 Mio. t Schwefeldioxide und ca. 0,65 Mio. t Kohlenmonoxide (CO) emittiert. Zusätzlich wurden etwa 1,4 Mio. t Staub und rund 381 Mio. t Kohlendioxid (CO_2) freigesetzt. In den letzten 10 Jahren wurden erhebliche Anstrengungen unternommen, um die Schadstoffemissionen mit Hilfe von Entstaubungs-, Rauchgasentschwefelungs- und Entstickungsanlagen zu reduzieren. Verordnungen wurden von der Regierung erlassen wie beispielsweise die Großfeuerungsanlagenverordnung, um mittelfristig die immer noch sehr starke Luftverschmutzung der Kohlekraftwerke zu reduzieren. Im Gegensatz zu den Großfeuerungsanlagen sind die Kernreaktoren in der Stromproduktion relativ sauber. Als Nachteil der Kernenergie gilt die Gefahr für den Menschen und seine Umwelt, die von der nuklearen Strahlung ausgeht, denn radioaktive Strahlungen können bei entsprechender Dosis zu Veränderungen der Erbanlagen und Zellenschäden führen, die schwere Krankheiten wie Krebs oder sogar den Tod zur Folge haben. Aus diesem Grund muss die Kernspaltung zur Stromerzeugung von der Umwelt isoliert ablaufen, damit keine Strahlung oder strahlendes Material mit der Umwelt in Berührung kommt. Die Reaktorkatastrophe in Tschernobyl hat gezeigt, welche

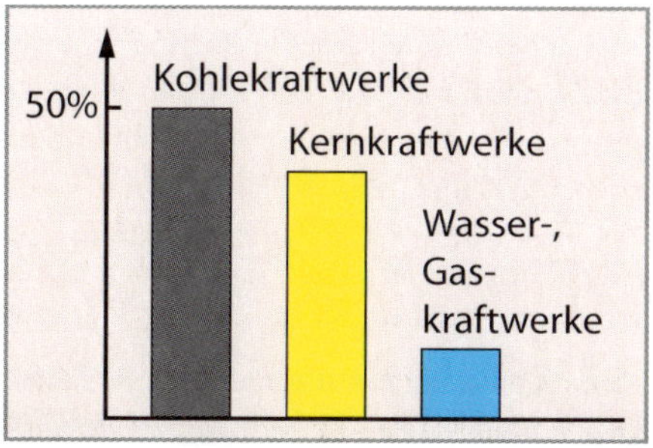

Abb. 1: Anteile am deutschen Energienetz

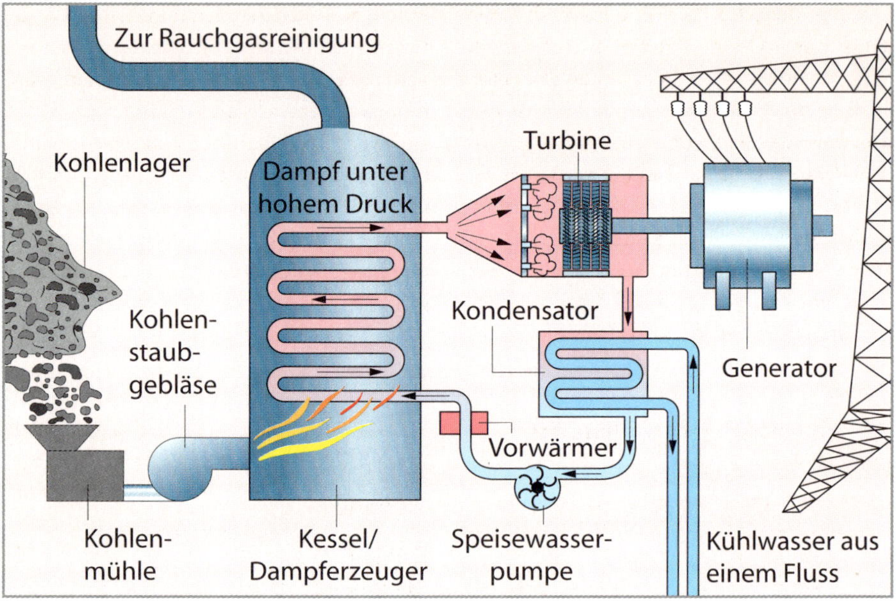

Abb. 2: Funktionsweise eines Kohlekraftwerkes

verheerenden Auswirkungen ein Reaktorunglück haben kann. In Frankreich beispielsweise wird über 90 % der elektrischen Energie durch Kernenergie erzeugt. Dort führt die Kernenergie zu weniger kontroversen Diskussionen in der Bevölkerung als in Deutschland.

Eine Alternative zu den Großfeuerungsanlagen und den Kernkraftwerken liefern die erneuerbaren (regenerativen) Energien. Zu den regenerativen Energien zählen die Solarenergie, Windenergie, Erdwärme, Wärme aus Biomasse und die Wasserkraft. Abgesehen von der Wasserkraft, tragen die erneuerbaren Energien in keiner relevanten Größenordnung zur Deckung der elektrischen Energie bei.

In Abbildung 2 ist schematisch die Funktionsweise eines kohlegefeuerten Wärmekraftwerks dargestellt. Im Kohlekraftwerk wird also die gebundene chemische Energie der Brennstoffe in Wärme umgewandelt, Wasser wird damit verdampft und treibt eine Turbine an. Die Achse der Turbine ist mit der Achse des Generators verbunden, so dass die Drehbewegung der Turbine in elektrische Energie umgewandelt wird. Die Abgase des Verbrennungsprozesses gelangen über Filteranlagen zum Schornstein nach draußen. Die Spannung der erzeugten elektrischen Energie wird mit einem Transformator (Trafo) in Hochspannung transformiert. Über Fernleitungen, die an Hochspannungsmasten befestigt sind, wird die Energie in die Haushalte, Betriebe oder Industrien transportiert.

Bei den Kernkraftwerken unterscheidet man zwischen dem Siedewasser- (Abb. 3) und dem Druckwasserreaktor (Abb. 4). Der Hauptunterschied zwischen den beiden Reaktortypen ist, dass der Siedewasserreaktor prinzipiell nur aus einem Kühlkreislauf besteht. Im Vergleich dazu besteht der Druck-

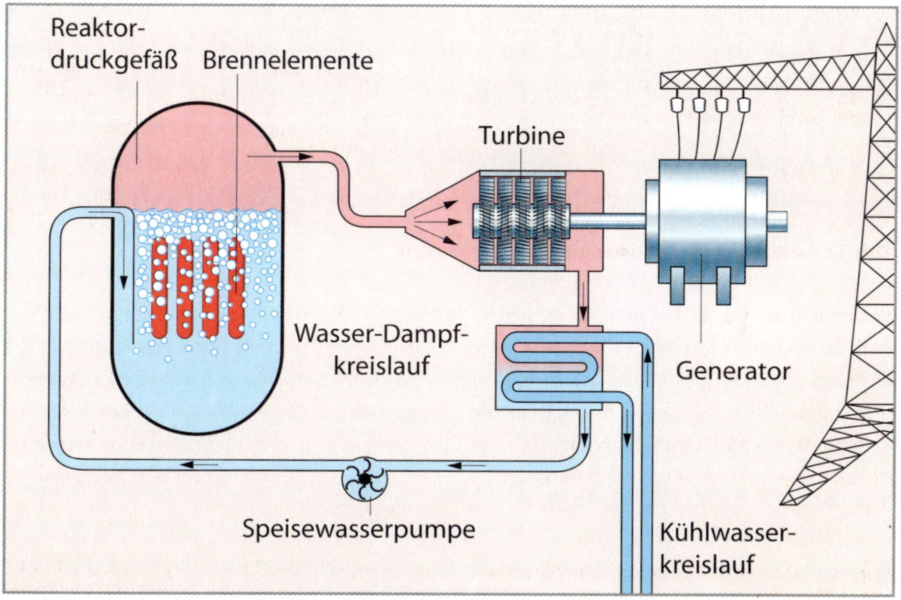

Abb. 3: Kernkraftwerk: Siedewasserreaktor

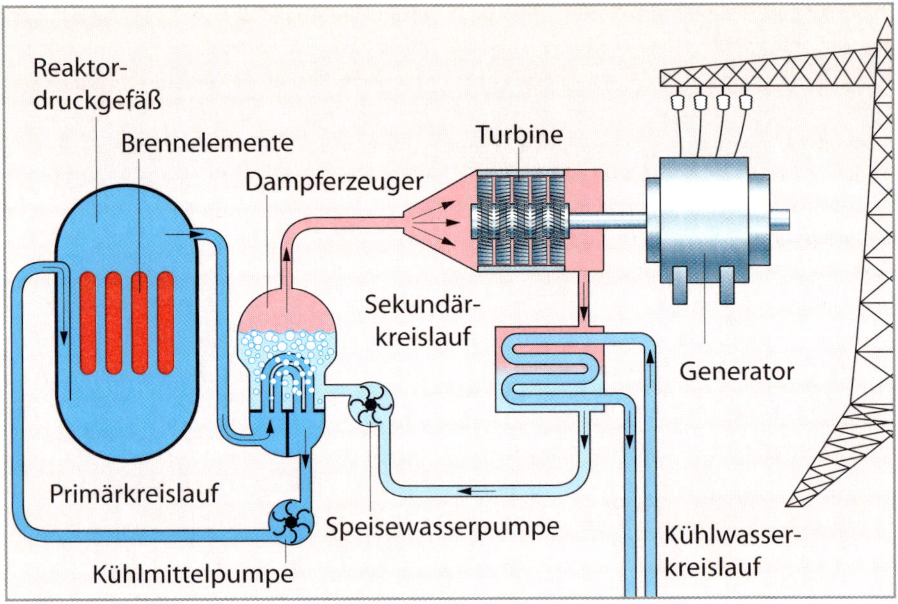

Abb. 4: Kernkraftwerk: Druckwasserreaktor

wasserreaktor aus einem Primär- und Sekundärkreislauf. Im Primärkreislauf kühlt das Wasser die Brennstäbe und erwärmt sich dabei selbst. Über einen Wärmetauscher gelangt dann die Wärme aus diesem Kreislauf in den Sekundärkreislauf. Dort erzeugt die Wärmeenergie Dampf für die Turbine, die letztendlich den Generator antreibt. Die Wärmeenergie wird aus der Kernspaltung von hoch radioaktivem Uran gewonnen. Beim Siedewasserreaktor wird das Wasser direkt im Reaktordruckgefäß zum Sieden gebracht. Der Siedewasserreaktor ist wegen seiner einfachen Bauweise in der Investition wesentlich preiswerter. Der Druckwasserreaktor hat aber einen höheren Wirkungsgrad.

Die Übertragung der elektrischen Energie erfolgt über Hochspannungsleitungen, da bei hoher Spannung die Energieverluste durch Leitungserwärmung begrenzt werden. Mit einem Versuch wird der Wärmeverlust von Leitungen mit hochohmigen Widerständen untersucht: Bei einer Spannung von 4 V „Generatorspannung" bleibt ein Lämpchen erloschen. Liegen die hochohmigen Leitungswiderstände an einer Hochspannung, dann reduzieren sich die Wärmeverluste und das Glühlämpchen leuchtet, da der Leistungsverlust an den Fernleitungen reduziert wurde. Der Leistungsverlust berechnet sich wie folgt:

$U_L = I \cdot R_L$ in $P = U \cdot I$ ergeht:
$P_L = I^2 \cdot R_L$ P_L = Leistungsverlust

Der Wärmeverlust ist also quadratisch abhängig von der Stromstärke, d. h., wird die Spannung um den Faktor 20 hochtransformiert, dann verringert sich gleichzeitig der Strom um den Faktor 20:

$$1\ W = 1\ A \cdot 1\ V \text{ oder}$$

$$1\ W = \frac{1}{20}\ A \cdot 20\ V$$

Da die Leistung quadratisch vom Strom abhängt, bedeutet dies, dass die Verlustleistung durch die hochohmigen Zuleitung nur noch den 400sten Teil ausmacht:

$$P = I^2 \cdot R$$

$$P = \left(\frac{1}{20}\right)^2 \cdot P_L = \frac{1}{400} \cdot P_L$$

Zum Weiterlesen:

- Die elektrische Spannung, S. 330
- Die elektrische Leistung, S. 336
- Die elektromagnetische Induktion, S. 342

Der Schall

Düsenflugzeuge starten mit ohrenbetäubendem Lärm, längs viel befahrener Straßen werden Schallschutzwände gebaut, wenn diese Straßen an Wohngebieten vorbeiführen. Gesundheitliche Schäden wie Hörsturz und Tinnitus (Ohrsausen) werden von Medizinern im Zusammenhang mit zunehmendem Lärm im Alltag des Menschen genannt. Schall ist aber nicht nur Lärm, Schall ist auch Sprache und Musik. Schall kann Gefühle erzeugen – so können Lieder oder Musikstücke fröhlich oder auch traurig stimmen. Das Quietschen von Reifen kann Angstgefühle und Schrecken auslösen. Das Rauschen des Waldes und der Meeresbrandung empfinden die Menschen als erholsam und beruhigend, das Knistern des Feuers verbreitet Gemütlichkeit. Ein Arzt kann mit dem Stethoskop Atmungsgeräusche in der Lunge und den Bronchien hören. Mit der Sprache werden vielfältige Informationen ausgetauscht. Tagsüber und auch nachts wird Schall vom Ohr aufgenommen. Ist dieses Sinnesorgan nicht mehr funktionsfähig, müssen andere Verständigungsformen gefunden werden – von der stark eingeschränkten Empfindenswelt kann jeder Taube berichten.

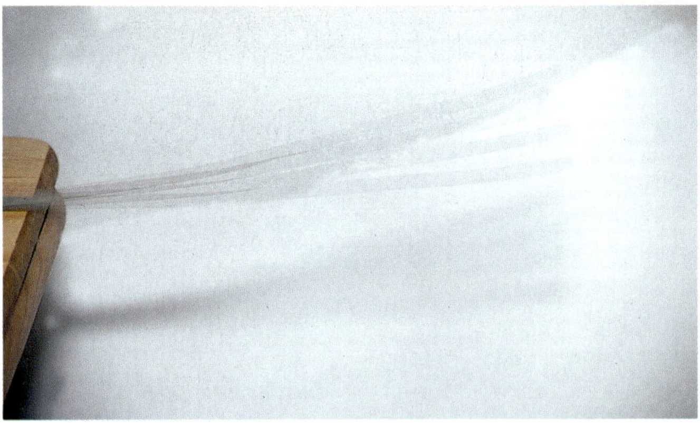

Abb. 1: Der schwingende Stahlstreifen

Woher kommt dieser Schall, wie entsteht er zu so vielen Gelegenheiten und an so vielen Orten? Die Klärung dieser Frage ist eng verknüpft mit dem Verständnis eines Vorgangs, der in der Natur häufig vorkommt – einem Schwingungsvorgang.

Wie entsteht Schall – was ist eine Schwingung?

Mit den Fingerspitzen kann jeder die Entstehung von Schall, wie z. B. beim Sprechen oder beim Summen, seitlich am Kehlkopf ertasten – bei der Erzeugung eines tiefen Tones spürt man ein Zittern (Vibrieren) in den Fingerspitzen. Ein tiefes, lang gezogenes A eignet sich für diesen Versuch sehr gut. Die Stimmbänder im Kehlkopf werden von der ausströmenden Luft in Schwingungen versetzt, sie bewegen sich hin und her. Eine Tonerzeugung ist damit gleichzeitig verbunden.

Spannt man einen elastischen Streifen aus Federstahl in einen Schraubstock, zieht das freie Ende des Stahlstreifens in eine Richtung und lässt es dann los, so schwingt es schnell hin und her (Abb. 1). Gleichzeitig kann man einen Ton hören. Dies gelingt auch mit einem langen Lineal, welches man an einer Tischkante mit der einen Seite auf den Tisch drückt und an der freien Seite dann anzupft. Schallerreger können sehr verschieden aussehen, aber alle führen viele Schwingungen in jeder Sekunde aus.

Um nun zu klären, wodurch sich eine Schwingung auszeichnet und wie eine Schwingung sich von der anderen unterscheidet (denn durch Unterschiede bei den Schallerregern, also den Schwingern, wird ja unterschiedlicher Schall erzeugt), stellt man eine solche Schwingung zeichnerisch in einem Diagramm dar. Dabei wendet man einen Trick an, der in Abbildung 2 deutlich wird: Eine mit einer Spitze versehene Stimmgabel, die durch Anschlagen in Schwingungen versetzt wurde, wird über eine berußte Glasplatte gezogen. Dadurch erkennt man nicht nur den räumlichen Verlauf der Schwingung (also die Hin- und Herbewegung), sondern kann auch feststellen,

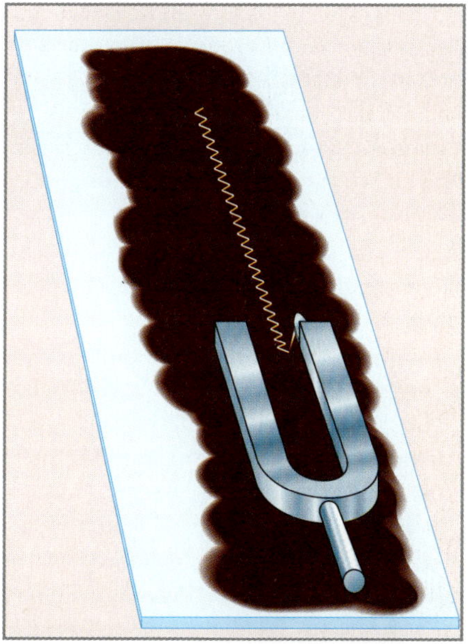

Abb. 2: Die schwingende Stimmgabel

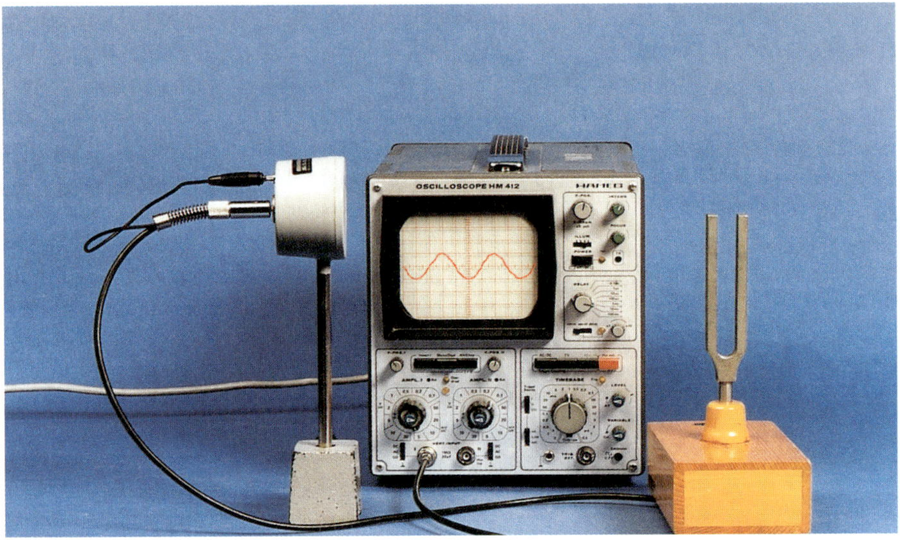

Abb. 3: Schwingungsaufzeichnung mit dem Oszilloskop

in welchem Zeitmaß dieser Vorgang abläuft. Wenn man eine Skala neben die Schwingungskurve legt, auf der steht, dass die Gabel z. B. in 1 Sekunde um 1 cm gezogen wurde, kann man abzählen, wie viele Schwingungen die Gabel in 1 Sekunde ausgeführt hat. Außerdem kann man mit dieser Methode feststellen, wie weit der Schwinger – hier der Stimmgabelast – ausschlägt. Die periodische, also die sich in einem gleich bleibendem, bestimmten Zeitmaß wiederholende Hin- und Herbewegung – die Schwingung – wird so sichtbar gemacht. Eine genauere Methode zur Untersuchung einer Schwingung, die sich auch zur Aufzeichnung von sehr schnellen Schwingungen eignet, zeigt der Versuch in Abbildung 3: Wird eine Stimmgabel angeschlagen und die entstehende Schwingung mit einem Mikrophon auf einem Oszilloskop sichtbar gemacht, so zeigt das Oszillogramm den Schwingungsverlauf in Abhängigkeit von der Zeit. Eine solche Darstellung wird auch Schwingungsdiagramm genannt. Die Stimmgabel in diesem Versuch führt 440 Schwingungen in einer Sekunde aus und erzeugt damit den Kammerton a'.

Welche Informationen kann man einem Schwingungsdiagramm entnehmen?

Die Abbildung 4 bietet eine übersichtliche Darstellung einer Schwingung im Diagramm. Die Weglänge von der Mittellage

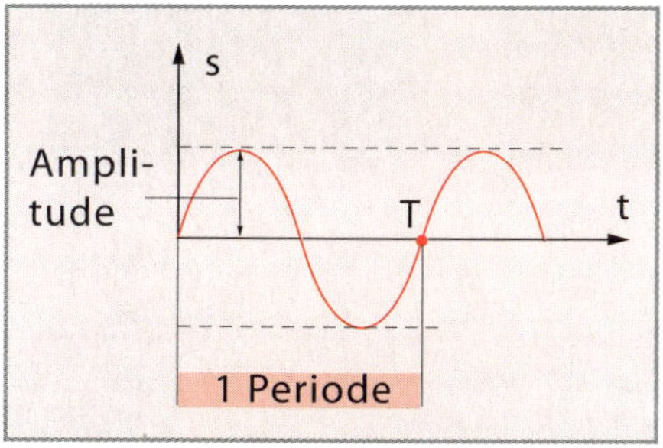

Abb. 4: Schwingungsdiagramm

> Die Zahl der Einzelschwingungen je Sekunde nennt man Frequenz f der Schwingung. Beträgt die Periodendauer z. B. T = 1 s/5, so werden 5 Schwingungen in einer Sekunde ausgeführt. Hierfür sagt man auch: Die Frequenz beträgt f = 5 Hz. Das Hz ist die Abkürzung für die Einheit Hertz, welche für die Frequenz üblicherweise gewählt wird.

(Ruhelage) des Schwingers bis zum Umkehrpunkt heißt Amplitude, es ist die größtmögliche Auslenkung. Die Amplitude nimmt bei einer natürlichen Schwingung normalerweise wegen auftretender Energieverluste mit der Zeit etwas ab. Eine solche Schwingung heißt gedämpfte Schwingung. Die Zeit für eine vollständige Hin- und Herbewegung des Schwingers (für ein Periode) heißt Periodendauer T. Sie wird in Sekunden angegeben.

Damit gelten also auch folgende Zusammenhänge zwischen der Periodendauer T und der Frequenz f:

> Die Schwingung ist eine periodische hin- und hergehende Bewegung.
> Die Amplitude ist die Strecke von der Mittellage (Ruhelage) bis zur größten Auslenkung, also dem Umkehrpunkt des Schwingers.
> Die Periodendauer T ist die Zeit für einen vollständigen Hin- und Hergang des Schwingers. Die Einheit der Periodendauer ist die Sekunde. Die Frequenz f einer Schwingung gibt die Zahl der Perioden je Sekunde an. Die Einheit der Frequenz ist 1 Hz = 1/s.
> Die Periodendauer T und die Frequenz f sind jeweils die Kehrwerte voneinander:
>
> $$f = \frac{1}{T} \text{ und } T = \frac{1}{f}$$

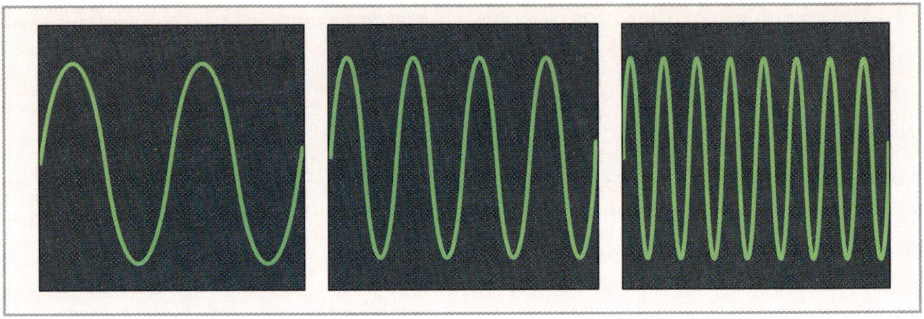

Abb. 5: Tiefe und hohe Töne

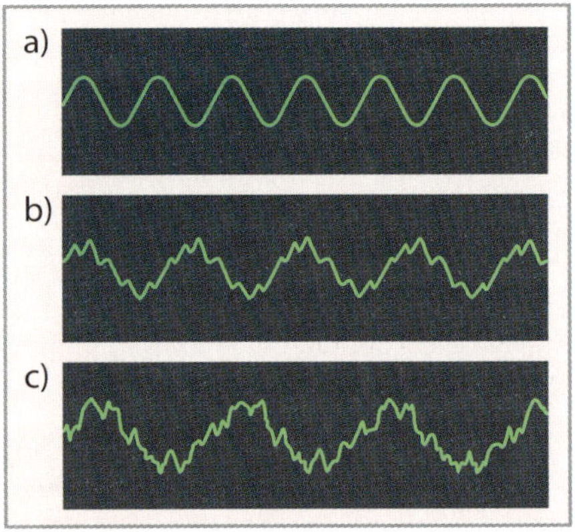

Abb. 6: Verschiedene Schwingungsformen (in Ausschnitten)

Kann das Schwingungsdiagramm auch noch weitere Geheimnisse preisgeben?

Worin unterscheiden sich hohe von tiefen Tönen, laute von leisen Tönen? Eine Stimmgabel, welche mit 440 Hz (Kammerton a') schwingt, erzeugt einen für die Stimmgabel typischen Ton, welcher sich deutlich unterscheidet vom Ton a', der durch eine Blockflöte erzeugt wird. Wie wirkt sich so etwas im Schwingungsdiagramm aus? Schlägt man eine Stimmgabel fester an, so wird die Amplitude im Oszillogramm größer, bei Anschlägen mit geringer Stärke deutlich kleiner. Gleichzeitig wird dabei natürlich die Lautstärke größer bzw. kleiner. Nimmt man eine Stimmgabel für einen höheren Ton, also etwa eine für f = 528 Hz (c''), so rücken die einzelnen Schwingungskurven im Oszillogramm enger zusammen, die Periodendauer ist verkürzt, die Frequenz damit gestiegen (Abb. 5).

Schwingungsdiagramme geben auch die unterschiedlichen Schwingungsformen verschiedener Schallerreger wieder. Bei gleicher Periodendauer und damit Frequenz, also gleicher Tonhöhe, zeigen die aufgezeichneten Schwingungen von verschiedenen Instrumenten eine ganz unterschiedliche Form (Abb. 6); man spricht von der Klangfarbe. Geigen und Flöten zeigen z. B. bei gleicher Frequenz einen recht unterschiedlichen Schwingungsverlauf. Im Vergleich zum Stimmgabelton zeigen sich im Kurvenverlauf des Diagramms viele zusätzliche Mini-Schwingungen, die auf der eigentlichen Grundschwingung draufsitzen. Man nennt diese zusätzlichen Schwingungen, die für jedes Instrument typisch sind, auch Obertöne. Geräusche, wie z. B. Klatschen oder ein Knall, haben häufig einen ganz unregelmäßigen Diagrammverlauf, aus dem man nur schwer eine bestimmte Periodendauer ablesen kann. Ein Logopäde (Sprachheilkundler) kann aus dem Schwingungsdiagramm von oszilloskopierten Lauten sogar Sprachfehler exakt erkennen und diese therapieren, bis die Diagramme etwa wieder genormten Vorgaben entsprechen.

Im Schwingungsdiagramm spiegelt eine unterschiedliche Amplitude die unterschiedliche Lautstärke eines Tons wider:
lauter: größere Amplitude
leiser: kleinere Amplitude

Die Tonhöhe zeigt sich in einer verschiedenen Periodendauer:
hoher Ton: kleine Periodendauer
tiefer Ton: große Periodendauer

Instrumente erzeugen Obertöne. Die so genannte Klangfarbe zeigt sich in unterschiedlichen Schwingungsformen im Diagramm (Abb. 6).

Zum Weiterlesen:

➔ Schall und Resonanz, S. 372
➔ Die Schallausbreitung, S. 378

Schall und Resonanz

Schaut man sich die Saiten einer Gitarre an, so bemerkt man verschiedene Dicken für die einzelnen Saiten. Beim Wechsel von Saiten muss man genau beachten, welche neue Saite man aufzieht: dünnere für die hohen, dickere für die tiefen Töne. Die dicken Saiten haben mehr Masse und sind damit träger. Deshalb schwingen sie langsamer; die Periodendauer ist relativ groß und die Frequenz damit klein – ein tiefer Ton entsteht bei der Saitenschwingung. Violinen haben zwar weniger Saiten, jedoch sind diese deutlich unterschiedlich dick. Die Saiten im Klavier für die tiefen Töne sind sogar dick und eng mit einem Draht umwickelt, um sie noch träger zu machen (Abb. 1). So erreicht man ebenso wie beim Kontrabass sehr tiefe Töne. Beim Stimmen solcher Saiteninstrumente verändert man durch Drehen am Wirbel die Spannung der Saiten und dadurch die Tonhöhe, beim Spielen von Violinen, Gitarren und anderen Saiteninstrumenten verkürzt man durch Abgreifen die Länge der Saite. So erzeugt man den gewünschten Ton, was bei Violinen aber viel Übung erfordert, da keine Stege zum Abgreifen vorgegeben sind. Kürzere Saiten erzeugen höhere Töne ebenso wie stärkere Spannung bei gleicher Dicke. Das Material der Saite hat einen großen Einfluss auf die Klangfarbe des Instrumentes; Metallsaiten erzeugen eher einen harten und klaren Klang, so wie man es vom Banjo her kennt.

Abb. 1: Auch die drei tiefen Saiten einer Gitarre werden umwickelt

Für die Tonhöhe bei Saiteninstrumenten ist die Dicke, die Länge und die Spannung der Saite verantwortlich. Das Material der Saite hat Einfluss auf die Klangfarbe.

Weshalb erzeugt eine bestimmte schwingende Saite immer den gleichen Ton?

Eine Saite, die man an den beiden Enden einspannt und dann anzupft, schwingt immer auf die gleiche Art und Weise: sie führt die so genannte Eigenschwingung aus und erzeugt dabei den Grundton. Legt man in ungefähr gleichen Abständen kleine Papierreiter auf die Saite und zupft sie leicht an, beobachtet man, dass die Papierreiter in der Mitte der Saite am heftigsten schwingen und sogar von der Saite heruntergeschleudert werden können. Je näher die Papierreiter an den Enden liegen, desto ruhiger verhalten sie sich. Die schwingende Saite hat in der Mitte einen Schwingungsbauch (Ort der größten Amplitude), an den Enden hat sie jeweils einen Schwingungsknoten mit dem Amplitudenwert null. Interessant ist in diesem Zusammenhang noch die Tatsache, dass die Saite bei halbierter Länge mit der doppelten Frequenz schwingt.

Auch andere schwingungsfähige Körper und damit Tonerzeuger schwingen bei Anregung immer mit gleicher, typischer Frequenz – der Eigenfrequenz. Dies gilt immer dann, wenn das schwingungsfähige System nach einer einmaligen Anregung keine weitere Einflussnahme erfährt. So erzeugt die Glocke einen bestimmten Ton, für ein Glockenspiel braucht man so viele Glocken, wie für die Melodie verschiedene Töne nötig sind. Beim Xylophon gibt es für jeden Ton ein Plättchen, bei der Zitter eine eigene Saite. Ein Weinglas oder andere Hohlkörper aus hartem Material erzeugen einen bestimmten Ton. Bläst man eine Pfeife an, so versetzt man die Luftsäule in der Pfeife in Schwingungen und erzeugt so einen Ton. Als mechanisches Modell zeigt die Abbildung 2 eine eingespannte Spiralfeder, die bei unveränderter Länge ja auch immer mit der gleichen Frequenz schwingt. Nur wenn man die Länge der schwingenden Luftsäule

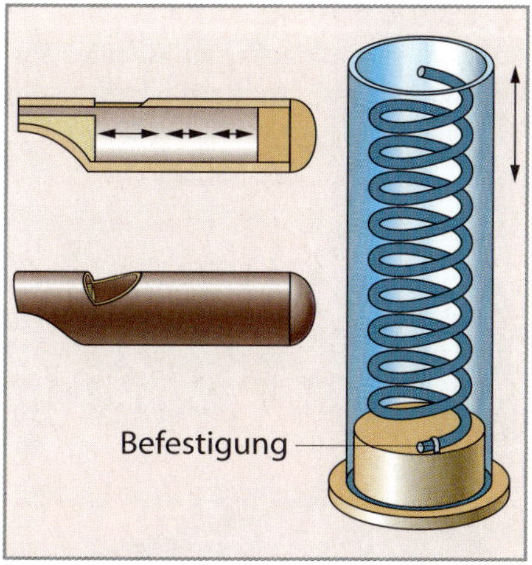

Abb. 2: Luftsäulenschwingung in einer Pfeife/Federmodell

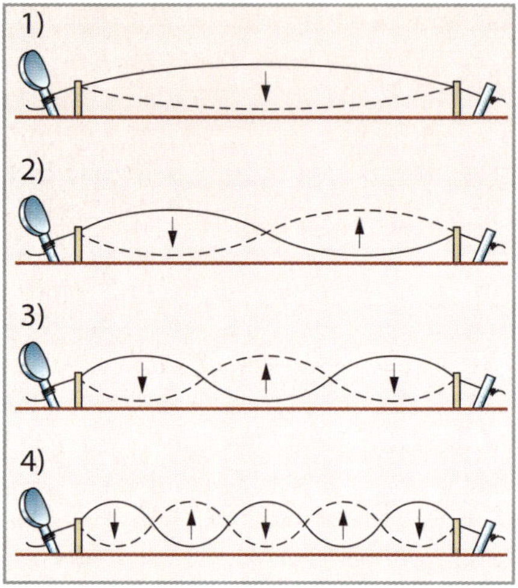

Abb. 3: Schwingungsformen einer Saite bei verschiedenen Anregungsfrequenzen

wie bei einer Blockflöte durch Öffnen oder Schließen eines Loches verändert, variiert die Tonhöhe. Bei vielen Blasinstrumenten geschieht dies auch durch bewegliche Klappen (Saxophon).

Ein schwingungsfähiges System wird mit verschiedenen Frequenzen angeregt – wann tritt Resonanz ein?

Spannt man eine Saite zwischen zwei Enden ein und regt ein Ende durch einen Exzentermotor zu Schwingungen an, so schwingt die Saite nur bei ihrer Eigenfrequenz in der oben beschriebenen Art und Weise. Erhöht man die Anregungsfrequenz auf das Doppelte, entsteht in der Mitte ein Knoten und rechts und links davon ein Bauch. Bei dreifacher Anregungsfrequenz gibt es drei Bäuche, bei vierfacher vier usw. (Abb. 3). Die Saite lässt sich also zu weiteren Schwingungsformen mit verschiedenen Frequenzen anregen. Dies sind die Oberschwingungen, die die Obertöne erzeugen und die Klangfarbe eines Saiteninstrumentes mitbestimmen.

Abb. 4: Resonanz bei zwei Stimmgabeln

Abb. 5: Weingläser sind für Resonanzversuche gut geeignet

Stellt man einen kleinen Lautsprecher vor ein längeres Hohlrohr und ein Mikrophon, welches an ein Oszilloskop angeschlossen ist, an die andere Seite des Rohres, so erzeugt die im Rohr vom Lautsprecher in Schwingung versetzte Luftsäule im Mikrophon ein Schwingungssignal, welches im Oszillogramm sichtbar wird. Verändert man die Lautsprecherfrequenz, so schwingt offensichtlich auch die Luftsäule im Rohr in veränderter Frequenz, was an den veränderten Abständen der Schwingungskurven im Oszillogramm sichtbar wird. Die Luftsäule führt erzwungene Schwingungen aus. Bei einer bestimmten Frequenz wird die Amplitude auf dem Oszillogramm jedoch besonders groß – man kann dies auch an einer Lautstärkeerhöhung hören. Die Luftsäule wird im Rhythmus ihrer Eigenfrequenz angeregt – es tritt Resonanz ein, die Schwingung ist besonders heftig. Eine Luftsäule kann mehrere solcher Resonanzfrequenzen haben – man spricht wieder von Oberschwingungen.

Für den in Abbildung 4 dargestellten Versuch bringt das Resonanzphänomen die Erklärung: Stellt man zwei gleiche Stimmgabeln nahe beieinander auf und schlägt die erste an, so versetzt die Luftschwingung die zweite Stimmgabel in Bewegung, sie führt Schwingungen mit gleicher Frequenz wie Gabel eins aus. Die Luftschwingung der zweiten Stimmgabel bringt den kleinen Spiegel an der langen Stahlfeder zum Schwingen, der leichte Schwingungsausschlag wird durch die veränderte Laserreflexion an der Wand sichtbar gemacht. Dieses empfindliche Experiment funktioniert nur dann, wenn die Stimmgabeln genau baugleich sind, sie also die gleiche Eigenfre-

Abb. 6: Resonanzkörper zur Schwingungsverstärkung

quenz besitzen. Nur dann kann die schwingende Luft die Stimmgabel 2 so stark anregen, dass sie mitschwingt – der Resonanzfall. Auch mit einem dünnwandigen Weinglas kann man einen Resonanzversuch durchführen (Abb. 5): Fährt man mit einem feuchten Finger im richtigen Tempo und dem passenden Druck über den Glasrand, so werden die Glasmoleküle durch die Reibung immer ein Stückchen mitgerissen und schwingen dann wieder zurück – schließlich fällt das Glas im Resonanzfall in den Zustand der Eigenschwingung und gibt einen hohen, klaren Ton ab.

Schwingungsfähige Systeme schwingen bei einmaliger Anregung immer in ihrer Eigenfrequenz, der Grundschwingung. Bei dauernder Anregung entstehen, z. B. bei schwingenden Saiten, bei bestimmten Frequenzen weitere Schwingungsformen, die Oberschwingungen. Einige schwingungsfähige Systeme folgen den Anregungsfrequenzen über große Bandbreiten, fallen bei der Erreichung ihrer Eigenfrequenz jedoch in eine besonders heftige Schwingung. Dies wird Resonanz genannt.

Automatische Schwingungsverstärkung – ist Resonanz immer erwünscht?

Die Stimmgabeln in Abbildung 4 stecken auf einem Hohlkörper aus Holz. Dieser ist so dimensioniert, dass er durch Resonanz die Luftschwingung verstärkt. Ohne ihn könnte man den Ton der Stimmgabel kaum hören. Eine Verstärkung der Lautstärke durch Resonanz ist hier also gewünscht. Schwingungsverstärkung durch Mitschwingen anderer Stoffe in Resonanz kann aber auch sehr lästig sein, wie folgendes Beispiel zeigt: Kauft man eine sehr billige Lautsprecherbox, kann es passieren, dass die Musik bei bestimmten Lautsprecherfrequenzen (also Tonhöhen) plötzlich unnatürlich laut wird oder schlecht klingende Zusatzgeräusche auftreten. Wie ist das möglich? Nun, bestimmte Bauteile wie Holzwände oder Metallfassungen der Lautsprechermembranen schwingen unerwünscht mit, im Resonanzfall zeigt sich dies in störenden Nebengeräuschen.

Instrumentenbauer machen sich die Resonanz allerdings zunutze. Durch einen Resonanzkörper, der aber möglichst alle Töne gleichmäßig verstärkt, erhält das Instrument seine Klangfülle. Dies kann durch einen Holzhohlkörper wie bei Violinen (Abb. 6) oder Gitarren geschehen oder durch den Deckel und den Boden bei einem großen Konzertflügel (Resonanzböden). Hierin besteht die Kunst des Instrumentenbauers – er muss alle schwingungsfähigen Bauteile wie Böden, Griffbrett und die eingeschlossene Luft so aufeinander abstimmen, dass der gewünschte und typische Klang kräftig entsteht.

Zum Weiterlesen:

- Der Schall, S. 366
- Die Schallausbreitung, S. 378

Die Schallausbreitung

Wer schon einmal den „Gesang“ der Wale auf einer CD oder in einem Fernsehbericht gehört hat, wundert sich über die Schönheit und den Variationsreichtum der Laute, die die Wale zur Verständigung ausstoßen, aber auch darüber, dass diese „Gesänge“ über riesige Entfernungen hinweg im Wasser von den Tieren untereinander wahrgenommen werden können (Abb. 1). Besonders hohe Töne, die die Wale ausstoßen, können vom Menschen jedoch nicht gehört werden (Ultraschall), gelangen wahrscheinlich über Tausende Kilometer von Wal zu Wal. Auch Fledermäuse nutzen zur Orientierung und Beutejagd Ultraschall. Schall kann sich aber nicht nur in Wasser und in Luft ausbreiten, sondern auch in anderen Flüssigkeiten und Gasen sowie in Festkörpern. Klopft man mit einem kleinen Metallgegenstand auf ein Heizungsrohr im Haus, so kann man dieses Klopfen im ganzen Haus an allen Rohren und Heizungen gut hören. In früheren Zeiten sollen sich so Gefängnisinsassen von Zelle zu Zelle verständigt haben. Verschüttete Bergarbeiter konnten Lebenszeichen in Form von Klopfgeräuschen übersenden und so geortet und geret-

Abb. 1: Wale verständigen sich über große Entfernungen

tet werden. Legt man dagegen eine elektrische Klingel unter eine Glasglocke und vermeidet durch einen untergelegten Schwamm Kontakt zu Wand und Boden, so hört man das Klingeln immer weniger, wenn die Luft aus der Glasglocke evakuiert wird, bis schließlich – bei Annäherung an das Vakuum – nichts mehr zu hören ist (Abb. 2). Im Vakuum breitet sich Schall nicht aus. Eigentlich dürfte man deshalb in Science-Fiction-Filmen oder bei Computerspielen während großer Weltraumgefechte gar keine Geräusche hören. Weshalb kann man im Weltall nichts hören, wie breitet sich Schall überhaupt aus?

Abb. 2: Kein Klingelgeräusch ohne Luft

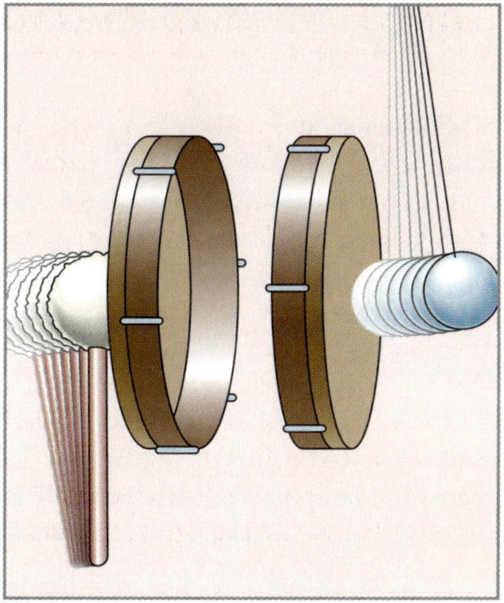

Abb. 3: Luft als Schlagvermittler

Wie kann man sich die Schallausbreitung erklären?

Schlägt man auf ein Tamburin, so wird ein leichtes Kügelchen, welches vor einem in kurzer Entfernung aufgestellten zweiten Tamburin hängt, von dessen Membran weggeschleudert (Abb. 3). Die Luft hat den Schlag weitergegeben, sie dient hier als Trägermedium für eine Schallwelle. Was passiert nun genau bei der Ausbreitung einer solchen Welle in der Luft? Wie kann man sich den Ausbreitungsvorgang, den man ja nicht sehen kann, vorstellen?

Eine Schallquelle, die in Luft schwingt, setzt die Teilchen der Luft in ihrer unmittelbaren Umgebung durch die Schwingungsbewegung ebenfalls in Bewegung, sie werden quasi angestoßen, so dass eine Verdichtung von Teilchen vor der Quelle entsteht. Diese Verdichtung wandert von der Quelle durch die Luft weg, weil ja die ersten Teilchen die nächsten in Bewegung setzen usw. Eine Luftverdünnung folgt der Verdichtung, da hinter dieser Teilchen fehlen. Diese Folge von Verdichtungen und Verdünnungen stellt Druckschwankungen dar und wandert durch die Luft, die man als Trägermedium für diese Welle – die Schallwelle – bezeichnet. Alle Luftteilchen, die von der sich ausbreitenden Welle mitgerissen werden, führen dieselbe Schwingung aus, allerdings zeitversetzt, wobei die entfernteren Teilchen natürlich später zu schwingen beginnen. Man sagt auch, im Medium Luft breitet sich eine Störung aus in Form von Druckschwankungen – das versteht man gerade unter der Schallwelle. Dies kann man sich so vorstellen wie die Dichteschwankungen einer Spiralfeder, die leicht gespannt auf dem Boden liegt und dann an einem Ende in Längsrichtung der Feder angezupft wird. Die Folge von Verdichtungen und Verdünnungen wandert dann mit einer bestimmten Ausbreitungsgeschwindigkeit durch die Feder. Nun ist auch klar, warum man im All nichts hören kann: Wegen der fehlenden Luft kann auch keine Schallwelle entstehen!

> Schall breitet sich in festen, flüssigen und gasförmigen Körpern aus. Die Schwingung einer Schallquelle erzeugt dabei in diesen Medien eine Schallwelle. Die Teilchen in dem Stoff, in dem sich die Welle als Folge von Druckschwankungen ausbreitet, erfasst zuerst die Teilchen in der Nähe der Schallquelle, die dieselbe Schwingung ausführen wie alle später erfassten Teilchen auch. Im Vakuum kann sich keine Schallwelle ausbreiten.

Wie lange braucht der Donner vom Blitz zum Beobachter?

Ein Blitz heizt die Luft in seiner unmittelbaren Umgebung sehr stark auf. Dadurch entsteht um den Blitz herum eine Druckwelle, denn die heiße Luft beansprucht mehr Volumen als zu dem Zeitpunkt, an dem sie noch Normaltemperatur hatte. Diese Druckwelle wandert als Schallwelle vom Blitz weg. Nach welcher Zeit erreicht diese den Beobachter, der sie als Donner wahrnimmt? Um die Frage zu beantworten, muss man die Schallgeschwindigkeit in Luft kennen.

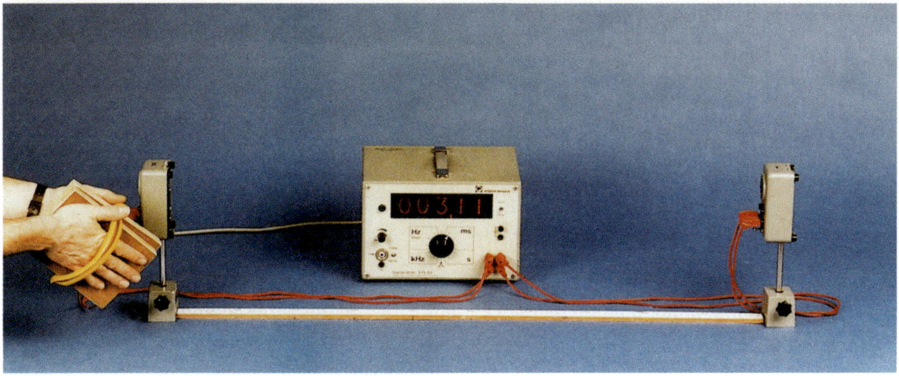

Abb. 4: Bestimmung der Schallgeschwindigkeit

Mit dem Versuchsaufbau in Abbildung 4 kann man die Schallgeschwindigkeit messen: Schlägt man die beiden Bretter zusammen, so startet das Mikrophon, das vom Schall eher erreicht wird, die Uhr. Erreicht der Schall nach einer Laufstrecke von s = 1 m das zweite Mikrophon, so stoppt dieses die Uhr, was hier nach 3 Millisekunden passiert. Mit der Formel für die Geschwindigkeit v kann man die Schallgeschwindigkeit errechnen:

$$v = \frac{s}{t} = \frac{1\ \text{m}}{3\ \text{ms}}$$

$$= \frac{1000\ \text{m}}{3\ \text{s}} = 333\ \frac{\text{m}}{\text{s}}$$

Der Schall hat also eine Geschwindigkeit von ungefähr 333 m/s. Dieser Wert gilt bei normalem Luftdruck und einer Temperatur von 20 °C. In Luft legt der Schall also in 3 Sekunden etwa eine Strecke von 1000 m (1 km) zurück.

Nun kann man überlegen, wie weit der Blitz entfernt war: Zählt man z. B. 6 Sekunden vom Blitz bis zum Donner, so hat der Schall in dieser Zeit eine Strecke von 2000 Metern zurückgelegt:

Die Schallgeschwindigkeit in Luft beträgt ca. 330 m/s.
In 3 Sekunden legt der Schall in Luft etwa einen Kilometer zurück.

Schallausbreitung in anderen Stoffen – genauso schnell?

Die Geschwindigkeit der Schallausbreitung ist in anderen Stoffen als Luft sehr unterschiedlich. Sie hängt davon ab, wie schnell die Störung weitergegeben werden kann, wie groß also der zeitliche Abstand der Schwingungsausführung der einzelnen schwingenden Teilchen in Richtung der Ausbreitung der Welle ist. Dies hängt vom Aufbau der Stoffe ab. In festen Stoffen, in denen die Atome untereinander sehr fest gekoppelt sind, breitet sich die Schallwelle viel schneller als in Luft aus. Dies gilt besonders für Metalle. Genaue Angaben findet man in nebenstehender Tabelle (Abb. 5).

Stoff	Schallgeschwindigkeit Meter / Sekunde
Kautschuk	35
Holz	5500
Eisen	5800
Alkohol	1200
Süßwasser	1450
Salzwasser	1530
Sauerstoff	321
Luft	340
Stickstoff	345
Wasserstoff	1350

Abb. 5: Schallgeschwindigkeiten in verschiedenen Stoffen

Schallausbreitung ist nicht immer erwünscht – was tun?

Schall wird in der heutigen Gesellschaft mit ihrem hohen Verkehrsaufkommen zu Lande und in der Luft und der teilweise dichten Besiedlung oft als störend empfunden: Fluglärm, Straßenlärm, Baulärm oder auch der Rasenmäher des Nachbarn, die aufgedrehte Stereoanlage oder das Straßenfest zu später Stunde – Klagen wegen zu viel Lärm beschäftigen die Gerichte immer häufiger. Das Empfinden von Schall als Lärm hängt aber auch vom persönlichen Empfinden jedes einzelnen Menschen ab – der Schlafsuchende fühlt sich schon vom Ticken des Weckers oder dem berühmten tropfenden Wasserhahn gestört. So wird Schall zum Lärm, wenn er als störend empfunden wird und wenn er Gesundheitsschäden verursacht. Die Teilnahme an einem Rock-Konzert oder extrem laute Musik aus dem Kopfhörer können den Schallpegel bis zur Schmerzgrenze anwachsen lassen. Ein zerstörtes Innenohr kann die Folge sein. Den besten Schutz gegen Lärm bietet die Lärmvermeidung – ist diese nicht möglich, so müssen Lärmschutzmaßnahmen ergriffen werden. Maßnahmen wie Schallschutzwände, Schalldämpfer oder Schallisolatoren helfen hierbei. Wenn man die Oberflächen schallreflektierender Wände durch unregelmäßige Vertiefungen und Erhöhungen unterbricht, wird der Schall diffus in verschiedene Richtungen zurückgeworfen – die Energie des Schalls verteilt sich auf einen größeren Raum und wird somit weniger wirksam.

In Häusern kann man durch den Einbau schlechter Schallleiter die Weitergabe von Schall reduzieren: Wasserrohre aus Metall im Mauerwerk kann man mit Steinwolle oder Schaumstoff umwickeln, eine Trittschalldämmung durch Teppich oder auf Schaumstoff schwimmend verlegter Estrich vermindern die Schallübertragung durch Decken.

In Bauverordnungen finden sich heutzutage viele Vorschriften zur Lärmvermeidung, die häufig gleichzeitig gegen Wärmeverluste wirksam sind.

Schall kann als störend empfunden werden und zu Gesundheitsschäden führen – dann wird Schall zu Lärm. Ist Schallvermeidung nicht möglich, müssen Lärmschutzmaßnahmen getroffen werden. Der Gesetzgeber hat hierfür zahlreiche Schutzverordnungen erlassen.

Zum Weiterlesen:

- → Der Schall, S. 366
- → Schall und Resonanz, S. 372

Der Aufbau der Materie II

Kurz vor der Jahrhundertwende (1900) zeigten Heinrich Hertz, Philipp Lenard und später Ernest Rutherford, dass Atome und Moleküle nicht kompakt aufgebaut sind, sondern überwiegend aus leerem Raum bestehen, vergleichbar mit dem Weltall. In ihren Experimenten beobachteten die Forscher, dass beschleunigte Elektronen ungehindert durch 5 mm dicke Aluminiumfolie hindurchfliegen können. Dieses Ergebnis setzte die damalige Fachwelt in Erstaunen, denn die Aluminiumfolie setzt den schnellen Elektronen immerhin 104 Atomschichten in dichter Packung übereinander angeordnet entgegen. Aus diesen Beobachtungen schloss man, dass das Atom nur sehr wenig Substanz enthält, an der sich die Elektronen stoßen können, so dass prinzipiell die beschleunigten Elektronen durch die Atome ungehindert hindurchfliegen können. Mit diesem Ergebnis kam man zum Schluss, dass die Substanz des Atoms nur aus dem Atomkern und den Elektronen in der Elektronenhülle besteht. Um sich die Größenordnungen und die Massenverteilung im Atom vorstellen zu können, hätte beispielsweise ein Atomkern der Größe von einer Erbse eine Atomhülle mit den Ausmaßen des Eiffelturms. Der Zwischenraum zwischen dem Atomkern und den Elektronen ist leer. In der Realität hat die Atomhülle den Durchmesser von 10^{-7} mm

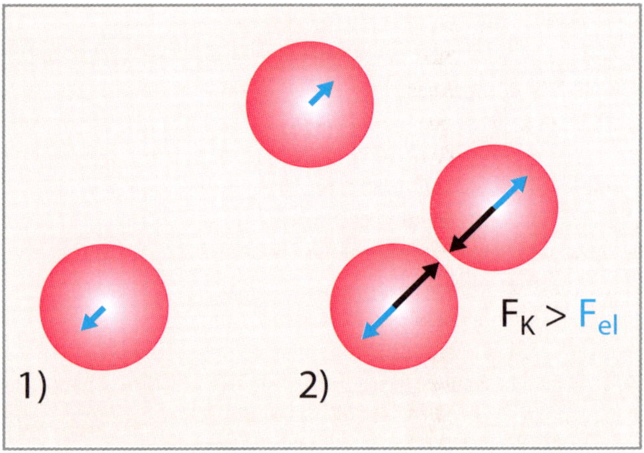

Abb. 1: Bei geringen Entfernungen wirken die Kernkräfte. Bei größeren Entfernungen wirken zwischen den Protonen abstoßende elektrische Kräfte

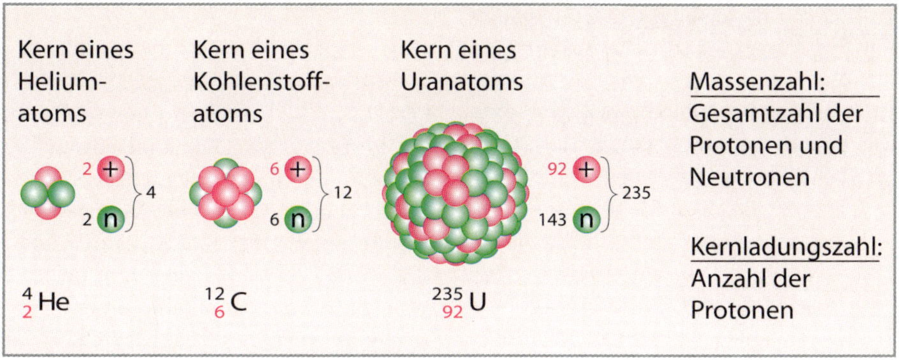

Abb. 2: Aufbau der Atomkerne im Modell:
Rot: Kernladungszahl Z (Ordnungszahl), schwarz: Massenzahl A

(0,0000001 mm), und der Atomkern hat dabei nur einen Durchmesser von 10^{-12} mm (0,000000000001 mm). Der Atomkern besteht aus positiv geladenen Protonen und den elektrisch neutralen Neutronen. Der Atomkern wird auch als Nuklid und die Atomkernbestandteile wie Protonen und Neutronen werden als Nukleonen bezeichnet. Die Masse eines Protons und eines Neutrons ist etwa 2000-mal größer als die Masse des Elektrons, d. h., dass prinzipiell die gesamte Masse des Atoms im Atomkern konzentriert ist. Obgleich die Masse des Protons wesentlich größer ist als die des Elektrons, haben beide gleich große Ladungen ($e = 1{,}6 \cdot 10^{-19}$ C), allerdings mit umgekehrten Vorzeichen, d. h., die Elektronen sind negativ und die Protonen positiv geladen. Da gleichnamige Ladungen sich abstoßen, müssten eigentlich die Protonen im Atomkern durch die abstoßenden elektrischen Kräfte auseinander fliegen. Dieses Bestreben der geladenen Protonen wird mit extrem hohen Kernkräften verhindert, so dass der Kern dicht gepackt zusammengehalten wird (Abb. 1). Die Kernkräfte sind allerdings nur in einem ganz engen Bereich wirksam. Wird dieser Bereich überschritten, dann wirken die abstoßenden elektrischen Kräfte, und der Kern fliegt auseinander.

In der Atomhülle befinden sich die negativ geladenen Elektronen. Aufgrund der elektrisch unterschiedlichen Ladung müssten Elektronen vom Atomkern angezogen werden. Auch hier wirken besondere Kräfte, damit der positiv geladene Atomkern nicht mit den negativ geladenen Elektronen zusammenfällt.

Um Elektronen aus der Atomhülle zu lösen, wird eine bestimmte Energie benötigt. Diese Energiewerte sind nicht kontinuierlicher Natur, sondern stufenartig angeordnet. Das bohrsche Atommodell weist den einzelnen Elektronen ganz bestimmte Bahnen bzw. Schalen in der Atomhülle zu. Die Elektronen mit der größten Energie sind am weitesten vom Atomkern entfernt, d. h., in der bohrschen Modellvorstellung besetzen sie die äußere Schale der Atomhülle. Je geringer die Energie der Elektronen ist, desto näher rücken sie in den vorgegebenen Schalen an das Atom heran. Die Atome sind so aufgebaut, dass prinzipiell zuerst die am dichtesten gelegene Schale mit Elektronen aufgefüllt wird. Die Schalen um den Atomkern werden von innen nach außen mit K-, L-, M-, N-, O-, P-, Q-Schale oder mit der Hauptquantenzahl n = 1, 2, 3, 4 ... bezeichnet. In jeder Schale mit der Hauptquantenzahl n können nach dieser Modellvorstellung nur $2n^2$ Elektronen untergebracht werden. Für die Schale k mit der Hauptquantenzahl n=1 ergibt sich beispielsweise die Zahl 2. Für die einzelnen Schalen erhält man somit:

K-Schale: 2 Plätze für Elektronen
L-Schale: 8 Plätze für Elektronen
M-Schale: 18 Plätze für Elektronen
N-Schale: 32 Plätze für Elektronen
etc.

In einem Atom stimmt die Anzahl der Elektronen mit der Anzahl der Protonen überein, so dass das Atom nach außen hin elektrisch neutral erscheint. Die Anzahl der Protonen im Atomkern wird auch als Kernladungszahl Z bezeichnet. Die Summe aller Nukleonen eines Atomkerns (Nuklid), d. h. die Gesamtheit von Protonen und Neutronen bezeichnet man als Massenzahl A. Mit der Massenzahl A und der Kernladungszahl Z lassen sich die Atomkerne eines jeden Atoms bestimmen (Abb. 2). Aus der Massenzahl und der Kernladungszahl berechnet sich die Neutronenzahl:

Neutronenzahl N =
Massenzahl A – Kernladungszahl Z

Periodensystem der Elemente
(relative Atommassen gemäß IUPAC 1979)

Ordnungszahl → 28 Ni ← Elementsymbol
Element → Nickel
relative Atommasse → 58,69
(Werte in Klammern bei radioaktiven Elementen für Isotop mit längster Halbwertzeit)

Hauptgruppe	I	II											III	IV	V	VI	VII	VIII
Nebengruppe			3	4	5	6	7	8			1	2						
Periode 1	1 H Wasserstoff Hydrogen 1,0079																	2 He Helium 4,0026
2	3 Li Lithium 6,941	4 Be Beryllium 9,01218											5 B Bor 10,81	6 C Kohlenstoff (Carbon) 12,011	7 N Stickstoff (Nitrogen) 14,0067	8 O Sauerstoff (Oxygen) 15,9994	9 F Fluor 18,9984	10 Ne Neon 20,179
3	11 Na Natrium 22,96977	12 Mg Magnesium 24,305											13 Al Aluminium 26,98154	14 Si Silicium 28,0855	15 P Phosphor 30,97376	16 S Schwefel (Sulfur) 32,06	17 Cl Chlor 35,453	18 Ar Argon 39,948
4	19 K Kalium 39,0983	20 Ca Calcium 40,08	21 Sc Scandium 44,9559	22 Ti Titan 47,88	23 V Vanadium 50,9415	24 Cr Chrom 51,996	25 Mn Mangan 54,9380	26 Fe Eisen (Ferrum) 55,847	27 Co Cobalt 58,9332	28 Ni Nickel 58,69	29 Cu Kupfer (Cuprum) 63,546	30 Zn Zink (Zincum) 65,38	31 Ga Gallium 69,72	32 Ge Germanium 72,59	33 As Arsen 74,9216	34 Se Selen 78,96	35 Br Brom 79,904	36 Kr Krypton 83,80

Abb. 3: Auszug aus dem Periodensystem

Das Periodensystem ist nach den Kernladungszahlen der Elemente organisiert (Abb. 3). Die Kernladungszahl wird auch als Ordnungszahl bezeichnet, denn sie gibt an, welche Stelle das Element im Periodensystem einnimmt. Das erste Element im Periodensystem nimmt der Wasserstoff ein mit der Kern- bzw. Ordnungszahl 1. Das Wasserstoffatom hat somit ein Proton. Da Wasserstoff nach außen hin neutral ist, befindet sich in der Atomhülle ein Elektron. An zweiter Stelle im Periodensystem befindet sich das Helium. In seinem Atomkern befinden sich 2 Protonen und 2 Neutronen, so dass Helium die Massenzahl 4 besitzt. In der Heliumatomhülle befinden sich 2 Elektronen auf der K-Schale. Das Element Sauerstoff steht beispielsweise an 8. Stelle im Periodensystem, d. h., dass im Sauerstoffkern 8 Protonen vorhanden sind. Damit Sauerstoff nach außen neutral ist, befinden sich also in der Atomhülle 8 Elektronen. Sauerstoff hat die Massenzahl 16, d. h., im Sauerstoffkern befinden sich neben den 8 Protonen noch 8 Neutronen. Das Periodensystem ist nun so aufgebaut, dass mit jeder neuen Hauptquantenzahl, d. h. mit jeder weiteren äußeren Schale in der Atomhülle, eine neue Reihe im Periodensystem beginnt. Diese Reihe wird auch als Periode bezeichnet, von denen es insgesamt 7 gibt.

Im Periodensystem gibt es insgesamt 8 Gruppen, die vertikal angeordnet sind und mit römischen Ziffern bezeichnet werden. In der I. Gruppe befinden sich die Alkalien (Alkalimetalle), in der VII. Gruppe die Halogene, und in der VIII. sind die Edelgase enthalten.

Die Alkalimetalle zeichnen sich dadurch aus, dass auf der äußeren Schale nur ein Elektron sitzt. Das äußere Elektron lässt sich relativ leicht vom restlichen Atom lösen. Alkalimetalle bezeichnet man aus diesem Grund als elektropositiv, denn sie bilden bei der Elektrolyse oder bei chemischen Verbindungen positive Ionen. Halogene verhalten sich genau entgegengesetzt. Bei den Halogenen fehlt auf der letzten äußeren Schale noch ein Elektron. Halogene haben deshalb das Bestreben, noch ein Elektron aufzunehmen. Im Vergleich dazu sind bei den Edelgasen die äußeren Schalen vollständig besetzt. Edelgase möchten deshalb weder Elektronen aufnehmen noch abgeben und sind deshalb chemisch sehr stabil. Um trotzdem Elektronen aus dem Edelgasatom zu entfernen, benötigt man eine relativ hohe Ionisationsenergie. An der Wertigkeit der Atome kann man ablesen, wie viele Elektronen ein Atom aus seiner Atomhülle abgeben kann oder aufnehmen möchte. Die Fähigkeit, Elektronen abgeben zu können, wird als positive Wertigkeit und die Fähigkeit, Elektronen aufzunehmen, wird als negative Wertigkeit bezeichnet. Aus diesem Grund sind z. B. die Alkalimetalle und der Wasserstoff positiv einwertig und die Halogene negativ einwertig.

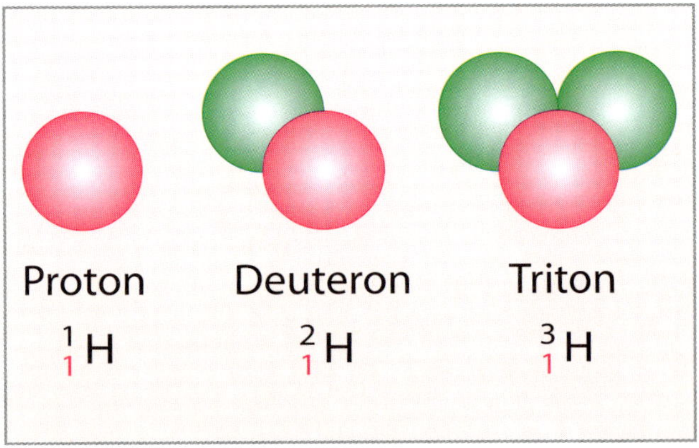

Abb. 4: Kernaufbau der Wasserstoff-Isotope

Haben Atome gleiche Ordnungs- oder Kernladungszahlen, dann weisen sie im Atom die gleiche Protonenzahl auf. Die Neutronenzahl kann aber im Atomkern variieren. Atome des gleichen Elements mit veränderter Neutronenzahl werden als Isotope bezeichnet. Ein Isotop ist also an der abweichenden Massenzahl erkennbar. Der Wasserstoffkern beispielsweise besteht im Normalfall aus einem Proton. Es gibt aber auch Wasserstoff, der im Atomkern zusätzlich zu dem Proton noch ein Neutron besitzt. Da Proton und Neutron die gleiche Masse aufweisen, verdoppelt sich somit das Gewicht, und die Massenzahl hat in diesem Fall den Wert 2. Wasserstoff mit einem Neutron wird als schwerer Wasserstoff bezeichnet (Deuterium = D). Es ist sogar möglich, Wasserstoff mit 2 Neutronen herzustellen. Dieses Element wird als überschwerer Wasserstoff (Tritium) bezeichnet, mit der Massenzahl 3 (Abb. 4).

Zum Weiterlesen:

- ➔ Ionisierende Strahlung, S. 390
- ➔ Radioaktivität, S. 396
- ➔ Zerfallskurven, S. 402
- ➔ Kernkraftwerke, S. 408

Ionisierende Strahlung

Wie so oft in der Geschichte der Physik war auch die Entdeckung der radioaktiven Strahlung zufallsbedingt. Im Jahre 1896 untersuchte Henry Becquerel das Verhalten phosphoreszierender Stoffe, die eingestrahltes Licht verzögert mit meist veränderter Farbe wieder abstrahlten. Ein zu Versuchszwecken verwendetes Stück Uranerz ließ er versehentlich mehrere Tage auf einer lichtdicht eingewickelten fotografischen Platte liegen. Bei der Entwicklung der Photoplatte zeigte sich zu seinem Erstaunen eine eindeutige Schwärzung mit den Umrissen des Erzstücks. Als Ursache dieser Schwärzung liegt die Vermutung nahe, dass vom Uranerz eine Strahlung ausgeht, die festes, lichtundurchlässiges Papier zu durchdringen vermögen.

Nachweismethoden radioaktiver Strahlung

Die Untersuchung der neu entdeckten Strahlung stellte sich als recht schwierig heraus. Anders als bei Lichtstrahlung nimmt das menschliche Auge sie nicht wahr; fühlen oder schmecken kann man sie auch nicht. Bringt man jedoch ein radioaktives Präparat in die Nähe eines geladenen Elektroskops, so entlädt sich dieses langsam, unabhängig von der zuvor aufgebrachten Ladungsart. Einen vergleichbaren Effekt beobachtet man, wenn man ein brennendes Streichholz in die Nähe des Elektroskops bringt. Durch die hohe Temperatur werden Luftmoleküle ionisiert, die das Elektroskop umgebende Luft wird leitfähig. Die Entladung des Elektroskops bei Anwesenheit eines radioaktiven Präparates lässt

Abb. 1: Nebelkammerspuren radioaktiver Strahlung

auf einen vergleichbaren Prozess schließen, d. h., radioaktive Strahlung besitzt ionisierende Wirkung.

Aufbauend auf dieser ionisierenden Wirkung wurden verschiedene Nachweisgeräte für radioaktive Strahlung entwickelt.

Luft vermag bei hoher Temperatur mehr Wasserdampf aufzunehmen als bei niedrigen Temperaturen. Wird nun in einer so genannten Nebelkammer ein Wasser-Luft-Gemisch durch plötzliche Ausdehnung abgekühlt, so ist die Luft mit Wasserdampf übersättigt. Vergleichbar den Kondensstreifen eines hoch fliegenden Düsenflugzeugs, lagern sich an den durch die Strahlung hervorgerufenen Ionen feine Wassertröpfchen an und machen den Verlauf der Strahlung sichtbar (Abb. 1). Für quantitative Messung besser geeignet ist der Geigerzähler (Abb. 2).

Im Inneren eines metallischen Zylinders wird ein dünner Draht gespannt. Legt man nun zwischen Draht und Zylindermantel eine Spannung an, so bildet sich zwischen beiden ein elektrisches Feld aus. Sobald radioaktive Strahlung das Zählrohr durchsetzt, werden Ionen gebildet. Diese werden durch die elektrischen Feldkräfte zu den Elektroden gezogen, es entsteht ein kurzer Stromstoß, der nach Verstärkung registriert werden

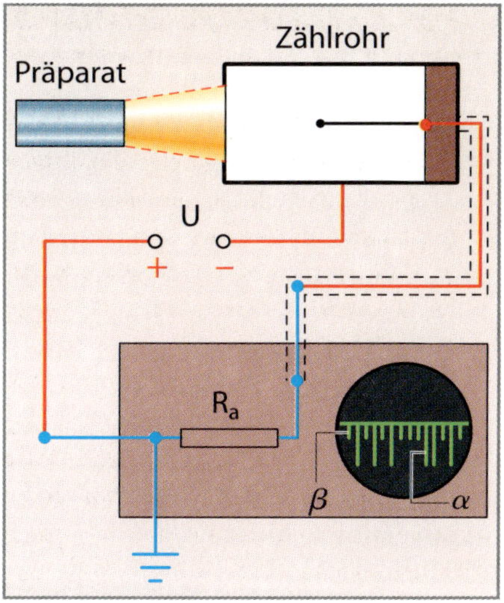

Abb. 2: Für die quantitative Messung der Strahlung: der Geigerzähler

kann. Werden sehr viele Ionen erzeugt, fällt der Stromstoß entsprechend stärker aus. Zur Empfindlichkeitssteigerung wird bei dem Geiger-Müller-Zählrohr die zylinderförmige Kammer mit einem Edelgas unter einem geringem Druck von etwa 100 hPa gefüllt. Bei hinreichend hoch gewählter Spannung (üblich sind etwa 500 V) kann bereits ein einzelner Ionisationsvorgang registriert werden. Bei seinem Weg zum positiven Draht wird dabei das entstandene Elektron so schnell, dass es seinerseits mehrfach durch Stoßionisation weitere Ionenpaare erzeugt, diese ihrerseits auch usw. Kaskadenartig vermehren sich so die gebildeten Ionen und führen zu einem kräftigen Stromstoß. In diesem so genannten Plateaubetrieb des Zählrohres wird jedes radioaktive Teilchen unabhängig von der Stärke seines Ionisationsvermögens registriert. Das Geiger-Müller-Zählrohr misst also die Anzahl von Partikeln, von denen es durchsetzt wird. Die je Sekunde registrierte Anzahl an Impulsen wird als Zählrate bezeichnet. Will man statt der Partikelanzahl die Energie der radioaktiven Strahlung messen, so kann man hierfür so genannte Szintillationszähler verwenden.

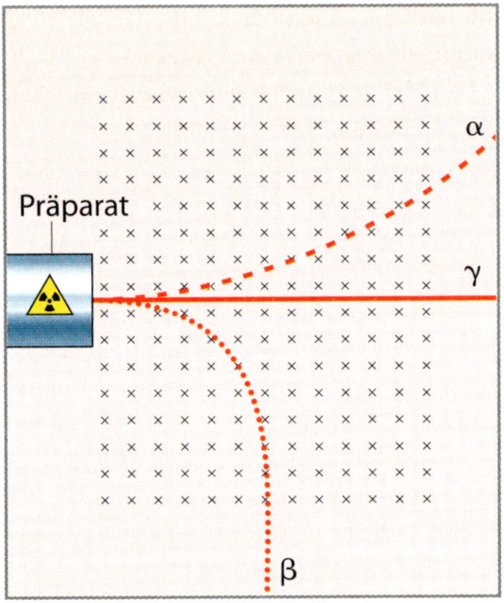

Abb. 3: Aufspaltung radioaktiver Strahlung im Magnetfeld

Arten und Eigenschaften radioaktiver Strahlung

Um Näheres über die Natur der radioaktiven Strahlung zu erfahren, bringt man zwischen Präparat und Zählrohr ein starkes Magnetfeld an. Es zeigt sich, dass die Zählrate in der ursprünglichen geradlinigen Strahlungsrichtung deutlich abnimmt (Abb. 3).

Dafür treten sowohl nach links als auch nach rechts abgelenkte Strahlungsanteile auf. Diese Ablenkung lässt sich nur durch die Annahme erklären, dass diese Anteile der Strahlung aus geladenen Teilchen bestehen. Die „Rechte-Hand-Regel“ liefert unter Berücksichtigung der Magnetfeldrichtung für den nach links abgelenkten Strahlungsanteil ein positives Ladungsvorzeichen und entsprechend für den nach rechts abgelenkten Anteil ein negatives. Dem griechischen Alphabet folgend, wird der positive Anteil α-Strahlung, der negative geladene Anteil β-Strahlung und der offensichtlich ungeladene Anteil γ-Strahlung genannt.

Durch geeignete Messverfahren lässt sich auch die Geschwindigkeit der α- bzw. β-Teilchen bestimmen. Bahnkrümmung im Magnetfeld und Geschwindigkeit zusammengenommen erlauben einen Rückschluss auf die Masse des beobachteten Teilchens. Auf diese Weise hat man herausgefunden:

> α-Teilchen sind Heliumkerne
> β-Teilchen sind schnelle Elektronen

γ-Strahlung zeigt vergleichsweise geringe Wechselwirkung mit Materie. Sie lässt sich weder von Magnetfeldern noch von elektrischen Feldern ablenken, trägt somit keine Ladung. Alle Versuche deuten darauf hin, dass γ-Strahlung von derselben Natur ist wie Licht, jedoch im Vergleich zu diesem weit mehr an Energie transportiert.

> γ-Strahlung ist hochenergetisches Licht (elektromagnetische Strahlung)

Das „hochenergetische Leben" eines β-Teilchens währt nicht sehr lange. Nachdem es durch einen Prozess im Inneren des Kerns erzeugt und aus diesem mit hoher Geschwindigkeit herausgeschleudert wurde, trifft es auf seinem weiteren Weg immer wieder auf Atome der umgebenden Materie. Bei dem dann unvermeidlichen heftigen Zusammenstoß kommt es im Regelfall dazu, dass dem gestoßenen Atom ein Elektron (oder auch mehrere) entrissen wird. Es hat eine Ionisation stattgefunden. Die dazu erforderliche Energie fehlt dem β-Teilchen anschließend, es ist energieärmer und somit langsamer geworden. Nach einer mehr oder weniger großen Anzahl an derartigen Stoßprozessen ist sein Energievorrat und somit seine ionisierende Wirkung erschöpft. Ganz ähnlich verhält es sich bei α-Teilchen, und auch die γ-Strahlung verliert durch vergleichbare, jedoch nur quantenmechanisch erklärbare Stoßprozesse seine Energie.

Abbildung 4 zeigt eine Messanordnung zur Erfassung radioaktiver Strahlung. Der Zähler registriert nicht nur die Anzahl der Zählimpulse, er ermöglicht auch die Wiedergabe über einen Lautsprecher.

Hält man zwischen das radioaktive Präparat und das Zählrohr ein Blatt Papier, so nimmt die Zählrate deutlich erkennbar ab. Dieser Effekt unterbleibt, wenn man zuvor durch eine geeignete Messanordnung die α-Strahlung herausgefiltert hat. Aufgrund ihrer Größe stoßen die α-Teilchen in sehr rascher Folge auf Atome der Umgebungsmaterie und verlieren dementsprechend schnell ihre Energie. Ihre Reichweite ist in Luft auf nur wenige Zentimeter beschränkt, Papier oder die menschliche Haut vermag sie nicht zu durchdringen. Den sehr viel kleineren Elektronen der β-Strahlung ge-

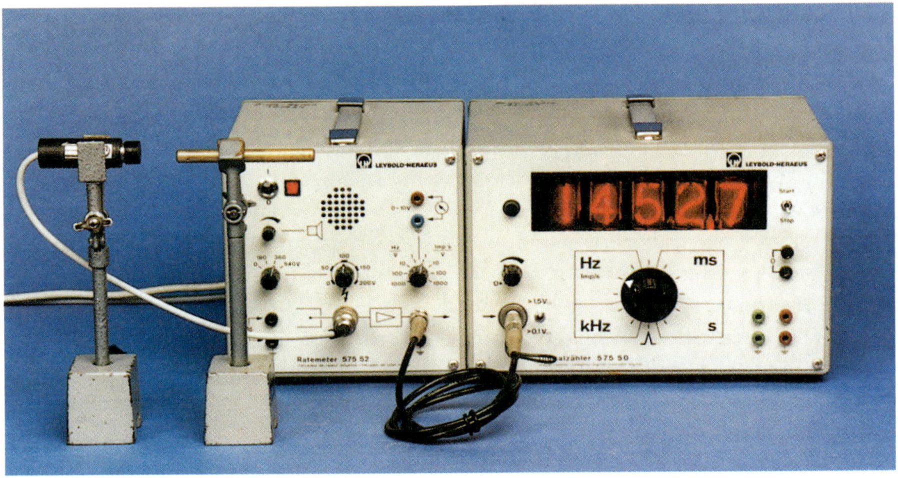

Abb. 4: Zählrohrmessung radioaktiver Strahlung

lingt es, eine im Mittel viel größere Strecke zu durchfliegen, bevor auch sie bei einem Zusammenstoß Energie abgeben. Aufgrund ihres Entstehungsprozesses können die Elektronen der β-Strahlung ganz unterschiedliche Geschwindigkeiten besitzen. Um auch die schnellsten unter ihnen abzuschirmen, ist eine mehrere Millimeter dicke Aluminiumplatte erforderlich. Die γ-Strahlung schließlich kann aufgrund ihrer sehr geringen ionisierenden Wirkung sehr lange Wege zurücklegen. Ihr Durchdringungsvermögen ist daher sehr hoch. Selbst eine mehrere Zentimeter dicke Bleiplatte kann sie nur ungenügend abschirmen.

α-Strahlung:	Sehr hohes Ionisationsvermögen; sehr geringe Reichweite
β-Strahlung:	Mittleres Ionisationsvermögen; mittlere Reichweite
γ-Strahlung:	Sehr geringes Ionisationsvermögen; sehr große Reichweite

Schaden und Nutzen der radioaktiven Strahlung

Nahezu jeder ist in seinem Leben schon einmal geröntgt worden. Der eine, weil sein

Zahnarzt genaueren Einblick in eine Zahnwurzel wünschte, der andere wegen einer Durchleuchtung seiner Lunge. Röntgenstrahlung ist zwar nicht radioaktiven Ursprungs, sie ist jedoch eng verwandt mit der γ-Strahlung. Bei Schilddrüsenfehlfunktionen wird oft ein Szintigramm (Abb. 5) aufgenommen, bei dem radioaktiv markiertes Jod Rückschlüsse über die Art und Schwere der Fehlfunktion zulässt. Zur Behandlung und Nachsorge mancher Krebserkrankung ist der Einsatz von radioaktivem Co60 nicht selten. Die Vorteile bei der medizinischen Nutzung radioaktiver Strahlung sowie der Röntgenstrahlung sind offensichtlich. Wie aber sieht es mit eventuellen Nebenwirkungen aus? Wird ein körpereigenes Atom oder Molekül ionisiert, so kann dies zu einer Veränderung des Moleküls und somit zu einer Schädigung der Zelle führen. Gelingt es dem Körper nicht, aufgrund von Reparaturmechanismen diesen Schaden zu beheben, wird die zugehörige Zelle verändert oder sie stirbt ab. Die Zerstörung einer Keimzelle kann zur Folge haben, dass Missbildungen in der zukünftigen Generation auftreten, es liegt ein genetischer Schaden vor. Beschränkt sich die Schädigung auf die bestrahlte Person selbst, so spricht man von somatischen Schäden.

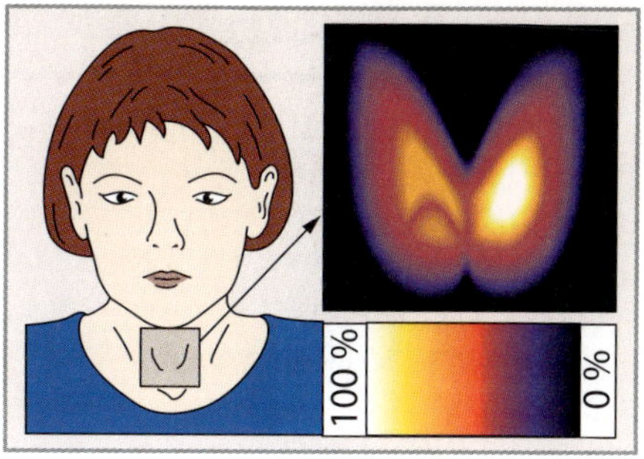

Abb. 5: Szintigramm einer Schilddrüse

Zum Weiterlesen:

- Der Aufbau der Materie II, S. 384
- Radioaktivität, S. 396
- Zerfallskurven, S. 402
- Kernkraftwerke, S. 408

Kernaufbau und Kernbindungsenergie

Das Ganze ist weniger als die Summe seiner Teile. Atomkerne setzen sich aus positiv geladenen Protonen und neutralen Neutronen zusammen. Der einfachste Atomkern ist der von Wasserstoff. Er besteht aus einem einzelnen Proton. Das Deuteron besitzt bereits zwei Kernbausteine. Um es zu erzeugen, muss man ein Proton und ein Neutron sehr dicht aneinander bringen. Wenn sich die beiden Teilchen fast berühren, wird eine sehr starke Kernkraft wirksam, die beide Teilchen fest aneinander bindet und zu einer neuen Einheit verschmilzt. Vergleicht man die Masse der beiden Bausteine Proton und Neutron mit derjenigen des gebildeten Deuteron, so stellt man Erstaunliches fest:

$$m_{Proton} + m_{Neutron}$$

$$= 1{,}67265 \cdot 10^{-27}\ \text{kg} + 1{,}67495 \cdot 10^{-27}\ \text{kg}$$
$$= 3{,}34760 \cdot 10^{-27}\ \text{kg}$$

$$m_{Deuteron} = 3{,}34612 \cdot 10^{-27}\ \text{kg}$$

Das Deuteron besitzt eine um Dm = 1,48 · 10-30 kg geringere Masse als seine beiden Bausteine zusammen. Der Massenverlust (auch Massendefekt genannt) kommt dadurch zustande, dass bei dem Kernbildungsprozess ein kleiner Teil der Ausgangsmasse, eben dieser Betrag Δm, in Strahlungsenergie gewandelt und, einem Lichtblitz vergleichbar, abgestrahlt wird. Wie viel Energie aus einer bestimmten Masse entsteht, kann nach der berühmten, von Einstein formulierten Gleichung $E = mc^2$ berechnet werden. Hierbei bedeutet E die Energie, m die gewandelte Masse und c die Vakuumlichtgeschwindigkeit. Um das gebildete Deuteron wieder in seine beiden Bestandteile, das Proton und das Neutron, zu zerlegen, muss man umgekehrt einen entsprechenden Energiebetrag (Bindungsenergie genannt) zuführen. Solange dies nicht geschieht, sind die Kernbausteine (auch Nukleonen genannt) aneinander gebunden. Bringt man drei oder mehr Kernbausteine dicht zusammen, so bilden sich auf vergleichbare Weise auch Kerne höherer Nukleonenanzahl.

Abbildung 1 zeigt die je Nukleon freigesetzte Bindungsenergie in Abhängigkeit von der Gesamtanzahl der Kernbausteine (Massenzahl). Die Energie ist hier in Vielfachen der Maßeinheit 1 MeV (Megaelektronenvolt) dargestellt:

$$1\ \text{eV} = 1{,}602 \cdot 10^{-19}\ \text{J}$$

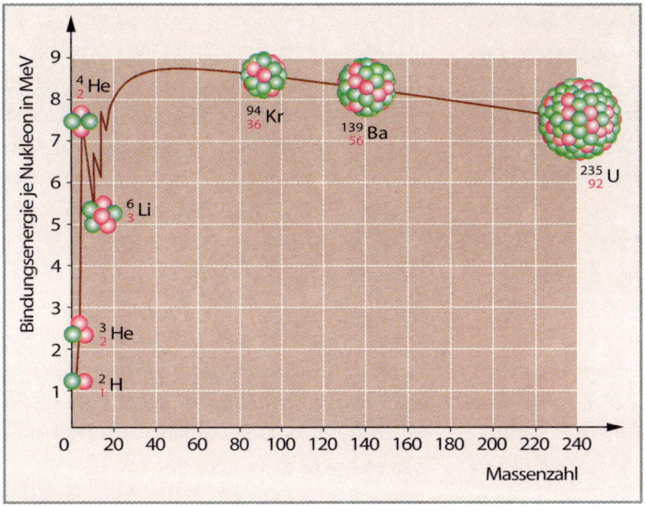

Abb. 1: Schematische Darstellung der mittleren Bindungsenergie je Nukleon

Dies ist diejenige Energie, die ein Elektron bei Durchlaufen einer Spannung von 1 V dazugewinnt.

Auffällig ist, dass die Bindungsenergie je Nukleon bei einer Massenzahl von ca. 60 einen maximalen Wert besitzt. Kleine Kerne wie auch Kerne größerer Massenzahl besitzen demnach je Kernbaustein eine geringere Bindungsenergie.

Neben der sehr starken Kernkraft ist auch die coulombsche Abstoßung zwischen den positiv geladenen Protonen eines Kerns von großer Bedeutung. Während die Kernanziehungskraft nur auf die jeweils benachbarten Kernbausteine einwirkt, macht sich die Coulombkraft auch über größere Entfernungen bemerkbar. Damit die Gesamtabstoßung in einem großen Kern mit vielen Nukleonen nicht zu groß wird und die Kernanziehungskraft überwindet – der Kern würde dann auseinander fliegen – finden sich in schweren Kernen überproportional viele Neutronen. Der mittlere Abstand der Protonen wird dadurch vergrößert, die elektrische Abstoßung verkleinert. So besitzt beispielsweise U 235 bei einer Massenzahl von 235 nur 92 Protonen, dafür aber 143 Neutronen. Will man die Protonenzahl besonders hervorheben, so verwendet man die Schreibweise $^{235}_{92}U$.

Radioaktive Strahlung als Begleiterscheinung von Kernumwandlungen

Die zu α-Strahlung führende Kernumwandlung erfordert streng genommen intime Kenntnisse der Quantenphysik, sie lässt sich aber anhand der Kurve zur Kernbindungsenergie zumindest plausibel machen. Als Beispiel mag der wohl bekannteste α-Strahler dienen, das Uran U 235.

Löst man aus dem Urankern ein α-Teilchen (bestehend aus zwei Protonen und zwei Neutronen) heraus, ergeben sich die beiden Teilkerne Th 231 und He 4 (das a-Teilchen). U 235 besitzt eine Bindungsenergie je Nukleon von 7,591 MeV, also eine Gesamtbindungsenergie von 235 · 7,591 MeV = 1783,885 MeV. Für Th 231 ergibt sich eine etwas höhere Bindungsenergie je Nukleon, nämlich 7,618 MeV. Die Gesamtbindungsenergie des Thoriums errechnet sich zu 231 · 7,618 MeV = 1759,758 MeV, die des α-Teilchens zu 4 · 7,074 MeV = 28,296 MeV.

Die Gesamtbindungsenergie von U 235 liegt mit 1783,885 MeV unterhalb der Gesamtbindungsenergie von Th 231 und α-Teilchen zusammen, die 1788,054 MeV beträgt. Der Zerfallsprozess ist aus rein energetischer Sicht also möglich und setzt eine Differenzenergie von 4,169 MeV frei. Diese wird dem entstandenen a-Teilchen als kinetische Energie mitgegeben. Warum gerade dieser α-Zerfall stattfindet und nicht etwa irgendeine andere Zerteilung des Urankerns, bleibt hier unbeantwortet.

Der β-Zerfall

Ein freies Neutron besitzt mit mn = $1{,}6749 \cdot 10^{-27}$ kg eine größere Masse als Pro-

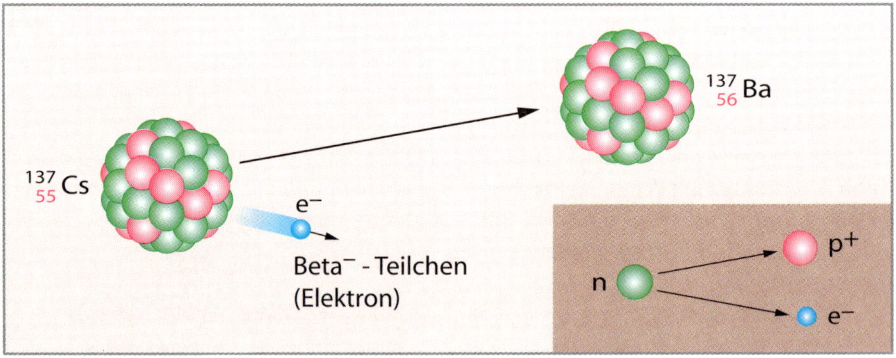

Abb. 2: Schematische Darstellung des β-Zerfalls am Beispiel von C 137

ton (m_p = 1,6726 · 10^{-27}) und Elektron (m_e = 9,1095 · 10^{-31}) zusammengenommen. Wegen $m_n c^2 > (m_p + m_e) \cdot c^2$ ist der Zustand „Proton + Elektron" energetisch günstiger als der Zustand „Neutron", die Umwandlung n ' p + e kann ohne äußere Energiezufuhr stattfinden und lässt sich tatsächlich an freien Neutronen beobachten, die nach einer mittleren Zeitspanne von 15 Minuten in ein Proton und ein Elektron „zerfallen". Das Elektron ist dabei als Reaktionspartner erforderlich, weil sich andernfalls die Gesamtladung des Systems ändern würde. Dies aber verbietet der Satz von der Erhaltung der Gesamtladung eines abgeschlossenen Systems. Findet dieser Umwandlungsprozess im Innern eines Atomkerns statt, so spricht man vom β-Zerfall (Abb. 2). Das Elektron bekommt dabei eine so große Energie übertragen, dass es den Kern trotz der elektrischen Anziehungskraft verlässt.

Die γ-Strahlung

Die γ-Strahlung ist eine bei fast allen Zerfallsprozessen auftretende Folgeerscheinung. Ähnlich wie angeregte Atome unter Energieabgabe in Form von so genannten Lichtquanten in den energetisch tiefsten Zustand, ihren Grundzustand übergehen, treten auch in Atomkernen neben dem Grundzustand viele mögliche angeregte Zustände auf. Wechselt ein Kern in einen tiefer liegenden Energiezustand, so strahlt er die frei werdende Energie als dem Lichtquant vergleichbares γ-Quant ab.

Zerfallsreihen

Nachdem eine Kernumwandlung durch α- bzw. β-Zerfall stattgefunden hat, kann zweierlei eintreten. Entweder der entstandene Atomkern ist nicht mehr radioaktiv, oder aber er kann seinerseits erneut zerfallen, es entsteht eine Reihe von Folgezerfällen. Am Beispiel von U 235 soll eine solche Zerfallsreihe aufgezeigt werden. Der Übersichtlichkeit halber wird überall dort, wo mehrere Zerfallsmöglichkeiten bestehen, nur diejenige aufgezeigt, die mit der größeren Wahrscheinlichkeit eintritt (Abb. 3).

Anhand der angegebenen Massen- und Protonenzahlen lassen sich die einzelnen Zerfälle leicht verfolgen. Jeder α-Zerfall

$$^{235}_{92}\mathrm{U} \xrightarrow{\alpha} {}^{231}_{90}\mathrm{Th} \xrightarrow{\beta} {}^{231}_{91}\mathrm{Pa} \xrightarrow{\alpha} {}^{227}_{89}\mathrm{Ac} \xrightarrow{\beta} {}^{227}_{90}\mathrm{Th} \xrightarrow{\alpha} {}^{223}_{88}\mathrm{Ra} \xrightarrow{\alpha} {}^{219}_{86}\mathrm{Rn} \xrightarrow{\alpha} {}^{215}_{84}\mathrm{Po} \xrightarrow{\alpha} {}^{211}_{82}\mathrm{Pb} \xrightarrow{\beta} {}^{211}_{83}\mathrm{Bi} \xrightarrow{\alpha} {}^{207}_{81}\mathrm{Ti} \xrightarrow{\beta} {}^{207}_{82}\mathrm{Pb}$$

Abb. 3: Zerfallsreihe am Beispiel von U 235

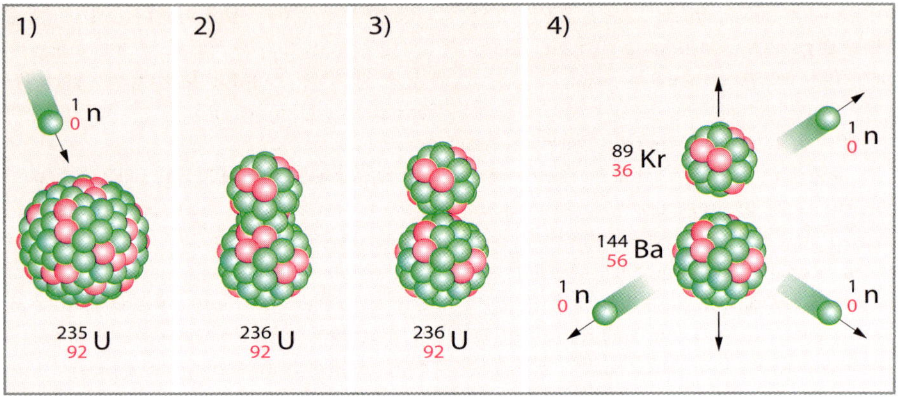

Abb. 4: Schematische Darstellung der Spaltung von U 235

vermindert die Protonenanzahl um 2, die Massenzahl um 4. Beim β-Zerfall bleibt die Massenzahl unverändert, die Protonenanzahl wächst um 1, es ist ja ein Neutron in ein Proton gewandelt worden.

Die Aktivität

Die Zahl der Kernzerfälle, die in einer radioaktiven Probe je Sekunde stattfinden, nennt man ihre Aktivität. Ihre Einheit ist 1 Bq (Becquerel) = 1 Zerfall pro Sekunde. Die für Schulpräparate übliche Aktivität von 37.000 Bq besagt somit, dass in jeder Sekunde 37.000 Atome zerfallen. Trotz dieser scheinbar sehr hohen Zahl vermag ein solches Präparat im Regelfall über viele Jahre hinweg radioaktive Strahlung auszusenden, da die Anzahl der in ihr enthaltenen Atome sehr groß ist.

Die Kernspaltung

Die bisher beschriebenen Kernumwandlungen benötigen keinen äußeren Anstoß, sie laufen gemäß den im Kapitel Zerfallskurven beschriebenen Gesetzmäßigkeiten automatisch ab. Durch äußere Steuerung lässt sich darüber hinaus eine Fülle weiterer Kernprozesse in Gang setzen.

Im Jahre 1938 haben Otto Hahn und Fritz Straßmann Uranproben mit Neutronen beschossen. Ihr Ziel war die Erzeugung so genannter Transurane, d. h. Uranisotope mit erhöhter Neutronenanzahl. Die chemische

Analyse der bestrahlen Probe ließ jedoch eindeutig auf die Existenz von Barium schließen. Was war geschehen?

Der mit einem Neutron beschossene Urankern nimmt dieses zunächst auf. Es entsteht ein hoch angeregter Zwischenkern U 236, der anschließend, ähnlich wie eine heftig bewegte Seifenblase, in zwei oder mehr Bruchstücke zerplatzen kann. Dabei muss nicht, wie in Abbildung 4 dargestellt, Barium und Krypton entstehen, auch andere „Bruchstücke" sind bei der Spaltung von Uran möglich. Die entstandenen Kerne besitzen wegen ihrer geringeren Massenzahl eine höhere Gesamtbindungsenergie. Es wird Energie in Form von kinetischer Energie, also Wärme frei. Der im Mittel je Spaltungsprozess freigesetzte Energiebetrag von rund 190 MeV wird in Kernkraftwerken zur Stromerzeugung benutzt.

Da schwere Kerne überproportional viele Neutronen besitzen, ist nahe liegend, dass außer den Kerntrümmern Überschussneutronen entstehen, die nun ihrerseits Spaltungen in Gang setzen können. Sobald durchschnittlich mehr als eines der von einer Spaltung freigesetzten Neutronen seinerseits eine erneute Spaltung hervorruft, tritt eine lawinenartige Vermehrung der Spaltungsvorgänge auf. Die dabei freigesetzte Energie hat ihre zerstörerische Wirkung bei Kernwaffenversuchen dramatisch vor Augen geführt.

Zum Weiterlesen:

- ➜ Der Aufbau der Materie II, S. 384
- ➜ Zerfallskurven, S. 402
- ➜ Kernkraftwerke, S. 408

Zerfallskurven

Eine Forschergruppe stößt bei archäologischen Ausgrabungen auf eine alte Feuerstelle. In unmittelbarer Nachbarschaft der Feuerstelle finden sich neben teilweise verkohlten Holzstücken auch Scherben von Tonkrügen sowie Überreste anderweitigen Hausrates. Sie möchte herausfinden, aus welcher Epoche die gefundenen Überreste stammen. Der Physiker in der Gruppe weiß Rat. Er schickt eines der verkohlten Holzstücke in ein Labor ein. Dort stellt man fest, dass dieses Holzstück einen Kohlenstoffanteil von 28 g besitzt und mit einer Aktivität von 2,3 Bq (Becquerel) radioaktiv strahlt. Nach kurzer Rechnung gibt der Physiker das Alter der Holzprobe mit ca. 7000 Jahren an. Die Feuerstelle stammt also aus der Jungsteinzeit. Altersbestimmungen dieser Art werden in der Archäologie recht häufig durchgeführt. Sie beruhen auf der so genannten C-14-Methode, deren Verständnis einige Vorbereitung erfordert.

Das radioaktive Zerfallsgesetz

In einem Vorratsfläschchen befindet sich radioaktives Thorium, bei dessen Zerfall das ebenfalls radioaktive Edelgas Rn 220 (Radon oder auch Thoriumemanation genannt) entsteht. Durch kurzen Druck auf das Fläschchen und anschließendes Absperren des Ventils gelangt eine bestimmte Anzahl an Radon-220-Nukliden in das Innere der ansonsten mit Luft gefüllten Kammer. Durch den Zerfall des Radons entsteht radioaktive (α-, β- und γ-) Strahlung, durch deren ionisierende Wirkung die Luft der Kammer leitend wird, und zwar umso besser, je mehr Ionisationen stattfinden. Legt man nun noch eine fest gewählte Spannung zwischen die Wandung der Kammer und einen dagegen isoliert angebrachten, in das Innere der Kammer ragenden Stift, so fließt ein Strom. Da dieser Strom in der Größenordnung von 10^{-11} A liegt, muss er zunächst verstärkt werden, bevor er mit einem üblichen Drehspulmessgerät angezeigt werden kann (Abb. 1). Liest man nun in konstanter zeitlicher Aufeinanderfolge alle 10 Sekunden die aktuelle Stromstärke ab, so erhält man folgende Messtabelle:

$\frac{t}{s}$	0	10	20	30	40	50
$\frac{I}{10^{-11}A}$	4,5	3,9	3,5	3,1	2,7	2,4

Deutlich erkennbar wird die gemessene Stromstärke mit der Zeit geringer, wobei jedoch ihre Abnahme zu Beginn stärker ausfällt als am Ende der Messreihe.

Nummeriert man die gemessenen Stromstärkewerte in der Form $I_0, I_1 \dots I_6$ durch und bildet den Quotienten zweier aufeinander folgender Werte, so ergibt sich jeweils annähernd derselbe Wert, d. h.:

$$\frac{I_1}{I_0} \approx \frac{3{,}97 \cdot 10^{-11}\,A}{4{,}50 \cdot 10^{-11}\,A} \approx 0{,}88$$

$$\approx \frac{I_2}{I_1} \approx \dots \approx \frac{I_6}{I_5}$$

Dieses für Exponentialfunktionen typische Verhalten kann man in der folgenden Form zum Ausdruck bringen:

$$\begin{aligned} I_1 &= 0{,}88 \cdot I_0 \\ I_2 &= 0{,}88 \cdot I_1 \\ &= 0{,}88^2 \cdot I_0 \\ &\dots \\ I_n &= 0{,}88^n \cdot I_0 \end{aligned}$$

Somit lässt sich voraussagen, welche Stromstärke nach 5 Minuten Messdauer noch zu erwarten ist, nämlich:

$$I_{30} = 0{,}88^{30} \cdot I_0 = 9{,}7 \cdot 10^{-13}\,A$$

Stellt man die vorliegende Exponentialfunktion mit der in den Naturwissenschaften üblicherweise verwendeten Basis e (eulersche Zahl) dar, so ergibt sich:

$$N(t) = N(0) \cdot e^{-0{,}0128 \frac{1}{s} \cdot t}$$

t ist die seit Messbeginn verstrichene Zeit in Sekunden.

Wie lässt sich nun die beobachtete Stromstärkeabnahme deuten? Hervorgerufen wurde der Strom durch die von der ionisierenden Strahlung gebildeten Ladungsträger. Die Anzahl dieser Ladungsträger muss sich folglich in gleichem Maße verringern wie die Stromstärke. Dies wiederum kann nur eintreten, wenn weniger Ionisationen, also auch weniger radioaktive Zerfälle pro Zeiteinheit stattfinden. Ein einmal zerfallenes Rn-220-Nuklid kann nicht noch einmal zerfallen, und wegen des abgesperrten Ventiles gelangt kein Nachschub in die Ionisationskammer. Somit verringert sich die Anzahl der in der Ionisationskammer noch verhandenen radioaktiven Nuklide, und zwar in genau dem Maße, in dem die Stromstärke abnimmt. Diesen Sachverhalt bringt das Zerfallsgesetz zum Ausdruck. Benennt man die Anzahl der radioaktiven Kerne einer Probe zum Zeitpunkt t mit N(t), so gilt speziell für das untersuchte Radon:

$$N(t) = N(0) \cdot e^{-k \cdot t}$$

Entsprechende Eigenschaften zeigen auch alle anderen radioaktiven Substanzen, es gilt das Zerfallsgesetz:

$$N(t) = N(0) \cdot e^{-k \cdot t}$$

Die im Exponenten auftretende Konstante k heißt Zerfallskonstante. Sie besitzt einen für den jeweils betrachteten radioaktiven Stoff charakteristischen Wert. Je größer die Zerfallskonstante ist, desto schneller zerfällt das entsprechende radioaktive Material.

Bei der Interpretation des Zerfallsgesetzes muss man Vorsicht walten lassen. Wählt man eine sehr kleine Probe mit nur sehr wenigen radioaktiven Kernen, im Extremfall wäre auch ein einziger radioaktiver Kern denkbar, so entstehen unsinnige Aussagen etwa der Form: „Nach Ablauf einer Sekunde sind noch 0,3 radioaktive Kerne vorhanden." Für ein einzelnes aktives Nuklid lässt sich überhaupt keine scharfe Aussage über den Zerfallszeitpunkt machen, stattdessen kann man nur angeben, wie groß die Wahrscheinlichkeit ist, dass es in der nächsten Sekunde tatsächlich zerfällt. Eine vergleichbare Situation tritt beim Würfelwurf auf. Der jeweils nächste Wurf lässt sich nicht sicher voraussagen, wohl aber die Chance, eine 1 zu würfeln. Diese ist nämlich, wie für jede andere Augenzahl auch, durch 1/6 gegeben. Führt man jedoch 100.000 Würfe hintereinander aus, so kann man recht sicher sein, dass davon ca. 100.000 : 6 =16.666 Würfe zu einer Eins führen werden. In diesem Sinne ist das Zerfallsgesetz als stochastische Aussage zu verstehen, die nur für genügend große Anzahlen N(0) korrekte Prognosen liefert. Die Zerfallskonstante k lässt sich nun als Zerfallswahrscheinlichkeit interpretieren:

$$k = 0{,}0128 \frac{1}{s}$$

Dies bedeutet: „Die Wahrscheinlichkeit, dass ein einzelnes Rn-220-Nuklid innerhalb der nächsten Sekunde zerfällt, beträgt 0,0128."

Die Halbwertszeit

Ein erneuter Blick auf die Zerfallskurve von Radon macht eine weitere Eigenschaft radioaktiver Substanzen deutlich. Ermittelt man die Zeit, nach der die Hälfte der Substanz zerfallen ist, so erhält man rund 56 Sekunden. Nach weiteren 56 Sekunden hat erneut eine Halbierung stattgefunden usw. Nach jeweils 56 Sekunden, der Halbwertszeit, hat sich die ursprüngliche Menge radioaktiver Substanz halbiert. Wie schon die Zerfallskonstante ist auch die Halbwertszeit eine für die jeweilige Substanz charakteristische Größe. Ein wenig Mathematik macht den Zusammenhang beider Materialkonstanten deutlich:

$$N(t + T_{1/2}) = \frac{1}{2} \cdot N(t)$$

$$\Leftrightarrow N(0) \cdot e^{-k \cdot (t+T_{1/2})} = \frac{1}{2} N(0) \cdot e^{-kt}$$

$$\Leftrightarrow e^{-k \cdot T_{1/2}} = \frac{1}{2}$$

$$\Leftrightarrow -k \cdot T_{1/2} = \ln\frac{1}{2}$$

$$\Leftrightarrow T_{1/2} = \frac{\ln 2}{k}$$

Für Radon ergibt sich eine gemessene Halbwertszeit von:

$$T_{1/2} = \frac{\ln 2}{0{,}0128\frac{1}{s}} = 54{,}2\ s$$

Diese befindet sich in guter Übereinstimmung mit dem Literaturwert von 55,6 s.

Die Spanne der bisher gemessenen Halbwertszeiten reicht von Bruchteilen einer Sekunde bis zu vielen Millionen Jahren (Abb. 2).

Element	Halbwertszeit
Rn 215	2,3 μs
Rn 220	55,6 s
Cs 137	30 a
C 14	5730 a
U 238	4.470.000.000 a
Th 232	14.000.000.000 a

Abb. 2: Beispiele für Halbwertszeiten

Die meisten der heute bekannten radioaktiven Nuklide sind durch künstliche Kernumwandlungen (etwa durch Kernbeschuss mit Neutronen, Protonen oder α-Teilchen) vom Menschen erzeugt worden. An natürlichen radioaktiven Quellen gibt es im Wesentlichen nur noch U 235, U 238 und Th 232. Geht man davon aus, dass die Erde vor ca. 15 Milliarden Jahren entstanden ist, so entspricht dieser Wert in etwa der Halbwertszeit von Th 232. Die Hälfte des bei der Erdentstehung gebildeten Thoriums ist somit noch vorhanden. Bezüglich U 238 ist die Halbwertszeit bereits dreieinhalbmal verstrichen, die ursprüngliche Stoffmenge also auf etwa den zehnten Teil gesunken. Radioaktive Substanzen mit Halbwertszeiten von weniger als 100 Millionen Jahren sind nur noch zu einem Bruchteil von weniger als $7 \cdot 10^{-46}$ der ursprünglichen Menge vorhanden. Auf die gesamte Erdmasse bezogen wären dies gerade ca. 1000 radioaktive Kerne, eine nicht nachweisbare Menge.

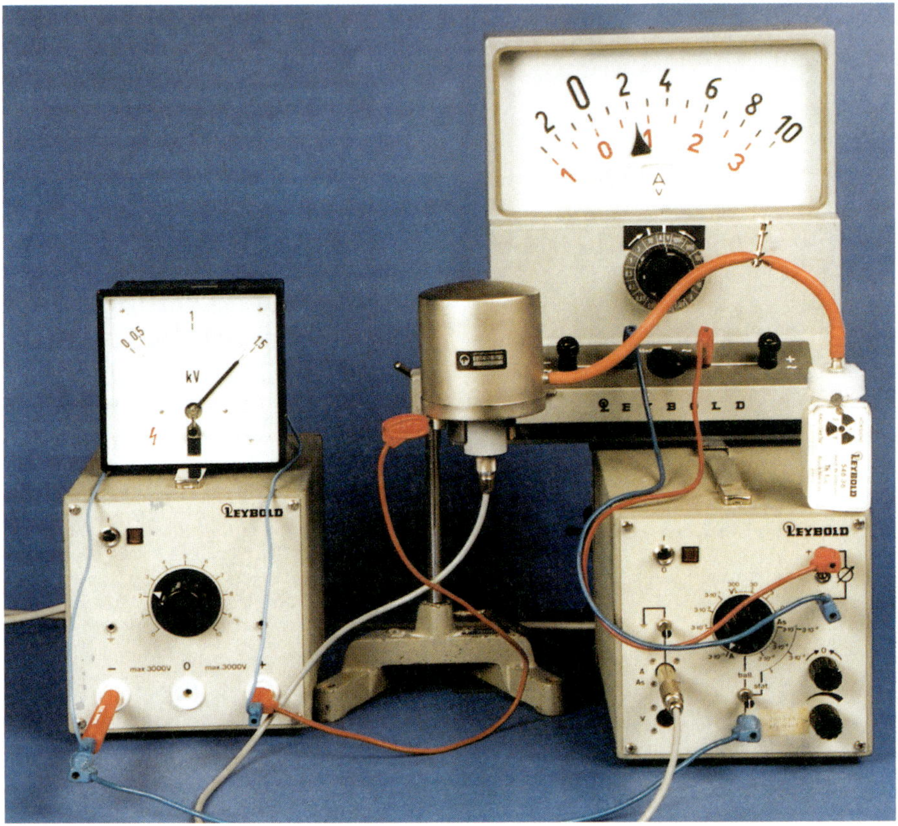

Abb. 1: Aktivitätsänderung einer radioaktiven Probe mit der Zeit

Altersbestimmung nach der C-14-Methode

Aus den Tiefen des Weltalls wird die Erde mit kosmischer Strahlung bombardiert. Trifft ein Neutron dieser Strahlung auf den in der Atmosphäre enthaltenen Stickstoff, so kann über die folgende Reaktion das radioaktive Kohlenstoffisotop C 14 gebildet werden:

$$^{14}_{7}N + ^{0}_{1} \rightarrow ^{14}_{6}C + ^{1}_{1}H$$

Unter der gerechtfertigten Annahme, dass die Intensität der Höhenstrahlung seit vielen tausend Jahren konstant gewesen ist, hat sich ein Gleichgewicht zwischen Zerfall und Neubildung von C 14 eingestellt. In lebendem Holz findet man unter 10^{12} stabilen C-12-Atomen je ein instabiles C-14-Atom. Ist das Holz abgestorben, so werden keine neuen C-14-Atome mehr eingelagert. Bedingt durch den radioaktiven Zerfall von C 14 mit einer Halbwertszeit von $T_{1/2}$ = 5730 a nimmt die Konzentration des C-14-Anteiles mit der Zeit ab. Das eingangs erwähnte Holzstück mit einem Kohlenstoffanteil von 28 g enthält ca.

$$\frac{28\ g}{12 \cdot u} = 1{,}41 \cdot 10^{24}$$

Atome. Im Moment des Absterbens müssten sich darunter $1{,}41 \cdot 10^{24}$ radioaktive C-14-Atome mit einer Aktivität von 5,4 Bq befinden. Tatsächlich gemessen wurde mit 2,3 Bq nur 43 % der ursprünglichen Aktivität, 57 % der C-14-Atome müssen somit bereits zerfallen sein. Durch Einsetzen in das Zerfallsgesetz berechnet man das Alter der Holzprobe mit etwa 7000 a.

Zum Weiterlesen:

- Der Aufbau der Materie II, S. 384
- Radioaktivität, S. 396
- Kernkraftwerke, S. 408
- Gefahren durch Kernkraftwerke, S. 417

Kernkraftwerke

Die Begrenztheit der fossilen Energiereserven auf der Erde wird heutzutage, im Gegensatz zu den siebziger Jahren, nicht mehr als das Hauptproblem in der Weltenergieversorgung angesehen. Die globalen fossilen Energiereserven werden mittlerweile als reichhaltig eingeschätzt. Das Hauptproblem der fossilen Energienutzung liegt insbesondere in der von ihr ausgehenden ökologischen Bedrohung, d. h. der Beeinträchtigung der Luftqualität und der wachsenden Sorgen vor möglichen Klimaveränderungen durch den Treibhauseffekt. Neben den regenerativen (erneuerbaren) Energieträgern,zählt die Kernenergie zu den Energieträgern, bei denen keine klimaschädlichen Gase wie CO_2 entstehen. Als Brennstoff der Kernenergienutzung durch Kernspaltung wird Uran eingesetzt. Die Weltvorräte an Natururan sind ähnlich begrenzt wie die Vorkommen an Erdöl und Erdgas. Durch die Nutzung von schnellen Brutreaktoren wird die Kernenergie zu einer fast unerschöpflichen Energiequelle.

Grundsätzlich kann jedes Atom gespalten werden, aber bei bestimmten Uran- und Plutoniumisotopen ist die Spaltung relativ leicht durchzuführen. In der Natur kommt das Uran in drei Isotopen vor: U 234, U 235 und U 238. Das Isotop U 238 kommt dabei am häufigsten vor (99,3 %) die restlichen 0,7 % bestehen überwiegend aus U 235. U 234 spielt für die Kernenergienutzung keine Rolle, da es extrem selten vorkommt (Abb. 1). Die drei Uranisotope haben die Eigenschaft, sich spontan zu spalten. Diese spontane Kernspaltung kommt allerdings sehr selten vor und ist deshalb für die Kernenergienutzung nicht relevant. Durch Neutronenbeschuss kann die Kernspaltung künstlich beeinflusst werden, wobei sich U 235 durch die Neutronen am leichtesten spalten lässt. Bei der Kernspaltung wird U 235 bevorzugt mit langsamen Neutronen beschossen, wobei sich folgende Kernreaktion (Abb. 2) mit folgender Reaktionsgleichung ergibt:

$$^{235}_{92}U + ^{1}_{0}n \rightarrow ^{236}_{92}U$$

$$\rightarrow ^{89}_{36}Kr + ^{144}_{56}Ba + 3\,^{1}_{0}n + \gamma$$

Bei dieser Kernreaktion entstehen z. B. die Trümmerkerne Krypton und Barium. Es können aber auch andere Trümmerkerne entstehen, so dass man heute etwa 200 ver-

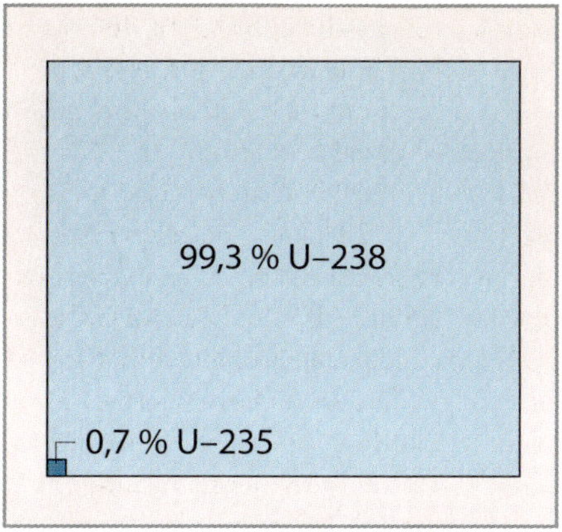

Abb. 1: Zusammensetzung des natürlichen Urans

schiedene Spaltprodukte des Uran 235 kennt. Die Spaltprodukte sind größtenteils radioaktiv. Bei der Kernspaltung wird also sehr viel Energie freigesetzt, außerdem entstehen neben den Trümmerkernen drei weitere Neutronen, die zu einer Kettenreaktion führen.

Bei jeder Kernspaltung entsteht etwa $1{,}9 \cdot 10^8$ eV an nutzbarer Energie. Da ein Joule 6,242 · 1018 eV entspricht, sind also ca. 33 Mrd. (Milliarden) Urankerne erforderlich, um die Energie von einem Joule zu erzeugen.

Damit z. B. 1 kg Wasser von 20 °C auf 100 °C erwärmt werden kann, benötigt man

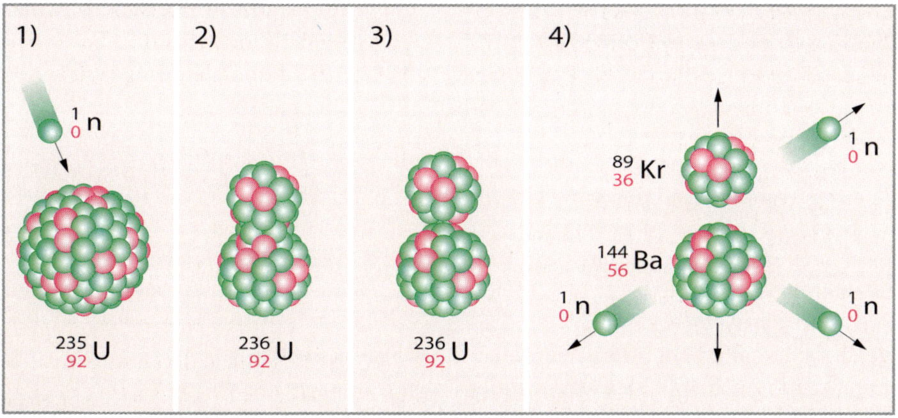

Abb. 2: Kernspaltung

folgende Menge an gespaltenen Urankernen:

$$\Delta W_{th} = 4{,}2 \cdot 80.000\ J$$
$$= 336.000\ J = 336\ kJ$$

da für 1 J 33 Mrd. Kerne erforderlich sind, ergibt sich (33 Mrd. = 33.10^9):
$336\ kJ \cdot 33.10^9 = 1{,}1 \cdot 10^{16}$ Kerne

Das entspricht folgender Masse:

$1{,}1 \cdot 10^{16}$ Kerne entsprechen
4,3 µg Uran ($\mu = 10^{-6} = 0{,}000001$)

Für die Erzeugung der gleichen Wärmemenge müsste das 2,5-millionenfache an Steinkohlenmasse aufgebracht werden.

Überträgt man dieses Ergebnis auf den Energiebedarf in unserer Gesellschaft, dann zeigt sich, dass z. B. ein Würfel aus Uran 235 mit einer Kantenlänge von 10 cm so viel Energie erzeugt, dass man z. B. eine Großstadt wie Hamburg einen Monat lang mit Strom versorgen kann. Im Vergleich dazu ist für diese Energiemenge ein aufgeschütteter Steinkohlewürfel mit der Kantenlänge von ca. 40 m erforderlich (Abb. 3).

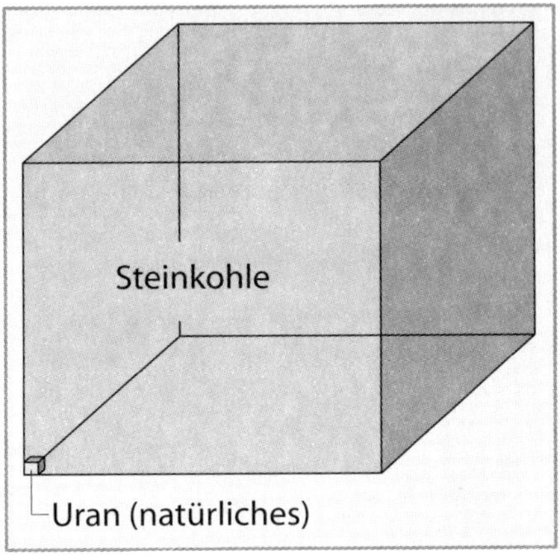

Abb. 3: Energieträgerverbrauch im Vergleich: Steinkohle – Uran

Für die Spaltung jedes einzelnen Atoms U 235 ist ein Neutron erforderlich. Da aber bei jeder Spaltung von Urankernen neue Neutronen entstehen, können diese entstandenen Neutronen weiter Urankerne spalten, so dass ein lawinenartiger Spaltprozess in Gang gerät. Wenn keine Neutronen nach außen verloren gehen, dann verdoppelt sich die Anzahl der Neutronen von Spaltung zu Spaltung (Abb. 4). In kürzester Zeit wird durch diese Kettenreaktion eine ungeheure Menge an Energie frei.

Um die Kernenergie zu nutzen, ist es in erster Linie erforderlich, die Kettenreaktion

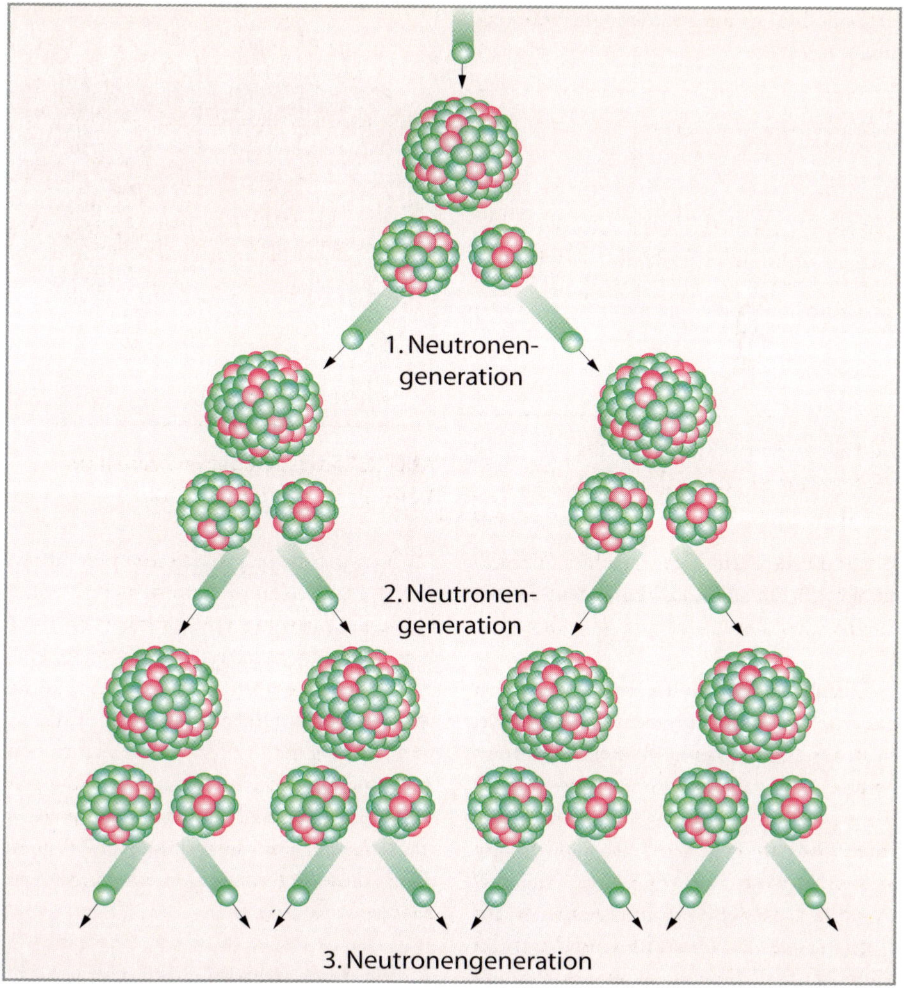

Abb. 4: Kettenreaktion im Uran 235

kontrollieren zu können. Dafür benötigt man einen Kernreaktor, der für den Kernspaltungsprozess folgende Elemente benötigt (Abb. 5):

1. genügend spaltbares Material;
2. einen Stoff, der die Neutronen abbremst, da nur sehr langsame Neutronen für die Kernspaltung von U 235 geeignet sind (Brutreaktoren ausgenommen);
3. Vorrichtung zum Dosieren von Neutronen;
4. Stoff, der die Wärme abführt;
5. Strahlenschutzvorrichtungen.

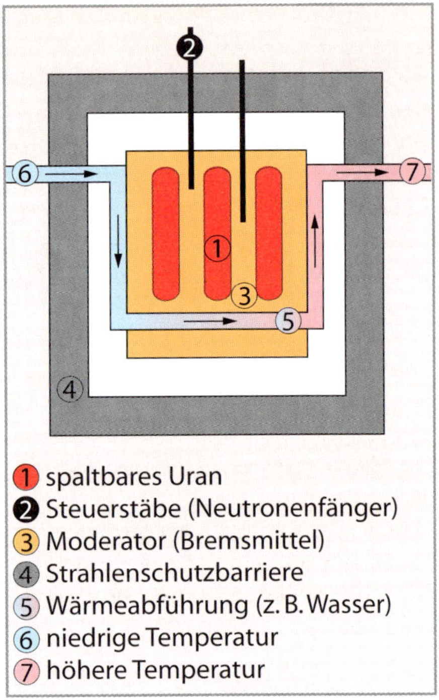

Abb. 5: Aufbau Kernreaktor

Neben den Leistungsreaktoren, die nur zur Stromerzeugung dienen, gibt es noch Brutreaktoren, die neben der Stromerzeugung noch zusätzlich spaltbares Material erzeugen.

Die Wahrscheinlichkeit der Kernspaltung ist von der Geschwindigkeit der Neutronen abhängig. Bei langsamen Neutronen ist die Wahrscheinlichkeit einer Kernspaltung von Uran 235 wesentlich höher. Aus diesem Grund müssen die Neutronen abgebremst werden. Die Verringerung der Geschwindigkeit der Neutronen wird mit dem so genannten Moderator (Bremsmittel) erreicht, dabei stoßen die Neutronen mit den Atomen des Moderators zusammen. Ein ideales Bremsmittel soll die Neutronen abbremsen, aber nicht absorbieren. Schweres Wasser (D_2O) ist ein sehr guter Moderator, wobei die Erzeugung von schwerem Wasser sehr aufwendig und teuer ist. In Kanada wird z. B. schweres Wasser in so genannten Schwerwasserreaktoren benutzt.

In England und in der ehemaligen Sowjetunion wurden überwiegend Reaktoren gebaut, die Graphit zum Abbremsen der Neutronen benutzten. In der Bundesrepublik Deutschland dagegen wird Wasserstoff in Form von leichtem Wasser (H_20) zum Abbremsen benutzt (Abb. 6). Aus diesem Grund nennt man diesen Reaktortyp auch Leichtwasserreaktor. Der Nachteil von leichtem Wasser ist, dass es die Neutron relativ stark absorbiert. Damit die Kernreaktion trotzdem durch die Absorption nicht zum Stillstand kommt, muss die Konzentration an spaltbarem Material angehoben werden, damit vermehrt Neutronen nachproduziert werden können. Das natürliche Uran wird dafür mit einem speziellen Verfahren angereichert, d. h., der Anteil von 0,7 % natürlichem Uran wird auf ca. 3,5 % angehoben.

Sicherheitsaspekte waren aber letztendlich ausschlaggebend dafür, dass in Deutschland Leichtwasserreaktoren gebaut wurden. Steigt die Leistung des Reaktors durch vermehrte Kernspaltung, dann verdampft durch Überhitzung der Moderator. Die Neutronen können somit nicht mehr abgebremst werden, und der Reaktor kommt automatisch zum Stillstand. Beim Reaktortyp von Tschernobyl wird Graphit als Moderator benutzt. Beim Überhitzen bleibt die Funktion des Moderators erhalten und die Kernspaltung wird weiter fortgeführt. Dieser Effekt und eine Fehlbedienung führten zu der Reaktorkatastrophe von Tschernobyl.

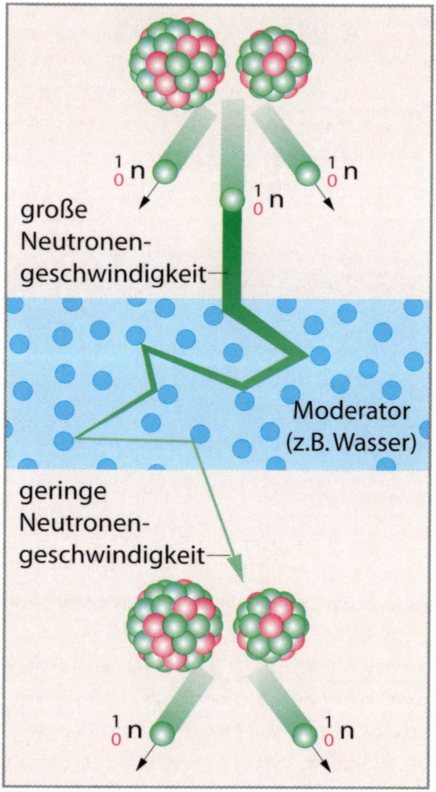

Abb. 6: Abbremsen von schnellen Elektronen mit Wasser

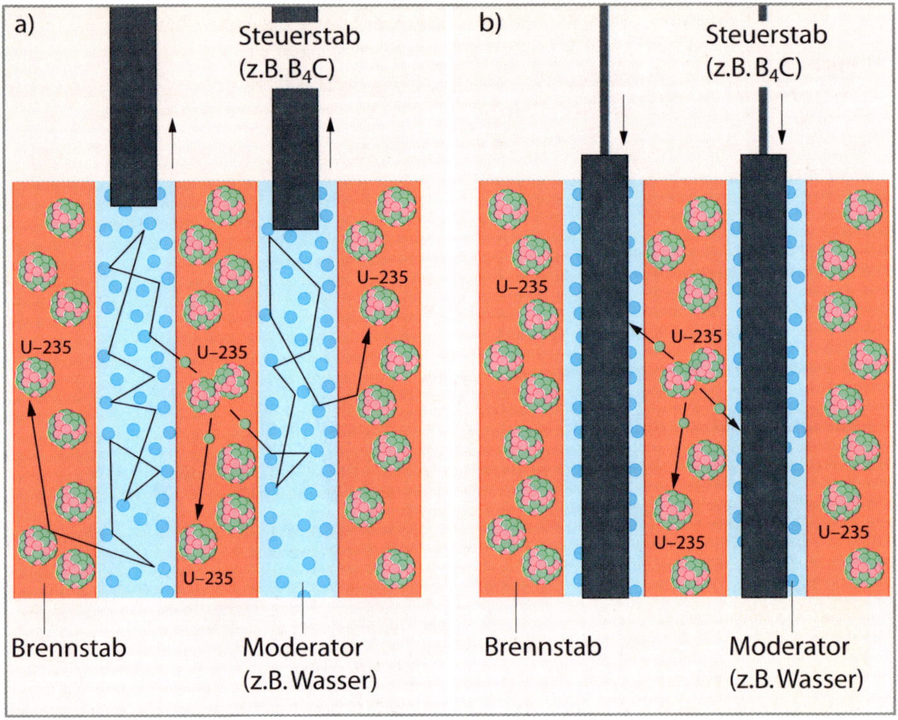

Abb. 7: Steuerstäbe zum Steuern der Kettenreaktion

Die Kettenreaktion in den Reaktoren werden mit Steuerstäben reguliert. Als Steuerstäbe kommen Materialien zum Einsatz, die besonders stark Neutronen absorbieren. Es können dafür Materialien wie Bor, Indium, Silber oder Cadmium eingesetzt werden (Abb. 7).

Bei den Leichtwasserreaktoren wird zwischen dem Druck- und dem Siedewasserreaktor unterschieden. Die von den Reaktoren abgeführte Wärme wird zur Erzeugung von Dampf genutzt, der die Turbine und damit den Generator antreibt. Der Reaktor ersetzt somit prinzipiell den befeuerten Dampfkes-

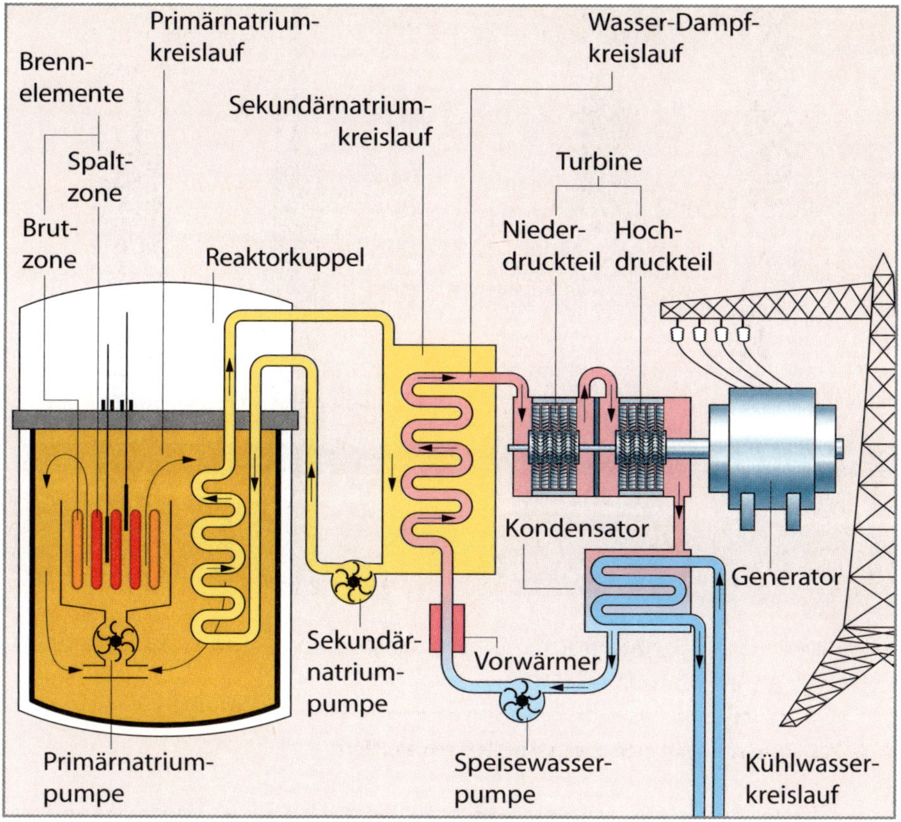

Abb. 8: Kernkraftwerk mit schnellem Brutreaktor

sel in einem herkömmlichen Wärmekraftwerk. Ein Druckwasserreaktor beispielsweise mit einer Leistung von 1300 MW (Megawatt = Million Watt) hat etwa 200 Brennelemente, wobei jedes Brennelement mit 300 Uran-Stäbchen ausgerüstet ist. Brennstäbe haben dabei eine Länge von 4,83 m und einen Brennstabdurchmesser von 10,75 mm.

Der wesentliche Unterschied zwischen Siedewasser- und Druckwasserreaktor besteht darin, dass im Siedewasserreaktor direkt Wasserdampf entsteht, der zum Antrieb der Turbine genutzt wird. Im Druckwasserreaktor wird die Wärme über einen Wärmetauscher auf den Sekundärkreislauf übertragen.

Im Brutreaktor wird im Unterschied zu den beiden oben erwähnten Reaktortypen neben der Energieerzeugung noch das spaltbare Material Plutonium 239 aus dem sonst unbrauchbaren Uran 238 hergestellt. Dafür werden nur schnelle Neutronen benötigt, deshalb läuft dieser Reaktor ohne Moderator. Da bei diesem Prozess höhere Temperaturen entstehen, ist der Brutreaktor wie der Druckwasserreaktor aus einem Primär- und Sekundärkreislauf aufgebaut (Abb. 8).

Da im Primärkreislauf im Brutreaktor höhere Temperaturen entstehen, wird Natrium als Kühlmittel eingesetzt. Mit dem „Brüten" von spaltbarem Material können Brutreaktoren heutzutage Natururan etwa 60-mal besser ausnutzen als Leichtwasserreaktoren.

Zum Weiterlesen:

- Der Aufbau der Materie II, S. 384
- Radioaktivität, S. 396
- Gefahren durch Kernkraftwerke, S. 417

Gefahren durch Kernkraftwerke

In den 50er Jahren hatte sich aus Sicherheitsgründen die Bundesrepublik Deutschland bewusst für den Leichtwasserreaktor entschieden. Der Leichtwasserreaktor benutzt leichtes Wasser als Kühlmittel und Moderator (Abb. 1).

Normales Wasser (H_20) wird dabei als leichtes Wasser bezeichnet, im Gegensatz zu dem schweren Wasser (D_20), das mit dem Wasserstoffisotop Deuteron D gebildet wird. Deuteron besitzt im Vergleich zum herkömmlichen Wasserstoffkern (Nuklid) zusätzlich zu dem Proton noch ein Neutron. Aus diesem Grund hat das schwere Wasser die doppelte Atommasse wie leichtes (normales) Wasser.

Der Moderator hat die Aufgabe, die Neutronen abzubremsen, da nur langsame Neutronen den Urankern 235 spalten können. Steigt die Leistung des Reaktors an, dann wird mehr Wärme erzeugt, und dabei steigen Dampfblasen im Wasser auf. Mit dem Aufsteigen der Dampfblasen verringert sich die Dichte des Wassers, so dass weniger Wassermoleküle vorhanden sind, um die Neutronen abzubremsen. Da nur ausreichend stark abgebremste Neutronen die Urankerne (U 235) spalten, sinkt die Anzahl der Kernspaltungen, und der Reaktor kühlt sich ab (Abb. 2). Im theoretischen Fall eines totalen Kühlmittelverlusts würde die Kernreaktion sofort stoppen. Diese Art von Selbststabilisierung wird als inhärente (innewohnende) Stabilität bezeichnet und trägt wesentlich zur Sicherheit des Reaktorbetriebes bei. Der

Abb. 1: Atomkraft, die scheinbar saubere Energie

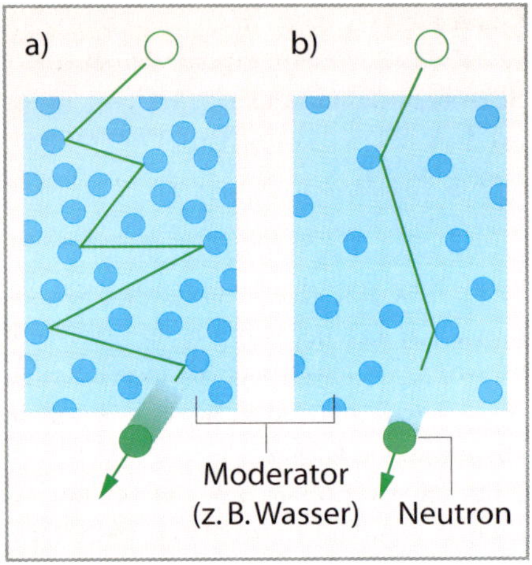

Abb. 2: Hohe und tiefe Wassertemperatur

Spaltprozess im Leichtwasserreaktor wird also bei Erhöhung der Temperatur des Moderators verringert.

Im Vergleich dazu, benutzen die Reaktoren der ehemaligen UdSSR Graphit als Moderator und Wasser als Kühlmittel. Steigt die Leistung bzw. die Anzahl der Kettenreaktionen, dann bilden sich Bläschen im Kühlwasser. Die Dichte des Kühlwassers nimmt mit den Dampfbläschen ab. Damit absorbiert das Wasser weniger Neutronen. Die höhere Anzahl der Neutronen wird vom Graphit abgebremst, und es finden aufgrund der erhöhten Anzahl der Neutronen mehr Kernreaktionen statt (Abb. 3). Nur besondere Sicherheitsmaßnahmen können verhindern, dass die Kettenreaktion der Kernspaltung nicht außer Kon-

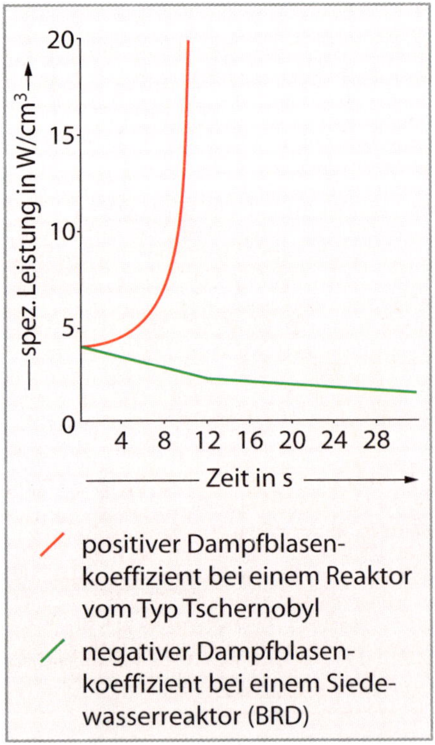

Abb. 3: Reaktorleistung beim Versagen der Kühlmittelpumpen

trolle gerät. Eine fehlerhafte Bedienung des Reaktortyps im Zusammenhang mit einem technischen Experiment verursachte am 26. April 1986 die Reaktorkatastrophe in der Nähe der ukrainischen Stadt Tschernobyl. Beim Experiment stieg die Anzahl der Kernreaktionen in wenigen Sekunden so dramatisch an, dass der Reaktor außer Kontrolle geriet. Der Kernreaktor wurde durch die hohen Temperaturen zerstört. Graphitbrände (Moderator besteht aus Graphit) transportierten die herausgeschleuderten radioaktiven Partikel im Schornsteineffekt der heißen Luft in 1-2 km Höhe. Die radioaktiven Partikel wurden über weite Teile Europas verteilt (Abb. 4).

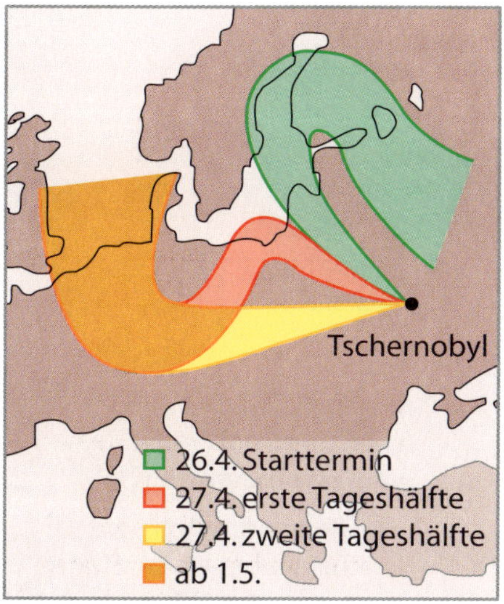

Abb. 4: Reaktorkatastrophe Tschernobyl: Ausbreitung der radioaktiven Partikel

Ein Großteil der Radionuklide (radioaktive Atomkerne) haben die unmittelbare Umgebung des Reaktors von einem Radius von ca. 30 km extrem radioaktiv verseucht (kontaminiert). Diese Region bleibt lange Zeit unbewohnbar. Die Windrichtung hatte die durch den Brand frei gewordenen Radionuklide über weite Teile Europas verstreut.

Als Radionuklide werden die Atomkerne von radioaktiven Atomen bezeichnet. Die Strahlung der Radionuklide haben die Eigenschaft, Stoffe zu ionisieren, deshalb spricht man auch von einer ionisierenden Strahlung. Diese Strahlung schleudert Masse und Energieportionen mit hohen Beträgen heraus. Dieser Vorgang wird auch als radioaktiver Zerfall bezeichnet. Der Beschuss von Organismen mit radioaktiven Strahlungen ist sehr gefährlich.

Die Gefährdung des Menschen durch die Reaktorkatastrophe wird somit aus-

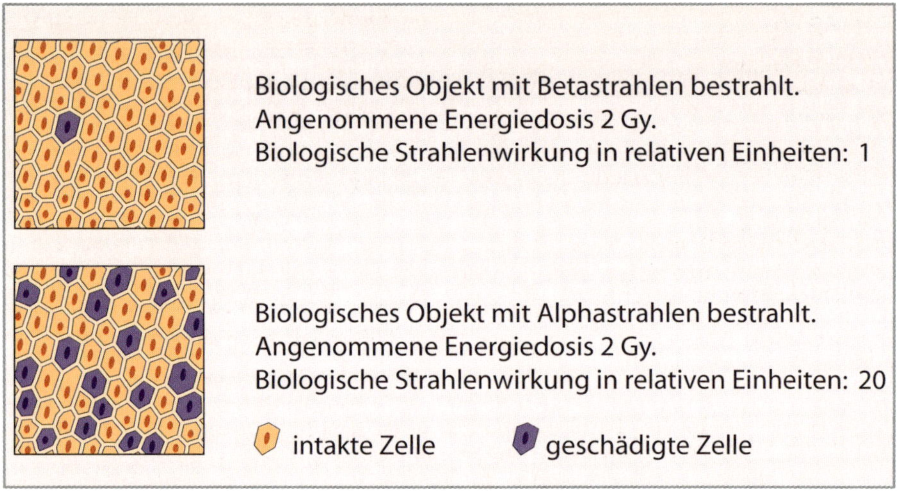

Abb. 5: Der Qualitätsfaktor unterscheidet die Strahlung in ihrer schädigenden Wirkung

schließlich durch die Radionuklide verursacht. Durch den Fallout (Niederschlag von radioaktiven Partikeln) gelangen die Radionuklide in die Nahrungskette. Da sich der Mensch dauernd im Stoffaustausch mit seiner Umwelt befindet, kommt es zu einer äußeren und inneren Strahlenbelastung des menschlichen Körpers. Bei den Strahlenschäden, die beim menschlichen Körper auftreten können, unterscheidet man in somatische (soma = Körper) und genetische (Erbgut) Schäden.

Die Wahrscheinlichkeit, dass Strahlenschäden auftreten, hängt von der Energiedosis D (Menge an Strahlung) und der Strahlenart ab. Alphastrahlung (Wasserstoffkerne) sind für den Organismus beispielsweise wesentlich gefährlicher als Beta- (Elektronen) oder Gammastrahlung (Röntgenstrahlung). Die Strahlung wird mit dem Qualitätsfaktor Q bezeichnet (Abb. 5). Die Strahlenbelastung eines Organismus wird mit der Äquivalentsdosis bewertet (Abb. 6):

$H = P \cdot \bar{Q}$

$[H] = \frac{J\ (Joule)}{s}$ (Äquivalentdosis)

$[D] = \frac{J\ (Joule)}{s}$ (Energiedosis)

$\bar{Q}$ = Qualitätsfaktor

Beispiel 1: Gammastrahlen

$D = \frac{10^{-15}}{s} J \qquad \bar{Q} = 1$

$H = \frac{10^{-5} J}{s} \cdot 1 = \frac{10^{-5} J}{s} \hat{=} \frac{10^{-2} J}{kg} \hat{=} 10^{-2}\ Sv$

Beispiel 2: Neutronenstrahlen
$\bar{Q} = 10 \quad D =$ bleibt

$H = \frac{10^{-5} J}{s} \cdot 10 = 10^{-1}\ Sv = 0{,}1\ Sv$

$= 100\ m\ Sv$

Beispiel 3: Alphastrahlen
$\bar{Q} = 20 \quad D =$ bleibt

$H = \frac{10^{-5} J}{s} \cdot 10 = 10^{-1}\ Sv = 0{,}1\ Sv$

$= 100\ m\ Sv$

$H = \frac{10^{-5} J}{s} \cdot 20 = 2 \cdot 10^{-1}\ Sv = 0{,}2\ Sv$

$= 200\ mSv$

Für die Äquivalentsdosis galt früher das REM (rem =röntgen equivalent man), heutzutage benutzt man die Einheit Sv (Sievert).

Für die Umrechnung gilt:

1 rem = 0,01 Sv
1 mrem = 0,01 mSv

Bezogen auf eine bestimmte Zeitspanne ergibt sich die Äquivalentsdosisleistung:

$\frac{Sv}{h}$	$\frac{rem}{h}$	Sv = Sievert h = Stunde $Sv = \frac{J}{kg}$
$\frac{Sv}{d}$	$\frac{rem}{d}$	d = Tag
$\frac{Sv}{a}$	$\frac{rem}{a}$	a = Jahr

rem = röntgen equivalent man

$1 rem = \frac{1}{100}\ Sv$

Um Frühschäden am menschlichen Körper zu erkennen, muss der Körper einer Mindestmenge an Strahlung ausgesetzt sein. Die

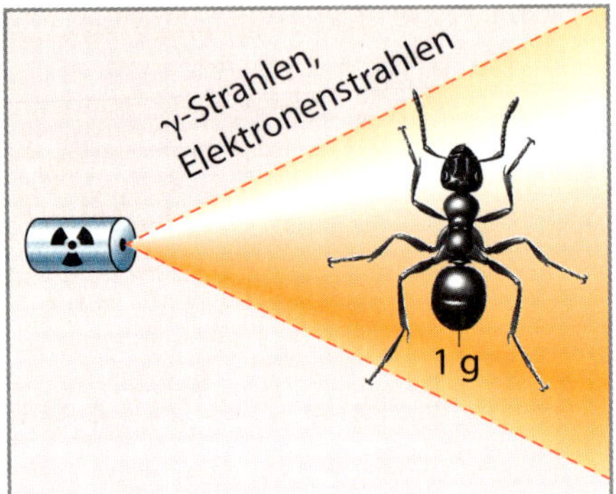

$$H = \frac{10^{-5} J}{1 g} \cdot 1 = 10^{-5} J/g = 10^{-2} J/kg = 10^{-2} Sv$$

Abb. 6: Beispiel: Äquivalentsdosis bei Gammastrahlung

Schwellendosis liegt zwischen 200 und 300 mSv. Durch diese Strahlenbelastung zeigen sich kurzzeitige Veränderungen des Blutbildes. Erhöht sich die Strahlenbelastung, dann sind dementsprechend gravierend die Strahlenschäden. Eine Ganzkörperdosis von 7000 mSv gilt im Allgemeinen als tödlich. Neben den Frühschäden treten auch Spätschäden an den Organismen auf. Die Spätschäden machen sich durch bösartige (maligne) und nicht bösartige (nichtmaligne) Wucherungen bemerkbar.

In der Tabelle sind einige Strahlenbelastungen bzw. Grenzwerte aufgeführt (Abb. 7).

Belastungsart	**Äquivalentsdosisleistung pro Jahr**	
	mSv/a (Sievert)	**mrem/a**
1 Flugstunde pro Jahr in 10 km Höhe	0,003	0,3
Grenzwert für radioaktive Abgaben bei Kernkraftanlagen	0,3	30
Medizinische Strahlenbehandlung (mittlere Strahlenbelastung in der BRD)	1,5	150
Mittlere natürliche Strahlenbelastung in der BRD	2,4	240
Grenzwert für beruflich Strahlen ausgesetzten Personen	50	5000
Medizinisch fassbare Strahleneffekte	250 mSv	25.000 mrem
Vorübergehende Strahlenkrankheit	1000 mSv	100.000 mrem
Schwere Strahlenkrankheit	4000 mSv	400.000 mrem
Tödliche Dosis	7000 mSv	700.000 mrem

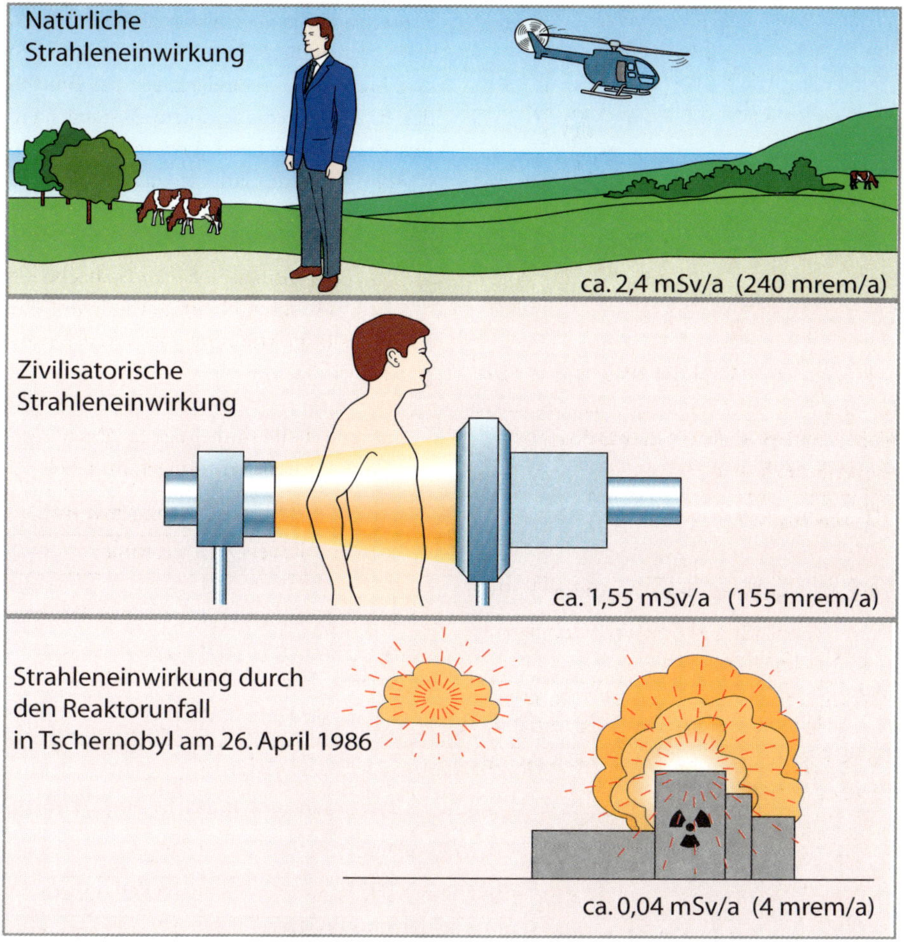

Abb. 7: Mittlere effektive Strahlendosierung in der BRD (1988). Die natürliche und zivilisatorische Strahleneinwirkung übersteigt die des Reaktorunfalls bei weitem

Damit die Gefahr eines Reaktorunglücks in der BRD so gering wie möglich gehalten wird, unterliegen die Kernreaktoren einem grundlegenden Sicherheitskonzept.

Kernkraftwerke bestehen in der BRD aus einem System von Sicherheitsbarrieren. Diese Barrieren haben zum einen die Aufgabe, Strahlungen nach außen abzuschirmen und das Austreten von radioaktiven Stoffen zu verhindern (Abb. 8).

Die Alpha-(Heliumkerne) und Betastrahlen (Elektronen) werden vollständig durch das Kühlwasser absorbiert. Die Gammastrahlen (Röntgenstrahlen) werden schon im Wesentlichen durch das Reaktordruckgefäß zurückgehalten. Die restliche Strahlung wird durch eine 2 m dicke Schutzmauer aus Stahlbeton abgefangen. Gegen äußere Einwirkungen wie beispielsweise Erdbeben oder Flugzeugabstürze schützt die äußere Gebäude-

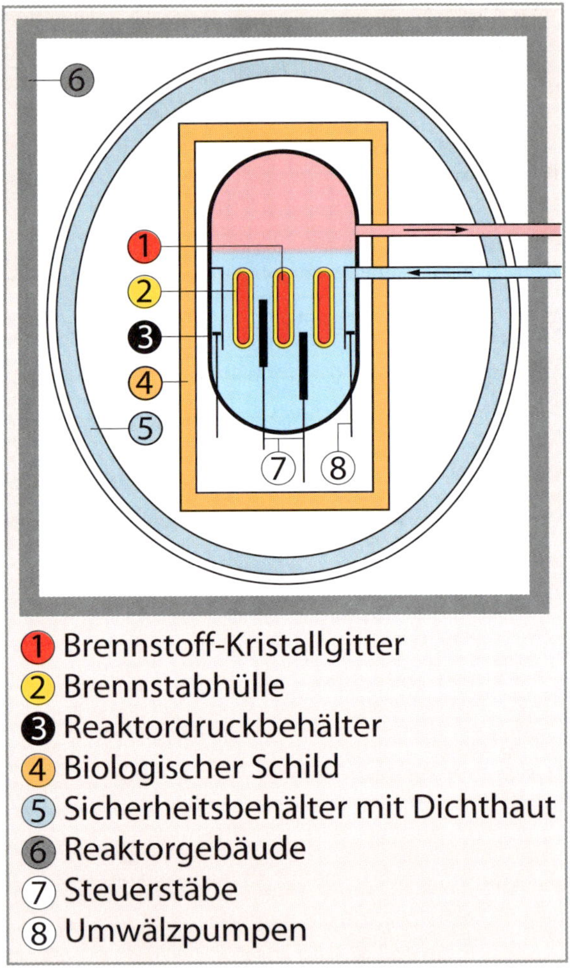

Abb. 8: Sicherheitsbarrieren im AKW

hülle. Der Leichtwasserreaktor in der BRD ist neben den Sicherheitsbehältern und einem Notkühlsystem insbesondere mit einer automatischen Leittechnik ausgestattet. Bei einer auftretenden Störung arbeitet dieses System selbständig und lässt sich nicht durch Fehlverhalten des Personals in seinem Ablauf beeinflussen. Dieses Sicherheitsystem kontrolliert sich selbst. Nach der deutschen Risikostudie können gravierende Reaktorunglücke, beispielsweise durch Kernschmelze, nur einmal in 10.000 Reaktorbetriebsjahren stattfinden. Bei 1% dieser Unfälle müsste man gemäß der Studie mit Todesfällen rechnen. Das Risiko ist also extrem gering, aber es werden weiterhin Sicherheitsforschungen unternommen, um das Risiko zu minimieren.

Zum Weiterlesen:

- Der Aufbau der Materie II, S. 384
- Radioaktivität, S. 396
- Kernkraftwerke, S. 408

Register

Hinweis: Die Seitenzahlen beziehen sich immer auf die erste Seite des betreffenden Kapitels.